9급공무원

10 +1 개년
기출문제

한국사

9급 공무원
10⁺¹개년 기출문제 한국사

초판 인쇄 2022년 1월 5일
초판 발행 2022년 1월 7일

편 저 자 | 공무원시험연구소
발 행 처 | ㈜서원각
등록번호 | 1999-1A-107호
주   소 | 경기도 고양시 일산서구 덕산로 88-45(가좌동)
교재주문 | 031-923-2051
팩   스 | 031-923-3815
교재문의 | 카카오톡 플러스 친구[서원각]
영상문의 | 070-4233-2505
홈페이지 | www.goseowon.com
책임편집 | 최주연
디 자 인 | 이규희

Preface

시험의 성패를 결정하는 데 있어 가장 중요한 요소 중 하나는 충분한 학습이라고 할 수 있다. 하지만 무작정 많은 양을 학습하는 것은 바람직하지 않다. 시험에 출제되는 모든 과목이 그렇듯, 전통적으로 중요하게 여겨지는 이론이나 내용들이 존재한다. 그리고 이러한 이론이나 내용들은 회를 걸쳐 반복적으로 시험에 출제되는 경향이 나타날 수밖에 없다. 따라서 모든 시험에 앞서 필수적으로 짚고 넘어가야 하는 것이 기출문제에 대한 파악이다.

한국사는 최근으로 올수록 주어진 사료를 바탕으로 역사적 사실을 유추해 내는 수능형 문제의 비중이 높아지고 있으며, 지엽적인 내용을 묻는 등 난도가 높아지고 있다. 따라서 한국사는 각 시행처별 기출문제를 통해 문제풀이에 대한 응용력을 길러야 하며, 고려와 조선의 정치·경제·사회사와 문화사 등은 출제 빈도가 높은 편으로 각별한 대비가 필요하다. 또한 최근 화제가 되고 있는 사회적 이슈와 결부 지을 수 있는 역사적 사실에 대한 꾸준한 관심도 필요하다. 보다 넓은 안목으로 한국사 학습에 임해야 할 것이다.

9급 공무원 10+1개년 기출문제 시리즈는 기출문제 완벽분석을 책임진다. 그동안 시행된 국가직·지방직 및 서울시 기출문제를 연도별로 수록하여 매년 빠지지 않고 출제되는 내용을 파악하고, 다양하게 변화하는 출제경향에 적응하여 단기간에 최대의 학습효과를 거둘 수 있도록 하였다. 또한 상세하고 꼼꼼한 해설로 기본서 없이도 효율적인 학습이 가능하도록 하였다.

9급 공무원 시험의 경쟁률이 해마다 점점 더 치열해지고 있다. 이럴 때일수록 기본적인 내용에 대한 탄탄한 학습이 빛을 발한다. 수험생 모두가 자신을 믿고 본서와 함께 끝까지 노력하여 합격의 결실을 맺기를 희망한다.

Contents

2017 ~ 2019 기출문제

2020 ~ 2021 기출문제

정답 및 해설

Structure

● 기출문제 학습비법

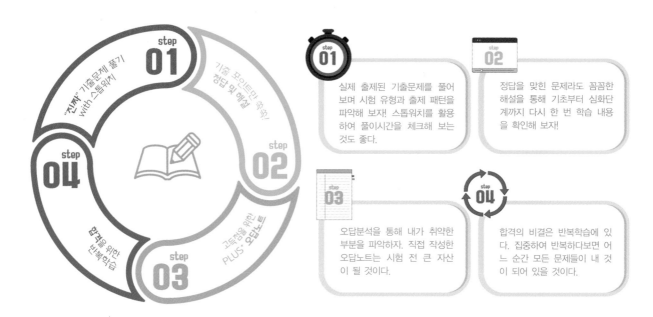

step 01
"진짜" 기출문제 풀기 with 스톱워치

실제 출제된 기출문제를 풀어 보며 시험 유형과 출제 패턴을 파악해 보자! 스톱워치를 활용하여 풀이시간을 체크해 보는 것도 좋다.

step 02
기출 포인트만 쏙쏙! 정답 및 해설

정답을 맞힌 문제라도 꼼꼼한 해설을 통해 기초부터 심화단계까지 다시 한 번 학습 내용을 확인해 보자!

step 03
고득점을 위한 PLUS⁺ 오답노트

오답분석을 통해 내가 취약한 부분을 파악하자. 직접 작성한 오답노트는 시험 전 큰 자산이 될 것이다.

step 04
합격을 위한 반복학습

합격의 비결은 반복학습에 있다. 집중하여 반복하다보면 어느 순간 모든 문제들이 내 것이 되어 있을 것이다.

한국사 출제경향

한국사는 최근 들어 사료 및 자료를 제시하고 이를 바탕으로 역사적 사실을 유추하도록 하는 수능형 문제가 꾸준히 높은 비중으로 출제되고 있다. 빈출되는 자료 중심으로 해석 능력 및 응용 능력을 기르는 것이 필요하다. 또한 지엽적인 문제도 출제되기 때문에 세세한 부분에 대한 암기도 놓치지 말아야 한다. 이는 한국사의 전체 흐름을 알고 있을 때 더욱 수월할 수 있다. 최근 화제가 되고 있는 사회적 이슈가 있다면 눈여겨보는 것도 좋을 것이다.

Structure

● 본서의 특징 및 구성

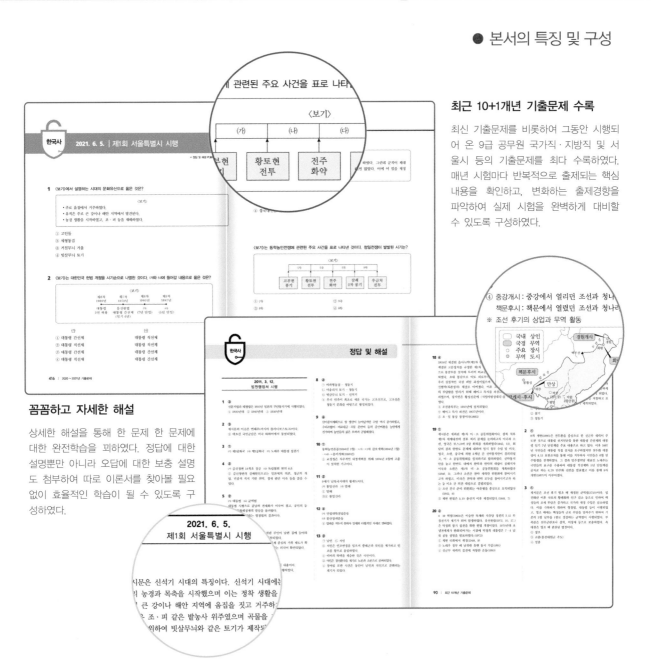

최근 10+1개년 기출문제 수록

최신 기출문제를 비롯하여 그동안 시행되어 온 9급 공무원 국가직·지방직 및 서울시 등의 기출문제를 최다 수록하였다. 매년 시험마다 반복적으로 출제되는 핵심 내용을 확인하고, 변화하는 출제경향을 파악하여 실제 시험을 완벽하게 대비할 수 있도록 구성하였다.

꼼꼼하고 자세한 해설

상세한 해설을 통해 한 문제 한 문제에 대한 완전학습을 꾀하였다. 정답에 대한 설명뿐만 아니라 오답에 대한 보충 설명도 첨부하여 따로 이론서를 찾아볼 필요 없이 효율적인 학습이 될 수 있도록 구성하였다.

2011~2013년
기출문제

☞ 정답 및 해설 P.2

1 다음과 같은 법령이 제정되어 시행되던 시기 우리 민족의 독립 운동으로 옳은 것은?

> 제1조 다음의 각호에 해당하는 자는 구류 또는 과료에 처한다.
> 2. 일정한 주거 또는 생업 없이 이곳 저곳 배회하는 자
> 8. 단체 가입을 강요하는 자
> 14. 신청하지 않은 신문, 잡지, 기타의 출판물을 배부하고 그 대금을 요구하거나 억지로 그 구독 신청을 요구하는 자
> 20. 불온한 연설을 하거나 또는 불온 문서, 도서, 시가(詩歌)를 게시, 반포, 낭독하거나 큰 소리로 읊는 자
> 21. 남을 유혹하는 유언비어 또는 허위 보도를 하는 자
>
> — 조선 총독부 관보 —

> 제1조 3월 이하의 징역 또는 구류에 처하여야 할 자는 그 정상에 따라 태형에 처할 수 있다.
> 제6조 태형은 태로서 볼기를 치는 방법으로 집행한다.
> 제11조 태형은 감옥 또는 즉결 관서에서 비밀리에 집행한다.
> 제13조 본령은 조선인에 한하여 적용한다.
>
> — 조선 총독부 관보 —

① 한인 애국단원 이봉창과 윤봉길 등이 의열 활동을 전개하였다.
② 임시 정부는 한국광복군을 조직하고 대일 선전 포고를 하였다.
③ 대한 독립 의군부와 대한 광복회 등의 비밀 결사들이 활동하였다.
④ 언론 기관과 조선어 학회가 한글 보급을 통한 문맹 퇴치운동을 펼쳤다.

2 밑줄 친 '이곳'에서 한인들이 전개한 활동만을 〈보기〉에서 있는 대로 고른 것은?

> 국권 피탈 이후 많은 한국인이 이곳으로 이주하였다. 일제가 만주 침략에 이어 중·일 전쟁을 도발하자 일본군이 이곳을 침략하기 위해 한국인을 첩자로 이용한다는 소문이 떠돌기 시작했고 이것이 강제 이주의 구실이 되었다. 이곳의 한인들은 두 달 동안 곡식 씨앗과 옷가지, 책꾸러미들만을 보따리에 싸든 채 화물 열차에 실려 중앙아시아로 끌려갔다.

〈보기〉

ㄱ 성명회 조직　　　　　　　　　　　ㄴ 대한 국민 의회 조직
ㄷ 대조선 국민군단 창설　　　　　　　ㄹ 대한 광복군 정부 결성

① ㄱㄷ　　　　　　　　　　　② ㄴㄹ
③ ㄱㄴㄹ　　　　　　　　　　④ ㄴㄷㄹ

3 한국 현대사에서 전개된 사실들을 순서대로 옳게 나열한 것은?

> (가) 허정을 수반으로 하는 과도 정부가 수립되어, 내각 책임제와 양원제를 골자로 하는 헌법으로 개정하였다.
> (나) 일본의 사과와 정당한 보상을 요구하는 시민, 학생들의 격렬한 반대를 억누르고 정부는 한·일 국교를 정상화하였다.
> (다) 정부는 동유럽 공산주의 국가 및 소련, 중국과 외교 관계를 수립하는 북방 정책을 추진하였고, 유엔에 남북한이 함께 가입하는 성과를 올렸다.

① (가) - (나) - (다)　　　　　② (가) - (다) - (나)
③ (나) - (가) - (다)　　　　　④ (나) - (다) - (가)

4 (가), (나)에 대한 설명으로 옳은 것은?

> (가) • 청에 잡혀간 흥선대원군을 곧 돌아오게 하며, 종래의 청에 대하여 행하던 조공의 허례를 폐지한다.
> • 지조법을 개혁해 관리의 부정을 막고 백성을 보호하며, 국가 재정을 넉넉하게 한다.
> • 혜상공국을 혁파한다.
> • 대신과 참찬은 의정부에 모여 정령을 의결하고 반포한다.
> (나) • 외국인에게 기대하지 아니하고 관민이 동심협력하여 전제 황권을 공고히 할 것.
> • 국가 재정은 탁지부에서 모두 관리하고 예산, 결산을 국민에게 공포할 것.
> • 지방관을 임명할 때에는 정부에 그 뜻을 물어 중의에 따를 것.
> • 중대 범죄를 공판하되, 피고의 인권을 존중할 것.

① (가) – 서구식 민주 공화국 설립을 목표로 활동하였다.

② (가) – 집권층의 요구로 파병된 청 병력에 의해 좌절되었다.

③ (나) – 일제의 화폐 정리 사업에 저항하였다.

④ (나) – 흥선 대원군의 재집권으로 타격을 받았다.

5 (가), (나)와 관련된 제도에 대해 적절하게 설명한 것은?

> (가) "토지 1결마다 2번에 걸쳐 8두씩 거두어 본청에 수납하고, 본청은 그 때의 물가 시세를 보아 쌀로써 공인에게 지급하여 수시로 물건을 납부하게 하소서."라고 하니, 임금(광해군)이 이에 따랐다.
> (나) 감한 것을 계산하면 모두 50여 만 필에 이른다. 돈으로 계산하면 1백여 만 냥이다. 부족한 부분은 어세, 염세, 선세와 선무군관에게 받은 것, 은여결에서 받아들이는 것으로 충당하였는데, 모두 합하면 십 수만 냥이다.

① (가) – 전세를 정액화하였다.

② (가) – 공인의 활동으로 상품 화폐 경제가 한층 발전하였다.

③ (나) – 공납을 전세화한 것이다.

④ (나) – 양반과 노비도 군포를 납부하게 되었다.

6 혼인풍습 중 친영제도가 정착되었던 시기의 사회상에 대한 설명으로 가장 적절한 것은?

① 여성의 재가가 비교적 자유롭게 이루어졌다.

② 장남 이외의 아들도 제사에서 그 권리를 잃어 갔다.

③ 자녀는 연령순으로 호적에 기재되는 것이 일반적이었다.

④ 대를 잇는 자식은 5분의 1의 상속분을 더 받는 것 외에 다른 형제와 같은 대우를 받았다.

7 다음 법안에 대한 설명으로 옳지 않은 것은?

> 제1조 본법은 헌법에 의거하여 농지를 농민에게 적절히 분배함으로써 농가 경제의 자립과 농업 생산력의 증진으로 인한 농민 생활의 향상 내지 국민 경제의 균형과 발전을 기함을 목적으로 한다.
>
> 제5조 1. 법령 및 조약에 의하여 몰수 또는 국유로 된 농지, 소유권의 명의가 분명치 않은 농지는 정부에 귀속한다.
>
> 　　　 2. 농가 아닌 자의 농지, 자경 하지 않는 자의 농지, 3정보를 초과하는 부분의 농지, 과수원 등 다년성 식물 재배 토지를 3정보 이상 자영하는 자의 소유인 다년생 식물 재배 이외의 농지는 정부가 매수한다.
>
> 제12조 농지의 분배는 농지의 종목, 등급 및 농가의 능력 기타에 기준한 점수제에 의거하되 1가구당 총 경영 면적 3정보를 초과하지 못한다.

① 북한의 토지 개혁에 커다란 영향을 끼쳤다.

② 이승만 정부가 추진한 개혁 법안이다.

③ 유상매수, 유상분배 방식으로 추진되었다.

④ 자영농 육성을 목적으로 실시되었다.

8 ㉠~㉢의 유물에 대한 설명으로 옳은 것은?

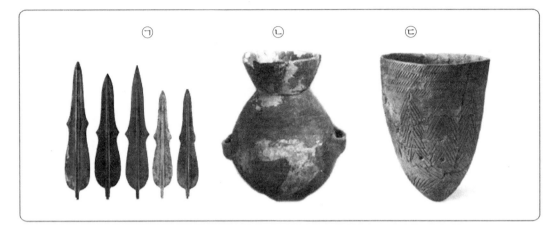

① ㉠ - 한반도 안에서 독자적인 발전을 이룬 청동기 형태이다.

② ㉡ - 애니미즘과 토테미즘이 등장하던 시기에 처음 제작되었다.

③ ㉢ - 주춧돌을 사용한 집터에서 주로 발견된다.

④ ㉠㉡ - 우리 민족이 최초로 세운 국가의 특징적인 유물이다.

9 빈칸 ㉠에 들어갈 내용으로 가장 적절한 것은?

• 질문 : 산미 증식 계획을 실시하는 과정에서 쌀 생산은 늘어났는데 한국 농민의 생활은 오히려 궁핍해졌습니다. 그 이유는 무엇일까요?

• 답변 : 여러 요인이 있는데, 그중 하나는 ___㉠___ 때문입니다.

① 토지 조사 사업을 시작하였기

② 미곡 공출 제도를 실시하였기

③ 만주에서 잡곡을 대량 수입하였기

④ 수리 조합비, 비료 대금 등 비용 부담이 늘어났기

10 (가), (나)시기에 목격될 수 있는 장면으로 옳은 것은?

• 농민군 이끌고 고부 관아 습격 → 군수 추방, 아전 징벌 • 정부, 안핵사로 이용태 파견→동학농민군 탄압	(가) ⇨ • 6조를 8아문으로 개편 • 과거제 폐지 • 은본위 화폐제 실시 • 도량형 통일	(나) ⇨ • 태양력 사용 • 종두법 시행 • 소학교 설치 • '건양'이라는 새연호 사용

① (가) – 농민의 요구를 반영한 개혁을 시도하려는 교정청관리들
② (가) – 일본이 요동 반도를 차지하는 것을 포기하라고 권고하는 삼국의 대표들
③ (나) – 단발령 공포에 분노하여 항일 의병을 일으키는 유생과 민중들
④ (나) – 동아시아의 세력 확장을 위해 거문도를 불법 점령한 영국 군인들

11 9세기 전반의 형세도이다. (가), (나) 국가에 대한 설명으로 옳은 것은?

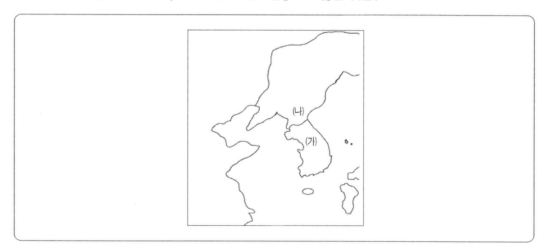

① (가) – 당의 영향을 받아 3성 6부의 정치 제도를 갖추었다.
② (가) – 지방군으로 10정을 두었는데, 한주(한산주)에는 2정을 두었다.
③ (나) – 지방 세력을 통제하기 위하여 상수리 제도를 실시하였다.
④ (나) – 군사 · 행정상의 요지에는 5소경을 설치하고 장관으로 사신을 두었다.

12 (가), (나)의 민족 운동에 대한 설명으로 옳지 않은 것은?

> (가) 정치와 외교도 교육을 기다려서 비로소 그 효능을 다할 것이요. 산업도 교육을 기다려서 비로소 그 작흥(作興)을 기할 것이니, 교육은 우리들의 진로를 개척함에 있어서 유일한 방편이요, 수단임이 명료하다. 그런데 교육에도 단계와 종류가 있어서 …(중략)… 사회 최고의 비판을 구하며, 유위유능(有爲有能)의 인물을 양성하려면 최고 학부의 존재가 가장 필요하도다.
>
> (나) 의복은 우선 남자는 두루마기, 여자는 치마를 음력 계해 정월 1월부터 조선인 산품 또는 가공품을 염색하여 착용할 것이며, 일용품은 조선인 제품으로 대응하기 가능한 것은 이를 사용할 것

① (가) - 일제가 경성제국대학을 설립하고, 방해하였다.

② (나) - 평양에서 시작되어 전국으로 확산되었다.

③ (가)(나) - 사회 진화론의 입장에서 추진된 민족 운동이다.

④ (가)(나) - 성과를 거두지 못하자 비타협적 민족 운동이 강화되었다.

13 조선 시대 예송 논쟁을 다음과 같이 정리하였다. ㉠, ㉡ 붕당에 대한 설명으로 옳은 것은?

구분	㉠붕당	㉡붕당
효종 복상기간(1차)(기해예송)	3년	1년
효종비 복상기간(2차)(갑인예송)	1년	9개월
근거	국조오례의	주자가례
정치적 입장	왕권 강화	신권 강화

① ㉠ - 이이의 학맥을 계승하였다.

② ㉠ - 노론과 소론으로 분파되었다.

③ ㉡ - 인조를 옹립한 인조반정을 주도하였다.

④ ㉡ - 정여립 모반 사건을 계기로 분화되었다.

14 다음 정책을 실시한 목적으로 가장 적절한 것은?

> 신돈이 전민변정도감을 두기로 청하였다. 스스로 판사(장관)가 되어 전국에 알렸다. "요즈음 기강이 크게 무너져서 탐욕스러움이 풍속으로 되었다. 종묘·학교·창고·사사·녹전·군수의 땅은 백성이 대대로 지어온 땅이나 권세가들이 거의 다 뺏었다. 돌려주라고 판결한 것도 그대로 가지며 양민을 노예로 삼고 있다. … (중략) … 이제 그 잘못을 알고 스스로 고치는 자는 묻지 않을 것이다. 하지만, 기한을 지났는데도 고치지 않고 있다가 발각되면 조사하여 엄히 다스릴 것이다."
>
> — 고려사 —

① 관수관급제의 시행 ② 전시과 제도의 실시

③ 지방 호족 세력의 약화 ④ 국가의 재정 수입 기반 확대

15 대한제국과 일본이 체결한 각 조약의 내용에 대한 설명으로 옳지 않은 것은?

> (가) 제1조 대한 제국 정부는 대일본 제국 정부가 추천한 일본인 1명을 재정 고문에 초빙하여 재무에 관한 사항은 모두 그의 의견을 들어 시행할 것.
>
> (나) 제4조 제3국의 침해 또는 내란으로 대한 제국 황실의 안녕과 영토의 보전에 위험이 있을 경우에는 대일본 제국 정부는 곧 필요한 조치를 취할 것이며, … (중략) … 대일본 제국 정부는 전항의 목적을 달성하기 위하여 전략상 필요한 지점을 수시로 사용할 수 있다.
>
> (다) 각서 제3-1. 육군 1대대를 존치하여 황궁 수위를 담당하게 하고 기타 부대는 해체한다.
> 제5. 중앙 정부 및 지방청에 일본인을 한국 관리로 임명함.

① (가) - 러·일 전쟁의 전세가 유리하게 전개됨에 따라 한국을 식민지로 만들기 위한 내정 간섭을 강화한 것이다.

② (나) - 대한제국의 국외 중립 선언을 무시하고 강제로 체결한 것이다.

③ (다) - 고종의 강제 퇴위 후 체결된 한·일 신협약의 결과이다.

④ (가)(나)(다)의 순서로 체결된 후 한일 병합 조약이 체결되었다.

16 다음 정치 제도와 관련된 옳은 설명만을 〈보기〉에서 있는 대로 고른 것은?

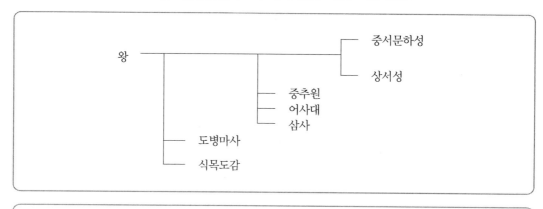

〈보기〉
㉠ 발해의 중정대와 같은 기능을 하는 기구가 있다.
㉡ 도병마사는 재신과 추밀이 함께 모여 회의하는 곳이다.
㉢ 어사대는 중서문하성의 낭사와 더불어 대간으로 불렸다.
㉣ 삼사의 언론은 고관은 물론 왕이라도 함부로 막을 수 없었다.

① ㉠㉡   ② ㉢㉣
③ ㉠㉡㉢   ④ ㉡㉢㉣

17 지도의 빗금친 부분에 대한 탐구 주제로 가장 적절한 것은?

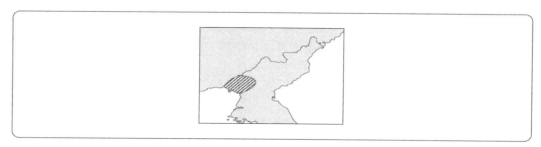

① 나·당 전쟁 중 신라가 당의 20만 대군을 격파한 격전지를 알아본다.
② 김윤후가 대몽 항쟁 중 살리타를 무찌른 전투를 조사한다.
③ 정봉수가 의병을 일으켜 후금의 군대를 물리친 전투를 확인한다.
④ 신돌석이 민중적 기반으로 전개한 항일 의병 전투를 살펴본다.

18 밑줄 친 '이 무덤'과 관련된 설명으로 옳은 것은?

> 이 무덤은 1971년 공주 송산리 고분군의 배수로 공사 중에 우연히 발견되었다. 그래서 무덤의 봉토가 드러난 다른 무덤과는 달리, 완전한 형태로 빛을 보게 되었다. 무덤의 안에서는 지석이 발견되어 무덤의 주인공이 누구인지를 정확히 알려주고 있다. 또한, 왕과 왕비의 장신구와 금관 장식, 귀고리, 팔찌 등 껴묻거리가 출토되어 백제 미술의 귀족적 특성을 알려준다. 아울러 무덤의 연도 입구에서는 진묘수가 발견되었다.

① 중국의 영향을 받아 연꽃 등 화려한 무늬의 벽돌로 무덤 내부를 쌓았다.

② 말의 배가리개에 하늘을 나는 천마를 그린 그림을 그려 넣었다.

③ 돌로 1개 이상의 방을 만들고 그것을 통로로 연결한 무덤 양식이다.

④ 봉토 주위에 둘레돌을 두르고, 12지 신상을 조각하였다.

19 (가), (나) 시기에 있었던 사실로 옳은 것은?

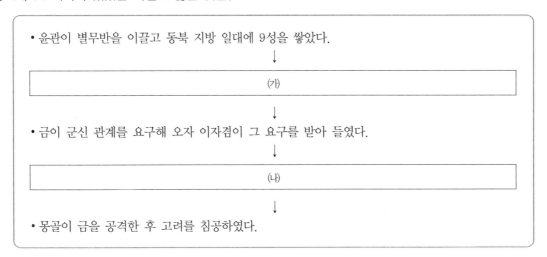

• 윤관이 별무반을 이끌고 동북 지방 일대에 9성을 쌓았다.
↓
(가)
↓
• 금이 군신 관계를 요구해 오자 이자겸이 그 요구를 받아 들였다.
↓
(나)
↓
• 몽골이 금을 공격한 후 고려를 침공하였다.

① (가) – 고려가 강동 6주를 확보하였다.

② (가) – 강감찬이 귀주에서 거란을 물리쳤다.

③ (나) – 삼별초가 대몽 항쟁을 전개하였다.

④ (나) – 묘청이 서경 천도 운동을 일으켰다.

20 다음 자료의 상황 직후에 전개된 사실로 옳은 것은?

> 지난 2년 간 미국은 얄타 협정을 실천하는 방도에 관하여 소련과 합의를 통해 한국을 독립시키고자 노력하여 왔으나 한국 독립 과업은 2년 전에 비해 추호도 진전된 것이 없다. 미·소 양군 점령 지구간에는 38도선을 경계로 물자 교류 및 교통 왕래가 거의 두절된 상태이며 이로 말미암아 한국의 경제는 불구 상태에 빠졌는데, 이와 같은 상태를 계속 용인할 수 없다. 서울에서 두 차례 개최한 미·소 양국의 교섭에 의하여 한국 문제를 해결하려는 기도는 다만 한국의 독립을 지연시킬 뿐이다.

① 남북 지도자 회의가 개최되었다.
② 한반도 문제가 유엔에 이관되었다.
③ 모스크바에서 3국 외상 회의가 열렸다.
④ 중도 세력이 좌우 합작 운동을 추진하였다.

21 다음 주장이 발표된 배경을 〈보기〉에서 고른 것은?

> • 재물정사(財物政事)는 비유컨대 사람의 온몸의 피와 맥과 같으니 그 혈맥을 보호하여 기르는 것은 각각 자기들에게 있지 남이 보호하여 주고 길러주지 못한다.
> • 국내에 금·은·석탄광이 있으면 마땅히 스스로 취하여 그 이익을 얻을 것이지 하필 외국에 넘겨 본국은 날로 가난케 하고 타인으로 하여금 부강케 하리오.
> • 대한 토지는 선왕의 크신 업이요 1천 2백만 인구의 사는 땅이니 한자, 한 치라도 다른 나라 사람에게 빌려주면 이는 곧 선왕의 죄인이요 1천 2백만 동포 형제의 원수이다.

> 〈보기〉
> ㉠ 일본이 황무지 개간권을 요구하였다.
> ㉡ 러시아가 절영도의 조차를 요구하였다.
> ㉢ 프랑스와 독일이 광산 채굴권을 요구하였다.
> ㉣ 일본이 시설개선의 명목으로 차관을 제공하였다.

① ㉠㉡   ② ㉠㉣
③ ㉡㉢   ④ ㉢㉣

22 우리나라 불교문화와 관련된 내용을 시대 순으로 옳게 나열한 것은?

> (가) 그는 유불 일치설을 주장하며 심성의 도야를 강조하여 장차 성리학을 수용할 수 있는 사상적 토대를 마련하기도 하였다.
>
> (나) 그는 '내가 곧 부처'라는 깨달음을 위한 노력과 함께, 꾸준한 수행으로 깨달음의 확인을 아울러 강조한 돈오점수를 주장하였다.
>
> (다) 그는 화엄 사상을 바탕으로 교단을 형성하여 많은 제자를 양성하고, 부석사를 비롯한 여러 사원을 건립하여 불교문화의 폭을 확대하였다.
>
> (라) 그는 흥왕사를 근거지로 삼아 화엄종을 중심으로 교종을 통합하려 하였으며, 또 선종을 통합하기 위하여 국청사를 창건하여 천태종을 창시하였다.

① (다) — (라) — (가) — (나)

② (다) — (라) — (나) — (가)

③ (라) — (다) — (나) — (가)

④ (라) — (다) — (가) — (나)

23 (가), (나)에 대한 설명으로 옳지 않은 것은?

> (가) 헌정 연구회를 모체로 설립된 단체로 독립을 위해 '자강(自强)'을 주장하였다. 자강의 방법으로는 교육을 진작하고 산업을 일으켜 흥하게 하는 것이라 강조하였으며, 전국 각지에 지회를 설치하고 월보의 간행과 강연회를 개최하였다.
>
> (나) 안창호, 양기탁 등이 중심이 되어 회원 800여명이 참여하여 결성된 단체로 평양에 대성학교와 정주에 오산학교를 세워 민족 교육을 실시하였다. 또한 평양에 자기 회사를 운영하여 민족 자본 육성에도 힘썼다.

① (가) — 정미 7조약 체결에 반대하는 투쟁을 전개하였다.

② (가) — 일제의 통감부 설치를 반대하기 위해 설립되었다.

③ (나) — 공화 정체의 근대 국민 국가 건설을 위해 노력하였다.

④ (나) — 국내에서 전개된 계몽 운동의 한계를 극복하는 데 기여하였다.

24 다음 선언이 발표된 배경으로 옳은 것은?

> '신인 일치(神人一致)로 중외 협응(中外協應)하야 한성(漢城)에서 의(義)를 일으킨 이래 30여
> 일간에 평화적 독립을 3백여 주에 광복하고, … (중략) … 항구히 자주 독립의 복리로 아 (我)
> 자손 여민(子孫黎民)에게 세전(世傳)하기 위해 임시 의정원의 결의로 임시 헌장을 선포하노라'

① 거족적인 민족 운동이 일어난 후 조직적으로 독립 운동을 추진할 필요가 있었다.
② 자치론이 확산될 것을 우려하여 민족 협동 전선 운동이 전개되었다.
③ 일제가 중·일 전쟁을 일으키자 각지의 무장 세력을 결집할 필요가 있었다.
④ 독립 운동의 방략을 둘러싸고 창조파와 개조파가 갈등하였다.

25 (가)의 사회상에 대한 설명으로 옳은 것은?

> ___(가)___ 에는 대군장(大君長)이 없고 … (중략) … 후(候)·읍군(邑君)·삼로(三老)의 관직이 있
> 어서 하호(下戶)를 통치하였다. … (중략) … 언어와 예절 및 풍속은 대체로 고구려와 같지만 의복
> 은 다르다. … (중략) … 풍속은 산천을 중요시하여 산과 내마다 각기 구분이 있어 함부로 들어가
> 지 않는다. 동성끼리는 결혼하지 않는다. … (중략) … 해마다 10월이면 하늘에 제사를 지내는데
> … (중략) … 주야로 술 마시며 노래 부르고 춤춘다.
>
> − 삼국지 −

① 책화라는 풍습이 있었다.
② 정치 체제는 연맹 왕국 단계였다.
③ 수렵 사회의 전통을 계승한 제천 행사를 열었다.
④ 하호는 주인에게 예속되어 생활하는 천민층이었다.

☞ 정답 및 해설 P.4

1 고구려 고분에 그려진 벽화의 내용으로 가장 적절한 것은?

① 흰 수염의 노인이 호랑이를 탄 채로 담배를 피우는 모습

② 무명옷을 입고 목화밭을 일구는 여인의 모습

③ 은하수를 사이에 두고 견우와 직녀가 만나는 모습

④ 초가지붕 옆에서 감자, 고추 등의 농작물을 재배하는 모습

2 다음 의학 이론을 담고 있는 서적은?

> 사람의 체질을 태양인·태음인·소양인·소음인으로 구분하여 치료하는 체질 의학 이론으로, 오늘날까지도 한의학계에서 통용되고 있다.

① 동의보감   ② 방약합편

③ 마과회통   ④ 동의수세보원

3 20세기 초 종교계의 민족운동에 대한 설명으로 옳지 않은 것은?

① 한용운은 일본 불교계의 침투에 대항하면서 민족 불교의 자주성을 지키기 위해 노력하였다.

② 손병희는 일진회가 동학 조직을 흡수하려 하자, 천도교를 창설하고 정통성을 지키려 하였다.

③ 박은식은 「유교구신론」을 지어 유교가 민주적이고 평등한 종교로 거듭나야 한다고 주장했다.

④ 김택영은 전국의 유림들과 더불어 대동학회를 결성한 후 유교를 통한 애국계몽운동을 펼쳐나 갔다.

4 다음 자료와 관련된 설명으로 옳은 것은?

> 공동위원회의 역할은 조선인의 정치적·경제적·사회적 진보와 민주주의 발전 및 조선 독립 국가 수립을 도와줄 방안을 만드는 것이다. 또한, 조선 임시정부 및 조선 민주주의 단체를 참여시키도록 한다. 공동위원회는 미·영·소·중 4국 정부가 최고 5년 기간의 4개국 통치 협약을 작성하는 데 공동으로 참작할 수 있는 제안을 조선 임시 정부와 협의하여 제출해야 한다.

① 카이로 선언의 원칙을 구체적으로 실행에 옮기기 위한 방안에서 나온 것이다.
② 미국의 즉각적인 독립안과 소련의 신탁통치안이 대립하면서 나온 절충안이었다.
③ 공동위원회에서 소련은 표현의 자유를 내세워 모든 단체의 회담 참여를 주장하였다.
④ 한반도 내의 좌익 세력은 좌우합작위원회를 구성하여 회의 결과를 총체적으로 지지하였다.

5 다음 제시문의 수취제도가 만들어질 당시의 농업 발달 특징으로 옳은 것을 모두 고르면?

> 각 도의 수전(水田), 한전(旱田)의 소출 다소를 자세히 알 수가 없으니, 공법(貢法)에서의 수세액을 규정하기가 어렵습니다. 지금부터는 전척(田尺)으로 측량한 매 1결에 대하여, 상상(上上)의 수전에는 몇 석을 파종하고 한전에서는 무슨 곡종 몇 두를 파종하여, 상상년에는 수전은 몇 석, 한전은 몇 두를 수확하며, 하하년에는 수전은 몇 석, 한전은 몇 석을 수확하는지, … (중략) … 각 관의 관둔전에서도 과거 5년간의 파종 및 수확의 다소를 위와 같이 조사하여 보고하도록 합니다.

> ㉠ 쌀의 수요가 늘면서 밭을 논으로 바꾸는 현상이 활발하였다.
> ㉡ 신속은 「농가집성」을 펴내 벼농사 중심의 농법을 소개하였다.
> ㉢ 남부지방에서 모내기가 보급되어 일부 지역은 벼와 보리의 이모작이 가능해졌다.
> ㉣ 시비법의 발달로 경작지를 묵히지 않고 계속 농사지을 수 있게 되었다.

① ㉠㉡   ② ㉡㉢
③ ㉢㉣   ④ ㉠㉢㉣

6 일제 강점기 우리나라 역사학자들의 역사연구 활동에 대한 설명으로 옳지 않은 것은?

① 안재홍은 우리나라 역사를 통사 형식으로 쓴 「조선사연구」를 편찬하였다.

② 백남운 등의 사회경제사학자들은 민족주의 사학자들의 정신사관을 비판하기도 하였다.

③ 신채호는 「조선상고문화사」를 저술하여 대종교와 연결되는 전통적 민간신앙에 관심을 보였다.

④ 정인보는 광개토왕릉 비문을 연구하여 일본 학자의 고대사 왜곡을 바로잡는 데 기여하였다.

7 밑줄 친 '이 신문'에 대한 설명으로 옳지 않은 것은?

> 신문으로는 여러 가지 신문이 있었으나, 제일 환영을 받기는 영국인 베델이 경영하는 이 신문이었다. 관 쓴 노인도 사랑방에 앉아서 이 신문을 보면서 혀를 툭툭 차고 각 학교 학생들은 주먹을 치고 통론하였다.
>
> – 유광열, 별건곤 –

① 국민의 힘으로 국채를 갚아야 한다는 운동을 주도하였다.

② 고종은 을사조약의 부당성을 폭로하는 친서를 발표하였다.

③ 양기탁이 신민회를 조직하면서 신민회의 기관지 역할을 하였다.

④ 을사조약 체결을 비판하는 '시일야방성대곡'이라는 사설이 발표되었다.

8 다음 내용의 직접적 계기가 된 사건으로 옳은 것은?

> 한국의 독립 운동에 냉담하던 중국인이 한국 독립 운동을 주목하게 되었고, 이후 중국 정부는 대한민국 임시정부에 대한 지원을 강화하였다. 이 사건을 계기로 중국 정부가 중국 영토 내에서 우리 민족의 무장 독립 활동을 승인함으로써 한국광복군이 탄생할 수 있었다.

① 파리 강화 회의에서 김규식의 활동

② 윤봉길의 상하이 홍커우 공원 의거

③ 홍범도, 최진동 연합부대의 봉오동 전투

④ 만주사변 이후 한·중 연합 작전의 전개

9 다음 지방행정 제도를 시기순으로 바르게 나열한 것은?

> ㉠ 전국을 8도로 나누고 도 아래에는 부·목·군·현을 두었다.
> ㉡ 전국을 5도와 양계, 경기로 나누었다.
> ㉢ 9주 5소경의 지방제도를 마련하였다.
> ㉣ 전국을 23부 337군으로 개편하였다.

① ㉠ - ㉡ - ㉢ - ㉣   ② ㉡ - ㉢ - ㉣ - ㉠

③ ㉢ - ㉡ - ㉠ - ㉣   ④ ㉣ - ㉢ - ㉡ - ㉠

10 고려시대 향리에 대한 설명으로 옳지 않은 것은?

① 지방의 중심 세력으로 사심관에 임명되었다.

② 지방관이 파견되지 않은 속현이나 부곡의 실질적인 지배층이었다.

③ 읍사(邑司)를 구성하여 지방 행정의 실무를 담당하였다.

④ 고려초 토성(土姓)을 분정받아 그 근거지를 본관으로 인정받기도 하였다.

11 다음 고려시대 조서의 의도에 부합하지 않는 것은?

> 중앙에 있는 문신은 매달 시 3편·부 1편을, 지방관은 매년 시 30편·부 1편씩을 바치도록 하라.

① 국자감 설치   ② 제술업 시행

③ 음서제 시행   ④ 수서원 설립

12 다음 정책을 추진한 인물에 대한 설명으로 옳은 것은?

> • 소격서 폐지   • 위훈삭제   • 방납의 폐단 시정

① 경연을 강화하고 언론활동을 활성화하였다.

② 갑자사화를 주도하여 훈구세력을 몰아내었다.

③ 소수서원을 설립하여 유교윤리를 보급하였다.

④ 관리들에게 '신언패(愼言牌)'를 차고 다니게 하였다.

13 다음 제도가 시행된 이후 나타난 변화로 옳지 않은 것은?

> 각 도의 공물은 이제 미포(米布)로 상납한다. 공인으로 삼은 사람에게 그 가격을 넉넉히 계산해 주어 관청 수요에 미리 준비하게 한다. 그러나 본래 정해진 공물 그대로를 상납하는 이는 제때 내야 한다.

① 공물을 각종 현물 대신 쌀·베·동전으로 징수하였다.

② 각 고을에서 가호(家戶)를 기준으로 공물을 부과하였다.

③ 토지가 없거나 적은 농민은 공물 부담이 경감되었다.

④ 물품의 수요와 공급이 증가하면서 상품화폐경제가 발전하였다.

14 갑오개혁과 동학농민운동에서 공통적으로 제기된 개혁안으로 옳은 것은?

① 과부가 된 여성의 개가를 허용한다.

② 각 도의 각종 세금은 화폐로 내게 한다.

③ 죄인 자신 이외의 모든 연좌율을 폐지한다.

④ 공채이든 사채이든 기왕의 것은 모두 무효로 한다.

15 다음 유물이 최초로 사용되던 시기에 대한 설명으로 옳은 것은?

> • 가락바퀴   • 뼈바늘   • 돌보습

① 부족은 혈연을 바탕으로 한 씨족을 기본 구성단위로 하였다.
② 움집 중앙에 있던 화덕은 한쪽 벽으로 옮겨지고, 저장 구덩도 따로 설치하였다.
③ 미송리식 토기를 널리 사용하였다.
④ 일부 저습지에서는 벼농사를 지었다.

16 제1차 세계대전 이후의 항일 민족 운동에 대한 설명으로 옳지 않은 것은?

① 일부 민족주의 진영에서는 교육을 통해 실력을 양성하자는 문화운동을 전개하였다.
② 연해주의 신한촌에서는 의병과 계몽 운동가들이 힘을 모아 권업회를 조직하였다.
③ 일제는 친일파를 육성하고 민족주의 세력을 회유하여 민족운동을 분열시켰다.
④ 비타협적 민족주의와 사회주의 세력이 연합하여 신간회를 조직하였다.

17 다음 제시어와 관련 있는 우리나라 초기 국가에 대한 설명으로 옳은 것은?

> • 사자, 조의   • 서옥제   • 동맹

① 관직명으로 상·대부·박사·장군 등이 있었다.
② 남의 물건을 훔쳤을 때 물건 값의 12배로 배상하고, 간음한 자는 사형에 처했다.
③ 중대한 범죄자가 있으면 제가 회의를 통해 사형에 처하고, 그 가족을 노비로 삼았다.
④ 제사장인 천군은 신성 지역인 소도에서 농경과 종교에 대한 의례를 주관하였다.

18 삼국 시대 각국의 역사상에 대한 설명으로 옳은 것만을 모두 고르면?

> ㉠ 고구려의 소노부는 자체의 종묘와 사직에 제사를 지내기도 하였다.
> ㉡ 백제 성왕은 중앙 관청을 22부로 확대 정비하고 수도를 5부로, 지방을 5방으로 정비하였다.
> ㉢ 영일 냉수리 신라비와 울진 봉평 신라비에 의하면 왕은 소속부의 명칭을 띠고 있었다.

① ㉠㉡
② ㉠㉢
③ ㉡㉢
④ ㉠㉡㉢

19 19세기 조선 사회에 대한 설명으로 옳은 것만을 모두 고르면?

> ㉠ 순조 초에 훈련도감이 벽파 세력에 의해 혁파되고, 군영 대장 후보자를 결정할 권한은 당시 권력 집단이 장악한 비변사가 가지고 있었다.
> ㉡ 중앙정치 참여층이 경화 벌열로 압축되고 중앙 관인과 재지사족 간에 존재했던 경향의 연계가 단절되면서 전통적인 사림의 공론 형성은 거의 불가능해졌다.
> ㉢ 환곡은 본래 진휼책의 하나였지만, 각 아문에서 환곡의 모곡을 재정 수입의 주요 항목으로 이용하면서 부세와 다름없이 운영되었다.
> ㉣ 홍경래 난을 계기로 국가는 삼정이정청을 설치하여 삼정의 개선 방안을 모색하였으며, 각지의 사족들 또한 상소문을 올려 해결 방안을 제시하였다.

① ㉠㉡㉢
② ㉡㉢
③ ㉡㉢㉣
④ ㉢㉣

20 일제의 식민지 정책을 시기순으로 바르게 나열한 것은?

> ㉠ 농촌경제의 안정화를 명분으로 농촌진흥운동을 전개하였다.
> ㉡ 학도지원병 제도를 강행하여 학생들을 전쟁터로 내몰았다.
> ㉢ 회사령을 철폐하여 일본 자본이 조선에 자유롭게 유입될 수 있게 하였다.
> ㉣ 토지의 소유권과 가격에 대한 대대적인 조사를 진행하였다.

① ㉢ - ㉣ - ㉠ - ㉡
② ㉢ - ㉣ - ㉡ - ㉠
③ ㉣ - ㉢ - ㉠ - ㉡
④ ㉣ - ㉢ - ㉡ - ㉠

☞ 정답 및 해설 P.5

1 다음과 같은 주장에 가장 적합한 역사서술은?

> 역사가는 자기 자신을 숨기고 과거가 본래 어떠한 상태에 있었는가를 밝히는 것을 자신의 지상 과제로 삼아야 하며, 이때 오직 역사적 사실로 하여금 말하게 하여야 한다.

① 궁예와 견훤의 흉악한 사람됨이 어찌 우리 태조와 서로 겨룰 수 있겠는가.

② 건국 초에 향리의 자제를 뽑아 서울에 머물게 하여 출신지의 일에 대하여 자문하였는데, 이를 기인이라고 한다.

③ 묘청 등이 승리하였다면 조선사가 독립적, 진취적으로 진전 하였을 것이니, 이 사건을 어찌 일천년래 제일대사건이라 하지 아니하랴.

④ 토문 이북과 압록 이서의 땅이 누구의 것인지 알지 못하게 하였으니 … (중략) … 고려가 약해진 것은 발해를 차지하지 못하였기 때문이다.

2 조선후기 정조에 대한 설명으로 옳지 않은 것은?

① 초계문신 제도를 실시하였다.

② 「속대전」을 편찬하였다.

③ 팔달산 아래에 화성을 건설하였다.

④ 규장각을 강력한 정치기구로 육성하였다.

3 우리나라의 시대별 토지제도에 대한 설명으로 옳지 않은 것은?

① 신라는 통일 이후에 관료전과 정전(丁田)을 지급하였다.

② 고려후기의 녹과전은 수조권을 지급한 토지에 해당한다.

③ 고려말 과전법에서 과전은 경기 지방의 토지로 지급하였다.

④ 지주제의 한 형태인 병작제는 조선초기에 가장 발달하였다.

4 고려·조선시대 음악에 대한 설명으로 옳은 것은?

① 고려시대 향악은 주로 제례 때 연주되었다.

② 고려시대에는 동동, 대동강, 오관산 등이 창작 유행되었다.

③ 조선시대에는 정간보를 만들어 음악의 원리와 역사를 체계화하였다.

④ 조선시대 가사, 시조, 가곡 등은 아악을 발전시켜 연주한 것이다.

5 19세기에 발생한 농민 봉기에 대한 설명으로 옳지 않은 것은?

① 몰락한 양반이 민란을 주도하기도 했다.

② 임술 민란은 삼남지방에서 가장 치열하게 일어났다.

③ 홍경래 난의 지도자들은 지방차별 타파를 내세웠다.

④ 민란의 결과 부세제도의 근본적 개혁이 이루어졌다.

6 한국 철기시대의 주거 양상에 대한 설명으로 옳지 않은 것은?

① 부뚜막이 등장하였다.

② 지상식 주거가 등장하였다.

③ 원형의 송국리형 주거가 등장하였다.

④ 출입구 시설이 붙은 '여(呂)'자형 주거가 등장하였다.

7 다음 정책을 시대순으로 바르게 나열한 것은?

> ㉠ 과거제도와 신분제를 폐지한다.
> ㉡ 군대는 친위대와 진위대를 설치한다.
> ㉢ 지방제도는 전국을 23부로 개편한다.
> ㉣ 양전사업을 실시하여 지계를 발급한다.

① ㉠ - ㉡ - ㉢ - ㉣   ② ㉠ - ㉢ - ㉡ - ㉣

③ ㉡ - ㉣ - ㉠ - ㉢   ④ ㉢ - ㉣ - ㉠ - ㉡

8 고려시대에 제작된 대장경에 대한 설명으로 옳지 않은 것은?

① 초조대장경은 거란의 침입 때 부처의 힘을 빌려 적을 물리치고자 만들었다.

② 속장경(교장)은 의천이 경(經), 율(律), 논(論) 삼장의 불교경전을 모아 간행한 것이다.

③ 재조대장경은 몽고 침략으로 초조대장경이 소실된 후 고종 때 다시 만든 것이다.

④ 현재 합천 해인사에 보관되어 있는 팔만대장경은 재조대장경을 가리킨다.

9 고려시대의 수공업에 대한 설명으로 옳지 않은 것은?

① 고려시대의 수공업은 관청수공업, 소(所)수공업, 사원수공업, 민간수공업으로 구분할 수 있다.

② 중앙과 지방의 관청에서는 그곳에서 일할 기술자들을 공장안(工匠案)에 등록해 두었다.

③ 소(所)에서는 금, 은, 철 등 광산물과 실, 종이, 먹 등 수공업 제품 외에 생강을 생산하기도 하였다.

④ 고려후기에는 소(所)에서 죽제품, 명주, 삼베 등 다양한 물품을 만들어 민간에 팔기도 하였다.

10 삼국 초기의 통치구조에 대한 설명으로 옳지 않은 것은?

① 고구려의 5부나 신라의 6부가 중앙의 지배집단이 되었다.

② 각 부의 귀족들은 각자의 관리를 거느렸다.

③ 각 부는 독자적인 대외교섭권을 가지고 있었다.

④ 국가의 중요한 일은 각 부의 귀족들로 구성된 회의체에서 결정하였다.

11 다음 (가), (나)의 주장이 정치적 대립으로 이어진 배경에 대한 설명으로 옳지 않은 것은?

> (가) 효종은 임금이셨으니 새 어머니인 인조 임금의 계비는 돌아가신 효종에 대해 3년 상복을 입어야 합니다. 임금의 예는 보통 사람과 다릅니다.
>
> (나) 효종은 형제 서열상 차남이셨으니 새 어머니인 인조 임금의 계비는 돌아가신 효종에 대해 1년복만 입어야 합니다. 천하의 예는 모두 같은 원칙에 따라야 합니다.

① 왕이 직접 나서서 환국을 주도하였다.

② 서인이 우세한 가운데 남인의 세력이 성장하였다.

③ 왕권 강화와 신권 강화에 대한 입장 차이가 있었다.

④ 효종의 왕위 계승의 정통성 문제와 관련이 있었다.

12 다음과 같은 조항을 직접 포함하고 있는 것은?

> • 남과 북은 서로 상대방의 체제를 인정하고 존중한다.
> • 남과 북은 상대방에 대하여 무력을 사용하지 않으며, 상대방을 무력으로 침략하지 아니한다.

① 7 · 4 남북 공동 성명

② 남북 기본 합의서

③ 6 · 15 남북 공동 선언

④ 10 · 4 남북 정상 회담

13 다음은 1945년부터 1950년까지 발생했던 한국현대사의 역사적 기록이다. 시기순으로 바르게 나열한 것은?

> ㉠ 미국, 소련, 영국의 외상들이 삼상회의를 개최하고 '한국 문제에 관한 4개항의 결의서'(신탁 통치안)를 결정하였다.
>
> ㉡ 남한에서는 유엔 한국 임시위원단의 감시 아래 총선거가 실시되었다.
>
> ㉢ 일제의 잔재를 청산하고 민족정기를 바로잡기 위해 반민족행위처벌법을 제정하였다.
>
> ㉣ 북한은 38도선 전 지역에 걸쳐 남침을 감행하였다.

① ㉠ - ㉡ - ㉢ - ㉣

② ㉠ - ㉡ - ㉣ - ㉢

③ ㉠ - ㉢ - ㉡ - ㉣

④ ㉡ - ㉠ - ㉢ - ㉣

14 조선후기의 경제활동에 대한 설명으로 옳지 않은 것은?

① 대동법의 시행으로 공물 납부는 모두 쌀을 납부하는 것으로 바뀌었다.

② 영정법을 제정하여 풍흉에 관계없이 토지 1결당 전세를 고정하였다.

③ 사상의 활동은 개성, 평양, 의주, 동래 등 지방도시에서도 활발하였다.

④ 덕대가 노동자를 고용하여 광산을 개발하기도 하였다.

15 일제 강점기 만주 연해주 등지에서 행해진 무장 독립운동에 대한 설명으로 옳지 않은 것은?

① 홍범도의 대한독립군은 봉오동 전투에서, 김좌진의 북로군정서군은 청산리 전투에서 크게 승리하였다.

② 연해주의 자유시로 이동한 독립군은 적색군에 의해 무장 해제를 당하였다.

③ 독립군의 통합운동으로 참의부, 정의부, 신민부가 조직되어 각각 입법부, 사법부, 행정부의 역할을 담당하였다.

④ 1930년대 초 만주에서의 독립 전쟁은 한국 독립군과 조선 혁명군이 중심이 되어 추진되었다.

16 우리나라의 토기 및 도자기에 대한 설명으로 옳지 않은 것은?

① 신라 토기는 규산(석영) 성분의 태토를 구워 만드는데, 유약을 사용하지 않는 것이 원칙이다.

② 고려 청자는 물에는 묽어지고 불에는 굳어지는 자토로 모양을 만들고 무늬를 새긴 후 유약을 발라 대략 1,250~1,300도 사이의 온도로 구워서 만든다.

③ 분청사기는 청자에 백토의 분을 칠한 것으로, 서민문화가 발달하는 조선후기에 성행하였다.

④ 조선 백자는 규산(석영)과 산화알루미늄을 주성분으로 한 태토로 모양을 만들고 그 위에 유약을 발라 대략 1,300~1,350도에서 구워 만든다.

17 고려시대의 정치 기구에 대한 설명으로 옳지 않은 것은?

관부	장관	특징
㉠	문하시중(종1)	정치의 최고관부로서 재부라고 불리움
㉡	판원사(종2)	왕명출납, 숙위, 군기(軍機)
㉢	판사(재신 겸)	국방, 군사문제의 회의 기관
㉣	판사(재신 겸)	법제, 격식문제의 회의 기관

① ㉠의 관직은 2품 이상의 재신과 3품 이하의 낭사로 구분되었다.

② ㉠과 ㉡의 고관인 재추들이 모여 국가의 중대사를 협의·결정 하는 기구가 ㉢과 ㉣이었다.

③ ㉢은 고려후기에 이르러 국가의 모든 정무를 관장하는 최고 기구로 발전하였다.

④ ㉢은 당의 관제를, ㉣은 송의 관제를 본 딴 것이었다.

18 대한제국의 개혁에 대한 설명으로 옳지 않은 것은?

① 근대적인 재정일원화를 위해 내장원의 업무를 탁지부로 이관하였다.

② 구본신참의 개혁 방향을 제시하고, 대한국 국제를 제정하여 황권을 강화하였다.

③ 상공업 진흥책을 펼쳐 황실 스스로 공장을 설립하거나 민간 회사 설립을 지원하였다.

④ 황제가 군권을 장악하기 위해 원수부를 설치하고 황제를 호위하는 군대를 증강하였다.

19 조선후기의 학문과 사상에 대한 설명으로 옳지 않은 것은?

① 허목은 중농정책의 강화, 부세의 완화, 호포제 실시 반대 등을 주장하였다.

② 호락논쟁은 인성과 물성이 같다고 주장하는 노론과, 다르다고 주장하는 소론 사이의 논쟁이다.

③ 이익은 나라를 좀먹는 악폐로 노비제도, 과거제도, 양반문벌, 사치와 미신, 승려, 게으름 등을 들었다.

④ 민족의 전통과 현실에 대한 관심이 깊어지면서 우리의 역사, 지리, 국어 등을 연구하는 국학이 발달하였다.

20 다음 표는 항일의병의 전투상황을 나타낸 것이다. 표에 나타난 시기의 의병활동에 대한 설명으로 옳지 않은 것은?

연도	전투 횟수	참가 의병수
1907(8월−12월)	323	44,116
1908	1,452	69,832
1909	898	25,763
1910	147	1,891
1911(1월−6월)	33	216

① 해산된 군인의 합류로 전투력이 크게 향상되었다.

② 일본의 '남한 대토벌 작전'으로 인해 의병 투쟁은 크게 타격을 받았다.

③ 전국의 의병부대가 연합전선을 형성하여 서울 진공 작전을 시도하였다.

④ 평민출신 의병장인 신돌석이 등장하여 호남지역에서 유격전을 벌였다.

☞ 정답 및 해설 P.7

1 다음 자료를 이해한 것으로 가장 옳지 않은 것은?

> "우리에게 먹을 것이 없고 의지하여 살 것이 없으면 우리의 생활은 파괴가 될 것이다. … (중략) … 우리는 이와 같은 견지에 서서 우리 조선의 물산을 장려하기 위하여 조선 사람은 조선 사람이 지은 것을 쓰고, 둘째 조선 사람은 단결하여 그 쓰는 물건을 스스로 제작해 공급하기를 목적하노라."
>
> – 산업계 –

① 실력양성운동의 일환으로 추진되었다.

② 이 운동은 1910년대부터 시작되어 해방이 될 때까지 계속 이어졌다.

③ 조선물산장려회를 중심으로 전개되었다.

④ 주로 지식인, 청년, 학생, 부녀자 등 범국민적인 참여를 이끌어냈다.

⑤ 금주단연운동, 토산품 애용운동 등으로 나타났다.

2 다음 중 1950년대 북한의 상황에 대한 설명으로 옳지 않은 것은?

① 김일성에 의해 박헌영 등 남로당계 간부들이 숙청되었다.

② 김일성의 개인숭배를 반대한 이른바 '8월 종파사건'이 있었다.

③ 주민들의 생산노동 참여를 경쟁시키기 위해 '천리마 운동'을 전개하였다.

④ 노동당의 유일사상으로 '주체사상'을 규정하였다.

⑤ 농업협동화를 위한 협동농장 건설이 추진되었다.

3 지도에 표시된 시기별 국경선이다. ㈎~㈐에 대한 설명으로 옳은 것은?

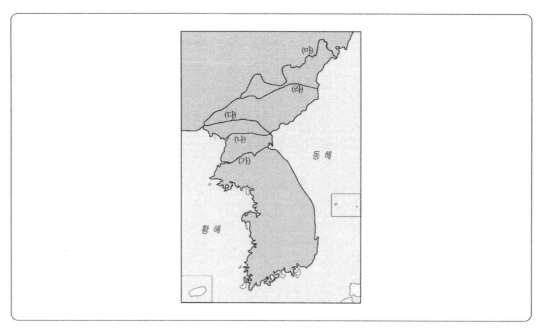

① ㈎ – 신라가 삼국을 통일했을 때의 국경선이다.

② ㈏ – 충렬왕 때 자주정책으로 영토를 수복했을 때의 국경선이다.

③ ㈐ – 세종 때 김종서 장군이 4군 6진을 개척하여 확보한 국경선이다.

④ ㈑ – 고려 태조 왕건이 북진정책을 실시하여 확보한 국경선이다.

⑤ ㈒ – 고려가 여진의 침략에 대비하기 위해 천리장성을 축조했을 때의 국경선이다.

4 통일신라에 대한 설명으로 옳은 것은?

① 신문왕은 왕권을 강화하기 위하여 관료전을 지급하고 녹읍을 폐지하였다.

② 군사조직을 중앙에 9주 지방에 5소경으로 완비하였다.

③ 신라말기에 중앙정부의 통제에서 벗어나 반독립적인 세력으로 성장한 세력을 '6두품'이라 한다.

④ 6두품 출신의 최치원은 당에 유학하여 유학을 공부하고 돌아와 개혁을 주장하여 대아찬까지 올라갈 수 있었다.

⑤ 신라 말기에 6두품과 교종 승려들은 호족과 연계하였다.

5 다음 업무를 담당하던 관청에 대한 설명으로 옳은 것은?

> 궁중의 경서(經書) 및 사적(史籍)의 관리, 문서의 처리 및 왕의 자문에 응한다. 옥당(玉堂)·옥서(玉署)·영각(瀛閣)이라고도 한다.
>
> — 경국대전 —

① 이곳 수장은 영의정이었다.
② 세조가 집권하면서 폐지되었다.
③ 사간원, 사헌부와 함께 3사로 지칭되었다.
④ 임진왜란을 계기로 상설기구로 변화하였다.
⑤ 초계문신제를 통해 능력 있는 인재를 양성하였다.

6 다음의 (가)에 대한 설명으로 옳은 것을 〈보기〉에서 모두 고르면?

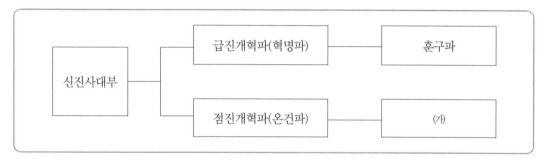

〈보기〉
㉠ 많은 토지를 소유한 대지주로 성장했다.
㉡ 도덕과 의리를 바탕으로 하는 왕도정치를 강조하였다.
㉢ 부국강병과 왕권강화를 통한 중앙집권체제를 추구하였다.
㉣ 서원과 향약을 통해 향촌사회에서 꾸준히 세력을 확대하였다.

① ㉠㉡
② ㉠㉢
③ ㉡㉢
④ ㉡㉣
⑤ ㉢㉣

7 다음 중 영조 때 편찬된 것으로만 묶인 것은?

> ㉠ 동국문헌비고　　　　　 ㉡ 동문휘고
> ㉢ 속병장도설　　　　　　 ㉣ 무원록
> ㉤ 전운옥편

① ㉠㉡㉣　　　　　　　　　② ㉡㉢㉤
③ ㉠㉢㉣　　　　　　　　　④ ㉠㉢㉤
⑤ ㉢㉣㉤

8 다음은 고려시대에 발생한 사건들이다. 시대순으로 나열한 것은?

> ㉠ 묘청의 난　　　　　　 ㉡ 이자겸의 난
> ㉢ 무신의 난　　　　　　 ㉣ 조위총의 난

① ㉠ - ㉡ - ㉢ - ㉣　　　② ㉠ - ㉡ - ㉣ - ㉢
③ ㉡ - ㉠ - ㉣ - ㉢　　　④ ㉡ - ㉠ - ㉢ - ㉣
⑤ ㉢ - ㉠ - ㉣ - ㉡

9 다음은 고려시대에 실시한 정책들이다. 광종 때 실시한 정책이 아닌 것은?

> ㉠ 백관의 공복 제정　　　 ㉡ 노비환천법 실시
> ㉢ 사심관제도 실시　　　　 ㉣ 노비안검법 실시
> ㉤ 과거제의 시행

① ㉠㉢　　　　　　　　　　② ㉢㉣
③ ㉠㉣　　　　　　　　　　④ ㉡㉢
⑤ ㉣㉤

10 다음은 고려 말 신흥사대부의 성장과정을 나열한 것이다. 시간 순서대로 바르게 연결 된 것은?

> ㉠ 전제개혁을 단행하여 과전법을 실시하였다.
> ㉡ 성균관을 부흥시켜 순수한 유교 교육 기관으로 개편하고 성리학을 연구하게 하였다.
> ㉢ 요동정벌에 나선 이성계가 압록강의 위화도에서 회군하였다.
> ㉣ 쌍성총관부를 무력으로 수복하였다.

① ㉠ – ㉡ – ㉢ – ㉣   ② ㉣ – ㉡ – ㉢ – ㉠
③ ㉣ – ㉢ – ㉡ – ㉠   ④ ㉡ – ㉣ – ㉢ – ㉠
⑤ ㉣ – ㉡ – ㉠ – ㉢

11 제시문은 고려의 공민왕이 실시한 정책이다. 흥선대원군이 실시한 정책 중 이와 같은 목적으로 실시한 정책이 아닌 것은?

> • 권문세족을 누르기 위해, 신진사대부의 등장을 억제하고 있던 정방을 폐지하였다.
> • 전민변정도감을 설치하여 권문세족이 부당하게 빼앗은 토지와 노비를 돌려주거나 양인으로 해방시켰다.
> • 권문세족들의 경제기반을 약화시키고 국가재정 수입의 기반을 확대하였다.

① 경복궁 중건   ② 대전회통 편찬
③ 통상수교정책 실시   ④ 능력위주의 인재 등용
⑤ 비변사를 폐지

12 다음 중 삼국에 대한 설명으로 옳은 것은?

① 고구려 소수림왕은 왕위 계승을 형제 상속에서 부자 상속으로 바꾸었다.
② 신라의 법흥왕은 고구려의 도움을 받아 왜구를 격퇴하였다.
③ 백제의 무령왕은 22담로를 설치하여 지방에 대한 통제를 강화하였다.
④ 신라 내물왕은 마립간이란 왕호를 썼는데, 왕호에는 무당, 제사장이란 의미가 있다.
⑤ 백제의 개로왕은 고구려로부터 한강 유역을 되찾았다.

13 다음의 민족운동 단체 중 주 활동 지역이 같은 것 끼리 묶인 것은?

> ㉠ 신한청년당 　　　　　　㉡ 의열단
> ㉢ 권업회 　　　　　　　　㉣ 한인사회당
> ㉤ 동제사

① ㉡㉢㉣　　　　　　　　　　② ㉠㉡㉤
③ ㉠㉢㉣　　　　　　　　　　④ ㉢㉣㉤
⑤ ㉠㉡㉢

14 상해임시정부의 활동에 대한 설명으로 옳지 않은 것은?

① 민립대학 설립운동을 전개하였다.
② 연통제를 통해 국내외를 연결하였다.
③ 기관지로 독립신문을 간행하여 배포하였다.
④ 미국에 구미위원부를 미국 국회에 한국 문제를 상정하였다.
⑤ 스위스에서 열리는 만국사회당대회에 조소앙을 파견하여 한국독립승인결의안을 통과시켰다.

15 다음 자료는 어떤 애국계몽운동단체의 취지문의 일부이다. 이 단체의 활동으로 바르게 설명한 것은?

> "… (중략) … 무릇 우리 대한인은 내외를 막론하고 통일연합으로써 그 진로를 정하고 독립자유로써 그 목적을 세움이니, 이것이 원하는 바이며 품어 생각하는 것이다. 간단히 말하면 오직 신정신을 불러 깨우쳐서 신단체를 조직한 후에 신국가를 건설할 뿐이다. … (중략) … "

① 일제의 황무지 개간 요구를 철회시켰다.
② 파리강화회의에 김규식을 한국 대표로 보내는 등 외교활동을 전개하였다.
③ 동양척식주식회사와 조선식산은행을 습격하였다.
④ 독립신문을 발간하고 강연회를 개최하는 등 민중 계몽에 힘썼다.
⑤ 국권회복과 공화정체의 국민국가 건설을 목표로 했다.

16 다음 사건을 시대 순으로 나열한 것은?

> ㉠ 강화도 조약　　　　　　　㉡ 신미양요
> ㉢ 병인양요　　　　　　　　　㉣ 갑신정변
> ㉤ 조청상민수륙무역장정

① ㉢ － ㉡ － ㉠ － ㉤ － ㉣　　　② ㉢ － ㉡ － ㉠ － ㉣ － ㉤
③ ㉡ － ㉢ － ㉠ － ㉤ － ㉣　　　④ ㉠ － ㉤ － ㉢ － ㉡ － ㉣
⑤ ㉤ － ㉡ － ㉠ － ㉣ － ㉢

17 대한제국 시기에 추진된 개혁안에 대한 설명으로 옳지 않은 것은?

① 상무사를 조직하였다.　　　　　② 양전사업을 실시하였다.
③ 무관학교를 설립하였다.　　　　④ 북변도 관리를 설치하였다.
⑤ 중국연호를 폐지하였다.

18 일제의 경제침탈과 관련된 내용에 대한 설명이다. 옳지 않은 것은?

① 토지사업은 우리나라를 식민지화 하면서 그에 필요한 제반경비를 마련하기 위한 재정 수입원을 확보하는 것을 목적으로 하였다.
② 1910년에 시작된 토지조사사업은 토지에 대한 지주의 권리만을 인정하여 농민의 경작권을 부정하였다.
③ 회사령의 반포는 일본 자본의 우리나라 진출을 용이하게 하였다.
④ 토지조사사업의 결과로 지주의 수는 감소하고 자영농의 수가 증가하였다.
⑤ 식민지 수탈정책의 경제구조는 일제의 상품을 수출하고, 한국의 식량을 수탁하도록 바꾸는 것이었다.

19 밑줄 친 이 단체에 대한 설명으로 옳은 것은?

> 각 당파가 망라된 통일조직인 <u>이 단체</u>는 전국 각지에 150여개의 지회를 두고 활발한 활동을 전개하였다. 부녀자들의 통일단체인 근우회 역시 이 무렵 창설되었다. 이 무렵에는 국내뿐만 아니라 해외에도 수많은 혁명단체들이 조직되었다. 동북의 책진회, 상해의 대독립당, 촉성회와 같은 단체는 국내에서 활발한 활동을 전개하고 있던 이 단체와 깊은 연계를 맺고 있던 통일조직이었다.
>
> — 조선 민족해방운동 30년사, 구망일보 —

① 일제의 황무지 개간권 요구를 철회시켰다.

② '기회주의의 일체 부인'을 강령으로 제시하였다.

③ 민립대학 설립운동을 전개하였다.

④ 물산장려운동을 추진하였다.

⑤ 공화정 체제의 국가 건설을 목표로 했다.

20 다음 자료는 초기철기시대 여러 나라의 성장을 보여주는 지도이다. 각 나라에 대한 설명으로 옳은 것은?

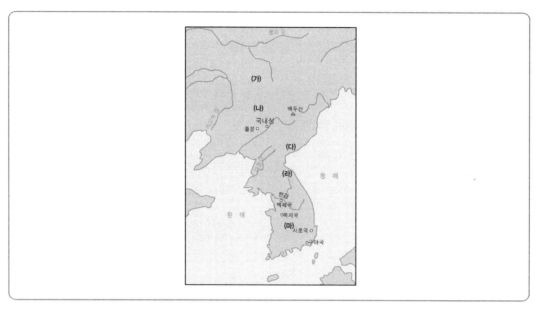

① (가) – 12월에 열리는 제천행사인 영고는 수렵사회의 전통을 보여준다.

② (나) – 송화강의 평화지대를 중심으로 하였고, 말, 주옥, 모피가 유명하였다.

③ (다) – 매년 10월 무천이라는 제천행사를 열었고, 족외혼을 엄격히 지켰다.

④ (라) – 반움집이나 귀틀집에서 살았고 두레조직을 통해 공동 작업을 하였다.

⑤ (마) – 각 읍락에는 읍군, 삼로라는 군장이 부족을 다스렸으나 크게 성장하지 못하였다.

1 다음 ㉠ ~ ㉣에 들어갈 말을 바르게 배열한 것은?

> • 기원전 8 ~ 7세기 무렵에 　㉠　도 본격화되기 시작했다.
> • 일반적으로 　㉡　은 식량 채집 단계로부터 식량 생산 단계로의 변화를 낳은 농업혁명을 말한다.
> • 　㉢　과 뒤를 이은 　㉣　을 대표적인 유물로 하는 청동기 문화는 황하나 내몽골 지역의 것과는 구별되는 독자적인 개성을 지닌 것이었다.

	㉠	㉡	㉢	㉣
①	벼농사	신석기혁명	비파형동검	세형동검
②	벼농사	청동기혁명	세형동검	비파형동검
③	보리농사	신석기혁명	세형동검	비파형동검
④	보리농사	청동기혁명	비파형동검	세형동검

2 삼한에 대한 설명으로 옳지 않은 것은?

① 제정일치의 사회였다.
② 저수지가 축조되고 벼농사가 발달하였다.
③ 철이 많이 생산되어 낙랑과 왜 등에 수출하였다.
④ 5월과 10월에 계절제를 열어 하늘에 제사를 지냈다.

3 다음 글에 해당하는 왕의 정책으로 옳은 것은?

> • 처음으로 소를 이용한 밭갈이가 시작되었다.
> • 국호를 한자식 표현인 '신라'로 바꾸었다.

① 우산국을 복속시켜 영토로 편입하였다.
② 왕호를 이사금에서 마립간으로 바꾸었다.
③ 이차돈의 순교를 계기로 불교를 공인하였다.
④ 고령의 대가야를 정복하여 낙동강 유역을 확보하였다.

4 발해의 대외관계에 대한 설명으로 옳지 않은 것은?

① 당과 신라를 견제하기 위해 돌궐과 외교관계를 맺기도 하였다.
② 일본과는 서경 압록부를 통해 여러 차례 사신이 왕래하였다.
③ 당에 유학생을 보냈는데 빈공과에 급제한 사람이 여러 명 나왔다.
④ 일본은 발해에 보낸 국서에서 발해왕을 '고려왕'으로 표현하기도 하였다.

5 위정척사운동의 전개에 대한 설명으로 옳지 않은 것은?

① 대원군의 쇄국정책을 뒷받침하였다.
② 동도서기론과 문명개화론을 주장하였다.
③ 영남 유생들의 만인소 운동이 일어났다.
④ 일본과 관련하여 왜양일체론을 내세웠다.

6 삼국시기의 고분에 대한 설명으로 옳지 않은 것은?

① 고구려 돌무지무덤 : 백제 초기 무덤에 영향을 미쳤다.

② 백제 벽돌무덤 : 중국 남조의 영향을 받았다.

③ 신라 돌무지덧널무덤 : 나무덧널을 설치하고 그 위에 돌만 쌓았다.

④ 굴식 돌방무덤 : 삼국은 모두 굴식 돌방무덤을 조영했다.

7 밑줄 친 '국왕'의 정책으로 옳지 않은 것은?

> 국왕께서 왕위에 즉위한 첫 해에 맨 먼저 도서집성 5천여 권을 연경의 시장에서 사오고, 또 옛날 홍문관에 간직했던 책과 강화부 행궁에 소장했던 책과 명에서 보내온 책들을 모았다. …… 창덕궁안 규장각 서남쪽에 열고관을 건립하여 중국본을 저장하고, 북쪽에는 국내본을 저장하니, 총 3만권 이상이 되었다.

① 통치규범을 재정리하기 위하여 대전통편을 편찬하였다.

② 당파와 관계없이 인물을 등용하는 완론탕평을 실시하였다.

③ 당하관 관료의 재교육을 위해 초계문신제도를 시행하였다.

④ 왕권을 강화하기 위해 장용영이라는 친위부대를 창설하였다.

8 다음 글은 다산 정약용이 당시 농민들의 실태를 지적한 것이다. 이 시기의 각 지역 호적대장에서 급증하는 호구는?

> 지금 호남의 백성들을 볼 때 대략 100호가 있다고 한다면, 그 중 다른 사람에게 토지를 빌려주고 지대를 받는 자는 불과 5호에 지나지 않고, 자기 토지로 농사짓는 자는 25호이며, 타인의 토지를 빌려 지으면서 지대를 바치는 자가 70호나 된다.

① 양반호   ② 상민호

③ 노비호   ④ 양반호, 상민호

9 다음 주장에서 강조하고 있는 내용으로 가장 적절한 것은?

> 그러면 지금의 조선 민족에게는 왜 정치적 생활이 없는가? 일본이 조선을 병합한 이래로 조선에게는 모든 정치활동을 금지한 것이 첫째 원인이다. …… 지금까지 해 온 정치적 운동은 모두 일본을 적대시하는 운동뿐이었다. 이런 종류의 정치 운동은 해외에서나 할 수 있는 일이고, 조선 내에서는 허용되는 범위 내에서 일대 정치적 결사를 조직해야 한다는 것이 우리의 주장이다.

① 무장 투쟁을 통해 독립을 이루어야 한다.

② 농민, 노동자를 단결시켜 일제를 타도해야 한다.

③ 일제의 식민 지배를 인정하고 그 밑에서 정치적 실력 양성을 해야 한다.

④ 국제적인 외교를 통해서 일제의 만행을 알리고 우리나라의 독립을 알려야 한다.

10 공민왕의 정책으로 옳은 것은?

① 만권당을 설립하여 문물교류를 진흥하였다.

② 성균관을 부흥시켜 유학 교육을 강화하였다.

③ 명의 철령위 설치 요구로 인해 요동정벌을 단행하였다.

④ 정치도감을 설치하여 국가 재정수입의 기반을 확대하였다.

11 다음 자료를 통해 알 수 있는 내용으로 가장 적절한 것은?

> • 삼사에서 말하기를 "지난 해 밀성 관내의 뇌산부곡 등 세 곳은 홍수로 논밭 작물이 피해를 보았으므로 청컨대 1년치 조세를 면제하십시오."라고 하니, 이를 따랐다.
> • 향 · 부곡 · 악공 · 잡류의 자손은 과거에 응시하는 것을 허락하지 않는다.
> • 익안폐현은 충주의 다인철소인데, 주민들이 몽고의 침입을 막는데 공이 있어 현으로 삼아 충주의 속현이 되었다.
>
>   – 고려사 –

① 소의 주민은 주로 농사를 지었다.

② 부곡민은 조세를 부담하지 않았다.

③ 부곡민은 과거에 응시하여 관리가 될 수 있었다.

④ 소의 주민이 공을 세우면 소가 현으로 승격될 수 있었다.

12 조선시대 향촌 사회의 모습으로 옳지 않은 것은?

① 유향소는 수령을 보좌하고 향리를 감찰하기 위한 기구였다.

② 향안은 임진왜란 전후 시기에 각 군현마다 보편적으로 작성되었다.

③ 경제적으로 성장한 일부 부농층은 향회를 장악하며 상당한 지위를 확보하기도 하였다.

④ 세도정치기에 향회는 수령과 향리들을 견제하고 지방통치를 대리하는 기구로 성장하였다.

13 밑줄 친 '그'의 활동으로 옳지 않은 것은?

> 그는 함경도 단천 출신으로 한성으로 올라와 무관학교에 입학하였고, 졸업 후 시위대 장교로 군인생활을 시작하였다. 강화도 진위대 대장시절에는 공금을 횡령한 강화부윤이 자신을 모함하자, 군직을 사임하기도 하였다. 그는 군인이면서도 계몽운동을 중요하게 생각하여 강화읍에 보창학교를 세워 근대적 교육을 시작하였다. 그러나 고종황제의 강제퇴위와 군대해산을 전후하여 무력항쟁과 친일파 대신 암살 등을 계획하였으며, 강화 진위대가 군대 해산에 항의하여 봉기하자 이에 연루되어 체포되기도 하였다.

① 비밀결사조직인 신민회에 참여하였다.

② 하바로프스크에서 한인사회당을 결성하기도 하였다.

③ 대동보국단을 조직하고 진단이라는 잡지를 발간하기도 하였다.

④ 블라디보스토크에 대한광복군정부라는 임시정부를 수립하였다.

14 조선후기 과학 문화에 대한 설명으로 옳지 않은 것은?

① 유클리드 기하학을 중국어로 번역한 기하원본이 도입되기도 하였다.

② 지석영은 서양의학의 성과를 토대로 서구의 종두법을 최초로 소개하였다.

③ 곤여만국전도 같은 세계지도가 전해짐으로써 보다 과학적이고 정밀한 지리학의 지식을 가지게 되었다.

④ 서호수는 우리 고유의 농학을 중심에 두고 중국 농학을 선별적으로 수용하여 한국 농학의 새로운 체계화를 시도하였다.

15 다음과 같은 혼인 풍습이 있었던 나라의 사회상으로 옳지 않은 것은?

> 혼인하는 풍속을 보면, 구두로 약속이 정해지면 신부집에서 본채 뒤에 작은 별채를 짓는데, 이를 서옥(婿屋)이라 한다. 해가 저물 무렵, 신랑이 신부집 문 밖에 와서 이름을 밝히고 꿇어앉아 절하며 안에 들어가 신부와 잘 수 있도록 요청한다. 이렇게 두세 번 청하면 신부의 부모가 별채에 들어가 자도록 허락한다. …… 자식을 낳아 장성하면 신부를 데리고 자기 집으로 간다.
>
> – 삼국지 –

① 건국 시조인 주몽과 그 어머니 유화부인을 조상신으로 섬겨 제사를 지냈다.

② 남의 부족의 영역을 침범하면 소나 말 등으로 변상하는 책화라는 풍습이 있었다.

③ 왕 아래에 상가, 고추가 등의 대가들이 있었으며, 각기 사자, 조의, 선인 등 관리를 거느렸다.

④ 10월에 동맹이라는 제천행사를 치르고, 아울러 왕과 신하들이 국동대혈에 모여 함께 제사를 지냈다.

16 1960년대의 경제 상황으로 옳지 않은 것은?

① 제1차 경제 개발 5개년 계획이 추진되었다.

② 베트남 파병을 계기로 베트남 특수를 누리게 되었다.

③ 미국의 무상 원조가 경제 개발의 주요 재원으로 활용되었다.

④ 경제 건설에 필요한 재원 조달을 위해 한·일협정이 체결되었다.

17 다음에서 묘사하고 있는 시기의 역사적 사실로 옳지 않은 것은?

> 허생은 안성의 한 주막에 자리 잡고서 밤, 대추, 감, 귤 등의 과일을 모두 값을 배로 주고 사들였다. 그가 과일을 도고하자, 온 나라가 제사나 잔치를 치르지 못할 지경에 이르렀다. 따라서 과일값은 크게 폭등하였다. 그는 이에 10배의 값으로 과일을 되팔았다. 이어서 그는 그 돈으로 곧 호미, 삼베, 명주 등을 사 가지고 제주도로 들어가 말총을 모두 사들였다. 말총은 망건의 재료였다. 얼마 되지 않아 망건 값이 10배나 올랐다. 이렇게 하여 그는 50만 냥에 이르는 큰 돈을 벌었다.

① 보부상들을 보호할 목적으로 혜상공국이 설치되었다.

② 특정 상품들을 독점 판매하는 도고상업이 성행하였다.

③ 상업이 활성화되면서 선박을 이용한 운수업도 발전하였다.

④ 전국적으로 발달한 장시를 토대로 한 사상들이 성장하였다.

18 다음과 같이 왕명을 받아 편찬한 책에 대한 설명으로 옳지 않은 것은?

> 신 부식은 아뢰옵니다. 옛날에는 여러 나라들도 각각 사관을 두어 일을 기록하였습니다. …… 해동의 삼국도 지나온 세월이 장구하니, 마땅히 그 사실이 책으로 기록되어야 하므로 마침내 늙은 신에게 명하여 편집하게 하셨사오나, 아는 바가 부족하여 어찌할 바를 모르겠습니다.

① 현존하는 우리나라의 역사서 가운데 가장 오래된 것이다.

② 기전체로 서술되어 본기, 지, 열전 등으로 나누어 구성되었다.

③ 고구려 계승 의식보다는 신라 계승 의식이 좀 더 많이 반영되었다고 평가된다.

④ 몽골 침략의 위기를 겪으며 우리의 전통 문화를 올바르게 이해하려는 움직임에서 편찬되었다.

19 다음과 같은 상황을 극복하기 위해 조선 정부가 시행한 정책으로 가장 적절한 것은?

> 임진왜란과 병자호란을 거치면서 농촌 사회는 심각하게 파괴되었다. 수많은 농민이 전란 중에 사망하거나 피난을 가고 경작지는 황폐화되었다. 그러나 농민의 조세부담은 줄어들지 않았다. 양난 이후 조선 정부의 가장 큰 어려움은 농경지의 황폐와 전세 제도의 문란이었다.

① 양전 사업 실시
② 군적수포제 실시
③ 연분 9등법 실시
④ 오가작통제 실시

20 밑줄 친 '그'의 저술로 옳은 것은?

> 그는 당나라에 유학하여 지엄의 문하에서 수학하고 돌아와 영주에 부석사를 창건하고 문무왕의 정치적 자문도 맡았다. 그는 모든 우주만물이 대립적인 존재가 아니라 서로 조화하고 포용하는 관계를 가졌다고 주장해 유명한 '일즉다 다즉일(一卽多 多卽一)'이라는 독특한 논리를 폈다. 즉, 하나가 전체요 전체가 하나라는 것이다.

① 십문화쟁론
② 해심밀경소
③ 천태사교의
④ 화엄일승법계도

2012. 5. 12. | 상반기 지방직 시행

한국사

☞ 정답 및 해설 P.10

1 고인돌을 많이 만들던 시대에 대한 설명으로 옳은 것은?

① 추수용 도구로 반달 돌칼을 사용하였다.

② 대표적인 토기는 빗살무늬 토기이다.

③ 대표적인 유적으로는 제천 창내 유적, 서울 암사동 유적 등이 있다.

④ 무리 가운데 경험이 많은 사람이 지도자가 되었으나 정치권력을 갖지는 못하였다.

2 각 나라별 생활과 풍속에 대한 설명으로 옳지 않은 것은?

① 고조선 - 남에게 상처를 입힌 자는 곡식으로 갚게 하였다.

② 동예 - 다른 부족의 영역을 침범하면 노비와 소, 말로 변상하게 하였다.

③ 부여 - 길흉을 점치기 위해 소를 죽였고, 매년 10월에 제천행사를 열었다.

④ 고구려 - 신부 집 뒤에 집을 짓고 살다가 자식을 낳아 장성하면 아내를 데리고 신랑 집으로 돌아가는 제도가 있었다.

3 시기 순으로 바르게 나열한 것은?

> ㉠ 고구려의 흥안령 일대 장악
> ㉡ 백제의 사비 천도
> ㉢ 신라의 마운령비 건립
> ㉣ 전기 가야 연맹의 약화

① ㉠→㉣→㉢→㉡　　　　　　② ㉠→㉣→㉡→㉢

③ ㉣→㉠→㉢→㉡　　　　　　④ ㉣→㉠→㉡→㉢

4 다음 그림에 대한 설명으로 옳지 않은 것은?

① 사신도의 하나로, 북쪽 방위신이다.
② 돌무지 덧널무덤의 벽면에 그려진 것이다.
③ 죽은 자의 사후세계를 지켜 주리라는 믿음을 표현하였다.
④ 고구려 시대의 고분에 그려졌는데 도교의 영향이 나타나 있다.

5 밑줄 친 ㉠～㉣에 대한 설명으로 옳은 것은?

- 문무왕 8년(668) 김유신에게 태대각간의 관등을 내리고 ㉠식읍 500호를 주었다.
- 신문왕 7년(687) 문무 관리들에게 ㉡관료전을 차등 있게 주었다.
- 신문왕 9년(689) 내외 관료의 ㉢녹읍을 혁파하고 매년 조(租)를 주었다.
- 성덕왕 21년(722) 처음으로 백성에게 ㉣정전을 지급하였다.

① ㉠ - 조세를 수취하고 노동력을 징발할 권리를 부여하였다.
② ㉡ - 하급관료와 군인의 유가족에게 지급하였다.
③ ㉢ - 전쟁에서 큰 공을 세운 사람에게 공로의 대가로 지급하였다.
④ ㉣ - 왕권이 약화되는 배경이 되었다.

6 고려시대에 대한 설명으로 옳지 않은 것은?

① 지방의 모든 군현에 지방관이 파견되어 행정을 담당하였다.

② 중앙군은 2군 6위, 지방군은 주현군·주진군으로 편성되었다.

③ 발해의 유민들을 받아들였으며, 발해 세자 대광현을 왕족으로 대우하였다.

④ 광종은 황제라 칭하였고, 개경을 황도(皇都)라 불렀으며, 독자적 연호를 사용하였다.

7 밑줄 친 '갈등'에 대한 설명으로 옳지 않은 것은?

> 이성계는 즉위 직후 명에 사신을 보내어 조선의 건국을 알리고, 자신의 즉위를 승인해줄 것과 국호의 제정을 명에 요청하였다. 명으로부터 승인을 받아 국내의 정치상황을 안정시키기 위함이었다. 그러나 이후 조선은 명과 외교적 갈등을 빚었다.

① 조선으로 넘어온 여진인의 송환을 명이 요구함으로써 생긴 갈등

② 조선이 명에 보낸 외교문서에 무례한 표현이 있다는 명의 주장에 따른 갈등

③ 이성계가 이인임의 아들이었다는 중국 측 기록을 둘러싼 갈등

④ 조선의 조공에 대해 명 황제가 내린 회사품의 양과 가치가 지나치게 적은 데 따른 갈등

8 고려시대의 건축과 조형예술에 대한 설명으로 옳지 않은 것은?

① 초기에는 광주 춘궁리 철불 같은 대형 철불이 많이 조성되었다.

② 지역에 따라서 고대 삼국의 전통을 계승한 석탑이 조성되기도 하였다.

③ 팔각원당형의 승탑이 많이 만들어졌는데, 그 대표적인 예로 법천사 지광국사 현묘탑을 들 수 있다.

④ 후기에는 사리원의 성불사 응진전과 같은 다포식 건물이 출현하여 조선시대 건축에 큰 영향을 끼쳤다.

9 민족적 자주 의식을 반영한 고려 후기의 역사서로 옳지 않은 것은?

① 해동고승전

② 제왕운기

③ 삼국유사

④ 해동역사

10 시기 순으로 바르게 나열한 것은?

> ㉠ 노리사치계는 일본에 불경과 불상을 전하였다.
> ㉡ 최승로는 시무 28조 개혁안을 올려 유교를 치국의 근본으로 삼을 것을 주장하였다.
> ㉢ 김부식은 기전체 역사서인 「삼국사기」를 편찬하였다.
> ㉣ 원효는 일심 사상을 바탕으로 다른 종파들과의 사상적 대립을 조화시키고자 노력하였다.

① ㉠→㉣→㉢→㉡

② ㉠→㉣→㉡→㉢

③ ㉣→㉠→㉡→㉢

④ ㉣→㉠→㉢→㉡

11 후삼국시대의 정치 상황에 대한 설명으로 옳지 않은 것은?

① 견훤은 900년에 무진주에서 후백제를 건국하였다.

② 궁예는 901년에 송악에서 후고구려를 건국하였다.

③ 궁예는 국호를 마진으로 바꾸고, 도읍을 철원으로 옮겼다.

④ 견훤은 후당(後唐), 오월(吳越)과도 통교하는 등 대중국 외교에 적극적이었다.

12 다음 조선전기의 토지제도에 대한 설명으로 옳지 않은 것은?

> (가) 지방 관청에서 그 해의 생산량을 조사하고 조(租)를 거두어 관리에게 나누어 주었다.
> (나) 국가 재정과 관직에 진출한 신진 사대부의 경제적 기반을 확보하기 위해 만들었다.
> (다) 과전의 세습 등으로 관료에게 지급할 토지가 부족해지자 현직 관리에게만 토지를 지급하였다.

① (가)가 실시되어 국가의 토지 지배권이 한층 강화되었다.
② (나)에서 사전은 처음에 경기지방에 한정하여 지급하였다.
③ (다)가 폐지됨에 따라 지주전호제 관행이 줄어들었다.
④ 시기 순으로 (나), (다), (가)의 순서로 실시되었다.

13 조선시대 시전에 대한 설명으로 옳은 것은?

① 신해통공으로 육의전의 금난전권이 폐지되었다.
② 경시서를 두어 시전과 지방의 장시를 통제하였다.
③ 시전은 보부상을 관장하여 독점판매의 혜택을 오래 누렸다.
④ 국역의 형태로 궁중과 관청에 필요한 물품을 조달할 의무가 있었다.

14 다음은 조선시대에 편찬된 어떤 책의 서문이다. 이 책이 편찬된 국왕 때에 일어난 일이 아닌 것은?

> 전하께서는 …… 신 서거정 등에게 명해 제가(諸家)의 작품을 뽑아 한 질을 만들게 하셨습니다. 저희들은 전하의 위촉을 받아 삼국시대로부터 지금에 이르기까지 사(辭), 부(賦), 시(詩), 문(文) 등 여러 문체를 수집하여 이 중 문장과 이치가 순정하여 교화에 도움이 되는 것을 취하고 분류하여 130권을 편찬해 올립니다.

① 유향소를 다시 설치하고, 사창제를 도입하였다.
② 서울의 원각사 안에 대리석 10층탑을 건립하였다.
③ 재가녀 자손의 관리 등용을 제한하는 법을 공포하였다.
④ 정읍사, 처용가 등이 한글로 수록된 악학궤범이 편찬되었다.

15 조선시대 각 시기별 대외관계에 대한 설명으로 옳지 않은 것은?

① 15세기 : 류큐에 불경이나 불종을 전해주어 그곳 불교문화발전에 기여하였다.

② 16세기 : 을묘왜변이 일어나자 비변사로 하여금 군사문제를 처리하도록 하였다.

③ 17세기 : 정묘호란과 병자호란의 패배로 인해 청에 대한 문화적 열등감이 팽배해졌다.

④ 18세기 : 청과 국경분쟁이 일어나 양국 대표가 백두산 일대를 답사하고 정계비를 세웠다.

16 밑줄 친 '공(公)'이 속한 신분 계층에 대한 설명으로 옳은 것은?

> 공(公)은 열일곱에 사역원(司譯院) 한학과(漢學科)에 합격하여, 틈이 나면 성현(聖賢)의 책을 부지런히 연구하여 쉬는 날 없었다. 경전과 백가에 두루 통달하여 드디어 세상에 이름이 났다. …… 공은 평생 고문(古文)을 좋아하였다.
>
> – 완암집 –

① 조선 초기 – 개시 무역에 종사하여 많은 부를 축적하였다.

② 조선 중기 – 서원 건립을 주도하고 성현들의 제사를 받들었다.

③ 조선 후기 – 소청 운동을 통해 신분 상승 운동을 전개하였다.

④ 개항 전후 – 외세 침략에 맞서 위정 척사 운동을 주도하였다.

17 밑줄 친 '상(上)'의 재위 시에 있었던 일로 옳은 것은?

> 이 책이 완성되었다. …… 곤봉 등 6가지 기예는 척계광의 「기효신서」에 나왔는데 …… 장헌 세자가 정사를 대리하던 중 기묘년에 명하여 죽장창 등 12가지 기예를 더 넣어 도해(圖解)로 엮어 새로 신보를 만들었고, 상(上)이 즉위하자 명하여 기창 등 4가지 기예를 더 넣고 또 격구, 마상재를 덧붙여 모두 24가지 기예가 되었는데, 검서관 이덕무·박제가에게 명하여 …… 주해를 붙이게 했다.

① 민(民)의 상언과 격쟁의 기회를 늘려주었다.

② 대전회통을 편찬하여 통치 체제를 재정리하였다.

③ 군역의 부담을 줄이기 위해 균역법을 시행하였다.

④ 5군영 대신 무위영과 장어영 등 2영을 설치하였다.

18 (개), (내)를 주장한 인물에 대한 설명으로 옳은 것은?

> (개) 내정 독립이나 참정권이나 자치를 운운하는 자 누구이냐? 너희들이 '동양 평화', '한국 독립 보전' 등을 담보한 맹약이 먹도 마르지 아니하여 삼천리강토를 집어 먹힌 역사를 잊었느냐? …… 민중은 우리 혁명의 대본영이다. 폭력은 우리 혁명의 유일한 무기이다.
>
> (내) 나라는 없어질 수 있으나 역사는 없어질 수 없으니 그것은 나라는 형체이고 역사는 정신이기 때문이다. …… 정신이 보존되어 없어지지 않으면 형체는 부활할 때가 있을 것이다.

① (개) - 대한민국 임시 정부에서 처음으로 대통령을 역임하였다.

② (개) - 독사신론을 연재하여 민족주의 사학의 발판을 마련하였다.

③ (내) - 조선 불교 유신론을 통해 새로운 사회의 방향을 추구하였다.

④ (내) - 낭가 사상을 강조하여 민족독립의 정신적 기반을 만들려고 하였다.

19 밑줄 친 '그'가 일으킨 사건의 영향에 대한 설명으로 옳은 것은?

> 일제는 1월 28일 일본승려사건을 계기로 전쟁을 도발하였다. 일본은 이때 시라카와(白川) 대장을 사령관으로 삼아 중국과의 전쟁을 승리로 이끌었다. 그는 이해 봄 야채상으로 가장하여 일본군의 정보를 탐지한 뒤, 4월 29일 이른바 천장절 겸 전승축하기념식에 폭탄을 투척하기로 하였다. 식장에 참석하여 수류탄을 투척함으로써 파견군사령관 시라카와, 일본거류민단장 가와바다 등은 즉사하였다.

① 이를 계기로 신간회가 결성되었다.

② 한국 광복군 형성의 기초가 되었다.

③ 민족 유일당 운동의 계기가 되었다.

④ 미쓰야 협정이 체결되는 계기가 되었다.

20 (가), (나) 발표 시기의 사이에 있었던 사실로 옳지 않은 것은?

> (가) 통일은 외세에 의존하거나 외세의 간섭을 받음이 없이 자주적으로 해결하여야 한다. 통일은 서로 상대방을 반대하는 무력행사에 의거하지 않고 평화적인 방법으로 실현하여야 한다. 사상과 이념, 제도의 차이를 초월하여 우선 하나의 민족으로서 민족적 대단결을 도모하여야 한다.
>
> (나) 남과 북은 나라의 통일을 위한 남측의 연합제안과 북측의 낮은 단계의 연방제 안이 서로 공통성이 있다고 인정하고, 앞으로 이 방향에서 통일을 지향시켜 나가기로 하였다.

① 경의선 철도가 다시 연결되었다.
② 북한에서 국가 주석제가 도입되었다.
③ 남북 이산가족이 서울과 평양을 처음 방문하였다.
④ 한반도 비핵화에 관한 공동 선언이 채택되었다.

1 우리나라 구석기시대의 생활에 대한 설명으로 옳지 않은 것은?

① 동굴, 바위그늘에서 살거나 강가에 막집을 짓고 살았다.

② 동물의 뼈로 만든 뼈도구와 뗀석기를 도구로 사용하였다.

③ 유적으로는 상원의 검은 모루, 제천 창내, 공주 석장리 등이 있다.

④ 조, 피 등의 곡물을 반달돌칼로 이삭을 추수하는 등 농경을 발전시켰다.

2 밑줄 친 '이들'에 대한 설명으로 옳은 것은?

> 이들이 받은 교육 내용은 주로 서양의 말과 문장, 탄약 제조, 화약 제조, 제도, 전기, 소총 수리 등이었다. 그러나 이들 가운데에는 자질이 부족하여 교육에 어려움을 느끼다가 자퇴하는 사람들도 있었다.

① 갑신정변을 주도하였다.

② 일본에 파견되어 활동하였다.

③ 정부의 재정지원으로 외국에서 3년 간 교육을 받았다.

④ 이들의 활동을 계기로 근대적 병기공장인 기기창이 설치되었다.

3 18세기 이후 조선 사회에 대한 설명으로 옳은 것은?

① 서얼에 대한 차별이 더욱 심화되었다.

② 공노비는 사노비보다 더 가혹한 수탈과 사회적 냉대를 받았다.

③ 일반 서민 중에서도 부를 축적하여 지주가 되는 사람이 있었다.

④ 여자의 지위가 상승하여 딸도 아들처럼 부모의 재산을 상속받았다.

4 밑줄 친 부분에 들어갈 내용으로 옳은 것은?

> 일제의 중국 침략이 가속화되자 우리나라 독립 운동 단체들은 항일 세력을 한 곳으로 모으는 데 힘을 기울였다. 그리하여 민족주의 계열의 세 개 정당을 한국독립당으로 통합하는 데 성공하였다. 한국독립당은 김구가 중심이 된 단체로서 대한민국 임시 정부의 집권 정당의 성격을 가졌다. 한국독립당을 중심으로 한 대한민국 임시 정부는 주석 중심제로 정부 체제를 개편하여 독립 전쟁을 전개할 강력한 지도 체제를 확립하였고, 그 후 _____

① 한인 애국단을 조직하였다.
② 국민 대표 회의를 개최하였다.
③ 대한민국 건국 강령을 발표하였다.
④ 광주 학생 항일 운동을 지원하였다.

5 다음은 어떤 책의 서문이다. 이 책에 대한 설명으로 옳은 것은?

> 세조께서 일찍이 말씀하셨다. "우리 조종의 심후하신 인덕과 크고 아름다운 규범이 훌륭한 전장(典章)에 퍼졌으니 …(중략)… 또 여러 번 내린 교지가 있어 법이 아름답지 않은 것은 아니지만, 관리들이 재주가 없고 어리석어 제대로 받들어 행하지 못한다. …(중략)… 이제 손익을 헤아리고 회통할 것을 산정하여 만대 성법을 만들고자 한다."

① 국가 통치 규범을 확립한 「경국대전」이다.
② 국가 행사 때 사용될 의례 규범서인 「국조오례의」이다.
③ 후대에 모범이 될 만한 역대 국왕의 행적을 기록한 「국조보감」이다.
④ 효자, 충신, 열녀 등의 사례를 뽑아서 만든 백성들의 윤리서인 「삼강행실도」이다.

6 다음 자료에서 설명하는 나라의 사실로 옳지 않은 것은?

> 서로 죽이면 그 때에 곧 죽인다. 서로 상하게 하면 곡식으로 배상하게 한다. 도둑질 한 자는 남자는 그 집의 가노(家奴)로 삼고 여자는 비(婢)로 삼는다. 노비에서 벗어나기를 원하는 자는 50만전을 내야하는데 비록 면하여 민의 신분이 되어도 사람들이 이를 부끄럽게 여겨 장가들고자 하여도 결혼할 사람이 없다. 이런 까닭에 그 백성들이 끝내 서로 도둑질하지 않았고 문을 닫는 사람이 없었다. 부인들은 단정하여 음란한 일이 없었다.
>
> －「한서 지리지」－

① 「삼국사기」에 따르면 요임금 때 건국되었다.
② 건국 사실이 「제왕운기」에도 기술되어 있다.
③ 사람의 생명과 사유재산을 보호하는 사회였다.
④ 이 나라의 이름이 「관자」라는 책에도 나오고 있다.

7 다음은 어떤 왕의 즉위교서이다. 이 왕의 정책과 활동으로 옳지 않은 것은?

> 지금부터 만약에 종친으로서 동성과 혼인하는 자는 (원의 세조) 성지(聖旨)를 어긴 것으로 논죄할 터인즉, 마땅히 (종친은) 누대의 재상을 지낸 집안의 딸을 아내로 맞고, 재상 집안의 아들은 종실들의 딸들에게 장가들 것이다. … (중략) … 경원 이태후와 안산 김태후 및 철원 최씨, 해주 최씨, 공암 허씨, 평강 채씨, 청주 이씨, 당성 홍씨, 황려 민씨, 횡천 조씨, 파평 윤씨, 평양 조씨는 모두 누대의 공신이요, 재상지종(宰相之宗)이니 가히 대대로 혼인을 하여 아들은 종실의 여자에게 장가들고 딸은 왕비로 삼을 만하다.
>
> －「고려사」－

① 국가가 소금을 전매하는 각염법을 시행하였다.
② 북경에서 만권당을 설립하여 학문연구를 지원하였다.
③ 사림원을 두어 신진학자들과 함께 개혁을 추진하였다.
④ 고려에 내정 간섭을 하던 정동행성이문소를 혁파하였다.

8 고려시대 지방 행정에 대한 설명으로 옳은 것은?

① 성종은 호장·부호장과 같은 향리 직제를 마련하였다.

② 퇴직한 관료를 사심관으로 임명하여 출신지역에 거주하게 하였다.

③ 광종은 처음으로 중요 거점 지역에 상주하는 지방관을 파견하였다.

④ 지방 향리의 자제를 상수리로 임명하여 궁중의 잡역을 담당하게 하였다.

9 다음 주장을 한 조직에 대한 설명으로 옳은 것을 〈보기〉에서 고른 것은?

> 카이로, 포츠담 선언과 국제 헌장으로 세계에 공약한 한국의 독립 여부는 금번 모스크바에서 개최한 3국 외상 회의의 신탁 관리 결의로 수포로 돌아갔으니, 다시 우리 3천만은 영예로운 피로써 자주독립을 획득하지 아니하면 아니 될 단계에 들어섰다. 동포여! 8·15 이전과 이후, 피차의 과오와 마찰을 청산하고서 우리 정부 밑에 뭉치자. 그리하여 그 지도하에 3천만의 총역량을 발휘하여 신탁 관리제를 배격하는 국민운동을 전개하여 자주 독립을 완전히 획득하기까지 3천만 전 민족의 최후의 피 한 방울까지라도 흘려서 싸우는 항쟁 개시를 선언한다.

〈보기〉
㉠ 좌우합작위원회를 주도하였다.
㉡ 신탁 통치 반대 운동을 하였다.
㉢ 대한민국임시정부의 승인을 요구하였다.
㉣ 한반도 문제의 처리를 유엔으로 넘기자고 주장하였다.

① ㉠, ㉡　　　　　　　　　　② ㉡, ㉢

③ ㉢, ㉣　　　　　　　　　　④ ㉠, ㉣

10 고려시대 토지제도에 대한 설명이다. ㉠, ㉡에 들어갈 말이 바르게 짝지어진 것은?

> 5품 이상 관리의 자손이 공음전시를 받을 수 있었던 것에 대응하여 6품 이하 관리의 자손에게는 (㉠)을 지급하였다. 그리고 자손이 없는 하급관리와 군인 유가족에게는 (㉡)을 지급하여 생활 대책을 마련해 주었다.

	㉠	㉡
①	휼양전	한인전
②	군인전	수신전
③	구분전	한인전
④	한인전	구분전

11 밑줄 친 '그 나라'에 대한 설명으로 옳은 것은?

> <u>그 나라</u>는 대군장이 없고 한(漢) 시대 이래로 후(侯)·읍군(邑君)·삼노라는 관직이 있어 하호(下戶)를 다스렸다. … (중략) … 해마다 10월이면 하늘에 제사를 지내는데 밤낮으로 술 마시며 노래 부르고 춤추니 이를 무천(舞天)이라고 한다.
>
> ― 「삼국지」 ―

① 영고라는 제천행사를 하였는데 수렵 사회의 유풍으로 전 국민적인 축제였다.

② 천군은 제사장으로서 소도라는 별읍(別邑)에서 농경예식과 종교의례를 주관하였다.

③ 다른 부족의 생활권을 침범하면 책화라고 하여 노비, 소, 말로 변상하게 하였다.

④ 처녀를 미리 신랑 집에 데려다 놓고 살다가 뒤에 며느리로 삼는 민며느리제가 있었다.

12 밑줄 친 '두 사람'이 살았던 나라의 교육문화에 대한 설명으로 적절하지 않은 것은?

> 임신년 6월 16일에 두 사람이 함께 맹세하여 쓴다. 지금부터 3년 후에 충도(忠道)를 지키고 허물이 없게 할 것을 하늘 앞에 맹세한다. 만일 이 서약을 어기면 하늘에 큰 죄를 짓는 것이라고 맹세한다. 또한 신미년 7월 22일에 크게 맹세한 바 있다. 곧 「시경(詩經)」, 「상서(尙書)」, 「예기(禮記)」, 「춘추전(春秋傳)」을 3년 안에 차례로 습득하겠다고 하였다.

① 유교 경전을 통하여 유학을 공부하였다.
② 경당에서 유교와 활쏘기 등 무예를 배웠다.
③ 원광법사가 제정한 세속오계의 윤리를 배웠다.
④ 화랑도에 소속되어 산천을 돌아다니며 심신을 연마하기도 하였다.

13 다음 조약과 직접 관련된 내용으로 옳은 것은?

> 제10조 : 일본인이 조선국 지정의 각 항구에 머무는 동안에 죄를 범한 것이 조선인에 관계되는 사건일 때에는 모두 일본국 관원이 심판할 것이다.

① 일본은 조선에 주둔시켰던 군대를 철수하였다.
② 개항장에 일본 군인을 주둔하게 하는 규정을 두었다.
③ 일본국 항해자가 자유롭게 조선해양을 측량하도록 허가하였다.
④ 일본 공사관에 군인을 두어 경비하게 하고 그 비용은 조선이 부담하게 하였다.

14 다음 ㉠~㉢에 들어갈 말이 바르게 짝지어진 것은?

> • 박세채는 (㉠)이란 말을 사용하면서 서인과 남인을 서로 조정하여 화합시켜 붕당정치 형태
> 를 회복할 것을 촉구했다.
> • 영조는 법전체계를 수정・보완하여 (㉡)을 편찬하였다.
> • 정조는 노비추쇄를 금지하는 등 노비제를 완화하고 나아가 혁파할 뜻이 컸지만 이루지 못하
> 고 순조 1년에 (㉢)의 부분 혁파 조치만이 이루어지게 된다.

	㉠	㉡	㉢		㉠	㉡	㉢
①	탕평	대전통편	사노비	②	탕평	속대전	공노비
③	환국	속대전	사노비	④	환국	대전통편	공노비

15 다음은 1890년 대일 무역 실태를 보여주는 표이다. 당시의 경제상황으로 옳지 않은 것은?

〈1890년 대일 수출입 상품의 품목별 비율〉

수출 상품		수입 상품	
품목	비율	품목	비율
쌀	57.4%	면제품	55.6%
콩	28.3%		
기타	14.3%	기타	44.4%

※ 자료 : 「통상휘찬」

① 쌀값이 올랐다.
② 면공업 발전에 타격을 주었다.
③ 지주나 부농의 경제적 형편이 어려워졌다.
④ 지방관의 방곡령 발령을 초래하기도 하였다.

16 다음 농민봉기의 요구사항으로 옳은 것은?

> 주민 수만 명이 머리에 흰 수건을 두르고 손에 나무 몽둥이를 들고 무리를 지어 진주 읍내에 모여 서리들의 가옥 수십 호를 불사르고 부셔서 그 움직임이 결코 가볍지 않았다. 병사가 해산시키고자 하여 장시에 나가니 흰 수건을 두른 백성들이 땅 위에서 그를 빙 둘러싸고는 … (중략) … 여러 번 문책했는데, 조금도 거리낌이 없었다. 그리고 병영으로 병사를 잡아 들어가서는 이방 권준범과 포리 김희순을 곤장으로 수십 대 힘껏 때리니 여러 백성들이 두 아전을 그대로 불 속에 던져 넣어 태워버렸다.

① 환곡의 폐단을 없애라.
② 노비 문서를 불태워라.
③ 과부의 재가를 허용하라.
④ 토지를 골고루 나누어 경작하게 하라.

17 밑줄 친 '승려'에 대한 설명으로 옳은 것은?

> 문무왕이 도읍의 성을 새롭게 하고자 <u>승려</u>에게 문의하였다. 승려는 말하였다. "비록 궁벽한 시골과 띳집(茅屋)이 있다 해도 바른 도(道)만 행하면 복된 일이 영구히 지속될 것이요, 만일 그렇지 못하면 여러 사람이 수고롭게 하여 훌륭한 성을 쌓을지라도 아무 이익이 없을 것입니다." 왕이 곧 공사를 그쳤다.
>
> － 「삼국사기」 －

① 김제 금산사를 중심으로 미륵불이 지상에 와서 이상사회를 건설한다는 믿음을 가르쳤다.
② 「십문화쟁론」 등 수많은 저술을 통하여 화쟁사상을 주창하면서 불교를 대중화하였다.
③ 삼장법사 현장에게 유식학을 배워 서명학파를 이루었으며, 티벳불교에 큰 영향을 주었다.
④ 「화엄일승법계도」를 지었으며, 부석사, 낙산사 등의 화엄종 사찰을 중심으로 불교의 가르침을 폈다.

18 다음의 폐단을 시정하기 위해 실시한 제도에 대한 설명으로 옳지 않은 것은?

> 나라의 100여 년에 걸친 고질 병폐로서 가장 심한 것은 양역이다. 호포니 구전이니 유포니 결포니 하는 주장들이 분분하게 나왔으나 적당히 따를 만한 것이 없다. 백성은 날로 곤란해지고 폐해는 갈수록 더욱 심해지니, … (중략) … 이웃의 이웃이 견책을 당하고 친척의 친척이 징수를 당하고, 황구는 젖 밑에서 군정으로 편성되고 백골은 지하에서 징수를 당하며 … (후략) …

① 양반들도 군역을 지는 것으로 개선하였다.

② 군역 부담자의 군포 부담을 1필로 정하였다.

③ 균역청에서 관리하다가 선혜청이 통합하여 관리하였다.

④ 평안도와 함경도를 제외한 6도의 토지 1결당 쌀 2두씩을 부과하였다.

19 전근대사회의 모습에 대한 설명으로 옳지 않은 것은?

① 고려시대에는 귀족이 죄를 지으면 형벌로 귀향을 시키기도 하였다.

② 조선시대 강상죄는 범죄 중에서 가장 무겁게 취급되었지만, 범인에 한정하여 처벌하였다.

③ 신라의 골품제도는 가옥의 규모와 장식물은 물론, 복색이나 수레 등 신라인의 일상생활까지 규제하였다.

④ 백제의 관리는 뇌물을 받거나 국가의 재물을 횡령했을 때 3배를 배상하고, 죽을 때까지 금고형에 처하였다.

20 다음 밑줄 친 '이들'에 관한 설명으로 옳은 것을 〈보기〉에서 고른 것은?

> <u>이들</u>은 본시 모두 사대부였는데 또는 의료직에 들어가고 또는 통역에 들어가 그 역할을 7~8
> 대나 10여 대로 전하니 사람들이 서울 중촌(中村)의 오래된 집안이라고 불렀다. 문장과 대대로
> 쌓아 내려오는 미덕은 비록 사대부에 비길 수 없으나 유명한 재상, 지체 높고 번창한 집안 외
> 에 이들보다 나은 자는 없다. 비록 나라의 법전에 금지한 바 없으나 자연히 명예롭고 좋은 관
> 직으로의 진출은 막히거나 걸려 수백 년 원한이 쌓여 펴지 못한 한이 있고 이를 호소할 기약조
> 차 없으니 이는 무슨 죄악이며 무슨 업보인가?
>
> — 「상원과방」 —

〈보기〉
㉠ 이들도 문과와 생원, 진사시에 응시할 수 있었다.
㉡ 조선 후기에는 시사(詩社)를 조직하여 문예활동을 하였다.
㉢ 정조 때 이덕무, 박제가 등이 규장각 검서관으로 기용되어 활동하였다.
㉣ 연합상소운동이 성공하여 명예롭고 좋은 관직(청요직)으로 진출하게 되었다.

① ㉠, ㉡

② ㉡, ㉢

③ ㉢, ㉣

④ ㉠, ㉣

1 다음 자료의 ㈎, ㈏ 국가에 대한 설명으로 옳은 것은?

> ㈎ 산천을 중요시하여 산과 내마다 구분이 있어 함부로 들어가지 않으며, 이를 어기면 우마로 배상하였다.
> ㈏ 가족이 죽으면 시체를 가매장하였다가 나중에 그 뼈를 추려서 가족 공동 무덤인 커다란 목곽에 안치하였다.

① ㈎ - 12월에 영고라는 제천 행사를 지냈다.

② ㈏ - 민며느리제라는 혼인 풍속이 있었다.

③ ㈎, ㈏ - 왕권이 강화된 중앙 집권 국가로 발전하였다.

④ ㈎, ㈏ - 대가들이 제가 회의라는 부족장 회의를 운영하였다.

2 조선 영조 때의 역사적 사실로 옳지 않은 것은?

① 「속대전」을 편찬하여 법전체계를 정비하였다.

② 군역의 부담을 줄여주기 위해 균역법을 시행하였다.

③ 산림(山林)의 존재를 인정하지 않고, 그들의 본거지인 서원을 상당수 정리하였다.

④ 각 붕당의 주장이 옳은지 그른지를 명백히 가리는 적극적인 탕평책을 추진하였다.

3 밑줄 친 '여러 단체와 기관'에 해당하지 않는 것은?

> 1907년 설립된 신민회 회원들은 1909년 말 이후 일본의 한국 병합이 목전에 있다고 보고, 국외로 나가 독립운동을 전개할 필요가 있다는 데 의견을 같이하였다. 이에 따라 신민회 회원들은 1910년 초 이후 국외로 나가기 시작하였다. 신민회의 이회영, 이시영, 이상룡 등은 1911년 압록강 건너 서간도로 옮겨가 삼원보에 자리 잡았다. 이들은 여러 단체와 기관을 설립하여 독립 운동 기지 건설 운동을 전개하였다.

① 경학사
② 권업회
③ 부민단
④ 신흥무관학교

4 조선 전기 사림(士林)에 대한 설명으로 옳지 않은 것은?

① 재야에서 공론을 주도하는 지도자로서 산림(山林)이 존중되었다.
② 향촌 자치를 내세우며, 도덕과 의리를 바탕으로 한 왕도정치를 강조하였다.
③ 3사의 언관직을 차지하고, 자신들의 의견을 공론으로 표방하였다.
④ 중소지주적인 배경을 가지고, 지방사족이 영남과 기호 지방을 중심으로 성장하였다.

5 ㈎와 ㈏ 사이의 시기에 만주에서 전개된 무장 항일 운동에 대한 설명으로 옳은 것은?

> ㈎ 경신년에 왜군이 내습하여 31명이 살고 있는 촌락을 방화하고 총격을 가하였다. 나도 가옥 9칸과 교회당, 학교가 잿더미로 변한 것을 보고 그것이 사실임을 알았다. 11월 1일에는 왜군 17명, 왜경 2명, 한인 경찰 1명이 와서 남자들을 모조리 끌어내어 죽인 뒤 … (중략) … 남은 주민들을 모아 일장 연설을 하였다.
>
> ㈏ 상해의 한국 독립투사 조직에 속해 있는 한국의 한 젊은이는 비밀리에 도쿄로 건너갔다. 그는 마침 군대를 사열하기 위해 마차에 타고 있던 일본 천황에게 수류탄을 던졌다. 그는 영웅적인 행동 후에 무자비하게 살해되었다. 이 사건은 전일본에 충격을 주었다. 이 사건은 일본 군국주의자들에게 한국인들은 결코 그들에게 지배될 수 없다는 것을 당당히 보여 준 것이다.

① 남만주에 조선 혁명군이 창설되었다.
② 한국광복군이 국내 진공 작전을 준비하였다.
③ 독립군이 봉오동·청산리 전투에서 일본군을 크게 무찔렀다.
④ 동북 항일 연군을 중심으로 치열한 항일 유격전이 전개되었다.

6 삼국의 항쟁을 시기 순으로 바르게 나열한 것은?

> ㉠ 백제가 신라의 대야성을 비롯한 40여 성을 빼앗았다.
> ㉡ 백제가 고구려의 평양성을 공격하여 고국원왕이 전사하였다.
> ㉢ 신라가 대가야를 정복하면서 가야 연맹이 완전히 해체되었다.
> ㉣ 고구려가 평양으로 도읍을 옮기고 백제의 수도 한성을 함락하였다.

① ㉡→㉢→㉣→㉠　　　　② ㉡→㉣→㉢→㉠
③ ㉣→㉠→㉡→㉢　　　　④ ㉣→㉡→㉠→㉢

7 조선 후기 호락(湖洛)논쟁에 대한 설명으로 옳지 않은 것은?

① 18세기 중엽 노론 내부에 주기설과 주리설의 분파가 생겨 일어났다.
② 호론은 인성과 물성이 다르다고 보는 인물성이론을 내세웠다.
③ 낙론은 인성과 물성이 같다는 인물성동론을 주장하였다.
④ 호론은 북학파의 과학 기술 존중과 이용후생 사상으로 이어졌다.

8 연표의 (가) ~ (라) 시기에 있었던 사실로 옳은 것은?

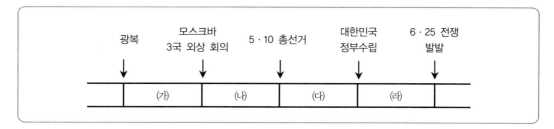

① (가) - 대한민국 임시정부에서 건국 강령을 제정하였다.
② (나) - 북한 정부가 수립되었다.
③ (다) - 김구 · 김규식이 남북 협상을 위해 북한을 방문하였다.
④ (라) - 국회에서 반민족 행위 처벌법을 제정하였다.

9 다음과 같은 역사인식에 따라서 편찬된 역사서에 대한 설명으로 옳은 것은?

> 대저 옛 성인은 예악으로 나라를 일으키고 인의로 가르쳤으며 괴력난신(怪力亂神)은 말하지 않았다. 그러나 제왕이 장차 일어날 때는 부명(符命)과 도록(圖錄)을 받게 되므로 반드시 남보다 다른 일이 있었다. 그래야만 능히 큰 변화를 타고 대업을 이룰 수 있는 것이다. … (중략) … 그러니 삼국의 시조가 모두 신비하고 기이한 일을 연유하여 태어났다는 것을 어찌 괴이하다 할 수 있겠는가. 이것이 신이(神異)로써 이 책의 앞 머리를 삼은 까닭이다.

① 정통 의식과 대의명분을 강조하였다.
② 유교적 합리주의 사관에 기초하여 기전체로 서술하였다.
③ 고구려 계승 의식을 반영하고 고구려의 전통을 노래하였다.
④ 우리의 고유 문화와 전통을 중시하였으며 단군신화를 수록하였다.

10 다음 정치관과 관련이 깊은 정책으로 옳은 것은?

> 임금의 직책은 한 사람의 재상을 논정하는 데 있다 하였으니, 바로 총재(冢宰)를 두고 한 말이다. 총재는 위로는 임금을 받들고 밑으로는 백관을 통솔하여 만민을 다스리는 것이니 직책이 매우 크다. 또 임금의 자질에는 어리석음과 현명함이 있고 강함과 유약함의 차이가 있으니, 옳은 일은 아뢰고 옳지 않은 일은 막아서, 임금으로 하여금 대중(大中)의 경지에 들게 해야 한다. 그러므로 상(相)이라 하니, 곧 보상(輔相)한다는 뜻이다.

① 육조 직계제의 시행
② 사간원의 독립
③ 의정부 서사제의 시행
④ 집현전의 설치

11 밑줄 친 '왕'의 업적에 대한 설명으로 옳은 것은?

> • <u>왕</u> 7년에 율령을 반포하고, 처음으로 백관의 공복을 제정하였다.
> • <u>왕</u> 19년에 금관국의 왕인 김구해가 왕비와 세 아들을 데리고 와 항복하였다.

① '건원'이란 연호를 사용하였다.
② 이사부를 시켜 우산국을 정복하였다.
③ 유학 교육을 위해 국학을 설립하였다.
④ 화랑도를 국가적인 조직으로 개편하였다.

12 다음은 같은 해에 벌어졌던 사건들이다. 이러한 사건들로 말미암아 나타난 사실로 옳은 것은?

> • 박종철 사건
> • 4 · 13 호헌 조치
> • 6 · 10 국민 대회 개최
> • 민주헌법쟁취 국민운동본부 결성

① 국가보위 비상대책위원회가 구성되었다.
② 5년 단임의 대통령 직선제 개헌이 이루어졌다.
③ 전국에 계엄령을 선포하고, 모든 정치활동을 정지시켰다.
④ 대통령의 중임 제한을 없애고 간선제를 골자로 하는 헌법을 제정하였다.

13 ㉠~㉣에 대한 설명으로 옳지 않은 것은?

> 유네스코가 세계문화유산으로 등재한 우리나라의 문화유산은 ㉠종묘, 해인사 장경판전, 불국사와 석굴암, 수원 화성, 창덕궁, 경주 역사유적지구, ㉡고창 · 화순 · 강화의 고인돌 유적, 안동 하회마을과 경주 양동마을, 조선 시대 왕릉 등이다. 또 훈민정음, ㉢조선왕조실록, 승정원일기, ㉣직지심체요절, 해인사 고려대장경판 및 제경판, 조선왕조의궤, 동의보감, 일성록, 5 · 18 민주화 운동 기록물 등이 유네스코의 세계기록유산으로 등재되어 있다.

① ㉠ – 조선시대 왕과 왕비의 신주를 모셨다.
② ㉡ – 청동기시대의 돌무덤이다.
③ ㉢ – 태조에서 철종 때까지의 역사를 편년체로 기록하였다.
④ ㉣ – 병인양요 때 프랑스 군에게 약탈당하였다.

14 (가)와 (나) 사이의 시기에 있었던 사실에 대한 설명으로 옳은 것은?

> (가) 관리의 녹읍을 혁파하고 매년 조(租)를 내리되 차등이 있게 하였다.
> (나) 여러 관리의 월봉을 없애고, 다시 녹읍을 나누어 주었다.

① 처음으로 병부를 설치하였다.
② 화백회의에서 국왕을 폐위시킨 일이 있었다.
③ 호족이 지방의 행정권과 군사권을 장악하였다.
④ 6두품이 학문적 식견을 바탕으로 국왕의 조언자로 활동하였다.

15 다음 민요에서 보이는 경제활동에 대한 조선 전기의 모습을 설명한 것으로 옳지 않은 것은?

> 짚신에 감발차고 패랭이 쓰고
> 꽁무니에 짚신 차고 이고 지고
> 이 장 저 장 뛰어가서
> 장돌뱅이들 동무들 만나 반기며
> 이 소식 저 소식 묻고 듣고
> 목소리 높여 고래고래 지르며
> … (중략) …
> 손잡고 인사하고 돌아서네
> 다음 날 저 장에서 다시 보세

① 15세기 후반 이후 장시는 점차 확대되었다.
② 보부상은 장시에서 농산물, 수공업제품 등을 판매하였다.
③ 정부가 조선통보를 유통시킴으로써 동전화폐 유통이 활발해졌다.
④ 농업생산력의 발달에 힘입어 지방에서 장시가 증가하였다.

16 다음과 같은 정책이 시행되었던 시대의 경제 상황에 대한 설명으로 옳은 것은?

> • 해동통보를 비롯한 돈 15,000관을 주조하여 관리들에게 나누어 주었다.
> • 은 한 근으로 우리나라 지형을 본 딴 은병을 만들어 통용시켰는데, 민간에서는 이를 활구(闊口)라 불렀다.

① 공인이 상업 활동을 주도하였다.
② 시전 상인의 금난전권을 제한하였다.
③ 대도시에 주점, 다점 등의 관영 상점을 두었다.
④ 시장을 감독하는 관청으로 동시전을 설치하였다.

17 다음 조직에 대한 설명으로 옳지 않은 것은?

> 가입하기를 원하는 자에게는 반드시 먼저 규약문을 보여주고, 몇 달 동안 실행할 수 있는가를 스스로 헤아려 본 뒤에 가입하기를 청하게 한다. 가입을 청하는 자는 반드시 단자에 참가하기를 원하는 뜻을 자세히 적어 모임이 있을 때에 진술하고, 사람을 시켜 약정(約正)에게 바치면 약정은 여러 사람에게 물어서 좋다고 한 다음에야 글로 답하고, 다음 모임에 참여하게 한다.
> － 「율곡전서」 중에서 －

① 향촌 사회의 질서를 유지하고 치안을 담당하는 향촌의 자치 기능을 맡았다.
② 전통적 미풍양속을 계승하면서 삼강오륜을 중심으로 한 유교 윤리를 가미하였다.
③ 어려운 일이 생겼을 때에 서로 돕는 역할을 하였고, 상두꾼도 이 조직에서 유래하였다.
④ 지방 유력자가 주민을 위협, 수탈하는 배경을 제공하는 부작용도 있었다.

18 다음 기구에서 추진한 개혁 내용으로 옳은 것은?

> 총재 1명, 부총재 1명, 그리고 16명에서 20명 사이의 회의원으로 구성되었다. 이밖에 2명 정도의 서기관이 있어서 활동을 도왔고, 또 회의원 중 3명이 기초 위원으로 선정되어 의안의 작성을 책임졌다. 총재는 영의정 김홍집이 겸임하고, 부총재는 내아문독판으로 회의원인 박정양이 겸임하였다.

① 은본위 화폐 제도를 실시하였다.
② 의정부와 삼군부의 기능을 회복하였다.
③ 양전 사업을 실시하여 지계를 발급하였다.
④ 재판소를 설치하여 사법권과 행정권을 분리시켰다.

19 다음의 경제 조치에 대한 설명으로 옳지 않은 것은?

> 제1조 : 구 백동화 교환에 관한 사무는 금고로 처리케 하여 탁지부 대신이 이를 감독함
> 제3조 : 구 백동화의 품위(品位)·양목(量目)·인상(印象)·형체(形體)가 정화(正貨)에 준할 수 있는 것은 매 1개에 대하여 금 2전 5푼의 가격으로 새 화폐로 교환함이 가함

① 한국 상인들이 경제적으로 큰 타격을 받았다.
② 일본제일은행이 중앙은행의 역할을 하게 되었다.
③ 액면가대로 바꾸어 주는 화폐교환 방식을 따랐다.
④ 구 백동화 남발에 따른 물가 상승이 이 조치에 영향을 끼쳤다.

20 밑줄 친 '평량'과 '평량의 처'에 대한 설명으로 옳은 것을 다음에서 골라 바르게 짝지은 것은?

> 평량은 평장사 김영관의 사노비로 경기도 양주에 살면서 농사에 힘써 부유하게 되었다. 평량의 처는 소감 왕원지의 사노비인데, 왕원지는 집안이 가난하여 가족을 데리고 와서 의탁하고 있었다. 평량이 후하게 위로하여 서울로 돌아가기를 권하고는 길에서 몰래 처남과 함께 왕원지 부부와 아들을 죽이고, 스스로 그 주인이 없어졌음을 다행으로 여겼다.
>
> ─ 「고려사」 중에서 ─

> ㉠ 평량은 자신의 토지를 소유할 수 있었다.
> ㉡ 평량은 주인집에 살면서 잡일을 돌보았다.
> ㉢ 평량의 처는 국가에 일정량의 신공을 바쳤다.
> ㉣ 평량의 처는 매매·증여·상속의 대상이 되었다.

① ㉠, ㉡   ② ㉠, ㉣

③ ㉡, ㉢   ④ ㉢, ㉣

1 다음 합의문에 대한 설명으로 옳은 것은?

> • 통일은 외세에 의존하거나 외세의 간섭을 받음이 없이 자주적으로 해결하여야 한다.
> • 통일은 서로 상대방을 반대하는 무력행사에 의거하지 않고 평화적 방법으로 실현하여야 한다.
> • 사상과 이념·제도의 차이를 초월하여 우선 하나의 민족으로서 민족적 대단결을 도모하여야 한다.

① 합의문 발표 이후 남북조절위원회가 설치되었다.
② 합의 내용은 6·15 남북공동선언으로 정리되었다.
③ 합의문 중에는 한반도 비핵화 문제가 포함되었다.
④ 합의 결과로 경의선 및 동해선 철도가 연결되었다.

2 다음 조약과 관련한 설명으로 가장 적절한 것은?

> • 양국 관리는 양국 인민의 자유로운 무역활동에 일체 간섭하지 않는다.
>
> – ○○수호조규 –
>
> • 개항장 부산에서 일본인 간행이정(間行里程)은 10리로 한정한다.
>
> – ○○조규 부록 –
>
> • 조선국 여러 항구에 거주하는 일본인은 쌀과 잡곡을 수출입할 수 있다.
>
> – ○○무역 규칙 –

① 쌀 유출이 허용되면서 쌀값이 폭등하고 쌀의 상품화가 촉진되었다.
② 개항지 지정이 약정되면서 군산항, 목포항, 양화진이 차례로 개항되었다.
③ 은행권의 발행이 용인되면서 제일은행권이 조선의 본위화폐가 되었다.
④ 최혜국 대우와 무관세 조항이 함께 명문화되면서 불평등 무역이 조장되었다.

3 밑줄 친 '왕'이 재위한 시기의 사실로 옳지 않은 것은?

> 왕은 원나라의 수시력을 참고하여 역법을 만들게 하였다. 그 책의 말미에 동지·하지 후의 일출·일몰 시각과 밤낮의 길이를 나타낸 표가 실려 있는데, 우리나라 역사상 최초로 한양을 기준으로 하여 계산한 것이다.

① 집현전을 설치하여 제도, 문물, 역사에 대한 연구와 편찬 사업을 전개하였다.
② 공법 제정시 조정의 신하와 지방의 촌민에 이르기까지 18만 명의 의견을 물었다.
③ 불교 종파를 선교 양종으로 병합하고 사원이 가지고 있던 토지와 노비를 정비하였다.
④ 육전상정소를 설치하고 조선 왕조의 체계적인 법전인 「경국대전」을 편찬하기 시작하였다.

4 (가)와 (나)의 나라에 대한 설명으로 옳은 것은?

> (가) 고구려 개마대산 동쪽에 있는데 개마대산은 큰 바닷가에 맞닿아 있다. … (중략) … 그 나라 풍속에 여자 나이 10살이 되기 전에 혼인을 약속한다. 신랑 집에서는 여자를 맞이하여 다 클 때까지 길러 아내를 삼는다.
> (나) 남쪽으로는 진한과 북쪽으로는 고구려·옥저와 맞닿아 있고 동쪽으로는 큰 바다에 닿았다. … (중략) … 해마다 10월이면 하늘에 제사를 지내는데 밤낮으로 술 마시며 노래 부르고 춤 추니, 이를 무천이라고 한다.

① (가) - 서옥제라는 혼인 풍속이 있었다.
② (가) - 중대한 범죄자가 있으면 제가 회의를 통하여 사형에 처하였다.
③ (나) - 족장들은 저마다 따로 행정 구획인 사출도를 다스렸다.
④ (나) - 다른 부족의 영역을 침범하면 책화라고 하여 노비, 소, 말로 변상하였다.

5 조선 후기의 동전 유통 실태에 대한 설명으로 옳지 않은 것은?

① 숙종 때, 동전이 전국적으로 유통되었다.
② 18세기 전반, 동전 공급 부족으로 전황이 발생하였다.
③ 18세기 후반, 동전으로 세금이나 소작료를 납부하는 비중이 증가하였다.
④ 19세기 전반, 군사비 지출을 보완하기 위하여 당백전을 주조하였다.

6 ㈎와 ㈏ 사이의 시기에 있었던 사실로 옳은 것은?

> ㈎ 동성왕은 신라에 사신을 보내 혼인을 청하였는데, 신라의 왕이 이벌찬(伊伐湌) 비지(比智)의 딸을 시집보냈다.
>
> ㈏ 왕은 신라를 습격하기 위하여 친히 보병과 기병 50명을 거느리고 밤에 구천(狗川)에 이르렀는데, 신라의 복병이 나타나 그들과 싸우다가 살해되었다.

① 도읍을 금강 유역의 웅진으로 옮겼다.
② 장수왕의 공격을 받아 한성이 함락되었다.
③ 국호를 남부여로 고치고 중흥을 꾀하였다.
④ 동진으로부터 불교를 수용하여 공인하였다.

7 (㉠)의 정치기구에 대한 설명으로 옳은 것은?

> 도병마사는 성종 때 처음 설치되어 국방 문제를 담당하였다.… (중략) … 원 간섭기에 (㉠)(으)로 개칭되면서 국정 전반에 걸친 중요사항을 관장하는 최고기구로 발전하였다.

① 도당으로 불렸으며 조선 건국 초에 폐지되었다.
② 법제의 세칙을 만드는 고려의 독자적인 기구이다.
③ 정책을 집행하는 기능을 담당했으며, 그 밑에 6부를 두었다.
④ 관리의 임명이나 법령의 개폐를 동의하는 서경권을 행사하였다.

8 밑줄 친 '이 시기'에 있었던 사실로 가장 적절한 것은?

> 이 시기에는 도구가 발달하고 농경이 시작되면서 주거 생활도 개선되어 갔다. 집터는 대개 움집 자리로, 바닥은 원형이거나 모서리가 둥근 사각형이었다. 움집의 중앙에는 불씨를 보관하거나 취사와 난방을 하기 위한 화덕이 위치하였다. 집터의 규모는 4~5명 정도의 한 가족이 살기에 알맞은 크기였다.

① 소를 이용한 밭갈이 농사를 하였다.

② 고인돌과 돌널무덤이 많이 만들어졌다.

③ 빗살무늬토기와 가락바퀴가 제작되었다.

④ 한국식 동검이라 일컫는 세형동검을 사용하였다.

9 밑줄 친 '왕'이 재위한 시기의 사실로 옳은 것은?

> 왕이 신하들을 불러 "흑수말갈이 처음에는 우리에게 길을 빌려서 당나라와 통하였다. … (중략) … 그런데 지금 당나라에 관직을 요청하면서 우리나라에 알리지 않았으니, 이는 분명히 당나라와 공모하여 우리나라를 앞뒤에서 치려는 것이다."라고 하였다. 이리하여 동생 대문예와 외숙 임아상으로 하여금 군사를 동원하여 흑수말갈을 치려고 하였다.

① 5경 15부 62주의 행정 제도가 완비되었다.

② 길림성 돈화 부근 동모산 기슭에서 나라를 세웠다.

③ 북만주 일대를 차지하고 산동의 등주를 공격하였다.

④ 수도를 중경에서 상경, 동경으로 옮겨 중흥을 꾀하였다.

10 다음 논쟁이 있었던 무렵의 저술 활동으로 가장 적절한 것은?

> 재상 박유가 아뢰기를 "청컨대 여러 신하, 관료로 하여금 여러 처를 두게 하되, 품위에 따라 그 수를 점차 줄이도록 하여 보통사람에 이르러서는 1처 1첩을 둘 수 있도록 하며, 여러 처에서 낳은 아들도 역시 본처가 낳은 아들처럼 벼슬을 할 수 있게 하기를 원합니다."라고 하였다. 연등회 날 저녁 박유가 왕의 행차를 호위하여 따라갔는데, 어떤 노파가 그를 손가락질하면서 "첩을 두고자 요청한 자가 저 늙은이다."라고 하였다. 듣는 사람들이 서로 전하여 서로 가리키니 무서워하는 자들이 있었기 때문에 그 건의를 정지하고, 결국 시행하지 못하였다.

① 김부식이 진삼국사기표를 지었다.
② 일연선사가 「삼국유사」를 찬술하였다.
③ 정도전이 「조선경국전」을 저술하였다.
④ 정인지가 훈민정음해례 서문을 지었다.

11 밑줄 친 '개혁'의 내용으로 옳은 것은?

> 독립협회가 해산된 후 대한제국은 황제 중심의 근대국가를 수립하기 위하여 노력하였다. … (중략) … 대한제국의 개혁 이념은 옛 법을 근본으로 하고 새로운 제도를 참작한다는 것이었다. 갑오개혁이 지나치게 급진적으로 진행되었다고 생각하여 점진적인 개혁을 추구한 것이었다.

① 지조법을 개혁하고 혜상공국을 폐지하려 하였다.
② 황제의 군사권을 강화하고자 원수부를 설치하였다.
③ 태양력을 사용하고 건양이라는 연호를 제정하였다.
④ 관민공동회를 종로에서 개최하고 헌의 6조를 채택하였다.

12 밑줄 친 '우리 부대'에 대한 설명으로 옳은 것은?

> 이번 연합군과의 작전에 모든 운명을 거는 듯하였다. 주석(主席)과 <u>우리 부대</u>의 총사령관이 계속 의논하는 것을 옆에서 들었기 때문에 더욱 일의 중대성을 절감하였다. 드디어 시기가 온 것이다! 독립 투쟁 수십 년에 조국을 탈환하는 결정적 시기가 온 것이다. 이때의 긴장감은 내가 일본 군대를 탈출할 때와는 다른 긴장감이었다. 목적은 같으나 그때는 막연한 미지의 세계에 뛰어드는 것이었지만 이번에는 분명히 조국으로 가는 것이 아닌가?
>
> — 「장정」 —

① 중국 공산군과 함께 화북에서 항일전을 벌였다.

② 만주에서 중국 의용군과 연합 작전을 수행하였다.

③ 중국 관내에서 조직된 최초 한국인 군사 조직이었다.

④ 인도, 미얀마 전선에서 영국군과 공동 작전을 펼쳤다.

13 다음 자서전의 내용이 전개되던 시기에 일제가 시행한 정책으로 가장 적절한 것은?

> 7월 20일, 학생들과 체조를 하고 있었는데 면사무소 직원이 징병영장을 가져왔다. 흰 종이에는 '징병영장' 그리고 '8월 1일까지 함경북도에 주둔한 일본군 나남 222부대에 입대하라'고 적혀 있었다. 7월 30일, 앞면에는 '무운장구(武運長久)' 뒷면에는 '축 입영'이라고 적힌 붉은 천의 어깨 띠를 두르고 신사를 참배한 후 순사와 함께 나룻배를 타고 고향을 떠났다. 용산역에서 기차를 탈 때까지 순사는 매섭게 나를 감시하였다.

① 일진회를 앞세워 한일 합방을 청원하게 하였다.

② 공출제도를 강화하여 놋그릇, 농기구까지 수탈하였다.

③ 우가키 총독이 농촌개발을 명분으로 농촌진흥운동을 주장하였다.

④ 헌병경찰이 칼을 차고 민간의 치안 및 행정업무를 처리하도록 하였다.

14 (가)와 (나)의 인물에 대한 설명으로 옳은 것은?

> (가) 주자의 이론에 조선의 현실을 반영하여 나름대로의 체계를 세우고자 하였다. 그의 사상은 도덕적 행위의 근거로서 인간 심성을 중시하고, 근본적이며 이상주의적인 성격이 강하였다. 대표적인 저서로 「성학십도」가 있다.
>
> (나) 현실적이며 개혁적인 성격을 가지고 있었다. 그는 「성학집요」 등을 저술하여 16세기 조선 사회의 모순을 극복하는 방안으로 통치 체제의 정비와 수취제도의 개혁 등 다양한 개혁방안을 제시하였다.

① (가)의 사상은 일본 성리학 발전에 영향을 끼쳤다.

② (가)는 도학의 입문서인 「격몽요결」을 저술하였다.

③ (나)는 왕에게 주청하여 소수서원이라는 편액을 하사받았다.

④ (나)는 향촌사회의 도덕적 질서를 안정시키기 위해 예안향약을 만들었다.

15 ㉠과 ㉡의 인물이 수행한 활동으로 옳은 것은?

> • 문무왕이 도성을 새롭게 짓고자 하니, ㉠ 이(가) 말하기를 "비록 궁벽한 시골[草野] 띳집[茅屋]에 있다고 해도 바른 도를 행하면 복된 일이 오래 갈 것이고, 만일 그렇지 못하면 사람을 수고롭게 하여 성을 쌓을지라도 아무 이익이 없을 것입니다." 하니, 왕이 곧 그 성을 쌓는 것을 그만두었다.
>
> • 임인년 정월에 개경 보제사에서 열린 담선법회가 파한 연후에 ㉡ 은(는) 동문 10여 인과 함께 "명예와 이익을 버리고 산림에 은둔하여 같은 모임을 맺자. 항상 선정을 익히고 지혜를 고르는 데 힘쓰고, 예불하고 경전을 읽으며 힘들여 일하는 것에 이르기까지 각자 맡은 바 임무에 따라 경영한다."라고 결의하였다.

① ㉠ – 황룡사 9층 목탑의 건립을 왕에게 건의하였다.

② ㉠ – 세속 5계를 만들어 젊은이에게 규범을 제시하였다.

③ ㉡ – 순천 송광사에서 수선결사운동을 전개하였다

④ ㉡ – 국청사를 중심으로 고려 천태종을 창시하였다.

16 다음 토지 제도에 대한 설명으로 옳은 것은?

> 경기는 사방의 근본이니 마땅히 과전을 설치하여 사대부를 우대한다. 무릇 경성에 거주하여 왕실을 시위(侍衛)하는 자는 직위의 고하에 따라 과전을 받는다. 토지를 받은 자가 죽은 후, 그의 아내가 자식이 있고 수신하는 자는 남편의 과전을 모두 물려받고, 자식이 없이 수신하는 자의 경우는 반을 물려받는다. 부모가 모두 사망하고 그 자손이 유약한 자는 휼양전으로 아버지의 과전을 전부 물려받고, 20세가 되면 본인의 과에 따라 받는다.
>
> — 「고려사」 —

① 과전을 지급함으로써 조선개국 세력의 경제적 기반이 되었다.

② 관리가 되었으면서도 관직을 받지 못한 사람들에게 한인전을 지급하였다.

③ 관직이나 직역을 담당하는 사람들에게 농지와 땔감을 채취하는 시지를 주었다.

④ 공로가 많은 사람들에게 인품을 기준으로 역분전을 차등 지급하였다.

17 다음 주장을 펼친 인물의 사상에 대한 설명으로 가장 적절한 것은?

> 비유하건대, 재물은 대체로 샘과 같다. 퍼내면 차고 버려두면 말라 버린다. 그러므로 비단 옷을 입지 않아서 나라에 비단 짜는 사람이 없게 되면 여공(女紅)이 쇠퇴하게 되고, 쭈그러진 그릇을 싫어하지 않고 기교를 숭상하지 않아서 수공업자가 기술을 익히는 일이 없게 되면 기예가 망하게 되며, 농사가 황폐해져서 그 법을 잃게 되므로 사농공상의 사민이 모두 곤궁하여 서로 구제할 수 없게 된다.

① 존언, 만물일체설로 지행합일 이론을 체계화하였다.

② 화이론적 명분론을 강화하고 성리학을 절대화하였다.

③ 인간과 사물의 본성이 같다는 인물성동론의 입장을 보였다.

④ 농촌 사회의 모순을 중점적으로 해결하려는 경세치용론이었다.

18 다음 향촌 사회 변화에 대응한 양반층의 움직임으로 옳은 것은?

> 지금까지 향촌 사회에서 영향력을 행사하였던 양반은 새로 성장한 부농층의 도전을 받았다. 경제력을 갖춘 부농층은 수령을 중심으로 한 관권과 결탁하여 향안에 이름을 올리는가 하면, 향회를 장악하여 향촌 사회에서 영향력을 키우려고 하였다. 부농층은 종래의 재지 사족이 담당하던 정부의 부세제도 운영에 적극 참여하였으며 향임직에 진출하거나 기존 향촌 세력과 타협하면서 상당한 지위를 얻었다.

① 향도를 조직하여 공동으로 신앙활동을 하였다.
② 양반층의 결속을 위한 납속책 확대 시행을 지지하였다.
③ 문중의식을 고양하고 문중서원이나 사우 건립을 확대하였다.
④ 향회를 통한 수령권의 견제와 이서층의 통제를 강화하였다.

19 밑줄 친 '이 제도'의 시행 결과로 옳은 것은?

> 이 제도가 처음 경기도에서 실시되자 토호와 방납인들은 그동안 얻었던 이익을 모두 잃게 되었다. 그래서 온갖 수단을 다 동원하여 왕에게 폐지할 것을 건의했으나, 백성들이 이 제도가 편리하다고 하였기 때문에 계속 실시하기로 하였다.
>
> ― 「열조통기」 ―

① 전국의 농민이 공납을 현물로 납부하게 되었다.
② 전세가 풍흉에 관계없이 토지 1결당 미곡 4두로 정해졌다.
③ 공인이 활약하여 수공업이 활기를 띠고 상품 수요가 증가하였다.
④ 호(戶)를 기준으로 하였기 때문에 농민의 세금 부담이 줄어들었다.

20 일제강점 시기 ㈎와 ㈏의 주장을 한 단체에 대한 설명으로 옳은 것은?

> ㈎ 우리가 우리의 손에 산업의 권리 생활의 제일 조건을 장악하지 아니하면 우리는 도저히 우리의 생명·인격·사회의 발전을 기대하지 못할지니 … (중략) … 우리 조선 사람의 물산을 장려하기 위하여 조선 사람은 조선 사람이 지은 것을 사서 쓰자.
>
> ㈏ 유감스러운 것은 우리에게 아직도 대학이 없는 일이라. 물론 관립대학도 조만간 개교될 터지만 … (중략) … 우리 학문의 장래는 결코 일개 대학으로 만족할 수 없다. 그처럼 중대한 사업을 우리 민중이 직접 영위하는 것은 오히려 우리의 의무이다.

① ㈎ - 사회주의 성향의 운동 세력이 주도하였다.

② ㈎ - 조선과 일본 간의 관세철폐 정책에 대항하였다.

③ ㈏ - 민족 연합 전선 단체인 신간회의 후원을 받았다.

④ ㈏ - 조선학생과학연구회와 연계한 6·10만세운동을 전개하고 격문을 작성하였다.

☞ 정답 및 해설 P.17

1 우리나라 청동기 시대의 유적과 유물에 대한 설명으로 옳은 것은?

① 청동기 시대에는 수공업 생산과 관련된 가락바퀴가 처음으로 사용되었다.

② 불에 탄 쌀이 여주 흔암리, 부여 송국리 유적에서 발견되었다.

③ 청동기 시대 유적은 한반도 지역에 국한하여 주로 분포되어 있다.

④ 청동기 시대에는 조개 껍데기 가면 등의 예술품도 많이 제작되었다.

⑤ 청동기 시대 토기로는 몸체에 덧띠를 붙인 덧무늬토기가 대표적이다.

2 고조선의 사회와 문화에 대한 설명으로 옳은 것은?

① 단군은 제정 일치(祭政一致)의 지배자로 주변 부족을 통합하고 지배하기 위해 자신의 조상을 곰, 호랑이와 연결시켰다.

② 위만 왕조의 고조선은 철기 문화를 본격적으로 수용해상업과 무역도 발달하게 되었다.

③ 고조선의 사회상은 현재 전하는 8조법금 법조문 전체로 파악이 가능하다.

④ 고조선은 중계 무역을 통해 중국의 한과 우호관계를 유지하려 했다.

⑤ 고조선 시대의 사회는 계급분화가 이루어지지 못했다.

3 다음은 「삼국지」 동이전에 기록된 어떤 나라에 대한 설명이다. ㈎와 ㈏의 나라에 대한 설명으로 옳은 것은?

> ㈎ 토질은 오곡에 알맞고, 동이 지역 중에서 가장 넓고 평탄한 곳이다.
> ㈏ 큰 산과 깊은 골짜기가 많고, 사람들의 성품이 흉악하고 노략질을 좋아하였다.

① ㈎는 10월에 추수 감사제인 동맹이라는 제천 행사를 지냈다.
② ㈏는 자신의 생활권을 침범하면 노비나 소와 말로 변상하게 하였다.
③ ㈎는 남의 물건을 훔쳤을 때 물건 값의 12배를 배상하게하는 법이 있었다.
④ ㈏는 가족이 죽으면 시체를 가매장했다가 뼈만 추려서커다란 목곽에 안치하였다.
⑤ ㈎와 ㈏는 모두 연맹왕국 단계에서 멸망하였다.

4 다음에서 설명하는 왕릉의 특징에 관한 설명으로 옳은 것은?

> 이 왕릉은 송산리 고분군의 배수로 공사 중에 우연히 발견되었다. 이 왕릉은 피장자가 누구인지를 알려주는 묘지석이 발견되어 연대를 확실히 알 수 있는 무덤이다.

① 왕릉 내부에 사신도 벽화가 그려져 있다.
② 왕릉 주위 둘레돌에 12지신상을 조각하였다.
③ 왕릉의 천장은 모줄임 구조를 지니고 있다.
④ 무덤의 구조는 중국 남조의 영향을 받았다.
⑤ 말꾸미개 장식에 천마의 그림이 그려진 유물이 발견되었다.

5 다음 밑줄 친 '이 나라'에 대한 설명으로 옳지 않은 것은?

> 이 나라에서 만들어진 두 분의 부처가 나란히 앉아 있는 이불병좌상은 고구려 양식을 계승한 것으로 현재 일본에 있으며, 수도인 상경에는 당의 장안의 도로망을 본뜬 주작대로가 있다.

① 말(馬)이 주요한 수출품이었다.

② 거란의 침략을 받아 멸망하였다.

③ 당과 교류하면서 빈공과의 합격자를 배출하였다.

④ 동해를 통해 일본과 무역을 활발하게 전개하였다.

⑤ 9세기에 들어서 비로소 신라와 상설교통로를 개설하였다.

6 다음 밑줄 친 왕과 관련된 설명으로 옳은 것은?

> "왕이 쌍기를 등용한 것을 옛 글대로 현인을 발탁함에 제한을 두지 않은 것이라 평가할 수 있을까. 쌍기가 인품이 있었다면 왕이 참소를 믿어 형벌을 남발하는 것을 왜 막지 못했는가. 과거를 설치하여 선비를 뽑은 일은 왕이 본래 문(文)을 써서 풍속을 변화시킬 뜻이 있는 것을 쌍기가 받들어 이루었으니 도움이 없다고는 할 수 없다."

① 2성 6부제를 중심으로 하는 중앙 관제를 마련하였다.

② 국정을 총괄하는 정치 기구인 교정도감을 설치하였다.

③ 정계, 계백료서 등을 지어 관리가 지켜야할 규범을 제시하였다.

④ 광덕, 준풍 등의 독자적인 연호를 사용하였다.

⑤ 고구려의 옛 땅을 되찾기 위해 북진 정책을 추진하였다.

7 다음 개화기의 언론에 대한 설명으로 옳지 않은 것은?

① 황성신문은 국·한문 혼용으로 발간되었고, '시일야방성대곡'을 게재하였다.

② 순 한글로 간행된 제국신문은 창간 이듬해 이인직이 인수하여 친일지로 개편되었다.

③ 독립신문은 한글과 영문을 사용하였으며, 근대적 지식 보급과 국권·민권 사상을 고취하였다.

④ 우리나라 최초의 신문인 한성순보는 관보의 성격을 띠고 10일에 한 번 한문으로 발행되었다.

⑤ 영국인 베델을 발행인으로 내세운 대한매일신보는 양기탁을 중심으로 국채보상운동에 앞장섰다.

8 다음 밑줄 친 왕의 시기에 대한 설명으로 옳은 것은?

> 왕이 변발(辮髮)을 하고 호복(胡服)을 입고 전상에 앉아있었다. 이연종이 간하려고 문 밖에서 기다리고 있었더니, 왕이 사람을 시켜 물었다. 이연종이 말하기를 …… "변발과 호복은 선왕(先王)의 제도가 아니오니, 원컨대 전하는 본받지 마소서."

① 성균관을 순수 유교 교육기관으로 개편하였다.

② 최충의 문헌공도를 비롯한 사학 12도가 융성하였다.

③ 독창적 기법인 상감법이 개발되어 상감청자가 유행하였다.

④ 민중의 미적 감각과 소박한 정서를 반영한 그림이 유행 하였다.

⑤ 우리나라 최초의 금속활자본인 상정고금예문이 인쇄되었다.

9 다음에서 설명하는 사찰과 관련이 있는 것은?

> 이 절은 의상이 세웠으며, 공포가 주심포 양식인 유명한 건축물이 있고, 조사당에는 고려 시대의 사천왕상 벽화가 유명하다.

① 거대한 미륵보살입상이 있다.

② 신라 양식을 계승한 불상이 있다.

③ 지눌이 수선사 결사 운동을 전개하였다.

④ 금속 활자인 직지심체요절이 간행되었다.

⑤ 김부식이 지은 대각국사비가 세워져 있다.

10 다음과 관련이 있는 시험에 대한 설명으로 옳은 것은?

> 이 시험은 식년시, 증광시, 알성시로 나누어 실시하였으며, 소과를 거쳐 대과에서는 초시, 복시, 전시로 합격자를 선발하였다.

① 식년시는 해마다 실시되었다.
② 초시에서 33명을 선발하였다.
③ 백정 농민이 주로 응시하였다.
④ 재가한 여자의 손자는 응시할 수 없었다.
⑤ 생원시 합격만으로는 관리가 될 수 없었다.

11 다음 (가), (나)의 인물에 대한 설명으로 옳은 것은?

> (가) 이(理)를 강조하였으며 「주자서절요」, 「성학십도」등을 저술하였다.
> (나) 기(氣)를 강조하였으며 「동호문답」, 「성학집요」등을 저술하였다.

① (가)의 문인과 성혼의 문인들이 결합해 기호학파를 형성하였다.
② (나)는 근본적이고 이상주의적 성격이 강하였다.
③ (가)의 사상이 일본의 성리학 발전에 큰 영향을 주었다.
④ (나)는 군주 스스로 성학을 따를 것을 주장하였다.
⑤ (가), (나) 모두 노장사상에 대해 포용적인 자세를 취하였다.

12 다음과 같은 조세 제도가 실시된 시기에 있었던 일로 옳지 않은 것은?

> 토지 비옥도와 풍흉의 정도에 따라 전분 6등법, 연분 9등법으로 바꾸고 조세 액수를 1결당 최고 20두에서 최하 4두를 내도록 하였다.

① 안평대군의 꿈을 바탕으로 안견이 몽유도원도를 그렸다.
② 충신, 효자, 열녀 등의 행적을 그리고 설명한 삼강행실도가 편찬되었다.
③ 이암이 중국의 농서인 농상집요를 소개하였다.
④ 소리의 장단과 높낮이를 표현할 수 있는 정간보를 창안 하였다.
⑤ 전국지도로서 팔도도가 처음으로 제작되었다.

13 다음 사건을 수습한 이후에 나타난 정치 변화를 바르게 설명한 것은?

> 적(賊)이 청주성을 함락시키니, 절도사 이봉상과 토포사 남연년이 죽었다. 처음에 적 권서봉 등이 양성에서 군사를 모아 청주의 적괴(賊魁) 이인좌와 더불어 군사 합치기를 약속하고는 청주 경내로 몰래 들어와 거짓으로 행상(行喪)하여 장례를 지낸다고 하면서 상여에다 병기(兵器)를 실어다 고을성 앞 숲 속에다 몰래 숨겨 놓았다. …… 이인좌가 자칭 대원수라 위서(僞書)하여 적당 권서봉을 목사로, 신천영을 병사로, 박종원을 영장으로 삼고, 열읍(列邑)에 흉격(凶檄)을 전해 병마(兵馬)를 불러 모았다. 영부(營府)의 재물과 곡식을 흩어 호궤(犒饋)하고 그의 도당 및 병민(兵民)으로 협종(脅從)한 자에게 상을 주었다.
>
> — 조선왕조실록, 영조 4년 3월 —

① 환국의 정치 형태가 출현하였다.
② 소론과 남인이 권력을 장악하였다.
③ 완론(緩論) 중심의 탕평 정치가 행하여졌다.
④ 왕실의 외척이 군사권을 계속하여 독점 장악하였다.
⑤ 당파의 옳고 그름을 명백히 밝히는 정치가 시작되었다.

14 다음은 향촌 사회의 어떤 조직과 그 운영에 대한 것이다. 이에 관한 설명으로 옳은 것은?

> 가입하기를 원하는 자에게는 반드시 먼저 규약문을 보여 몇 달 동안 실행할 수 있는가를 스스로 헤아려 본 뒤에 가입하기를 청하게 한다. …… 사람을 시켜 약정(約正)에게 바치면 약정은 여러 사람에게 물어서 좋다고 한 다음에야 글로 답하고, 다음 모임에 참여하게 한다.

① 군현마다 하나씩 설립되었으며, 중앙에서 교수를 파견하였다.
② 초등교육을 담당하였으며, 선비와 평민 자제를 교육하였다.
③ 불교 신앙 조직이자 동계 조직으로 어려울 때 서로 돕는 역할을 하였다.
④ 풍속 교화, 향촌 사회의 질서유지를 담당하여 사림의 지위강화에 기여하였다.
⑤ 선현에 대해 제사 지내고 인재교육, 향음주례 등의 역할을 담당하였다.

15 (가)가 편찬된 시기의 과학 기술에 대한 설명으로 옳은 것을 〈보기〉에서 고른 것은?

> 정초, 정인지 등이 원의 수시력을 참고하여 한양을 기준으로 태양과 달의 운동, 태양의 입출입 시각 등을 상세히 기록한 새로운 역법인 (가)을(를) 만들었다.

〈보기〉
㉠ 농촌 생활 백과 사전인 임원경제지가 편찬되었다.
㉡ 밀랍 대신 식자판을 조립하는 방법이 창안되었다.
㉢ 한글로 석가모니의 일대기를 풀이한 책이 저술되었다.
㉣ 현존하는 최고(最古) 의학 서적인 향약구급방이 편찬되었다.

① ㉠, ㉡ 　　　　　　　　　② ㉠, ㉢
③ ㉡, ㉢ 　　　　　　　　　④ ㉡, ㉣
⑤ ㉢, ㉣

16 다음 자료가 등장하는 시기에 나타난 경제적 변화에 대한 설명 중 옳지 않은 것은?

> "이앙(移秧)을 하는 것은 세 가지 이유다. 김매기 노력을 더는 것이 첫째요, 두 땅의 힘으로 모 하나를 서로 기르는 것이 둘째며, 좋지 않은 것은 솎아내고 싱싱하고 튼튼한 것을 고를 수 있는 것이 셋째다."

① 모내기법이 확산되어 벼와 보리의 이모작이 가능해졌고, 노동력이 크게 절감될 수 있었다.

② 일부 농민은 인삼, 담배, 채소, 면화 등과 같은 상품 작물을 재배해 높은 수익을 올렸다.

③ 지주에 대한 지대 납부 방식이 타조법에서 도조법으로 바뀌어 갔다.

④ 수공업에서 자금과 원자재를 미리 받아 제품을 만드는 선대제가 활발해졌다.

⑤ 교환경제의 발전은 해동통보를 비롯한 여러 화폐의 사용을 확산시켰다.

17 다음 자료와 관련 있는 인물의 활동으로 옳은 것은?

> 무릇 동양의 수천 년 교화계(敎化界)에서 바르고 순수하며 광대 정미하여 많은 성인이 뒤를 이어 전하고 많은 현인이 강명(講明)하는 유교가 끝내 인도의 불교와 서양의 기독교와 같이 세계에 대발전을 하지 못함은 어째서이며, 근세에 이르러 침체 부진이 극도에 달하여 거의 회복할 가망이 없는 것은 무슨 까닭이뇨. …… 그 원인을 탐구하여 말류(末流)를 추측하니 유교계에 3대 문제가 있는지라. 그 3대 문제에 대하여 개량(改良) 구신(求新)을 하지 않으면 우리 유교는 흥왕할 수가 없을 것이며 …… 여기에 감히 외람됨을 무릅쓰고 3대 문제를 들어서 개량 구신의 의견을 바치노라.
>
> – 서북학회 월보 제1권 –

① 양명학을 토대로 대동사상을 주창하였다.

② 만세보를 발간하여 민족의식을 고취하였다.

③ 위정 척사 운동의 계승과 실천을 강조하였다.

④ 독사신론을 통해 역사학의 방향을 제시하였다.

⑤ 신민족주의를 제창하여 민족주의의 한계를 극복하려 하였다.

18 조선총독부가 실시했던 토지조사사업과 관련된 아래의 사실 중에서 옳게 짝지어진 것은 무엇인가?

> ㉠ 토지조사사업은 근대법에 입각해 지주 중심의 자본주의 체제를 이룩한 것이라고 할 수 있다.
> ㉡ 토지조사사업은 전통적 사유권에 입각하여 이를 정밀하게 조사하여 추진하였다.
> ㉢ 토지조사사업은 경작농민들이 가지고 있던 도지권(賭地權)을 인정하지 않았다.
> ㉣ 토지조사사업은 주로 조선인 대지주들의 토지를 대상으로 하였기에, 사업 결과로 이들이 가장 큰 타격을 입었다.

① ㉠, ㉡

② ㉠, ㉢

③ ㉡, ㉢

④ ㉡, ㉣

⑤ ㉢, ㉣

19 다음 선언을 채택한 단체와 관련된 설명으로 옳지 않은 것은?

> …… 이상의 이유에 의하여 우리는 우리의 생존의 적인 강도일본과 타협하려는 자나 강도 정치 하에서 기생하려는 주의를 가진 자나 다 우리의 적임을 선언하노라. …… 민중은 우리혁명의 중심부이다. 폭력은 우리 혁명의 유일한 무기이다. 우리는 민중 속에 가서 민중과 손을 잡아 …… (중략) …… 이상적 조선을 건설할지니라.

① 만주 길림에서 김원봉이 중심이 되어 조직하였다.

② 일제 요인 암살, 식민 통치 기구 파괴를 활동 목표로 삼았다.

③ 이 단체의 소속원인 이봉창은 일왕 폭살을 시도하였다.

④ 후에 이 단체의 계통 인사들은 조선 의용대를 조직하였다.

⑤ 이 단체의 소속원으로 나석주, 김상옥, 김익상 등이 있다.

20 (가) 정책이 시행된 시기에 있었던 일제의 식민 통치 모습으로 옳은 것은?

> 더 많은 쌀을 일본으로 가져가기 위해 추진된 (가) 정책으로 말미암아 소작농들은 수리 조합비나 비료 대금을 비롯한 각종 비용 부담이 늘어나 자·소작농 가운데 토지를 잃고 소작농이나 화전민으로 전락하는 농민들이 많아졌다.

① 조선어 교육을 폐지하였다.
② 징병과 징용을 실시하였다.
③ 조선어학회를 강제로 해산시켰다.
④ 관습적인 경작권을 부정하는 정책을 공포하였다.
⑤ 회사령이 폐지되어 일본 자본의 침투가 증가했다.

2014～2016년
기출문제

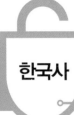
1 다음 유물들을 통해 알 수 있는 사실로 가장 옳은 것은?

① 계급의 분화가 시작되었다.

② 농경을 처음으로 시작하였다.

③ 중국과 활발하게 교류하였다.

④ 철제 농기구의 사용이 보편화되었다.

2 신라 왕호의 변천 과정에서 (개), (내)에 해당하는 설명으로 가장 옳은 것은?

거서간 → 차차웅 → (개) → (내) → 왕

① (개)가 왕호였던 시기에 이르러 독자적 세력을 유지해 오던 6부가 행정 구역으로 재편되었다.

② (개)가 왕호였던 시기에 신라는 낙동강 유역의 가야 세력을 정복하고 영토를 확장하였다.

③ (내)는 대군장의 뜻을 지니며 왕권의 성장이 그 이름에 반영되어 있다.

④ (내)가 왕호였던 시기에 신라 왕위는 박·석·김의 3성이 교대로 차지하였다.

3 ㈎, ㈏에 해당하는 나라에 대한 설명으로 가장 옳은 것은?

> ㈎ 가축 이름으로 관직명을 정하여 마가 · 우가 · 저가 · 구가는 별도로 사출도를 주관하였다. 적
> 군이 침입하면 제가들이 몸소 전투를 하고, 하호는 양식을 져 날라 음식을 만들어준다.
>
> — 「삼국지」위서 동이전 —
>
> ㈏ 귀신을 믿기 때문에 국읍에 각각 한 사람씩 세워 천신의 제사를 주관하게 하는데, 이를 천
> 군이라 부른다. 또 여러 나라에는 각각 별읍이 있으니 소도라 한다. 거기에 큰 나무를 세우
> 고 방울과 북을 매달아 놓고 귀신을 섬긴다. 다른 지역에서 그 지역으로 도망 온 사람은 누
> 구든 돌려보내지 않았다.
>
> — 「삼국지」위서 동이전 —

① ㈎는 족외혼을 엄격하게 지켰다.

② ㈎에서는 소 굽으로 길흉을 점쳤다.

③ ㈏에는 서옥제라는 혼인 풍습이 있었다.

④ ㈏에서는 12월에 영고라는 제천 행사를 열었다.

4 다음 단체에 대한 설명으로 가장 옳은 것은?

> 임병찬은 고종의 지시로 독립 의군부를 몰래 조직하였다. 그는 안으로 의롭고 용감한 사람들
> 을 선발하여 기회를 보아 조선의 독립을 선언하고, 밖으로는 문명 열강의 도움을 받아 독립을
> 회복하려 하였다.

① 공화제를 지향하였다.

② 민족 자본의 육성을 강조하였다.

③ 의병 운동을 계승한 비밀 결사였다.

④ 의연금을 받아 군자금을 확보하였다.

5 다음 가상 신문이 나타내는 시기를 연표에서 옳게 찾은 것은?

신라와 백제 왕실은 신라 소지왕의 친척인 이찬 비지의 딸과 백제 동성왕이 결혼할 것임을 발표하였다. 이는 양국 간의 우호 증진과 협력 강화를 위한 방편으로, 이에 대해 신라의 한 관리는 "고구려의 간섭에서 벗어나 신라가 우뚝 설 수 있는 계기가 될 것"이라고 말해, 양국이 서로의 발전을 위해 결혼 동맹을 선택한 것으로 분석된다.

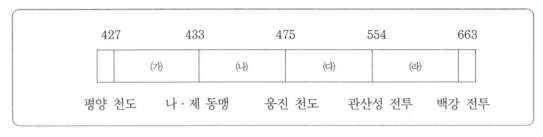

427	433	475	554	663
	(가)	(나)	(다)	(라)	

평양 천도   나·제 동맹   웅진 천도   관산성 전투   백강 전투

① (가)
② (나)
③ (다)
④ (라)

6 다음과 같은 문화재가 만들어진 시기에 있었던 사실로 가장 적절한 것은?

① 녹읍이 폐지되고 관료전이 지급되었다.
② 집사부 장관인 시중의 권한이 강화되었다.
③ 원종과 애노의 난 등 농민 반란이 일어났다.
④ 진골과 6두품 세력 사이에 왕위 쟁탈전이 벌어졌다.

7 다음 법령이 실시되었던 시기에 일제가 실시한 정책을 〈보기〉에서 고른 것은?

> 제1조 : 국가 총동원이란 전시에 국방 목적을 달성하기 위해 국가의 전력을 가장 유효하게 발휘
> 하도록 인적 및 물적 자원을 운용하는 것이다.
> 제4조 : 정부는 전시에 국가 총동원상 필요할 때에는 칙령이 정하는 바에 따라 제국 신민을 징
> 용하여 총동원 업무에 종사하게 할 수 있다.
> 제8조 : 정부는 전시에 국가 총동원상 필요할 때에는 칙령이 정하는 바에 따라 물자의 생산, 수리,
> 배급, 양도, 기타의 처분, 사용, 소비, 소지 및 이동에 관하여 필요한 명령을 내릴 수 있다.

> 〈보기〉
> ㉠ 한글을 사용하는 신문과 잡지를 강제 폐간시켰다.
> ㉡ 소학교 대신 국민 학교라는 명칭을 사용토록 하였다.
> ㉢ 조선 태형령과 경찰범 처벌 규칙을 만들어 시행하였다.
> ㉣ 사회주의자들을 탄압하기 위해 치안유지법을 만들었다.

① ㉠, ㉡   ② ㉠, ㉣
③ ㉡, ㉢   ④ ㉢, ㉣

8 밑줄 친 '왕'의 업적에 대한 설명으로 가장 옳은 것은?

> 왕은 여러 가지 과감한 조처를 통하여 왕권을 강화시켰다. 혁신 정치를 대체적으로 일단락
> 지은 즉위 11년에 칭제건원하고, 개경을 황도, 서경을 서도라 칭한 것은 그와 같은 기반 위에서
> 취한 자부심의 한 표현이라 볼 수 있다.

① 정방과 정동행성 이문소를 폐지하였다.
② 광군사를 설치하여 거란의 침입에 대비하였다.
③ 유교 정치 이념을 채택하고 국자감을 정비하였다.
④ 쌍기의 건의를 받아들여 과거 제도를 도입하였다.

9 (가), (나) 사이의 시기에 있었던 사실로 가장 옳은 것은?

> (가) 거란의 군사가 귀주를 지나니 강감찬 등이 동쪽 들에서 맞아 싸웠는데, …(중략)… 죽은 적의 시체가 들판을 덮고 사로잡은 군사와 말, 낙타, 갑옷, 투구, 병기는 이루 다 헤아릴 수가 없었다.
>
> (나) 여진의 추장들은 땅을 돌려달라고 떼를 쓰면서 해마다 와서 분쟁을 벌였다. …(중략)… 이에 왕은 신하들을 모아 의논한 후에 그들의 요구에 따라 9성을 돌려주었다.

① 발해가 멸망하였다.

② 별무반이 편성되었다.

③ 쌍성총관부가 폐지되었다.

④ 묘청이 서경 천도 운동을 벌였다.

10 다음 풍속이 유행할 무렵에 있었던 문화적 사실로 가장 옳은 것은?

> • 증류 방식의 술인 소주가 등장하였다.
> • 임금의 음식을 가리키는 '수라'라는 말이 사용되었다.
> • 남자들 사이에서 머리의 뒷부분만 남겨놓고 주변의 머리털을 깎아 나머지 모발을 땋아서 등 뒤로 늘어뜨리는 머리 스타일이 나타났다.

① 최충이 9재 학당을 세웠다.

② 김부식이 삼국사기를 편찬하였다.

③ 의천이 해동 천태종을 창시하였다.

④ 개성에 경천사지 십층석탑이 세워졌다.

11 (가), (나) 사이에 고구려에서 있었던 사실로 가장 옳은 것은?

> (가) 겨울에 왕이 태자와 함께 정예 군사 3만 명을 거느리고 고구려에 쳐들어가 평양성을 공격하였다. 고구려의 왕 사유가 힘을 다해 싸워 막다가 빗나간 화살에 맞아 죽었다. 왕이 군사를 이끌고 물러났다.
>
> (나) 왕 9년 기해에 백잔(百殘)이 맹서를 어기고 왜와 화통하였다. 이에 왕이 평양으로 내려갔다. 그 때 신라가 사신을 보내 아뢰기를 …(중략)… 왕 10년 경자에 보병과 기병 5만을 보내 신라를 구원하게 하였다.

① 천리장성을 쌓았다.
② 율령을 반포하였다.
③ 평양으로 천도하였다.
④ 낙랑군을 몰아내었다.

12 다음 답사계획 중 답사 장소와 답사의 주안점이 옳게 연결된 것은?

고려 문화의 향기를 찾아서				
	주제	소주제	답사지	답사 주안점
(가)	불교	결사 운동	강진 만덕사	조계종 발달
(나)	공예	자기 기술	부안·강진 도요지	상감청자 제작법
(다)	건축	목조 건축	안동 봉정사	다포 양식 건물
(라)	인쇄술	금속 활자	청주 흥덕사	상정고금예문 인쇄

① (가)   ② (나)
③ (다)   ④ (라)

13 ㈎ 국왕의 경제 정책으로 가장 옳은 것은?

> 조선은 개국 후에도 여전히 고려 때 사용하였던 중국의 역법을 썼으나 우리 실정에 맞지 않
> 는 점이 있었다. (가)이/가 즉위한 후 정인지, 정초 등에게 명하여 한양을 기준으로 천체의
> 운행을 관측하도록 하고, 수시력과 회회력을 자세히 살펴 우리 실정에 맞게 바로잡아 「칠정산
> 내편」과 「칠정산 외편」을 만들게 하였다.

① 대동법을 실시하였다.
② 과전법을 직전법으로 바꾸었다.
③ 시전 상인들의 금난전권을 없앴다.
④ 전분6등법과 연분9등법을 실시하였다.

14 다음 주장을 한 정치 세력에 대한 옳은 설명을 〈보기〉에서 고른 것은?

> • 소격서는 본래 이단이며 예(禮)에도 어긋나는 것이니 비록 수명을 빌고자 해도 복을 얻을 수 없
>   습니다. 소비가 많고 민폐도 커서 나라의 근본을 손상시키니 어찌 애석하지 않겠습니까.
> • 지방에서는 감사와 수령이, 서울에서는 홍문관과 육경(六卿), 대간이 등용할 만한 사람을 천거하
>   여, 대궐에 모아 놓고 친히 대책으로 시험한다면 인물을 많이 얻을 수 있을 것입니다. 이는 이전
>   에 우리나라에서 하지 않았던 일이요, 한(漢)나라 현량과의 뜻을 이은 것입니다.

> 〈보기〉
> ㉠ 3사에서 언론과 문한을 담당하였다.
> ㉡ 왕도 정치와 향촌 자치를 주장하였다.
> ㉢ 세조 이후 공신 세력으로서 정권을 장악하였다.
> ㉣ 성리학 이외의 학문과 사상에 대해 관용적이었다.

① ㉠, ㉡   ② ㉠, ㉣
③ ㉡, ㉢   ④ ㉢, ㉣

15 다음 사건이 발생했던 시기에 발해에서 있었던 사실로 가장 옳은 것은?

> 개원 20년 무예가 장수 장문휴를 보내 해적을 이끌고 등주자사(登州刺史) 위준을 공격하자, 당이 문예를 보내 병사를 징발하여 토벌하게 하였다. 이어 김사란을 신라로 보내 병사를 일으켜 발해 남쪽 국경을 공격하게 하였다.
>
> – 「신당서」 –

① 부족을 통일한 여진족의 침략으로 멸망하였다.

② 중국인들이 해동성국이라 부를 정도로 전성기를 맞이하였다.

③ 당과 친선관계를 맺었고, 신라도를 통해 신라와 대립관계를 해소하였다.

④ 중국과 대등한 지위에 있음을 과시하기 위해 독자적인 연호를 사용하였다.

16 (가), (나) 사이에 일어난 사실로 가장 옳은 것은?

> (가) 조 · 명 연합군과 이순신의 활약으로 전세가 불리해진 왜군은 명에게 휴전을 제의하였다. 이에 따라 명과 왜군의 휴전 회담이 시작되었다.
> (나) 김류, 이귀, 이괄 등 서인이 광해군을 무력으로 몰아 내고 능양군을 추대하여 왕으로 삼았다. 광해군과 대북파는 명을 배신하고 폐모살제(廢母殺弟)의 패륜을 저질렀다는 죄목으로 쫓겨났다.

① 청으로부터 군신 관계의 체결을 요구받았다.

② 명과 후금 사이에서 신중한 중립 외교를 펼쳤다.

③ 백두산 정계비를 세워 중국과의 국경선을 정하였다.

④ 계해약조를 통해 일본과의 제한된 교역을 허가하였다.

17 다음과 같은 건의에 따라 실시한 정책으로 볼 수 없는 것은?

> 당론(黨論)의 폐단이 거의 1백 년이나 되었으니 어찌 갑자기 크게 변할 수 있겠습니까마는 세월을 두고 힘쓰면 혹 줄어드는 보람이 있을 것입니다. 위에서 지극한 정성으로 탕평하시면, 신하로서 어찌 감동하는 마음이 없겠습니까?

① 산림을 중용하였다.
② 서원의 수를 대폭 줄였다.
③ 이조 전랑의 권한을 약화시켰다.
④ 각 붕당의 인물을 고르게 등용하였다.

18 다음 밑줄 친 부분에 해당하는 농민군의 요구 사항으로 가장 옳은 것은?

> 동학 농민 운동은 안으로 정치와 사회 개혁을 이루고 밖으로는 외세의 침략을 막으려 했던 대규모 농민 운동이었다. 비록 정부와 일본군의 공격으로 실패하였지만 농민군의 반봉건적 개혁 요구는 갑오개혁에 영향을 끼쳐 전통적 봉건 질서의 붕괴를 촉진하였다. 그리고 반침략적 정신은 의병 운동에 투영되어 외세에 저항하는 구국 무장 투쟁으로 이어졌다.

① 토지는 평균하여 분작한다.
② 노비 문서는 불태워 버린다.
③ 왜적(倭賊)과 통하는 자는 엄징한다.
④ 지조법을 개혁하여 국가 재정을 넉넉히 한다.

19 다음과 같은 호적이 작성되었을 무렵의 가족 제도에 대한 추론으로 옳은 것을 〈보기〉에서 고른 것은?

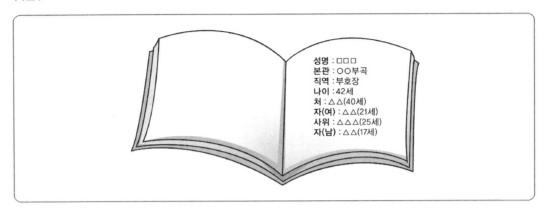

성명 : □□□
본관 : ○○부곡
직역 : 부호장
나이 : 42세
처 : △△(40세)
자(여) : △△(21세)
사위 : △△△(25세)
자(남) : △△(17세)

〈보기〉

㉠ 적서의 차별이 없었을 것이다.
㉡ 재산은 균분 상속되었을 것이다.
㉢ 친영 제도가 일반화되었을 것이다.
㉣ 제사는 반드시 큰아들이 지냈을 것이다.

① ㉠, ㉡　　　　　　　　　　　② ㉠, ㉣
③ ㉡, ㉢　　　　　　　　　　　④ ㉢, ㉣

20 ⑷ 군대에 대한 설명으로 가장 옳은 것은?

　　대한민국 임시정부는 1919년 정부가 공포한 군사 조직법에 의거하여 중화민국 총통 장개석 원수의 특별 허락으로 중화민국 영토 내에서 ＿＿＿⑷＿＿＿ 을(를) 창설함을 선포한다. 중화민국 국민과 합작하여 우리 두 나라의 독립을 회복하고자 공동의 적인 일본 제국주의자들을 타도하기 위하여 연합군의 일원으로 항전을 계속한다.

① 전력을 보전하기 위하여 자유시로 이동하였다.
② 중국군과 화북 지방에서 공동 작전을 전개하였다.
③ 쌍성보와 대전자령 전투에서 커다란 전과를 거두었다.
④ 국내 진공 작전을 계획하였으나 일본의 패망으로 기회가 무산되었다.

21 다음 자료와 관련된 민주화 운동에 대한 설명으로 가장 옳은 것은?

> 지난 6월 9일 오후 교내 시위 도중 경찰이 쏜 최루탄 파편에 맞아 중상을 입고 입원중인 연세대생 이한열군은 4일째 의식을 회복하지 못한 채 중태다. 연세대 상경대 교수 일동은 '이한열군 사건에 당하여'라는 제목의 성명서를 작성하여 "이번 불상사에 대한 책임을 통감하여 학생 시위와 이 같은 불상사를 유발하는 오늘의 현실을 개탄한다."면서 당국은 최루탄 난사를 포함한 과잉진압을 금지하고 이 같은 사태의 재발을 방지하기 위한 근본적인 대책을 수립하라고 요구하였다.

① 정부의 인권 탄압과 긴급조치를 비판하였다.
② 야당 당수를 국회에서 제명한 것이 계기가 되었다.
③ 학생과 시민들이 민주 헌법 쟁취를 구호로 내세웠다.
④ 학생들은 비상 계엄령 해제와 신군부 퇴진을 요구하였다.

22 (가), (나) 자료와 관련된 운동에 대한 설명으로 가장 옳지 않은 것은?

> (가) 비록 우리 재화가 남의 재화보다 품질상 또는 가격상으로 개인 경제상 다소 불이익이 있다 할지라도 민족 경제의 이익에 유의하여 이를 애호하며 장려하여 수요하며 구매하지 아니치 못할지라.
> (나) 민중의 보편적 지식은 보통 교육으로 능히 수여할 수 있으나 심원한 지식과 심오한 학리는 고등 교육에 기대하지 아니하면 불가할 것은 설명할 필요도 없거니와 사회 최고의 비판을 구하며 유능한 인물을 양성하려면 최고 학부의 존재가 가장 필요하도다.

① (가)는 사회주의자 주도로 전개되었다.
② (나)는 전국적인 모금 운동의 형태로 전개되었다.
③ (가)는 조만식, (나)는 이상재를 지도자로 전개되었다.
④ (가)와 (나)는 민족의 실력 양성을 목표로 전개되었다.

23 자료에 나타난 경제 활동이 이루어지던 시기에 볼 수 있는 사회 모습으로 가장 옳은 것은?

> 이른 새벽 보슬비에 담배 심기 참 좋다네
> 담배 모종 옮겨다가 울 밑 밭에 심어 보세
> 금년 봄엔 가꾸는 법 영양법을 배워 들여
> 황금 같은 잎담배를 팔아 일 년 살아보세

① 정전을 받아 농사짓는 농민
② 활구로 토지를 사들이는 귀족
③ 포구에서 물품을 거래하는 객주
④ 대식국인에게 향료를 구입하는 상인

24 다음 문서에 대한 설명으로 가장 옳은 것은?

> 첫째, 통일은 외세에 의존하거나 외세의 간섭을 받음이 없이 자주적으로 해결하여야 한다.
> 둘째, 통일은 서로 상대방을 반대하는 무력행사에 의거하지 않고 평화적 방법으로 실현하여야 한다.
> 셋째, 사상과 이념, 제도의 차이를 초월하여 우선 하나의 민족으로서 민족적 대단결을 도모하
> 여야 한다.

① 합의 직후 이산가족 상봉이 실현되었다.
② 남과 북에서 정치권력의 강화에 이용되었다.
③ 남북한이 유엔에 동시 가입한 직후 발표되었다.
④ 한반도 비핵화에 대한 공동 선언에 남북한이 합의하였다.

25 다음 자료를 바탕으로 추론한 독립 협회의 목표로 가장 옳은 것은?

> 정부에서 일하는 관리는 임금의 신하요 백성의 종이니 위로 임금을 섬기고 아래로는 백성을 섬기는 것이라. …(중략)… 바라건대 정부에 계신 이들은 관찰사나 군수들을 자기들이 천거하지 말고 각 지방 인민으로 하여금 그 지방에서 뽑게 하면, 국민 간에 유익한 일이 있는 것을 불과 1~2년 동안이면 가히 알리라.
>
> ─ 독립신문, 1896. 4. 14 ─

① 왕도 정치의 구현
② 전제 군주권의 강화
③ 민주 공화정의 수립
④ 국민 참정권의 실현

1 다음은 우리나라의 대표적인 선원사 시대 유적이다. 해당 유적에서 출토된 유물을 연결한 것 중 가장 적절하지 않은 것은?

① 부여 송국리 유적 - 비파형동검
② 양양 오산리 유적 - 뼈 낚시바늘
③ 여주 흔암리 유적 - 오수전
④ 부산 동삼동 유적 - 빗살무늬토기

2 다음 고조선에 대한 설명으로 가장 적절하지 않은 것은?

① 위만은 고조선으로 들어올 때 상투를 틀고 오랑캐의 옷을 입었다.
②『동국통감』의 기록에 의하면 단군왕검이 고조선을 건국하였다.
③ 기원전 194년 위만은 우거왕을 몰아내고 스스로 왕이 되었다.
④ 위만조선은 한의 침략에 맞서 1차 접전(패수)에서 대승을 거두기도 했다.

3 다음의 자료에 제시된 나라에 대한 설명으로 가장 적절하지 않은 것은?

> 이 나라는 구릉과 넓은 못이 많아 동이 지역 가운데 가장 넓고 평탄한 곳이다. 토질은 오곡을 가꾸기에 알맞지만, 과일은 생산되지 않는다. 왕이 죽으면 순장을 하는데 많을 때는 백 명을 헤아린다. 수해나 한재를 입어 곡식이 잘 익지 않으면 그 책임을 왕에게 묻기도 하였다.
>
> -「삼국지」「위서 동이전」-

① 이미 1세기 초에 왕호를 사용하였다.
② 만주 길림시 일대를 중심으로 송화강 유역의 평야 지대에서 성장하였다.
③ 가(加)들은 저마다 따로 행정 구획인 사출도를 다스렸다.
④ 3세기 말 읍루족의 침략을 받아 크게 쇠퇴하였고 결국 고구려에 편입되었다.

4 다음 역사적 사건이 시기순으로 바르게 나열된 것은?

> ㉠ 신라 진흥왕은 북한산을 순행하고 순수비를 세웠다.
> ㉡ 백제 성왕은 수도를 사비로 옮기고 신라와 연합하였다.
> ㉢ 고구려 장수왕은 죽령 일대부터 남양만을 연결하는 선까지 판도를 넓혔다.
> ㉣ 금관가야가 신라에 병합되었다.
> ㉤ 대가야가 신라에 병합되었다.

① ㉢ → ㉡ → ㉠ → ㉣ → ㉤
② ㉢ → ㉣ → ㉡ → ㉠ → ㉤
③ ㉣ → ㉢ → ㉡ → ㉤ → ㉠
④ ㉢ → ㉣ → ㉡ → ㉤ → ㉠

5 다음 중 신라 왕호와 그 역사적 의미가 바르게 연결된 것을 모두 고른 것은?

> ㉠ 거서간 · 차차웅 – 정치적 군장과 제사장의 기능 분리
> ㉡ 이사금 – 연장자의 의미로, 박 · 석 · 김 3부족이 연맹하여 교대로 왕을 선출
> ㉢ 마립간 – 김씨가 왕위 계승권을 독점하면서 왕권 강화
> ㉣ 왕 – 지증왕이 처음 사용하였고, 중국식 정치 제도를 받아들이기 시작

① ㉡㉢   ② ㉠㉡㉣
③ ㉠㉢㉣   ④ ㉠㉡㉢㉣

6 다음 중 발해에 대한 설명으로 틀린 것은 모두 몇 개인가?

> ㉠ 발해는 영역을 확대하여 옛 고구려의 영토를 대부분 차지하였지만 그 영역에는 말갈족이 다수 거주하였다.
>
> ㉡ 발해는 이중 기단에 3층으로 쌓는 석탑 양식이 유행하였으며, 흙으로 구워 만든 이불병좌상이 많이 보인다.
>
> ㉢ 발해는 지방을 5경 15부 62주로 나누었으며, 지방 행정의 말단 단위인 촌락에 수령을 파견하여 다스렸다.
>
> ㉣ 대조영이 698년 길림성 돈화시 동모산 기슭에서 국호를 '진(震)'이라 하고 건국하였으며, 2대 무왕에 이르러 '발해'로 개칭하였다.

① 0개   ② 1개
③ 2개   ④ 3개

---

7 다음 중 삼국 시대와 통일신라 시대 경제에 대한 설명 중 가장 적절하지 않은 것은?

① 삼국은 전쟁에서 공을 세운 사람에게 일정 지역의 토지와 농민을 식읍으로 주었다.
② 통일신라 민정문서는 남녀 인구 수와 소·말의 수, 토지 면적 등을 조사하여 3년마다 작성되었다.
③ 신라에서는 4-5세기를 지나면서 철제 농기구가 점차 보급되었다.
④ 삼국 시대에는 농업 생산력이 발달하여 수도 뿐 아니라 농촌 각지에서도 시장이 번성하였다.

---

8 다음은 고려 성종이 유교적 정치 질서를 강화하기 위해 시행한 정책들이다. 이 중 틀린 것은 모두 몇 개인가?

> ㉠ 지방관을 파견하고 향리 제도를 마련하여 지방 세력을 견제하였다.
> ㉡ 국자감을 정비하고, 지방에 경학박사와 의학박사를 파견하였다.
> ㉢ 과거제도를 정비하고 과거 출신자들을 우대하여 유학에 조예가 깊은 인재들의 정치 참여를 유도하였다.
> ㉣ 3성 6부제를 중심으로 하는 중앙 관제를 마련하였다.
> ㉤ 최승로가 올린 시무 10조의 건의를 수용하여 통치 체제를 정비하였다.

① 1개   ② 2개
③ 3개   ④ 4개

9 고려 시대의 무신 정권에 대한 설명으로 가장 적절하지 않은 것은?

① 무신들은 중방을 중심으로 권력을 행사하면서 주요 관직을 독차지하였다.

② 최충헌은 최고 집정부 구실을 하는 교정도감을 설치하였고, 도방을 확대하여 군사적 기반을 확립하였다.

③ 최우는 문무 백관의 인사 행정을 담당하는 서방과 능력있는 문신을 등용하기 위한 정방을 설치하였다.

④ 삼별초는 좌별초와 우별초 및 몽골에 포로로 잡혀갔다가 돌아온 병사들로 조직된 신의군으로 구성되었다.

10 다음의 역사서가 저술된 시대에 만들어진 문화유산은?

> 동명왕의 사적은 변화와 신이로 여러 사람의 눈을 현혹시킬 일이 아니요, 실로 나라를 세운 신의 자취인 것이다. 이러하니 이 일을 기술하지 않으면 앞으로 후세에 무엇을 볼 수 있으리오.

① 부석사 무량수전 ② 광개토왕릉비
③ 석촌동 고분군 ④ 법주사 팔상전

11 다음 밑줄 친 '이 기구'에 대한 설명으로 가장 적절하지 않은 것은?

> 김익희가 상소하여 말하기를, "요즘 <u>이 기구</u>가 큰 일이건 작은 일이건 모두 취급합니다. 의정부는 한갓 겉 이름만 지니고 육조는 할 일을 모두 빼앗기고 말았습니다. 이름은 '변방을 담당하는 것'이라고 하면서 과거에 대한 판정이나 비빈 간택까지도 모두 여기서 합니다."라고 하였다.

① 명종 때에 을묘왜변을 계기로 처음 만들어진 임시 회의기구이다.

② 세도정치기에도 핵심적인 정치기구로 자리 잡았다.

③ 의정부의 의정과, 공조판서를 제외한 판서 등 주요 관직자가 참여하는 합좌기관이다.

④ 고종 때에 흥선대원군에 의해 사실상 폐지되었다.

12 다음은 조선 시대 붕당에 대한 설명이다. ㉠~㉣에 대한 내용 중 가장 적절하지 않은 것은?

> 사림이 ㉠ 동인과 서인으로 나뉜 후, 동인이 우세한 가운데 정국이 운영되었다. 동인은 ㉡ 온건파인 남인과 급진파인 북인으로 나뉘었다. 그 후 ㉢ 서인과 남인이 격렬하게 대립하였으며, 나중에는 서인에서 갈라져 나온 ㉣ 노론과 소론이 치열하게 경쟁하였다.

① ㉠ 척신 정치의 잔재 청산 문제에서 주로 소극적인 부류가 서인, 적극적인 부류가 동인으로 형성되었다.

② ㉡ 정여립 모반 사건 등을 계기로 나뉘어져 처음에는 남인이 정국을 주도하였으나 임진왜란 이후 북인이 집권하였다.

③ ㉢ 예송논쟁에서 나타난 예론의 차이는 신권을 강화하려는 서인과 왕권을 강화하려는 남인 사이의 정치적 입장과 연결되었다.

④ ㉣ 노론은 실리를 중시하고 북방개척을 주장하는 경향을 보이며, 소론은 대의명분을 중시하고 민생안정을 강조하는 경향을 보였다.

13 다음은 조선 시대 양난 이후 수취 체제의 변화에 대한 설명이다. 가장 적절하지 않은 것은?

① 영정법에서는 연분 9등법을 따르지 않고 풍흉에 관계없이 전세를 토지 1결당 미곡 4두로 고정시켰다.

② 대동법의 시행으로 공납이 전세화되어 농민은 대체로 토지 1결당 미곡 12두만 납부하면 되었다.

③ 영정법에 따라 전세의 비율이 이전 보다 다소 낮아져 대다수 농민의 부담이 경감되었다.

④ 대동법은 부족한 국가 재정을 보완하고 농민의 부담을 경감하기 위한 개혁론으로 제기되었다.

14 조선 후기의 가족 제도와 사회상에 대한 설명으로 가장 적절한 것은?

① 남녀를 구분하지 않고 태어난 순서대로 족보에 기재하였다.

② 동성마을이 많아지고 부계 중심의 족보가 편찬되었다.

③ 아들이 없으면 양자를 들이는 대신에 딸과 외손자가 제사를 지냈다.

④ 혼인은 친영제에서 남귀여가혼으로 변화되었고, 재산은 균등하게 상속되었다.

15 다음 중 일제의 경제침탈에 관한 설명으로 가장 적절하지 않은 것은?

① 1910년대 시작된 토지조사사업은 토지의 소유권, 토지 가격, 지형 및 용도를 조사한 것으로, 토지에 대한 지주의 권리와 농민의 경작권을 함께 인정하였다.

② 1920년대 산미증식계획은 더 많은 쌀을 일본으로 가져가기 위해 추진되었으며, 수리시설의 확대와 품종교체, 화학비료 사용증가 등을 통해 이루어졌다.

③ 1930년대 이후 일제는 일본을 발전된 공업지역으로, 만주를 농업과 원료 생산 지대로 만들고, 한반도를 경공업 중심의 중간 지대로 만들기 위해 조선공업화 정책을 펼쳤다.

④ 1940년대 전시동원체제 하에서 세금을 늘리고 저축을 강요하여 마련된 자금은 군수기업에 집중 지원되었다.

16 다음 역사서에 대한 설명으로 가장 적절한 것은?

> 일찍이 세조께서, "우리 동방에는 비록 여러 역사서가 있으나 장편으로 되어 귀감으로 삼을 만한 것이 없다."라고 말씀하시고, 관리들에게 명하여 편찬하게 하셨지만 제대로 이루어지지 못하였습니다. 주상께서 그 뜻을 이어받아 서거정 등에게 편찬을 명하였습니다. (중략) 이 책을 지음에 명분과 인륜을 중시하고 절의를 숭상하여, 난신을 성토하고 간사한 자를 비난하는 것을 더욱 엄격히 하였습니다.

① 고조선부터 고려 말까지 역사를 정리하였다.

② 세가, 지, 열전 등으로 구성되었다.

③ 고대사 연구의 시야를 만주지방까지 확대하여 한반도 중심의 협소한 사관을 극복하는 데 힘썼다.

④ 중국 및 일본의 자료를 참고하여 민족사 인식의 폭을 넓히는데 이바지하였다.

17 다음은 조선 시대 의궤에 대한 설명이다. 가장 적절하지 않은 것은?

① 왕의 행적과 국정 전반을 기록한 것으로 천재지변에 관한 기록까지 소상히 담고 있어 자료적 가치가 매우 높다.

② 조선 초기부터 제작되었으나, 임진왜란 이전의 것은 현재 남아 전해지는 것이 없다.

③ 1866년 프랑스군이 강화도를 침략하였다가 40여 일만에 물러가면서 외규장각에 있던 다수의 의궤를 약탈하였다.

④ 프랑스국립도서관에 보관되어 있던 외규장각 의궤는 2011년 임대의 형식으로 우리나라에 반환되어 현재 국립중앙박물관에 보관되어 있다.

18 다음 대한제국기의 개혁 내용 중 가장 적절하지 않은 것은?

① 황제권 수호와 절대화에 필요한 대한국 국제 제정

② 입헌 군주제와 의회 정치 추진

③ 다양한 시책을 통한 황실 재정 확충

④ 양전과 지계 발급 사업 실시

19 다음 자료와 관련된 역사적 사건에 대한 설명 중 가장 적절하지 않은 것은?

> • 탐관오리는 그 죄상을 조사하여 엄징한다.
> • 노비 문서는 모두 소각한다.
> • 칠반천인(七班賤人)의 대우를 개선하고, 백정이 쓰는 평량갓을 없앤다.
> • 관리 채용에는 지벌을 타파하고 인재를 등용한다.
> • 토지는 평균 분작한다.

① 고부 농민봉기는 조병갑의 학정에 항거한 사건이며, 정부는 안핵사 이용태를 파견하여 동학 교도를 색출하고 탄압하였다.

② 청이 조선 정부의 요청으로 파병하자, 일본은 임오군란 때 맺은 톈진(천진)조약을 구실로 파병하였다.

③ 농민군은 전주화약의 체결로 전라도 일대에 집강소를 설치하여 치안과 행정을 담당하였다.

④ 남접과 북접의 농민군은 우금치 전투에서 패배하였고, 보은 전투에서 대패한 후 해산하였다.

20 다음 (가), (나)는 해방 후 두 정치인의 발언이다. 아래의 〈보기〉 중 두 정치인이 발언한 시점 사이에 일어난 사건은 모두 몇 개인가?

> (가) 이제 우리는 무기 휴회한 미소 공동위원회가 재개될 기색도 보이지 않으며, 통일정부를 고대하나 여의케 되지 않으니, 우리는 남방만이라도 임시정부 혹은 위원회 같은 것을 조직하여 38이북에서 소련이 철퇴하도록 세계 공론에 호소하여야 될 것이니 여러분도 결심하여야 할 것이다.
>
> (나) 현시에 있어서 나의 유일한 염원은 3천만 동포와 손을 잡고 통일된 조국의 달성을 위하여 공동 분투하는 것 뿐이다. 이 육신을 조국이 수요(需要)로 한다면 당장에라도 제단에 바치겠다. 나는 통일된 조국을 건설하려다 38도선을 베고 쓰러질지언정 일신에 구차한 안일을 취하여 단독정부를 세우는 데는 협력하지 않겠다.

〈보기〉

㉠ 포츠담선언   ㉡ 제주 4·3 사건
㉢ 모스크바 3국 외상회의   ㉣ 유엔총회에서 남북총선거 결정
㉤ 제2차 미소 공동위원회 결렬   ㉥ 남북지도자회의

① 1개   ② 2개
③ 3개   ④ 4개

☞ 정답 및 해설 P.22

1 다음 서적들에 대한 설명 중 옳지 않은 것은?

① 「해동고승전」은 삼국시대 이래 고려시대까지 승려 30여 명의 계통을 밝힌 책이다.

② 「동명왕편」은 이규보가 쓴 것으로 고구려 건국 영웅인 동명왕의 업적을 칭송한 서사시이다.

③ 「제왕운기」는 우리 역사의 서술을 단군부터 시작하여 중국의 역사만큼 유구하다고 보았다.

④ 「동국통감」은 고조선부터 고려 말까지의 역사를 편년체로 서술하였다.

2 우리 문화와 관련된 서적과 그 분야를 바르게 연결한 것은?

① 「자산어보」 – 의학　　　　　　　　② 「연조귀감」 – 역사학

③ 「색경」 – 지리학　　　　　　　　　④ 「벽온신방」 – 양명학

3 밑줄 친 '이 단체'의 운동에 대한 설명으로 옳은 것은?

> 　이 단체는 본격적으로 자신을 수호하는 운동을 벌이기에 앞서 정부로부터의 허가 과정에서 유배에 처해진 회장의 유배 해제를 주장하는 강경한 상소를 올렸다. 정부의 반응이 소극적이자 이 단체는 독립협회의 민권운동을 적극 지원하는 것이 그들의 운동에 부합하는 것이라고 생각하였다. 그리하여 이 단체는 독립협회가 사회운동의 일환으로 전개한 노륙법과 연좌법의 부활 저지운동에 적극 참가하였다.

① 대한매일신보, 만세보 등의 언론기관이 참여하였다.

② 시전 상인들이 경제적 특권 회복을 요구하였다.

③ 대한자강회 등의 애국계몽운동 단체가 참여하였다.

④ 통감부는 양기탁을 횡령 혐의로 구속하는 등 탄압하였다.

4 일제강점기 민족해방운동의 전개에 대한 설명으로 옳지 않은 것은?

① 3 · 1운동을 계기로 운동 이념상 복벽주의는 점차 청산되었다.

② 1920년대에는 민족주의운동과 사회주의운동으로 분화되었다.

③ 1920년대 중엽에는 신간회가 해소되고 혁명적 농민조합운동이 격렬하게 전개되었다.

④ 1930년대 후반에는 통일전선운동과 무장투쟁이 활발하게 전개되었다.

5 고려시대 음서에 대한 설명으로 옳은 것만을 모두 고른 것은?

> ㉠ 공신의 후손을 위한 음서도 있었다.
> ㉡ 음서 출신자는 5품 이상의 고위 관직에 오를 수 없었다.
> ㉢ 10세 미만이 음직을 받은 사례도 있었다.
> ㉣ 왕의 즉위와 같은 특별한 시기에만 주어졌다.

① ㉠, ㉢ 　　　　　　② ㉠, ㉡

③ ㉡, ㉣ 　　　　　　④ ㉢, ㉣

6 다음은 현존하는 우리나라 족보들 가운데 가장 오래된 족보의 기재 방식을 설명한 것이다. 이 족보가 편찬되었을 무렵의 가족제도에 대한 추론으로 옳은 것만을 〈보기〉에서 모두 고른 것은?

> • 자녀는 출생 순서에 따라 기재하였다.
> • 딸이 재혼하였을 경우 후부(後夫)라 하여 재혼한 남편의 성명을 기재하였다.
> • 자녀가 없는 사람은 무후(無後)라 기재하였고, 양자를 들인 사례는 거의 없다.

> 〈보기〉
> ㉠ 적서의 차별이 없었을 것이다.
> ㉡ 친영제도가 일반화되었을 것이다.
> ㉢ 형제가 돌아가면서 제사를 지냈을 것이다.
> ㉣ 재산 상속에서 아들과 딸의 차별이 없었을 것이다.

① ㉠, ㉡ 　　　　　　② ㉠, ㉣

③ ㉡, ㉢ 　　　　　　④ ㉢, ㉣

7 남북국시대에 대한 설명으로 옳지 않은 것은?

① 신라는 백제와 고구려 옛 지배층에게 관등을 주어 포용하였다.

② 신라의 6두품 출신들은 학문과 실무 능력을 바탕으로 정치적 진출을 활발하게 하였다.

③ 발해의 주민 중 다수는 말갈인이었는데 이들은 지배층에 편입되지 못하였다.

④ 발해는 당의 제도와 문화를 받아들였으나 고구려와 말갈의 전통을 유지하였다.

8 밑줄 친 '그의 사상'과 관련된 설명으로 옳은 것은?

> 그의 사상은 돈오점수와 정혜쌍수로 요약할 수 있다. 이는 인간의 마음이 곧 부처라는 사실을 깨닫고(선 돈오) 이를 바탕으로 수련을 계속해야 하며(후 점수) 그 수행에 있어서는 정과 혜를 함께 닦아야 한다는 것이다.

① 고려 무신정권의 비호 아래 천태종의 사상적 기반이 되었다.

② 왕권 우위의 중앙집권적 귀족사회에 적합한 이념 체계를 제공하였다.

③ 고려 말 신진사대부들의 성장에 사상적 기반이 되었다.

④ 고려 후기의 불교계를 선종 중심으로 혁신하려는 운동을 전개하였다.

9 신라의 돌무지덧널무덤에 대한 설명으로 옳은 것은?

① 돌로 방을 만들고 외부와 연결되는 통로를 설치하였다.

② 황남대총, 장군총, 천마총 등의 사례가 있다.

③ 무덤 안에 벽돌로 널방을 만들고 그 안에 돌로 덧널을 설치하였다.

④ 무덤 안에서 많은 부장품이 출토되었는데 서봉총 등의 사례가 있다.

10 다음은 대한민국 정부 수립 과정을 나타낸 것이다. (가) 시기에 일어난 사실이 아닌 것은?

| 모스크바 3국
외상회의 개최 | → | (가) | → | 대한민국 정부
수립 선포 |

① 미소공동위원회가 결렬되었다.
② 반민족행위처벌법이 제정되었다.
③ 김구, 김규식 등이 남북 협상을 추진하였다.
④ 5 · 10 총선거가 실시되었다.

11 한국사의 올바른 이해에 대한 설명으로 적절하지 않은 것은?

① 조선이 일본의 식민지로 전락하였던 것은 분권적인 봉건제도가 없었기 때문이다.
② 한국사는 한국인의 주체적인 역사이며 사회구성원들의 총체적인 삶의 역사이다.
③ 한국사의 보편성과 특수성의 문제는 세계사 안에서 한국사를 올바르게 보는 관점을 제공한다.
④ 다양한 기준에 의거해 시대구분을 하더라도 한국사의 발전 양상에 주목할 필요가 있다.

12 (나)는 (가)의 결과이자, (다)의 원인이 되었다. (나)에 들어갈 내용으로 적절한 것은?

(가) 위만 왕조는 철기 문화를 기반으로 자신의 세력을 점차 확대하였다.
(나)
(다) 한 무제의 대규모 무력 침략을 받아 마침내 왕검성이 함락되었다.

① 부왕, 준왕과 같은 강력한 왕이 등장하여 왕위를 세습하였다.
② 위만은 준왕의 신임을 얻어 서쪽 변경을 수비하는 임무를 맡았다.
③ 고조선은 요령 지방을 중심으로 성장하여 점차 한반도까지 발전하였다.
④ 고조선은 중국 대륙과 한반도 남부의 직접 교역을 막아 중계무역의 이익을 독점하였다.

13 고려와 조선의 토지제도에 대한 설명으로 옳지 않은 것은?

① 고려는 국초에 역분전을 지급하였고, 경종 때 처음으로 전시과 제도를 시행하였다.

② 전시과 체제 하의 민전은 사유지이지만, 수조권의 귀속을 기준으로 하면 공전인 경우도 있다.

③ 과전법에서는 문무 관료들에게 경기지방의 토지에 한해서 과전의 수조권을 지급하였고, 군인들에게는 군전을 지급하였다.

④ 과전법에서는 토지 수확량의 1/10을 기준으로 1결마다 30말을 거두었으나, 답험손실법을 적용하여 손실에 비례하여 공제해 주도록 하였다.

14 다음 사실이 나타난 시기의 경제 상황에 대한 설명으로 옳은 것은?

> 내가 장단 적소에 있을 때 해서 면포 상인의 왕래가 끊이지 않은 것을 보았는데 길 가는 사람들이 통공 발매의 효과라 하였다. 작년 겨울 서울의 면포 가격이 이 때문에 등귀하지 않아 서울 사람들이 생업을 즐길 수 있게 되었다.

① 포구에 객주나 여각이 크게 발달하였다.

② 벽란도가 국제 무역항으로 크게 발전하였다.

③ 활구의 제작으로 은의 수요가 크게 늘어났다.

④ 주점과 다점 등 관영 상점이 크게 늘어났다.

15 밑줄 친 '이 역서'가 편찬된 시기의 농업에 대한 설명으로 옳은 것은?

> 왕께서 학자들에게 명하여 선명력과 수시력 등 여러 역법의 차이를 비교하여 교정하도록 하였다. 또한 정인지, 정흠지, 정초 등에게 명하여 「태음통궤」와 「태양통궤」 등 중국 역서를 연구하여 우리 실정에 맞는 이 역서를 편찬하도록 하였다.

① 밭농사에 2년 3작의 윤작법이 시작되었다.

② 벼와 보리의 이모작이 전국적으로 확대되었다.

③ 철제 농기구가 점차 보급되고 우경이 시작되었다.

④ 농업기술을 발달시키기 위해 「농사직설」이 간행되었다.

16 다음은 신라 토지제도의 전개에 대한 설명이다. ㉠~㉣에 들어갈 내용을 바르게 나열한 것은?

> • 신문왕 7년, ㉠ 을 차등 있게 지급하였다.
> • 신문왕 9년, 내외관의 ㉡ 을 혁파하였다.
> • 성덕왕 21년, 처음으로 백성에게 ㉢ 을 지급하였다.
> • 경덕왕 16년, 다시 ㉣ 을 지급하였다.

	㉠	㉡	㉢	㉣
①	녹읍	식읍	민전	식읍
②	식읍	녹읍	정전	녹읍
③	문무관료전	녹읍	정전	녹읍
④	문무관료전	식읍	민전	식읍

17 다음은 조선 건국 후 법령을 집대성한 「경국대전」 서문의 일부이다. 이를 반포한 국왕에 대한 설명으로 옳지 않은 것은?

> 천지가 광대하여 만물이 덮여 있고 실려 있지 않은 것이 없으며, 사시의 운행으로 만물이 생육되지 않은 것이 없으며, 성인이 제도를 만드심에 만물이 기쁘게 보이지 않은 것이 없으니, 진실로 성인이 제도를 만드심은 천지·사시와 같은 것이다.

① 직전제 실시 이후 심해진 관리들의 수탈을 방지하기 위하여 관수관급제를 시행하였다.
② 법전 편찬에 심혈을 기울여 「조선경국전」, 「경제육전」 등도 간행하였다.
③ 왕권을 안정시키고 사림정치의 기반을 조성하였다.
④ 성균관에 존경각을 짓고 서적을 소장하게 하였다.

18 다음 중 같은 국왕 대에 일어난 사실들로 바르게 짝지은 것은?

> (개) 적극적인 북벌운동을 계획하고 어영청을 2만여 명으로 확대하였다.
> (내) 서인이 송시열을 영수로 하는 노론과 윤증을 중심으로 하는 소론으로 갈라졌다.
> (대) 대외적으로 명과 후금의 싸움에 휘말리지 않으면서 실리적인 외교정책을 펼쳤다.

> ㉠ 하멜이 가져온 조총의 기술을 활용하여 서양식 무기를 제조하였다.
> ㉡ 후금의 태종이 광해군을 위한다는 명분으로 황해도 평산까지 쳐들어 왔다.
> ㉢ 대동법을 처음으로 경기도에 시행하였다.
> ㉣ 백두산정계비를 세워 서쪽으로 압록강, 동쪽으로 토문강을 경계로 삼았다.

① (개) - ㉣   ② (개) - ㉡
③ (내) - ㉠   ④ (대) - ㉢

19 다음 주장을 한 정치세력에 대한 설명으로 옳은 것만을 〈보기〉에서 모두 고른 것은?

> 우와 창은 본래 왕씨가 아니기 때문에 종사를 받들 수 없으며, 또한 천자의 명이 있으니 마땅히 가를 폐하고 진을 세울 것이다. 정창군 왕요는 신종의 7대 손으로 그 족속이 가장 가까우니 마땅히 세울 것이다.

〈보기〉
㉠ 전제왕권 중심의 통치체제를 정비하였다.
㉡ 이색, 정몽주, 윤소종 등을 숙청하였다.
㉢ 전제 개혁을 추진하여 과전법을 시행하였다.
㉣ 군제를 개혁하여 삼군도총제부를 설치하였다.

① ㉠, ㉡   ② ㉡, ㉢
③ ㉢, ㉣   ④ ㉡, ㉣

20 다음 사건들이 일어난 시기 순서로 보아 ㈐에 들어갈 수 있는 내용은?

㈎ 고구려가 국내성에서 평양으로 천도하였다.
㈏ 신라가 처음으로 연호를 사용하였다.
㈐ [   ]
㈑ 백제가 일본에 처음으로 불교를 전하였다.

① 백제가 사비성으로 천도하였다.
② 고구려가 살수에서 수나라에 크게 승리하였다.
③ 신라가 불교를 공인하였다.
④ 백제의 비유왕과 신라의 눌지왕이 나제동맹을 맺었다.

☞ 정답 및 해설 P.25

1 고구려와 신라의 관계를 다음과 같이 알려주고 있는 삼국시대의 금석문은?

> • 고구려의 군대가 신라 영토에 주둔했던 것으로 이해할 수 있는 기록이 보인다.
> • 고구려가 신라의 왕을 호칭할 때 '동이 매금(東夷 寐錦)'이라고 부르고 있다.
> • 고구려가 신라의 왕과 신하들에게 의복을 하사하는 의식을 거행한 것으로 보인다.

① 광개토왕비　　　　　　　　　　② 집안고구려비

③ 중원고구려비　　　　　　　　　　④ 영일냉수리비

2 신라 하대 불교계의 새로운 경향을 알려주는 다음의 사상에 대한 설명으로 옳은 것은?

> 불립문자(不立文字)라 하여 문자를 세워 말하지 않는다고 주장하고, 복잡한 교리를 떠나서 심성(心性)을 도야하는 데 치중하였다. 그러므로 이 사상에서 주장하는 바는 인간의 타고난 본성이 곧 불성(佛性)임을 알면 그것이 불교의 도리를 깨닫는 것이라는 견성오도(見性悟道)에 있었다.

① 전제왕권을 강화해주는 이념적 도구로 크게 작용하였다.

② 지방에서 새로이 대두한 호족들의 사상으로 받아들여졌다.

③ 왕실은 이 사상을 포섭하려는 노력에 관심을 기울이지 않았다.

④ 인도에까지 가서 공부해 온 승려들에 의해 전파되었다.

3 대한민국 임시정부는 1940년 충칭에서 한국 광복군을 창설하였는데, 이와 관련된 내용으로 옳지 않은 것은?

① 총사령에 이청천, 참모장에 이범석을 선임하였다.

② 영국군의 요청으로 일부 병력을 인도와 버마(미얀마) 전선에 참전시켰다.

③ 미국 전략정보처(OSS)와 협력하면서 국내 진공을 준비하였다.

④ 조선의용군과 연합하여 일본에 대해 선전 포고를 하였다.

4 다음과 같은 내용을 주장한 실학자에 대한 설명으로 옳은 것은?

> 중국은 서양과 180도 정도 차이가 난다. 중국인은 중국을 중심으로 삼고 서양을 변두리로 삼으며, 서양인은 서양을 중심으로 삼고 중국을 변두리로 삼는다. 그러나 실제는 하늘을 이고 땅을 밟는 사람은 땅에 따라서 모두 그러한 것이니 중심도 변두리도 없이 모두가 중심이다.

① 「동국지리지」를 저술하여 역사지리 연구의 단서를 열어 놓았다.

② 「임하경륜」을 통해서 성인 남자들에게 2결의 토지를 나누어 줄 것을 주장하였다.

③ 「동사」에서 조선의 자연환경과 풍속, 인성의 독자성을 강조하였다.

④ 「동국지도」를 만들어 지도 제작의 과학화에 기여하였다.

5 8·15 광복 직후에 결성된 정당의 중심 인물과 주요 내용을 정리하였다. 이와 관련된 정당을 바르게 연결한 것은?

> ㉠ 여운형 등이 중심이 되어 결성하였으며, 진보적 민주주의를 표방하면서 좌우합작을 추진하였다.
> ㉡ 송진우 등이 중심이 되어 결성하였으며, 인민공화국을 부정하고 대한민국 임시정부의 법통을 계승하려 하였다.
> ㉢ 안재홍 등이 중심이 되어 결성하였으며, 신민족주의를 내세워 평등사회를 건설하려 하였다.

	㉠	㉡	㉢
①	조선인민당	한국민주당	한국독립당
②	조선신민당	민족혁명당	한국독립당
③	조선신민당	한국민주당	국민당
④	조선인민당	한국민주당	국민당

6 1960년대 전반 남북한에서 각기 조사 발굴되어 한국사에서 구석기시대의 존재를 확인시켜 준 유적들을 바르게 짝지은 것은?

	남한	북한
①	제주 빌레못 유적	상원 검은모루 유적
②	공주 석장리 유적	웅기 굴포리 유적
③	단양 상시리 유적	덕천 승리산 유적
④	연천 전곡리 유적	평양 만달리 유적

7 통일신라시대 귀족경제의 변화를 말해주고 있는 밑줄 친 '이것'에 대한 설명으로 옳은 것은?

> 전제왕권이 강화되면서 신문왕 9년(689)에 이것을 폐지하였다. 이를 대신하여 조(租)의 수취만을 허락하는 관료전이 주어졌고, 한편 일정한 양의 곡식이 세조(歲租)로서 또한 주어졌다. 그러나 경덕왕 16년(757)에 이르러 다시 이것이 부활되는 변화과정을 겪었다.

① 이것이 폐지되자 전국의 모든 국토는 '왕토(王土)'라는 사상이 새롭게 나오게 되었다.

② 수급자가 토지로부터 조(租)를 받을 뿐 아니라, 그 지역의 주민을 노역(勞役)에 동원할 수 있었다.

③ 삼국통일 이후 국가에 큰 공을 세운 육두품 신분의 사람들에게 특별히 지급하였다.

④ 촌락에 거주하는 양인농민인 백정이 공동으로 경작하였다.

8 다음과 같은 풍속이 행해진 국가의 사회모습에 대한 설명으로 옳지 않은 것은?

> 그 풍속에 혼인을 할 때 구두로 이미 정해지면 여자의 집에는 대옥(大屋) 뒤에 소옥(小屋)을 만드는데, 이를 서옥(婿屋)이라고 한다. 저녁에 사위가 여자의 집에 이르러 문밖에서 자신의 이름을 말하고 꿇어 앉아 절하면서 여자와 동숙하게 해줄 것을 애걸한다. 이렇게 두세 차례 하면 여자의 부모가 듣고는 소옥에 나아가 자게 한다. 그리고 옆에는 전백(錢帛)을 놓아둔다.
>
> ─ 「삼국지」 「동이전」 ─

① 고국천왕 사후, 왕비인 우씨와 왕의 동생인 산상왕과의 결합은 취수혼의 실례를 보여준다.

② 계루부 고씨의 왕위계승권이 확립된 이후 연나부 명림씨 출신의 왕비를 맞이하는 관례가 있었다.

③ 관나부인(貫那夫人)이 왕비를 모함하여 죽이려다가 도리어 자기가 질투죄로 사형을 받았다.

④ 김흠운의 딸을 왕비로 맞이하는 과정은 국왕이 중국식 혼인 제도를 수용했다는 사실을 알려주고 있다.

9 고려의 형률제도에 대한 설명으로 옳은 것은?

① 주로 당나라의 것을 끌어다 썼으며, 때에 따라 고려의 실정에 맞는 율문도 만들었다.

② 행정과 사법이 명확하게 분리·독립되어 있었다.

③ 실형주의(實刑主義)보다는 배상제(賠償制)를 우위에 두고 있었다.

④ 기본적으로 태형(笞刑), 장형(杖刑), 도형(徒刑), 유형(流刑)의 4형 체계를 가지고 있었다.

10 고려시대에는 귀족·양반과 일반 양민 사이에 '중간계층' 또는 '중류층'이라 불리는 신분층이 존재하였다. 이 신분층에 대한 설명으로 옳지 않은 것은?

① 남반은 궁중의 잡일을 맡는 내료직(內僚職)이다.

② 하급 장교들도 이 신분층에 포함되는 것으로 분류되고 있다.

③ 서리는 중앙의 각 사(司)에서 기록이나 문부(文簿)의 관장 등 실무에 종사하였다.

④ 향리에게는 양반으로 신분을 상승시킬 수 있는 길을 열어 놓지 않았다.

11 밑줄 친 '국왕'이 실시한 정책으로 옳은 것은?

> 국왕은 행차 때면 길에 나온 백성들을 불러 직접 의견을 들었다. 또한 척신 세력을 제거하여 정치의 기강을 바로잡았고, 당색을 가리지 않고 어진 이들을 모아 학문을 장려하였다. 침전에는 '탕탕평평실(蕩蕩平平室)'이라는 편액을 달았으며, "하나의 달빛이 땅 위의 모든 강물에 비치니 강물은 세상 사람들이요, 달은 태극이며 그 태극은 바로 나다."라고 하였다.

① 병권 장악을 위해 금위영을 설치하였다.
② 명에 대한 의리를 지켜 청에 복수하자는 북벌을 추진하였다.
③ 육의전을 제외한 시전 상인의 특권을 폐지하였다.
④ 백성의 여론을 정치에 반영하기 위해 신문고제도를 부활하였다.

12 다음 괄호 안에 들어갈 국왕과 관련되는 내용은?

> (   )이 원나라의 제도를 따라 변발(辮髮)을 하고 호복(胡服)을 입고 전상(殿上)에 앉아 있었다. 이연종이 간하려고 문밖에서 기다리고 있었더니, 왕이 사람을 시켜 물었다. … (중략) … 답하기를 "변발과 호복은 선왕의 제도가 아니오니, 원컨대 전하께서는 본받지 마소서."라고 하니, 왕이 기뻐하면서 즉시 변발을 풀어 버리고 그에게 옷과 요를 하사하였다.
> — 「고려사」 —

① 노비와 관련된 문제를 처리하는 장례원을 설치하였다.
② 정동행성 이문소를 폐지하고 요동 지방을 공략하였다.
③ 「동국병감」과 같은 병서를 간행하여 원나라의 침략에 대비하였다.
④ 권문세족의 경제기반을 무너뜨리기 위해서 과전법을 시행하였다.

13 조선 후기 천주교와 관련된 설명으로 옳지 않은 것은?

① 기해사옥 때 흑산도로 유배를 간 정약전은 그 지역의 어류를 조사한 「자산어보」를 저술하였다.

② 안정복은 성리학의 입장에서 천주교를 비판하는 「천학문답」을 저술하였다.

③ 1791년 윤지충은 어머니 상(喪)에 유교 의식을 거부하여 신주를 없애고 제사를 지내 권상연과 함께 처형을 당하였다.

④ 신유사옥 때 황사영은 군대를 동원하여 조선에서 신앙의 자유를 보장받게 해달라는 서신을 북경에 있는 주교에게 보내려다 발각되었다.

14 밑줄 친 '이 농서'가 처음 편찬된 시기의 문화에 대한 설명으로 옳은 것은?

> 「농상집요」는 중국 화북 지방의 농사 경험을 정리한 것으로서 기후와 토질이 다른 조선에는 도움이 될 수 없었다. 이에 농사 경험이 풍부한 각 도의 농민들에게 물어서 조선의 실정에 맞는 농법을 소개한 <u>이 농서</u>가 편찬되었다.

① 현실 세계와 이상 세계를 표현한 「몽유도원도」가 그려졌다.

② 선종의 입장에서 교종을 통합한 조계종이 성립되었다.

③ 윤휴는 주자의 사상과 다른 모습을 보여 사문난적으로 몰렸다.

④ 진경산수화와 풍속화가 유행하였다.

15 4 · 19 혁명과 관련된 설명으로 옳은 것은?

① 5 · 10 총선거가 남한에서 실시되어 제헌의회가 구성되었다.

② 농지개혁이 실시되어 농민들은 자작농으로 발전하게 되었다.

③ 혁명 이후 남북통일 문제에 대한 논의가 전혀 이루어지지 않았다.

④ 과도 정부가 출범하고, 내각 책임제와 양원제를 골자로 하는 헌법으로 개정되었다.

16 밑줄 친 '이번 문서'를 보낸 조직에 대한 설명으로 옳은 것은?

> • 이전 문서에서는 몽고의 연호를 사용했는데, <u>이번 문서</u>에서는 연호를 사용하지 않았다.
> • 이전 문서에서는 몽고의 덕에 귀의하여 군신 관계를 맺었다고 하였는데, <u>이번 문서</u>에서는 강화로 도읍을 옮긴 지 40년에 가깝지만, 오랑캐의 풍습을 미워하여 진도로 도읍을 옮겼다고 한다.
> — 「고려첩장(高麗牒狀)」 —

① 최우가 도적을 막기 위해 만든 조직에서 비롯되었다.

② 최충헌이 신변 보호와 집권체제 강화를 위해 조직하였다.

③ 거란의 침입에 대비하기 위한 조직으로 편성되었다.

④ 쌍성총관부 탈환에 주도적인 역할을 한 조직이었다.

17 조선시대의 사상에 대한 설명으로 옳은 것은?

① 정도전은 성리학에만 국한하지 않고 다양한 사상을 포용하였으며, 특히 「춘추」를 국가의 통치 이념으로 중요하게 여겼다.

② 이황은 16세기 조선사회의 모순을 극복하는 방안으로 통치 체제의 정비와 수취제도의 개혁 등을 주장하였다.

③ 18세기에는 인간과 사물의 본성이 다르다고 주장하는 호론과, 이를 같다고 주장하는 낙론 사이에서 논쟁이 벌어졌다.

④ 유형원과 이익의 사상을 계승한 김정희는 토지제도 개혁론을 비롯하여 많은 저술을 남겼다.

18 다음은 조선과 일본, 중국의 인구 변화 추세를 나타낸 〈표〉이다. 이에 대한 설명으로 옳은 것은?

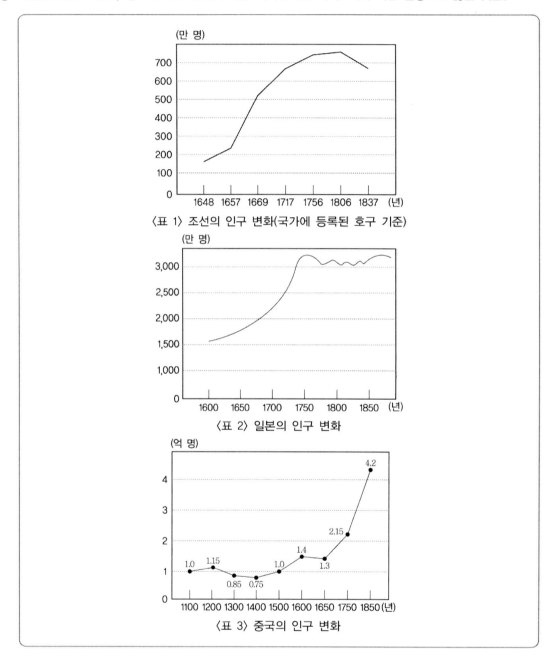

〈표 1〉 조선의 인구 변화(국가에 등록된 호구 기준)

〈표 2〉 일본의 인구 변화

〈표 3〉 중국의 인구 변화

① 18세기 중반 이후 조선의 급격한 인구 증가는 삼남지방의 개발과 인구 유입 때문이었다.

② 명대 초기 1억 4천만 명 정도였던 중국의 인구는 청대 초기 3억 명을 돌파하였고, 19세기 중반에 4억 2천만 명에 이르렀다.

③ 17세기 ~ 18세기 초반 조선을 비롯한 삼국은 농업기술이 발달하고 농경지가 늘어나서, 결과적으로 인구가 많이 증가하였다.

④ 17세기 이후 일본의 인구는 정체현상을 보이는데, 이러한 경향은 18세기까지 지속되었다.

19 다음 글을 남긴 국왕의 재위 기간에 일어난 사실로 옳은 것은?

> 보잘 것 없는 나, 소자가 어린 나이로 어렵고 큰 유업을 계승하여 지금 12년이나 되었다. 그러나 나는 덕이 부족하여 위로는 천명(天命)을 두려워하지 못하고 아래로는 민심에 답하지 못하였으므로, 밤낮으로 잊지 못하고 근심하며 두렵게 여기면서 혹시라도 선대왕께서 물려주신 소중한 유업이 잘못되지 않을까 걱정하였다. 그런데 지난번 가산(嘉山)의 토적(土賊)이 변란을 일으켜 청천강 이북의 수 많은 생령이 도탄에 빠지고 어육(魚肉)이 되었으니 나의 죄이다.
>
> — 「비변사등록」 —

① 최제우가 동학을 창도하였다.

② 공노비 6만 6천여 명을 양인으로 해방시켰다.

③ 미국 상선 제너럴 셔먼 호가 격침되었다.

④ 삼정 문제를 해결하기 위해 삼정이정청을 설치하였다.

20 다음은 박은식이 저술한 「한국독립운동지혈사」의 일부분이다. 여기에서 언급된 사건과 관련된 설명으로 옳지 않은 것은?

> 만세시위가 확산되자, 일제는 헌병 경찰은 물론이고 군인까지 긴급 출동시켜 시위군중을 무차별 살상하였다. 정주, 사천, 맹산, 수안, 남원, 합천 등지에서는 일본 군경의 총격으로 수십 명의 사상자를 냈으며, 화성 제암리에서는 전 주민을 교회에 집합, 감금하고 불을 질러 학살하였다.

① 일제는 무단통치를 이른바 '문화통치'로 바꾸었다.
② 독립운동의 중요한 분기점이 된 대규모의 만세운동이었다.
③ 세계 약소 민족의 독립운동에도 커다란 자극을 주었다.
④ 파리강화회의에 신규식을 대표로 파견하여 이 사건의 진상을 널리 알렸다.

☞ 정답 및 해설 P.27

1 다음 유물이 만들어진 시대의 사회상으로 옳은 것은?

> • 충북 청주 산성동 출토 가락바퀴
> • 경남 통영 연대도 출토 치레걸이
> • 인천 옹진 소야도 출토 조개 껍데기 가면
> • 강원 양양 오산리 출토 사람 얼굴 조각상

① 한자의 전래로 붓이 사용되었다.
② 무덤은 일반적으로 고인돌이 사용되었다.
③ 조, 피 등을 재배하는 농경이 시작되었다.
④ 반량전, 오수전 등의 중국 화폐가 사용되었다.

2 조선 후기 예송에 대한 설명으로 옳지 않은 것은?

① 갑인예송에서 남인은 조대비가 9개월복의 상복을 입어야 한다고 주장하였다.
② 기해예송은 서인의 주장대로 조대비가 효종을 위해 1년복을 입는 것으로 결정되었다.
③ 기해예송은 효종이 사망하자 조대비가 상복을 3년복으로 입을 것인가, 1년복으로 입을 것인가를 둘러싸고 일어났다.
④ 갑인예송은 효종비가 사망하자 조대비가 상복을 1년복으로 입을 것인가, 9개월복으로 입을 것인가를 둘러싸고 일어났다.

3 통일신라시대 민정문서(장적)에 대한 설명으로 옳지 않은 것은?

① 인구, 가호, 노비 및 소와 말의 증감까지 매년 작성하였다.

② 토지에는 연수유전답, 촌주위답, 내시령답이 포함되어 있다.

③ 사람은 남녀로 나누고, 연령을 기준으로 하여 6등급으로 구분하였다.

④ 호(戶)는 상상호(上上戶)에서 하하호(下下戶)까지 9등급으로 구분하였다.

4 밑줄 친 '나'에 대한 설명으로 옳지 않은 것은?

> 나는 도(道)를 구하는 데 뜻을 두어 덕이 높은 스승을 두루 찾아다녔다. 그러다가 진수대법사 문하에서 교관(敎觀)을 대강 배웠다. 법사께서는 강의하다가 쉬는 시간에도 늘 "관(觀)도 배우지 않을 수 없고, 경(經)도 배우지 않을 수 없다."라고 제자들에게 훈시하였다. 내가 교관에 마음을 다 쏟는 까닭은 이 말에 깊이 감복하였기 때문이다.

① 해동 천태종을 창시하였다.

② 이론과 실천의 양면을 강조하였다.

③ 교종의 입장에서 선종을 통합하였다.

④ 정혜쌍수로 대표되는 결사운동을 일으켰다.

5 다음 활동을 전개한 단체로 옳은 것은?

> 평양 대성학교와 정주 오산학교를 설립하였고 민족 자본을 일으키기 위해 평양에 자기 회사를 세웠다. 또한 민중 계몽을 위해 태극 서관을 운영하여 출판물을 간행하였다. 그리고 장기적인 독립운동의 기반을 마련하여 독립전쟁을 수행할 목적으로 국외에 독립운동 기지 건설을 추진하였다.

① 보안회   ② 신민회

③ 대한 자강회   ④ 대한 광복회

6 다음 글을 쓴 인물에 대한 설명으로 옳은 것은?

> 이른바 3대 문제는 무엇인가. 첫째는 유교계의 정신이 오로지 제왕측에 있고, 인민 사회에 보급할 정신이 부족함이오, 둘째는 여러 나라를 돌아다니면서 천하를 변혁하려 하는 정신을 강구하지 않고, 내가 동몽(童蒙)을 찾는 것이 아니라 동몽이 나를 찾는다는 생각을 간직함이오, 셋째는 우리 대한의 유가에서 쉽고 정확한 법문을 구하지 아니하고 질질 끌고 되어 가는 대로 내버려 두는 공부만을 숭상함이다.

① '조선심'의 개념을 중시하고 한글을 그 결정체로 보았다.

② '5천년간 조선의 얼'이라는 글을 써서 민족 정신을 고취하였다.

③ 실천적인 새로운 유교 정신을 강조하는 유교구신론을 주장하였다.

④ 3·1운동 때 민족 대표 33인의 한 사람이며, 일제의 사찰령에 반대하였다.

7 삼국시대 금석문 자료에 대한 설명으로 옳지 않은 것은?

① 호우총 출토 청동 호우의 존재를 통해 신라와 고구려 관계를 살펴볼 수 있다.

② 사택지적비를 통해 당시 백제가 도가(道家)에 대한 이해를 하고 있었음을 알 수 있다.

③ 울진 봉평리 신라비를 통해 신라가 동해안의 북쪽 방면으로 세력을 확장하였음을 알 수 있다.

④ 충주 고구려비(중원 고구려비)를 통해 신라가 고구려에게 자신을 '동이(東夷)'라고 낮추어 표현했음을 알 수 있다.

8 (가) ~ (다)는 고려시대 대외관계와 관련된 자료이다. 이를 시기 순으로 바르게 나열한 것은?

> (가) 윤관이 "신이 여진에게 패한 이유는 여진군은 기병인데 우리는 보병이라 대적할 수 없었기 때문입니다."라고 아뢰었다.
>
> (나) 서희가 소손녕에게 "우리나라는 고구려의 옛 땅이오. 그러므로 국호를 고려라 하고 평양에 도읍하였으니, 만일 영토의 경계로 따진다면, 그대 나라의 동경이 모두 우리 경내에 있거늘 어찌 침식이라 하리요."라고 주장하였다.
>
> (다) 유승단이 "성곽을 버리며 종사를 버리고, 바다 가운데 있는 섬에 숨어 엎드려 구차히 세월을 보내면서, 변두리의 백성으로 하여금 장정은 칼날과 화살 끝에 다 없어지게 하고, 노약자들은 노예가 되게 함은 국가를 위한 좋은 계책이 아닙니다."라고 반대하였다.

① (가) → (나) → (다)　　　　　② (나) → (가) → (다)

③ (나) → (다) → (가)　　　　　④ (다) → (나) → (가)

9 (가) 시기에 볼 수 있는 장면으로 적절한 것은?

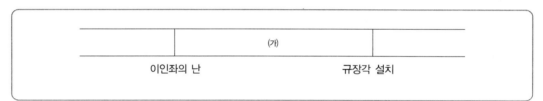

① 당백전으로 물건을 사는 농민

② 금난전권 폐지를 반기는 상인

③ 전(錢)으로 결작을 납부하는 지주

④ 경기도에 대동법 실시를 명하는 국왕

10 다음 글을 쓴 인물에 대한 설명으로 옳은 것은?

> 이제 이 도(圖)와 해설을 만들어 겨우 열 폭밖에 되지 않는 종이에 풀어 놓았습니다만, 이것을 생각하고 익혀서 평소에 조용히 혼자 계실 때에 공부하소서. 도(道)가 이룩되고 성인이 되는 요체와 근본을 바로잡아 나라를 다스리는 근원이 모두 여기에 갖추어져 있사오니, 오직 전하께서는 이에 유의하시어 여러 번 반복하여 공부하소서.

① 일본의 성리학 발전에 크게 영향을 끼쳤다.
② 방납의 폐단을 개선하기 위해 수미법을 주장하였다.
③ 노장 사상을 포용하고 학문의 실천성을 강조하였다.
④ 성리학을 중심에 두면서도 양명학의 심성론을 인정하였다.

11 다음은 일제 강점기 국외 독립운동에 관한 사실들이다. 이를 시기 순으로 바르게 나열한 것은?

> ㉠ 대한민국 임시 정부가 지청천을 총사령으로 하는 한국 광복군을 창설하였다.
> ㉡ 블라디보스토크에서 이상설, 이동휘 등이 중심이 된 대한 광복군 정부가 수립되었다.
> ㉢ 홍범도가 이끄는 대한 독립군을 비롯한 연합 부대는 봉오동 전투에서 대승을 거두었다.
> ㉣ 양세봉이 이끄는 조선 혁명군은 중국 의용군과 연합하여 영릉가 전투에서 일본군을 무찔렀다.

① ㉠→㉣→㉡→㉢
② ㉡→㉢→㉣→㉠
③ ㉢→㉡→㉣→㉠
④ ㉣→㉢→㉠→㉡

12 ㈎, ㈏의 나라에 대한 설명으로 옳은 것만을 〈보기〉에서 모두 고르면?

㈎ 살인자는 사형에 처하고 그 가족은 노비로 삼았다. 도둑질을 하면 12배로 변상케 했다. 남녀 간에 음란한 짓을 하거나 부인이 투기하면 모두 죽였다. 투기하는 것을 더욱 미워하여, 죽이고 나서 시체를 산 위에 버려서 썩게 했다. 친정에서 시체를 가져가려면 소와 말을 바쳐야 했다.

㈏ 귀신을 믿기 때문에 국읍에 각각 한 사람씩 세워 천신에 대한 제사를 주관하게 했다. 이를 천군이라 했다. 여러 국(國)에는 각각 소도라고 하는 별읍이 있었다. 큰 나무를 세우고 방울과 북을 매달아 놓고 귀신을 섬겼다. 다른 지역에서 거기로 도망쳐 온 사람은 누구든 돌려보내지 않았다.

— 삼국지 —

〈보기〉
㉠ ㈎ – 왕 아래에는 상가, 고추가 등의 대가가 있었다.
㉡ ㈎ – 농사가 흉년이 들면 국왕을 바꾸거나 죽이기도 하였다.
㉢ ㈏ – 제천 행사는 5월과 10월의 계절제로 구성되어 있었다.
㉣ ㈏ – 동이(東夷) 지역에서 가장 넓고 평탄한 곳이라 기록되어 있었다.

① ㉠, ㉡
② ㉠, ㉣
③ ㉡, ㉢
④ ㉢, ㉣

13 밑줄 친 '나'에 대한 설명으로 옳은 것은?

우리가 기다리던 해방은 우리 국토를 양분하였으며, 앞으로는 그것을 영원히 양국의 영토로 만들 위험성을 내포하고 있다. …… 나는 통일된 조국을 건설하려다가 38도선을 베고 쓰러질지언정 일신의 구차한 안일을 취하여 단독정부를 세우는 데에는 협력하지 아니하겠다.

① 통일 정부 수립을 위한 남북 협상을 추진하였다.
② 한국 민주당을 결성하여 미군정에 적극적으로 참여하였다.
③ 미국에서 귀국한 후 독립 촉성 중앙 협의회를 구성하였다.
④ 조선 건국 준비 위원회를 조직하고 위원장으로 활동하였다.

14 다음 중 해외로 유출된 우리 문화재는?

① 신윤복의 미인도

② 안견의 몽유도원도

③ 정선의 인왕제색도

④ 강희안의 고사관수도

15 조선시대 의궤에 대한 설명으로 옳지 않은 것은?

① 왕실의 행사에 사용된 도구, 복식 등을 그림으로 남겨 놓았다.

② 이두와 차자(借字) 및 우리의 고유한 한자어(漢字語) 연구에도 귀중한 자료이다.

③ 왕실 혼례와 장례, 궁중의 잔치, 국왕의 행차 등 국가의 중요한 행사를 기록하였다.

④ 프랑스 국립도서관에는 신미양요 때 프랑스군이 약탈해 간 어람용 의궤가 소장되어 있다.

16 (가), (나) 국왕의 재위 시기에 있었던 사실로 옳은 것만을 〈보기〉에서 모두 고르면?

> (가) 대조영의 뒤를 이어 즉위하였다. 영토 확장에 힘을 기울여 동북방의 여러 세력을 복속하고 북만주 일대를 장악하였다.
>
> (나) 대부분의 말갈족을 복속시키고, 요동 지역으로 진출하였다. 이후 전성기를 맞은 발해를 중국에서는 해동성국(海東盛國)이라고 불렀다.

> 〈보기〉
> ㉠ (가) – 수도를 중경에서 상경으로 옮겼다.
> ㉡ (가) – 장문휴가 수군을 이끌고 당(唐)의 산둥(山東) 지방을 공격하였다.
> ㉢ (나) – '건흥' 연호를 사용하고, 지방 행정 조직을 정비하였다.
> ㉣ (나) – 당시 국왕을 '대왕'이라 표현한 정혜공주의 묘비가 만들어졌다.

① ㉠, ㉡

② ㉠, ㉣

③ ㉡, ㉢

④ ㉢, ㉣

17 (가), (나)는 조선이 외국과 맺은 조약이다. 이와 관련한 설명 중 옳은 것은?

> (가) • 조선국은 자주국으로 일본국과 평등한 권리를 보유한다.
>
> 　• 경기, 충청, 전라, 경상, 함경 5도 연해 중에서 통상하기 편리한 항구 두 곳을 택하여 지정한다.
>
> (나) 이 수륙 무역 장정은 중국이 속방(屬邦)을 우대하는 뜻에서 상정한 것이고, 각 대등 국가 간의 일체 동등한 혜택을 받는 예와는 다르다.

① (가)는 '운요호 사건' 이후 체결된 것이다.

② (가)에는 일본 상인의 내지 통상권에 대한 허가가 규정되어 있다.

③ (나)는 갑신정변 이후 체결된 것이다.

④ (나)에는 천주교의 포교권 인정이 규정되어 있다.

18 다음에서 서술하고 있는 인물에 대한 설명으로 옳은 것은?

> 　이 인물을 중심으로 한 도적 무리는 조선 전기 도적 가운데 그 세력이 가장 컸으며, 명종 14년부터 명종 17년까지 주로 활동하였다. 이들이 거점으로 삼았던 지역은 백정들이 많이 사는 지역과 공물이 운송되며 사신들의 왕래가 빈번하여 농민들의 부담이 무거웠던 역촌(驛村) 지대 및 주변에 갈대밭이 많은 곳 등이었다. 이들은 이러한 곳을 거점으로 약탈·살인·방화를 서슴지 않았다.

① 광대 출신으로 승려 세력과 함께 봉기하여 서울로 들어가려고 하였다.

② 허균이 이 인물을 주인공으로 하여 정치의 부패상을 비판한 소설을 썼다.

③ 황해도를 중심으로 경기·강원·평안·함경도 주변 지역에서 활동하였다.

④ 대동계라는 비밀결사를 조직하여 새 왕조를 세우려는 역성혁명을 꿈꾸었다.

19 다음 선언을 지침으로 삼았던 애국 단체의 활동에 대한 설명으로 옳은 것은?

> 우리는 '외교', '준비' 등의 미련한 꿈을 버리고 민중 직접 혁명의 수단을 취함을 선언하노라. 조선 민족의 생존을 유지하자면 강도 일본을 내쫓을지며, 강도 일본을 내쫓을지면 오직 혁명으로써 할 뿐이니, 혁명이 아니고는 강도 일본을 내쫓을 방법이 없는 바이다.

① 이재명이 이완용을 습격해 중상을 입혔다.
② 나석주가 동양 척식 주식 회사에 폭탄을 투척하였다.
③ 장인환이 샌프란시스코에서 외교 고문 스티븐스를 사살하였다.
④ 안중근이 만주 하얼빈 역에서 초대 통감이었던 이토 히로부미를 사살하였다.

20 다음은 근대 개혁 방안에 관한 자료이다. 이를 시기 순으로 바르게 나열한 것은?

> ㉠ 내시부를 없애고 그 가운데서 재능있는 자가 있으면 뽑아 쓴다.
> ㉡ 왕실 사무와 국정 사무를 모름지기 나누어 서로 뒤섞지 아니한다.
> ㉢ 대한국 대황제는 육해군을 통솔하고 편제를 정하며 계엄과 해엄을 명한다.
> ㉣ 재정은 모두 탁지부에서 전담하여 맡고, 예산과 결산은 인민에게 공포한다.

① ㉠→㉡→㉢→㉣
② ㉠→㉡→㉣→㉢
③ ㉡→㉠→㉢→㉣
④ ㉡→㉠→㉣→㉢

한국사

2014. 6. 28. | 서울특별시 시행

☞ 정답 및 해설 P.30

1 다음에서 설명하고 있는 왕이 실시한 정책으로 옳은 것은?

> 충숙왕의 둘째 아들로서 원나라 노국대장공주를 아내로 맞이하고 원에서 살다가 원의 후원으로 왕위에 올랐으나 고려인의 정체성을 결코 잃지 않았다.

① 정동행성의 이문소를 폐지하였다.
② 수도를 한양으로 옮겼다.
③ 삼군도총제부를 설치하였다.
④ 연구기관인 만권당을 설립하였다.
⑤ 과전법을 공포하였다.

2 백제 근초고왕의 업적에 대한 다음의 설명 중 옳지 않은 것은?

① 남쪽으로는 마한을 멸하여 전라남도 해안까지 확보하였다.
② 북쪽으로는 고구려의 평양성까지 쳐들어가 고국천왕을 전사시켰다.
③ 중국의 동진, 일본과 무역활동을 전개하였다.
④ 왕위의 부자상속을 확립하였다.
⑤ 박사 고흥으로 하여금 백제의 역사서인 「書記(서기)」를 편찬하게 하였다.

3 다음 자료에 나타난 시기의 가족 제도의 특징으로 옳은 것을 〈보기〉에서 모두 고른 것은?

> 지금은 남자가 장가들면 여자 집에 거주하여, 남자가 필요로 하는 것은 모두 처가에서 해결하고 있습니다. 그리하여 장인과 장모의 은혜가 부모의 은혜와 똑같습니다. 아아, 장인께서 저를 두루 보살펴 주셨는데 돌아가셨으니, 저는 장차 누구를 의지해야 합니까.
>
> －「동국이상국집」－

〈보기〉
㉠ 제사는 불교식으로 자녀들이 돌아가면서 지냈다.
㉡ 부계 위주의 족보를 편찬하면서 동성 마을을 이루어 나갔다.
㉢ 태어난 차례대로 호적에 기재하여 남녀 차별을 하지 않았다.
㉣ 아들이 없을 때에는 양자를 들이지 않고 딸이 제사를 지냈다.

① ㉠, ㉡   ② ㉡, ㉢
③ ㉢, ㉣   ④ ㉠, ㉢, ㉣
⑤ ㉡, ㉢, ㉣

4 다음 사건을 일어난 순서대로 나열한 것으로 옳은 것은?

㉠ 김종직의 무덤을 파헤쳐 시신을 참수하였다.
㉡ 조광조가 능주로 귀양 가서 사약을 받고 죽었다.
㉢ 명종을 해치려 했다는 이유로 윤임 일파가 몰락하였다.
㉣ 연산군은 생모 윤씨의 폐비 사건에 관여한 사림을 몰아냈다.

① ㉠ － ㉡ － ㉢ － ㉣   ② ㉠ － ㉣ － ㉡ － ㉢
③ ㉡ － ㉠ － ㉢ － ㉣   ④ ㉡ － ㉢ － ㉣ － ㉠
⑤ ㉢ － ㉡ － ㉠ － ㉣

5 다음은 고려 시대 불교에 관한 내용이다. 옳은 것으로 묶인 것은?

> ㉠ 천태종의 지눌은 선종을 중심으로 교종을 포용하는 선교일치를 주장하였다.
> ㉡ 의천은 불교와 유교가 심성 수양이라는 면에서 차이가 없다고 하였다.
> ㉢ 의천이 죽은 뒤 교단은 분열되고 귀족 중심이 되었다.
> ㉣ 요세는 참회수행과 염불을 통한 극락왕생을 주장하며 백련사를 결성했다.

① ㉠, ㉢   ② ㉡, ㉣
③ ㉠, ㉡   ④ ㉠, ㉣
⑤ ㉢, ㉣

6 조선의 통치기구에 대한 설명 중 옳은 것은?

① 의정부는 최고의 행정집행기관으로 그 중요성에 의해 점차 실권을 강화하였다.
② 홍문관은 정치의 득실을 논하고 관리의 잘못을 규찰하고 풍기·습속을 교정하는 일을 담당하였다.
③ 예문관과 춘추관은 대간(臺諫)이라 불렸는데, 임명된 관리의 신분·경력 등을 심의·승인하는 역할을 담당하였다.
④ 지방관은 행정의 권한만을 위임받았는데, 자기 출신지에는 임명될 수 없었다.
⑤ 지방 양반들로 조직된 향청은 수령을 보좌하고 풍속을 바로 잡고 향리를 규찰하는 등의 임무를 맡았다.

7 다음에서 설명하고 있는 기관의 공통된 이름으로 옳은 것은?

> • 고려와 조선에서는 왕명 출납, 군사 기무, 숙위의 일을 맡았다.
> • 대한제국에서는 정부의 자문기구로 개편되었고, 독립협회가 의회로의 개편을 시도하였다.

① 중추원   ② 홍문관
③ 규장각   ④ 성균관
⑤ 집현전

8 다음 ㉠, ㉡ 노선을 추구한 각 왕들의 정책으로 올바르게 연결된 것은?

> ㉠ 준론탕평 – 당파의 옳고 그름을 명백히 가린다.
> ㉡ 완론탕평 – 어느 당파든 온건하고 타협적인 인물을 등용하여 왕권에 순종시킨다.

① ㉠ – '환국'을 시도하였다.
② ㉠ – 서원을 대폭 정리하였다.
③ ㉡ – 신문고 제도를 부활하였다.
④ ㉡ – 초계문신제를 실시하였다.
⑤ ㉡ – 화성 건설에 힘썼다.

9 다음 보기 중 같은 나라에 대한 설명으로 묶인 것은?

> ㉠ 간음한 자와 투기가 심한 부인을 사형에 처하는 엄격한 법이 있었다.
> ㉡ 다른 부족의 경계를 침범할 경우에는 가축이나 노비로 변상해야 하는 풍습이 있었다.
> ㉢ 전쟁이 일어났을 때 소를 죽여 그 굽으로 점을 치는 풍습이 있었다.
> ㉣ 남자가 일정 기간 처가에서 살다가 본가로 돌아가는 풍속이 있었다.
> ㉤ 가족이 죽으면 가매장을 하였다가 뼈만 추려서 목곽에 넣는 풍습이 있었다.

① ㉠, ㉡
② ㉡, ㉣
③ ㉠, ㉢
④ ㉢, ㉤
⑤ ㉣, ㉤

10 다음 유물이 등장한 시기의 생활 모습에 관한 설명으로 옳은 것은?

> • 팽이처럼 밑이 뾰족하거나 둥글고, 표면에 빗살처럼 생긴 무늬가 새겨져 있다.
> • 곡식을 담는 데 많이 이용되었다.

① 철제 농기구로 농사를 지었다.
② 비파형동검을 의식에 사용하였다.
③ 취사와 난방이 가능한 움집에 살았다.
④ 죽은 자를 위한 고인돌 무덤을 만들었다.
⑤ 정복전쟁을 거치며 지배계급이 등장하였다.

11 다음 활동을 펼친 인물로 옳은 것은?

> 1915년에는 국혼을 강조한 「한국통사」를, 1920년에는 전세계 민중의 힘에 의한 일본의 패망을 예견한 「한국독립운동지혈사」를 지었다.

① 정인보
② 박은식
③ 안재홍
④ 신채호
⑤ 백남운

12 표 (가), (나)를 통하여 추론할 수 있는 역사적 사실에 대한 옳은 설명을 〈보기〉에서 모두 고른 것은?

(가) 쌀 생산량과 수출량 (단위 : 만석)

연도	생산량	수출량	국내 1인당 소비량
1912~1916 평균	1,230	106	1,124(0.74석)
1917~1921 평균	1,410	220	1,190(0.69석)
1922~1926 평균	1,450	434	1,016(0.59석)
1927~1931 평균	1,580	661	919(0.50석)
1932~1936 평균	1,700	876	824(0.40석)

(나) 농가 경영별 농민 계급 구성비율 (단위 : %)

연도	지주	자작농	자작 겸 소작농	소작농
1916	2.5	20.1	40.6	36.8
1922	3.7	19.7	35.8	40.8
1925	3.8	19.9	33.2	42.2
1928	3.7	18.3	32.0	44.9
1932	3.6	16.3	25.3	52.8

> ㉠ 물산장려운동이 확산되었을 것이다.
> ㉡ 1920년대 이후 소작쟁의가 격화되었을 것이다.
> ㉢ 미곡공출제와 식량배급제를 실시하였을 것이다.
> ㉣ 만주산 조, 콩 등 잡곡의 수입이 증대되었을 것이다.

① ㉠, ㉡

② ㉠, ㉢

③ ㉡, ㉢

④ ㉡, ㉣

⑤ ㉢, ㉣

13 다음 사건을 순서대로 나열 한 것을 고르시오.

> ㉠ 자유시 참변　　　　　㉡ 봉오동 전투
> ㉢ 간도 학살(경신 참변)　　㉣ 청산리 전투

① ㉠ - ㉡ - ㉢ - ㉣　　　② ㉠ - ㉢ - ㉣ - ㉡
③ ㉡ - ㉠ - ㉣ - ㉢　　　④ ㉡ - ㉣ - ㉢ - ㉠
⑤ ㉢ - ㉠ - ㉡ - ㉣

14 조선 시대 과학기술의 발전에 대한 다음의 설명 중 옳지 않은 것은?

① 조선 초기 농업기술의 발전 성과를 반영한 영농의 기본 지침서는 세종대 편찬된 「농가집성」이었다.
② 세종대 해와 달 그리고 별을 관측하기 위해 간의대(簡儀臺)라는 천문대를 운영하였다.
③ 세종대 동양 의학에 관한 서적과 이론을 집대성한 의학 백과사전인 「의방유취」가 편찬되었다.
④ 문종대 개발된 화차(火車)는 신기전이라는 화살 100개를 설치하고 심지에 불을 붙이는 일종의 로켓포였다.
⑤ 조선 초기 140여 명의 인쇄공이 소속된 최대 인쇄소는 교서관이었다.

15 다음 사건 이후 전개된 대한민국임시정부의 활동으로 옳은 것은?

> 　대한민국임시정부는 충칭에서 광복군을 창립하였다. 총사령에는 지청천, 참모장에는 이범석이 임명되었다.

① 건국강령을 공포하였다.
② 국무령 중심의 내각책임제를 채택하였다.
③ 구미위원부를 설치하였다.
④ 국민대표회의를 소집하였다.
⑤ 기관지로 독립신문을 창간하였다.

16 다음 ㉠, ㉡, ㉢에 대한 설명으로 옳은 것은?

> ㉠ 6·15 남북 공동선언
> ㉡ 7·4 남북 공동 성명
> ㉢ 남북간 화해와 불가침 및 교류 협력에 관한 협의서

① ㉠ – 한반도 비핵화를 선언하였다.
② ㉠ – 남북한 동시 유엔 가입에 합의하였다.
③ ㉡ – 통일의 3대 원칙을 천명하였다.
④ ㉢ – 남북정상회담의 성과였다.
⑤ ㉠ – ㉡ – ㉢ 순으로 발표되었다.

17 다음 중 조선 후기 실학자와 그들이 주장하는 바에 대한 설명이다. 옳지 않은 것을 모두 고른 것은?

> ㉠ 정약용 : 농업 중심 개혁론의 선구자로 균전론을 제시하였다.
> ㉡ 홍대용 : 무역선을 파견하여 청에서 행해지는 국제무역에도 참여해야 한다고 주장하였다.
> ㉢ 유수원 : 우서를 저술하여 상공업의 진흥을 위한 사농공상의 직업적 평등과 전문화를 주장하였다.
> ㉣ 유형원 : 자영농 육성을 위한 토지제의 개혁뿐만 아니라 양반문벌제도, 과거제, 노비제의 모순도 지적하였다.

① ㉠, ㉡
② ㉠, ㉢
③ ㉡, ㉢
④ ㉡, ㉣
⑤ ㉢, ㉣

18 다음 정강에 들어간 내용으로 옳지 않은 것은?

> 첫째, 대원군을 가까운 시일 안으로 나라에 돌아오게 하도록 할 것
> 둘째, 문벌을 없애 인민이 평등한 권리를 갖는 제도를 제정할 것

① 혜상공국을 없앨 것
② 공사노비법을 혁파할 것
③ 전국에 걸쳐 지조법을 개혁할 것
④ 각 도의 환곡제도를 영원히 없앨 것
⑤ 재정을 모두 호조에서 관할하도록 할 것

19 다음 밑줄 친 '제국'에서 추진한 정책으로 옳지 않은 것은?

> 제1조 대한국은 세계만국에 공인되어온 바 자주독립한 제국이니라.

① 상무사 조직
② 양전지계사업
③ 외국어학교 설립
④ 서북철도국 개설
⑤ 군국기무처 설치

20 다음 사건에 대한 설명으로 옳지 않은 것은?

> ㉠ 3 · 1운동   ㉡ 6 · 10 만세 운동
> ㉢ 광주 학생 항일운동   ㉣ 소작쟁의

① ㉠은 중국의 5 · 4운동, 인도의 비폭력 · 불복종 운동 등에 영향을 주었다.

② ㉡은 순종의 장례일에 대규모 만세 시위를 계획하였다.

③ ㉡은 준비과정에서 사회주의 계열과 민족주의 계열이 연대하여 민족유일당을 결성할 수 있는 공감대가 형성되었다.

④ ㉢은 민족 차별 중지, 식민지 교육 제도 철폐 등을 요구하며 대규모 가두시위를 벌였다.

⑤ ㉣의 대표적인 사례는 암태도 소작쟁의로 1년여에 걸친 투쟁에도 효과가 없었다.

1 신석기시대의 대표적인 유적에 해당하는 것은?

① 고창 고인돌

② 서울 암사동 움집

③ 나주 복암리 옹관묘

④ 춘천 율문리 철자형 집터

2 다음 자료에 나타난 국가에 대한 설명으로 옳은 것은?

> 구릉과 넓은 못이 많아서 동이 지역 중에서 가장 넓고 평탄한 곳이다. 토질은 오곡을 가꾸기에는 알맞지만, 과일은 생산되지 않았다. … (중략) … 형벌은 엄하고 각박하여 살인자는 사형에 처하고 그 가족은 노비로 삼았다. 도둑질을 하면 12배로 변상케 하였다.
>
> – 삼국지 –

① 단궁, 과하마, 반어피 등이 유명하였다.

② 해산물이 풍부하였고 민며느리제가 있었다.

③ 소를 죽여 그 굽으로 길흉을 점치기도 하였다.

④ 철이 많이 생산되어 낙랑, 왜 등에 수출하였다.

3 3 다음 설명에 해당하는 인물로 옳은 것은?

> 이 인물은 불교 서적을 폭넓게 이해하고, 모든 것이 한마음에서 나온다는 일심 사상을 바탕으로, 다른 종파들과의 사상적 대립을 조화시키고 분파 의식을 극복하려고 노력하였다. 「대승기신론소」, 「십문화쟁론」 등을 저술하기도 하였다.

① 원측

② 원광

③ 의천

④ 원효

4 다음의 시무책이 제안된 국왕 대의 사실로 옳은 것은?

> 불교를 행하는 것은 수신의 도요, 유교를 행하는 것은 치국의 본입니다. 수신은 내생의 자(資)요, 치국은 금일의 요무(要務)로서, 금일은 지극히 가깝고 내생은 지극히 먼 것인데도 가까움을 버리고 지극히 먼 것을 구함은 또한 잘못이 아니겠습니까?

① 12목을 설치하였다.　　　　　　② 서경에 대화궁을 지었다.

③ 5도 양계의 지방 제도를 확립하였다.　④ 독자적 연호를 처음으로 사용하였다.

5 밑줄 친 '그'에 대한 설명으로 옳은 것은?

> 그는 공민왕 때에 성균관에서 성리학을 강론하였고, 이인임의 친원 외교를 비판하여 전라도 나주로 유배되었다. 조선왕조의 제도와 문물을 정리하고, 성리학을 통치 이념으로 확립하는 데에 커다란 역할을 하였다.

① 불교비판서인 「불씨잡변」을 남겼다.

② 만권당을 통해 원의 성리학자와 교유하였다.

③ 유교적 통치 규범을 담은 「속육전」을 편찬하였다.

④ 초학자를 위한 성리학 입문서인 「입학도설」을 저술하였다.

6 (가)와 (나) 시기 사이에 있었던 역사적 사건으로 옳은 것은?

> (가) 문주가 신라에서 군사 1만 명을 얻어 가지고 돌아왔다. 고구려 군사는 물러갔지만 이미 왕은 죽었고 성은 파괴되었다. 이에 문주가 왕으로 즉위하였다.
>
> (나) 봄에 사비로 서울을 옮기고 국호를 남부여라 하였다.

① 근초고왕이 고구려 평양성을 공략하였다.

② 비유왕이 신라 눌지마립간과 동맹을 맺었다.

③ 무령왕이 지방의 22담로에 왕족을 파견하였다.

④ 왕성이 고구려 광개토왕의 군대에 점령당하였다.

7 다음 제도들이 시행된 시기를 순서대로 바르게 나열한 것은?

> ㉠ 전시과　　　　　　　　　　㉡ 녹읍
> ㉢ 직전제　　　　　　　　　　㉣ 과전법
> ㉤ 공법

① ㉠→㉡→㉣→㉢→㉤
② ㉠→㉣→㉢→㉡→㉤
③ ㉡→㉠→㉣→㉤→㉢
④ ㉡→㉣→㉠→㉤→㉢

8 왜란이나 호란에 관련된 설명으로 옳지 않은 것은?

① 강홍립은 후금의 감정을 자극하지 않기 위해 후금과 휴전을 맺었다.
② 병자년에 청군이 서울을 점령하자 인조는 강화도로 피난하여 항전하였다.
③ 이순신이 이끄는 수군이 적군을 맞아 첫 승리를 한 것은 옥포해전이다.
④ 권율의 행주대첩, 김시민의 진주대첩, 이순신의 한산도대첩은 모두 승리한 싸움이다.

9 조선 후기 대외무역에 대한 설명으로 옳지 않은 것은?

① 동래의 내상은 일본과의 사무역을 통해 거상으로 성장하기도 하였다.
② 경강상인은 중강후시나 책문후시를 통해 청과의 사무역에 종사하였다.
③ 17세기 이후 일본과의 관계가 정상화되면서 대일 무역이 활발하게 전개되었다.
④ 청에서 수입하는 물품은 비단, 약재, 문방구 등이었고, 청으로 수출하는 물품은 은, 종이, 무명, 인삼 등이었다.

10 밑줄 친 '그'가 추진한 정책으로 옳지 않은 것은?

> 1863년 철종이 죽자 아들을 왕위에 올린 그는 세도정치로 인해 흐트러진 국가 기강을 바로잡아 민심을 수습하고, 땅에 떨어진 왕권을 강화하기 위하여 여러 개혁 정책을 과감히 추진하였다.

① 의정부의 기능을 부활시켰다.
② 양반에게 군포를 부담하게 하였다.
③ 만동묘만 남기고 사액 서원은 철폐하였다.
④ 경기, 삼남, 해서 등지에 사창제를 실시하였다.

11 다음에 설명한 무덤 양식에 해당하지 않는 것은?

> 돌로 방을 만들고 그것을 통로로 연결한 무덤으로 그 위에 흙으로 덮어 봉분을 만들었다. 일반적으로 앞방과 널방으로 구분하고 벽에 그림을 그려 넣기도 하였다.

① 쌍영총   ② 무용총
③ 각저총   ④ 장군총

12 발해 무왕 대에 있었던 일로 옳지 않은 것은?

① 전성기를 맞아 해동성국이라고 불리었다.
② 장문휴를 보내어 산둥 지방을 공격하였다.
③ 돌궐, 일본 등과 연결하면서 당, 신라를 견제하였다.
④ 동북방의 여러 세력을 복속하고 북만주 일대를 장악하였다.

13 고려시대에 편찬된 역사서에 대한 설명으로 옳은 것은?

① 「삼국유사」는 인종 때 왕명으로 편찬되었다.

② 「삼국사기」는 고구려 정통 의식을 반영하였다.

③ 「동명왕편」은 단군의 건국 이야기를 수록하였다.

④ 「제왕운기」는 우리 역사를 중국사와 대등하게 파악하였다.

14 다음의 칙령을 발표한 정부가 추진한 내용으로 옳은 것은?

> • 울릉도를 울도로 개칭하여 강원도에 부속하고 도감을 군수로 개정하며 군등(郡等)은 5등으로 할 것
> • 군청은 태하동에 두고, 울릉 전도(全島)와 죽도·석도를 관할할 것

① 회사령을 공포하였다.

② 청국과 간도협약을 체결하였다.

③ 양전사업을 실시하고 지계를 발급하였다.

④ 독도는 일본과 상관이 없다는 태정관 지령을 내렸다.

15 다음 사건으로 맺은 조약에 대한 설명으로 옳은 것은?

> 1875년 9월 일본 군함의 불법 침입으로 조선군과 일본군이 포격전을 벌였다. 조선이 문호개방에 미온적인 태도를 보인다는 이유였다. 이에 일본은 포격전의 책임을 조선측에 씌워 전권대사를 파견하고 무력으로 개항을 강요하였다.

① 일본의 자유로운 연해 측정을 허용하였다.

② 청은 랴오둥 반도와 타이완 등을 일본에 할양하였다.

③ 청과 일본은 조선에 대한 파병권을 동등하게 가졌다.

④ 공사관 경비를 구실로 일본 군대가 주둔하게 되었다.

16 다음 상황이 벌어지던 시기의 사회 모습으로 옳지 않은 것은?

> • 근래 사족들이 향교에 모여 의논하여 수령을 쫓아내는 것이 고질적인 폐단입니다.
> • 영덕의 구향(舊鄕)은 사족이며, 소위 신향(新鄕)은 모두 향리와 서리의 자식입니다. 근래 신향들이 향교를 주관하면서 구향들과 서로 마찰을 빚고 있습니다.

① 부농층이 성장하여 향임직에 진출하였다.
② 농촌 공동체 생활을 주도하는 향도가 등장하였다.
③ 수령이 세금을 부과할 때 향회가 자문 역할을 하였다.
④ 촌락 단위의 동약이 실시되고 동족 마을이 만들어졌다.

17 다음의 인물에 대한 설명으로 옳은 것만을 모두 고른 것은?

> 1930년대 「조선사회경제사」, 「조선봉건사회경제사」 등을 저술하여 유물사관의 입장에서 한국사를 체계적으로 이해하고자 하였다.

> ㉠ 진단학회의 결성과 진단학보의 발행을 주도하였다.
> ㉡ 국민당 창당을 주도하고 미군정에서 민정 장관을 역임하였다.
> ㉢ 「조선민족의 진로」라는 글에서 '연합성 신민주주의'를 제창하였다.
> ㉣ 한국사가 정체적이며 타율적이라 주장하는 식민사학을 비판하였다.

① ㉠, ㉡   ② ㉡, ㉢
③ ㉢, ㉣   ④ ㉠, ㉣

18 일제 강점기 생활 모습을 묘사한 것으로 옳은 것은?

① 대한천일은행 앞에서 회사원이 제국신문을 읽었다.
② 빈민이 토막촌을 형성하였고 걸인처럼 생활하였다.
③ 육영 공원에 입학한 청년이 선교사로부터 영어를 배웠다.
④ 서울의 학생이 미국인이 운영하는 전차를 타고 등교하였다.

19 다음의 법령에 대한 설명으로 옳지 않은 것은?

> 제5조 정부는 다음에 의하여 농지를 취득한다.
>   2. 다음의 농지는 적당한 보상으로 정부가 매수한다.
>   ㈎ 농가 아닌 자의 농지
>   ㈏ 자경하지 않은 자의 토지
>   ㈐ 본 법 규정의 한도를 초과하는 부분의 농지

① 소작료는 1/3제로 제한하였다.
② 유상 매수, 유상 분배를 원칙으로 하였다.
③ 가구당 농지 소유를 3정보 이내로 제한하였다.
④ 농지를 매각한 지주는 지가증권을 교부받았다.

20 다음의 협정과 관련한 설명으로 옳지 않은 것은?

> 군사 분계선을 확정하고 쌍방이 이 선에서 2km씩 후퇴하여 비무장지대를 설정한다. 비무장지대는 완충지대로서 적대 행위로 인해 우려되는 사건을 미리 방지한다.

① 협상 과정에서 휴전 반대운동이 있었다.
② 협정 조인으로 발췌개헌 파동이 야기되었다.
③ 협상 과정에서 정부는 반공포로를 석방하였다.
④ 협정 조인 이후 정부는 미국과 한미상호방위조약을 체결하였다.

☞ 정답 및 해설 P.33

1 고려 사회의 모습으로 옳지 않은 것은?

① 천민 출신인 이의민이 무신 정권의 최고 권력자가 되었다.

② 외거 노비가 재산을 늘려, 그 처지가 양인과 유사해질 수 있었다.

③ 지방 향리의 자제가 과거(科擧)를 통해 귀족의 대열에 진입할 수 있었다.

④ 향 · 부곡 · 소의 백성도 일반 군현민과 동일한 수준의 조세 · 공납 · 역을 부담하였다.

2 조선 전기(15~16세기) 사림의 향촌을 주도하기 위한 동향으로 옳지 않은 것은?

① 도덕과 의례의 기본 서적인 「소학」을 보급하였다.

② 향사례(鄕射禮), 향음주례(鄕飮酒禮)의 실시를 주장하였다.

③ 향회를 통해서 자신들의 결속을 다지고, 향촌을 교화하였다.

④ 촌락 단위의 동약을 실시하고, 문중 중심으로 서원과 사우를 많이 세웠다.

3 과전법과 그 변화에 대한 설명으로 옳지 않은 것은?

① 수신전, 휼양전을 죽은 관료의 가족에게 지급하였다.

② 공음전을 5품 이상의 관료에게 주어 세습을 허용하였다.

③ 세조대에 직전법으로 바꾸어 현직 관리에게만 수조권을 지급하였다.

④ 성종대에는 관수관급제를 실시하여 전주의 직접 수조를 지양하였다.

4 다음은 동학농민운동과 관련한 연표이다. (가)~(라) 시기에 있었던 사실로 옳은 것은?

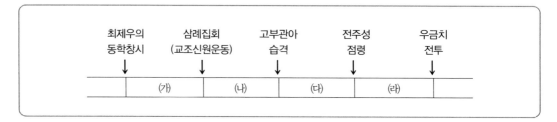

① (가) – 황토현 전투
② (나) – 청 · 일 전쟁의 발발
③ (다) – 남 · 북접군의 논산 집결
④ (라) – 일본군의 경복궁 점령

5 다음 자료에 대한 해석으로 가장 적절한 것은?

- 신라 지증왕 3년의 순장 금지 사료(史料)
- 신라 무덤에서 출토한 순장 대용(代用) 흙인형

① 전쟁 노비의 소멸로 순장할 대상이 없어졌다.
② 농업생산력의 상승에 따라 노동력을 중시하였다.
③ 죽음에 대한 의식(儀式)에 도교 사상이 반영되었다.
④ 왕실은 귀족층의 사치와 허례허식을 막기 위해 노력하였다.

6 밑줄 친 '이 시대'의 사회 모습으로 옳은 것은?

> 이 시대의 황해도 봉산 지탑리와 평양 남경 유적에서 탄화된 좁쌀이 발견되는 것으로 보아 잡곡류 경작이 이루어졌음을 알 수 있다. 농경의 발달로 수렵과 어로가 경제 생활에서 차지하는 비중이 줄어들기 시작하였지만, 여전히 식량을 얻는 중요한 수단이었다. 한편 가락바퀴나 뼈바늘을 이용하여 옷이나 그물을 만드는 등 원시적인 수공업 생산이 이루어지기 시작하였다.

① 생산물의 분배 과정에서 사유 재산 제도가 등장하였다.
② 마을 주변에 방어 및 의례 목적으로 환호(도랑)를 두르기도 하였다.
③ 흑요석의 출토 사례로 보아 원거리 교류나 교역이 있었음을 알 수 있다.
④ 집자리는 주거용 외에 창고, 작업장, 집회소, 공공 의식 장소 등도 확인되었다.

7 조선 전기(15~16세기) 중앙 정치에 대한 설명으로 옳지 않은 것은?

① 붕당은 정치적 이념과 학문적 경향에 따라 결집되었다.
② 삼사는 권력의 독점과 부정을 방지하는 데 기여하였다.
③ 사화로 갈등이 격화되면서, 정국이 급격하게 전환되는 환국정치가 시작되었다.
④ 합리적인 인사 행정 제도가 갖추어져 이전 시기보다 관료제적 성격이 강해졌다.

8 다음 건의를 받아들인 왕이 실시한 정책으로 옳은 것은?

> 임금이 백성을 다스릴 때 집집마다 가서 날마다 그들을 살펴보는 것이 아닙니다. 그래서 수령을 나누어 파견하여, (현지에) 가서 백성의 이해(利害)를 살피게 하는 것입니다. 우리 태조께서도 통일한 뒤에 외관(外官)을 두고자 하셨으나, 대개 (건국) 초창기였기 때문에 일이 번잡하여 미처 그럴 겨를이 없었습니다. 이제 제가 살펴보건대, 지방 토호들이 늘 공무를 빙자하여 백성들을 침해하며 포악하게 굴어, 백성들이 명령을 견뎌내지 못합니다. 외관을 두시기 바랍니다.

① 서경 천도를 추진하였다.
② 5도 양계의 지방 제도를 확립하였다.
③ 지방 교육을 위해 경학박사를 파견하였다.
④ 유교 이념과는 별도로 연등회, 팔관회 행사를 장려하였다.

9 신라 승려 ㉠과 ㉡에 대한 설명으로 옳지 않은 것은?

> (㉠)은(는) 불교 서적을 폭넓게 이해하고, 일심(一心) 사상을 바탕으로 여러 종파들의 사상적 대립을 조화시키며, 분파 의식을 극복하려고 노력하였다. 한편 (㉡)은(는) 모든 존재가 상호 의존적인 관계에 있으면서 서로 조화를 이룬다는 화엄 사상을 정립하고, 교단을 형성하여 많은 제자를 양성하였다.

① ㉠은 미륵 신앙을 전파하며 불교 대중화의 길을 열었다.
② ㉠은 무애가라는 노래를 유포하며 일반 백성을 교화하였다.
③ ㉡은 관음 신앙과 함께 아미타 신앙을 화엄 교단의 주요 신앙으로 삼았다.
④ ㉡은 국왕이 큰 공사를 일으켜 도성을 새로이 정비하려 할 때 백성을 위해 이를 만류하였다.

10 밑줄 친 ㉠, ㉡에 대한 설명으로 옳은 것은?

> 일제의 가혹한 탄압으로 독립 운동은 큰 제약을 받게 되었다. 그러나 그러한 제약 속에서도 비밀 결사의 형태로 독립 운동 단체가 결성되었다. ㉠독립의군부와 ㉡대한광복회는 모두 이러한 비밀 결사 단체였다.

① ㉠은 공화국의 건설을 목표로 하였다.
② ㉡은 고종의 비밀 지령을 받아 조직되었다.
③ ㉠과 ㉡은 모두 1910년대 국내에서 결성된 단체이다.
④ ㉠은 박상진을 중심으로, ㉡은 임병찬을 중심으로 한 조직이었다.

11 통일신라의 지방 행정 조직에 대한 설명으로 옳지 않은 것은?

① 신문왕 대에 9주 5소경 체제로 정비하였다.
② 주(州)에는 지방 감찰관으로 보이는 외사정이 배치되었다.
③ 5소경을 전략적 요충지에 두고, 도독이 행정을 관할토록 하였다.
④ 촌주가 관할하는 촌 이외에, 향·부곡이라는 행정 구역도 있었다.

12 고려의 농민을 위한 정책으로 옳지 않은 것은?

① 농민 자제의 과거를 위한 기금으로 광학보를 설치하였다.

② 개간지는 일정 기간 면세하여 줌으로써 농민의 부담을 경감해주었다.

③ 재해를 당했을 때에는 세금을 감면해 농민 생활의 안정을 꾀하였다.

④ 농번기에는 잡역 동원을 금지하여 농사에 지장을 주지 않으려 하였다.

13 다음의 자료에 보이는 시기의 경제 동향에 대한 설명으로 옳지 않은 것은?

> 배에 물건을 싣고 오가면서 장사하는 장사꾼은 반드시 강과 바다가 이어지는 곳에서 이득을 얻는다. 전라도 나주의 영산포, 영광의 법성포, 흥덕의 사진포, 전주의 사탄은 비록 작은 강이나 모두 바닷물이 통하므로 장삿배가 모인다. … (중략) … 그리하여 큰 배와 작은 배가 밤낮으로 포구에 줄을 서고 있다.
>
> — 「비변사등록」 —

① 강경, 원산 등이 상업 중심지로 성장하였다.

② 선상은 선박을 이용해서 각 지방의 물품을 거래하였다.

③ 객주나 여각은 상품의 매매를 중개하고, 숙박, 금융 등의 영업도 하였다.

④ 상업 활동이 활발해지면서 삼한통보 등의 동전을 만들어 유통하였다.

14 다음 중 '대한국 국제'의 내용에 해당되는 것은?

① 내시부를 없애고 그 중에 우수한 인재를 등용한다.

② 조세의 부과와 징수, 경비의 지출은 모두 탁지아문이 관할한다.

③ 칙임관은 황제가 정부에 자문하여 그 과반수의 의견에 따라 임명한다.

④ 대한국 대황제는 각 조약 체결 국가에 사신을 파견하고, 선전 강화(宣戰講和) 및 제반 조약을 체결한다.

15 연표의 ㈎, ㈏ 시기에 있었던 사실로 옳은 것은?

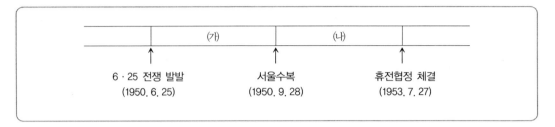

① ㈎ - 인천상륙작전이 실시되었다.

② ㈎ - 중국군의 참전으로 인해 한국군은 서울에서 후퇴하게 되었다.

③ ㈏ - 애치슨 선언이 발표되었다.

④ ㈏ - 유엔 안전보장이사회에서 유엔군 파병이 결정되었다.

16 다음 두 사건이 일어난 이후의 사실로 옳은 것만을 〈보기〉에서 모두 고른 것은?

• 고종 황제의 강제 퇴위
• 일제에 의한 군대 해산

〈보기〉
㉠ 안중근이 만주 하얼빈에서 이토 히로부미를 사살하였다.
㉡ 민영환이 일제에 대한 저항을 강력하게 표현한 유서를 남기고 자결하였다.
㉢ 장지연이 민족의식을 고취하는 '시일야방성대곡'을 황성신문에 발표하였다.
㉣ 이인영을 총대장으로 하는 13도 연합 의병 부대(창의군)가 서울진공작전을 시도하였다.

① ㉠, ㉡
② ㉠, ㉣
③ ㉡, ㉢
④ ㉢, ㉣

17 우리나라 농서에 대한 설명으로 옳은 것은?

① 「농가집성」은 고려 말 이암이 원에서 들여온 것이다.

② 「농사직설」은 정초 등이 왕명을 받아 편찬한 것이다.

③ 「산림경제」는 박세당이 과수, 축산 등을 소개한 것이다.

④ 「과농소초」는 홍만선이 화초재배법에 대해 저술한 것이다.

18 다음의 기록이 보이는 왕대의 정치 변화를 바르게 설명한 것은?

> (왕이) 양역을 절반으로 줄이라고 명하셨다. 왕이 말하였다. "호포나 결포는 모두 문제점이 있다. 이제는 1필로 줄이는 것으로 온전히 돌아갈 것이니 경들은 대책을 강구하라."

① 특정 붕당이 정권을 독점하는 일당 전제화의 추세가 대두되었다.

② 왕위 계승에 대한 정통성과 관련하여 두 차례의 예송이 발생하였다.

③ 정치 집단은 소수의 가문 출신으로 좁아지면서 그 기반이 축소되었다.

④ 붕당을 없애자는 논리에 동의하는 관료들을 중심으로 탕평 정국을 운영하였다.

19 밑줄 친 '우리'에 해당하는 계층의 활동으로 옳은 것은?

> 아! 우리는 본시 모두 사대부였는데 혹은 의(醫)에 들어가고 혹은 역(譯)에 들어가 7, 8대 또는 10여 대를 대대로 전하니 … (중략) … 문장과 덕(德)은 비록 사대부에 비길 수 없으나, 명공(名公) 거실(巨室) 외에 우리보다 나은 자는 없다.

① 집단으로 상소하여 청요직(淸要職) 허통(許通)을 요구하였다.

② 형평사를 창립하고, 평등한 대우를 요구하는 형평운동을 펼쳤다.

③ 관권과 결탁하고 향회를 장악하여, 향촌 사회에서 영향력을 키우려 하였다.

④ 유향소를 복립하여 향리를 감찰하고 향촌 사회의 풍속을 바로잡으려 하였다.

20 (가)~(라)는 광복을 전후해 일어난 사건을 시기순으로 나열한 것이다. (다)에 들어갈 수 있는 내용으로 적절하지 않은 것은?

> (가) 삼균주의를 바탕으로 대한민국 임시 정부가 '대한민국 건국 강령'을 발표하였다.
> (나) 이승만을 중심으로 독립촉성중앙협의회가 발족되었다.
> (다)
> (라) 제헌 국회에서 대한민국의 헌법이 제정, 공포되었다.

① 좌우합작위원회의 '좌우합작 7원칙'이 선포되었다.
② 김구의 '삼천만 동포에게 읍고함'이라는 글이 발표되었다.
③ 여운형, 안재홍 등을 중심으로 조선건국준비위원회가 조직되었다.
④ 유엔 총회에서 유엔 감시 하에 인구 비례에 의한 남북한 총선거의 실시가 결의되었다.

☞ 정답 및 해설 P.35

1 다음 글의 밑줄 친 왕이 재위할 때의 사실로 옳은 것을 〈보기〉에서 모두 고른 것은?

> 왕이 군사 3만을 이끌고 백제에 침입하여, 백제왕의 도읍한성을 함락시키고 백제왕 부여경을 죽이고, 남녀 8천명을 사로잡아 돌아왔다.
>
> – 삼국사기 –

〈보기〉

㉠ 백제가 국호를 남부여로 고쳤다.
㉡ 고구려가 도읍을 평양으로 옮겼다.
㉢ 금관가야가 가야 연맹을 주도하였다.
㉣ 신라가 백제와 친선 정책을 추진하였다.

① ㉠, ㉡   ② ㉠, ㉢
③ ㉡, ㉣   ④ ㉢, ㉣

2 다음 중 유네스코(UNESCO)에 등재된 우리나라의 세계기록 유산이 아닌 것은?

① 난중일기   ② 일성록
③ 동의보감   ④ 비변사등록

3 남북국시대에 대한 설명 중 옳지 않은 것은?

① 발해는 일본과 교류하며 무역에도 힘썼다.
② 발해의 무왕은 신라와 연합해 당을 공격하였다.
③ 발해는 신라도라는 교통로를 이용해 신라와도 무역하였다.
④ 장보고는 청해진을 중심으로 동아시아의 무역을 장악하였다.

4 다음 밑줄 친 왕에 대한 설명으로 옳은 것은?

> 왕의 이름은 소(昭)다. 치세 초반에는 신하에게 예를 갖추어 대우하고 송사를 처리하는 데 현명하였다. 빈민을 구휼하고, 유학을 중히 여기며, 노비를 조사하여 풀어 주었다. 밤낮으로 부지런하여 거의 태평의 정치를 이루었다. 중반 이후로는 신하를 많이 죽이고, 불법(佛法)을 지나치게 좋아하며 절도가 없이 사치스러웠다.
>
> ─「고려사절요」─

① 쌍기의 건의로 과거제를 실시하였다.

② 12목을 설치하고 지방관을 파견하였다.

③ 호족을 견제하기 위해 사심관과 기인제도를 마련하였다.

④ 승려인 신돈을 등용하여 전민변정도감을 설치하였다.

5 다음 〈보기〉에서 백제의 문화재를 모두 고른 것은?

〈보기〉

㉠ 백률사 석당
㉡ 정림사지 5층 석탑
㉢ 창왕명석조사리감
㉣ 법주사 쌍사자 석등

① ㉠, ㉡

② ㉠, ㉣

③ ㉡, ㉢

④ ㉢, ㉣

6 다음의 ㉠에 들어갈 부세 제도에 관한 설명으로 옳은 것은?

> 이때에 이원익이 ___㉠___ 을 시행할 것을 청하니, 봄가을로 민전 1결에 각기 8말의 쌀을 내어 경창(京倉)에 수납하게 하고, 때때로 각 관아의 사주인(私主人)에게 나누어 주어 스스로 상공(上供)을 교역하여 바치게 하였다. 이로써 물화를 저축하고 시장에서 값을 오르내리게 하여 그 수를 넉넉히 남겼던 것이다.
>
> —「택당집」—

① 부과 기준이 가호에서 토지로 바뀌는 결과를 가져왔다.

② 양인들이 지던 군포의 부담을 줄여주기 위해 시행되었다.

③ 연분9등법에 의해 복잡하게 적용되던 전세율을 고정시켰다.

④ 답험손실의 폐단을 줄이려는 제도로, 백성들의 여론조사까지 거쳤다.

7 다음의 사건과 관련된 설명으로 옳은 것은?

> 김효원이 과거에 장원으로 급제하여 이조 전랑의 물망에 올랐으나, 그가 윤원형의 문객이었다 하여 심의겸이 반대하였다. 그 후에 심충겸(심의겸의 동생)이 장원 급제를 하여 이조 전랑에 천거되었으나, 외척이라 하여 김효원이 반대하였다.
>
> —「연려실기술」—

① 외척들의 반발로 이 사건에 관련된 훈구 세력과 사림세력이 제거되었다.

② 심의겸 쪽에는 정치의 도덕성을 강조한 서경덕, 이황, 조식의 문인들이 가세하였다.

③ 이이, 성혼의 문인들은 주기론(主氣論)에 입각하여 양쪽을 모두 비판하며 타협안을 제시하였다.

④ 이 사건 이후 사림을 중심으로 정치적, 학문적 견해 차이에 따른 붕당정치가 나타났다.

8 다음의 밑줄 친 ㉠과 관련된 설명으로 가장 옳지 않은 것은?

> 원의 간섭을 받으면서 그에 의존한 고려의 왕권은 이전 시기에 비하여 상대적으로 안정되었고 ㉠중앙 지배층도 개편되었다. …… 그들은 왕의 측근 세력과 함께 권력을 잡아 농장을 확대하고 양민을 억압하여 노비로 삼는 등 사회 모순을 격화시켰다.

① ㉠은 가문의 권위보다는 현실적인 관직을 통하여 정치 권력을 행사하였다.
② 공민왕은 ㉠의 경제력을 약화시키기 위해 전민변정도감을 설치하였다.
③ ㉠은 사원 세력의 대표인 신돈과 연대하여 신진사대부에 대항하였다.
④ ㉠에는 종래의 문벌 귀족 가문, 무신정권기에 등장한 가문, 원과의 관계에서 성장한 가문 등이 포함되었다.

9 다음 제도의 시행에 대한 설명으로 옳은 것은?

> 6조에서 올라오는 모든 일을 영의정, 좌의정, 우의정이 중심이 되는 의정부에서 논의하여 합의된 사항을 국왕에게 올려 결재 받게 하였다.

① 이 제도의 시행으로 국왕이 재상들을 직접 통솔할 수 있게 되어 왕권 강화에 기여하였다.
② 무력으로 집권한 태종과 세조는 이 제도를 이용하여 초기의 불안한 왕권을 안정시켰다.
③ 민본정치를 추구한 정도전은 이 제도를 폐지하고 6조의 업무를 국왕에게 직접 보고하게 하였다.
④ 세종은 안정된 왕권과 경제력을 바탕으로 이 제도를 시행하여 왕권과 신권의 조화를 추구하였다.

10 밑줄 친 ㉠과 직접 관련된 천주교 박해에 대한 설명으로 옳은 것은?

> 프란치스코 교황은 16일 오전 순교자 124위 시복미사에 앞서 한국 최대 순교 성지이자 이번에 시복될 124위 복자 중 가장 많은 27위가 순교한 서소문 성지를 참배했다. 이곳은 본래 서문 밖 순교지로 불리는 천주교 성지였다. 한국에 천주교가 들어온 후 박해를 당할 때마다 이곳에서 많은 사람들이 처형당했으니 …… 「황사영백서」로 알려진 ㉠황사영도 이곳에서 처형되었다.
>
> －한국일보, 2014년 8월 16일－

① 모친상을 당해 신주를 불태운 것이 알려지면서 박해가 일어났다.
② 함께 붙잡혀 박해를 받은 정하상은 「상재상서」를 통해 포교의 정당함을 주장하였다.
③ 순조 즉위 후 정권을 장악한 노론 벽파가 반대파를 정계에서 제거하려고 박해를 일으켰다.
④ 대원군 집권기에 발생한 대규모 박해로, 프랑스 선교사를 비롯한 수천 명의 희생자를 낳았다.

11 다음 자료가 기록된 사서에 대한 설명으로 옳은 것은?

> 곰과 호랑이가 찾아와 사람이 되기를 원하므로 환웅이 그들에게 쑥과 마늘을 주면서 이것을 먹고 100일 동안 햇빛을 보지 않으면 사람이 될 것이다. 라고 하였다. 곰은 이를 지켜 여자의 몸이 되었으나 호랑이는 사람이 되지 못하였다. 환웅이 사람으로 변신하여 웅녀와 결혼하였다. 아들을 낳으니 이가 단군왕검이다.

① 왕력, 기이, 흥법, 탑상, 의해 등으로 구성되어 있다.
② 김부식을 비롯한 유학자들이 편찬한 역사서이다.
③ 현존하는 우리나라의 가장 오래된 역사서이다.
④ 삼국에서 고려까지 고승들의 전기를 정리하여 편찬한 책이다.

12 조선후기 실학자의 저술에 대한 설명 중 옳은 것은?

① 유형원은 백과사전적 성격을 지닌 「반계수록」을 저술하였다.
② 이익은 「곽우록」을 저술하여 국가 제도 전반에 대한 의견을 제시하였다.
③ 박지원은 청에 갔던 기행문인 「연기」를 저술하였다.
④ 안정복은 각종 서적을 참고하여 조선시대 역사를 기술한 「동사강목」을 편찬하였다.

13 다음 〈보기〉의 사건들을 발생 순서대로 옳게 나열한 것은?

> 〈보기〉
> ㉠ 일본은 러시아로부터 한국에 대한 지도 · 보호 및 감독의 권리를 인정받았다.
> ㉡ 미국은 한국에서 일본의 보호권 확립을, 일본은 미국의 필리핀 지배를 인정하였다.
> ㉢ 일본은 한국의 외교권을 박탈하고 통감부를 설치하였다.
> ㉣ 영국은 한국에서 일본의 특수 이익을, 일본은 영국의 인도지배를 서로 승인하였다.

① ㉠ - ㉡ - ㉢ - ㉣
② ㉡ - ㉣ - ㉠ - ㉢
③ ㉢ - ㉠ - ㉡ - ㉣
④ ㉣ - ㉡ - ㉠ - ㉢

14 밑줄 친 '이 단체'에 관한 설명으로 옳지 않은 것은?

> 대한 민국 임시 정부에서는 만주 지역의 독립군과 각처에 산재해 있던 무장투쟁 세력을 모아 충칭에서 이 단체를 창설하였다.

① 김원봉이 이끄는 조선의용대의 일부를 통합하여 군사력을 증강하였다.
② 초기에는 중국군사위원회의 지휘와 간섭을 받았다.
③ 중국의 화북 전선에서 일본군에 대항하여 팔로군과 연합 작전을 전개하였다.
④ 중국 주둔 미국전략정보국(OSS)과 합작하여 국내진공작전을 계획하였으나 실현되지 못했다.

15 다음 ㉠의 인물에 대한 설명으로 옳은 것은?

> ㉠은 조선시대에 민중을 위해서 노력한 정치가들과 혁명가들을 드러내고, 세종과 실학자들의 민족지향, 민중지향, 실용 지향을 높이 평가하는 사론을 발표하여 일반 국민의 역사의식을 계발하는 데 기여하였다. 또한 국제 관계에서 실리적 감각이 필요함을 절감하고, 이러한 시각에서 「대미관계 50년사」라는 저서를 내기도 하였다.

① 1930년대에 조선학운동을 주도하였다.
② 진단학회를 창립하여 한국사의 실증적 연구에 힘썼다.
③ 한국사가 세계사의 보편적 법칙에 입각하여 발전하였음을 강조하였다.
④ 우리의 민족 정신을 '혼'으로 파악하고, '혼'이 담겨 있는 민족사의 중요성을 강조하였다.

16 다음 ㉠의 추진 결과 나타난 현상으로 옳지 않은 것은?

> 일본은 1910년대 이후 자본주의 경제가 급속하게 발전하면서 농민들이 도시에 몰려 식량 조달에 큰 차질이 빚어졌다. 이를 해결하기 위해 ___㉠___ 을 추진하였는데, 이는 토지 개량과 농사 개량을 통해 식량 생산을 대폭 늘려 일본으로 더 많은 쌀을 가져가고 우리나라 농민 생활도 안정시킨다는 목표로 추진되었다.

① 쌀 생산량의 증가보다 일본으로의 수출량 증가가 두드러졌다.

② 만주로부터 조, 수수, 콩 등의 잡곡 수입이 증가하였다.

③ 한국인의 1인당 연간 쌀 소비량이 이전보다 줄어들었다.

④ 많은 수의 소작농이 이를 통해 자작농으로 바뀌었다.

17 밑줄 친 '그들'이 추진했던 정책에 대한 설명으로 옳은 것을 〈보기〉에서 모두 고른 것은?

> 그들의 실패는 우리에게 무척 애석한 일이다. 내 친구 중에 이 사건을 잘 아는 이가 있는데, 그는 어쩌다 조선의 최고 수재들이 일본인에게 이용당해서 그처럼 큰 잘못을 저질렀는지 참으로 애석하다고 했다. 진실로 일본인이 조선의 운명과 그들의 성공을 위해 노력을 다했겠는가? 우리가 만약 국가적발전의 기미를 보였다면 일본인들은 백방으로 방해할 것이 자명한데 어찌 그들을 원조했겠는가?
>
> － 「한국통사」 －

〈보기〉

㉠ 토지의 평균 분작을 실현한다.

㉡ 러시아와 비밀 협약을 추진한다.

㉢ 보부상 단체인 혜상공국을 혁파한다.

㉣ 의정부, 6조 외의 불필요한 관청은 없앤다.

---

① ㉠, ㉡

② ㉠, ㉢

③ ㉡, ㉣

④ ㉢, ㉣

18 발생 시기 순서로 나열할 때 다음 빈칸에 들어갈 사건으로 옳은 것은?

> 을미사변 – 아관파천 – ☐ – 대한제국 수립

① 단발령 공포
② 독립협회 결성
③ 홍범 14조 반포
④ 춘생문 사건 발발

19 다음 원칙을 발표한 기구가 내세운 주장으로 옳은 것은?

> 조선의 좌우 합작은 민주 독립의 단계요, 남북 통일의 관건인 점에서 3천만 민족의 지상 명령이며 국제 민주화의 필연적 요청이었음에도 불구하고 저간의 복잡 다단한 내외 정세로 오랫동안 파란곡절을 거듭해 오던바, 드디어 …(중략)… 다음과 같은 7원칙을 결정하였다.

① 외국 군대의 철수
② 미소 공동 위원회의 속개
③ 토지의 무상 몰수, 무상 분배
④ 유엔(UN) 감시 하의 남북한 총선거 실시

20 다음 자료에 해당하는 선거에 대한 설명으로 가장 옳지 않은 것은?

> • 총 유권자의 40%에 해당하는 표를 자유당 후보에게 기표하여 투표 당일 투표함에 미리 넣어 놓는다.
> • 나머지 60%의 유권자는 3인, 5인, 9인조로 묶어 매수 혹은 위협을 통해 자유당 후보에게 투표하도록 한다.
> • 투표소 부근에 여당 완장을 착용한 완장 부대를 배치하여 야당 성향의 유권자를 위협한다.
> • 야당 참관인은 적당한 구실을 만들어 투표소 밖으로 내쫓는다.
>
> – 「동아일보」, 1960년 3월 4일 –

① 4 · 19 혁명 발발의 중요한 계기가 되었다.
② 장면 정부는 이 선거 결과를 무효로 하고 재선거를 실시하였다.
③ 이승만의 대통령 당선 가능성이 높은 상황에서 실시되었다.
④ 정부는 이 선거를 규탄하는 시위의 배후에 공산주의 세력이 개입되었다고 발표하였다.

1 ㉠ 국가에 대한 설명으로 옳은 것은?

> (㉠)에서는 백성들에게 금하는 법 8조가 있었다. 그것은 대개 사람을 죽인 자는 즉시 죽이고, 남에게 상처를 입히는 자는 곡식으로 갚는다. 도둑질을 한 자는 노비로 삼는다. 용서받고자 하는 자는 한 사람마다 50만 전을 내야 한다. 비록 용서를 받아 보통 백성이 되어도 사람들이 이를 부끄럽게 여겨 혼인을 하고자 해도 짝을 구할 수 없다.

① 옥저와 동예를 정복하였다.
② 족외혼과 책화의 풍습이 있었다.
③ 별도의 행정구역인 사출도가 있었다.
④ 중국의 한과 대립할 정도로 성장하였다.

2 다음 고구려에서 일어난 사건을 시기 순으로 바르게 나열한 것은?

> ㉠ 불교를 수용하고, 율령을 반포하였다.
> ㉡ 고국원왕이 평양성전투에서 전사하였다.
> ㉢ 을파소를 등용하여 진대법을 실시하였다.
> ㉣ 한성을 공격하여 함락시키고 개로왕을 죽였다.

① ㉡→㉢→㉠→㉣
② ㉡→㉢→㉣→㉠
③ ㉢→㉡→㉠→㉣
④ ㉢→㉡→㉣→㉠

3 ㈎, ㈏ 사이의 시기에 있었던 사실로 옳은 것은?

> ㈎ 국호를 신라로 바꾸고, 왕의 칭호도 마립간에서 왕으로 고쳤다. 대외적으로는 우산국을 복속시켰다.
> ㈏ 한강 유역을 빼앗고, 고령 지역의 대가야를 정복하였다. 북쪽으로는 함경도 지역까지 진출하였다.

① 백제 동성왕과 혼인 동맹을 맺었다.
② 김씨에 의한 왕위 계승권이 확립되었다.
③ 진골 귀족 세력의 반발로 녹읍이 부활되었다.
④ 병부를 설치하고, 백관의 공복을 제정하였다.

4 1970년대 시행된 정책이 아닌 것은?

① 금융실명제의 실시
② 새마을운동의 추진
③ 통일벼의 전국적 보급
④ 수출 주도형 중화학 공업화

5 다음과 같은 현상이 일어나게 된 배경으로 옳지 않은 것은?

> 향회라는 것이 한 마을 사민(士民)의 공론에 따른 것이 아니고, 수령의 손 아래 놀아나는 좌수·별감들이 통문을 돌려 불러 모은 것에 불과합니다. 그 향회에서는 관의 비용이 부족하다는 핑계로 제멋대로 돈을 거두고 법을 만드니, 일의 원통함이 이보다 심한 것이 없습니다.

① 사족의 향촌 지배력이 약화되었다.
② 수령과 향리의 영향력이 약해졌다.
③ 향회는 수령의 부세 자문 기구로 전락하였다.
④ 양반 사족과 부농층이 향촌의 주도권 다툼을 벌였다.

6 8·15 광복 직후 일어난 역사적 사실로 옳은 것은?

① 여운형은 조선건국동맹을 조직하였다.

② 대한민국임시정부는 건국강령을 발표하였다.

③ 조선어학회는 우리말 큰사전 편찬을 시작하였다.

④ 모스크바 3상 회의에서 한반도 문제가 논의되었다.

7 다음 사건으로 인하여 발생한 역사적 사실은?

> 심충겸이 장원 급제를 하자 전랑으로 천거하려고 하였다. 김효원이 "외척은 쓸 수 없다." 하며 막으니, 심의겸이 "외척이 원흉의 문객보다는 낫지 않으냐." 하였다. 이때 김효원 편을 드는 사람들은 "효원의 말은 공론에서 나온 것이다. 그런데 의겸이 사사로운 혐의로 좋은 선비를 배척하니 매우 옳지 못하다." 하였다.

① 동인과 서인으로의 분화

② 남인과 북인으로의 분화

③ 노론과 소론으로의 분화

④ 서인과 남인 간의 예송논쟁

8 다음에서 설명하는 밑줄 친 '청(廳)'에 해당하는 것은?

> 영의정 이원익이 의논하기를, "각 고을에서 진상하는 공물이 각 사의 방납인들에 의해 중간에서 막혀 물건 하나의 가격이 몇 배 또는 몇십 배, 몇백 배가 되어 그 폐단이 이미 고질화되었는데, 기전(畿甸)의 경우는 더욱 심합니다. 그러니 지금 마땅히 별도로 하나의 <u>청(廳)</u>을 설치하여 매년 봄·가을에 백성들에게서 쌀을 거두되, 1결당 매번 8말씩 거두어 본청(廳)에 보내면 본청에서는 당시의 물가를 보아 가격을 넉넉하게 헤아려 정해 거두어들인 쌀로 방납인에게 주어 필요한 때에 사들이도록 함으로써 간사한 꾀를 써 물가가 오르게 하는 길을 끊으셔야 합니다. … (후략) …"

① 어영청

② 상평청

③ 선혜청

④ 균역청

9 다음은 조선 후기 집필된 역사서의 일부이다. 이 책에 대한 설명으로 옳은 것은?

> 삼국사에서 신라를 으뜸으로 한 것은 신라가 가장 먼저 건국했고, 뒤에 고구려와 백제를 통합하였으며, 또 고려는 신라를 계승하였으므로 편찬한 것이 모두 신라의 남은 문적(文籍)을 근거로 했기 때문이다. … (중략) … 고구려의 강대하고 현저함은 백제에 비할 바가 아니며, 신라가 차지한 땅은 남쪽의 일부에 불과할 뿐이다. 그러므로 김씨는 신라사에 쓰여진 고구려 땅을 근거로 했을 뿐이다.

① 우리 역사의 독자적 정통론을 세워 이를 체계화하였다.
② 단군 – 부여 – 고구려의 흐름에 중점을 두어 만주 수복을 희구하였다.
③ 중국 및 일본의 자료를 망라한 기전체 사서로 민족사 인식의 폭을 넓혔다.
④ 여러 영역을 항목별로 나눈 백과사전적 서술로 문화 인식의 폭을 확대하였다.

10 다음 취지서를 발표한 단체의 활동에 대한 설명으로 옳은 것은?

> 무릇 나라의 독립은 오직 자강(自强)의 여하에 달려 있는 것이다. … (중략) … 그러나 자강의 방도를 강구하려 할 것 같으면 다른 곳에 있지 않고 교육을 진작하고 산업을 일으키는 데 있으니 무릇 교육이 일어나지 않으면 민지(民智)가 열리지 않고 산업이 일어나지 않으면 국부가 증가하지 못하는 것이다. 교육과 산업의 발달이 곧 자강의 방도임을 알 수 있는 것이다.

① 만민공동회를 개최하여 러시아의 침략 정책을 강력하게 규탄하였다.
② 고종의 강제 퇴위 반대 운동을 전개하다가 일본의 탄압으로 해산되었다.
③ 방직, 고무, 메리야스 공장을 육성하여 경제 자립을 이루자는 운동을 전개하였다.
④ 일본의 황무지 개간에 대한 대중적인 반대운동을 일으켜 이를 철회시키는데 성공하였다.

11 다음에서 설명하는 인물의 업적으로 옳은 것은?

> 성은 김씨이다. 29세에 황복사에서 머리를 깎고 승려가 되었다. 얼마 후 중국으로 가서 부처의 교화를 보고자 하여 원효(元曉)와 함께 구도의 길을 떠났다. … (중략) … 처음 양주에 머무를 때 주장(州將) 유지인이 초청하여 그를 관아에 머물게 하고 성대하게 대접하였다. 얼마 후 종남산 지상사에 가서 지엄(智儼)을 뵈었다.
>
> — 「삼국유사」 —

① 「화엄일승법계도」를 저술하여 화엄사상을 정리하였다.
② 중국에서 풍수지리설을 들여와 지세의 중요성을 일깨웠다.
③ 「십문화쟁론」을 지어 종파 간의 대립을 해소하고자 하였다.
④ 인도와 중앙아시아 지역을 여행하고 돌아와 「왕오천축국전」을 저술하였다.

12 밑줄 친 '북국(北國)'에 대한 설명으로 옳지 않은 것은?

> 원성왕 6년 3월 북국(北國)에 사신을 보내 빙문(聘問)하였다. … (중략) … 요동 땅에서 일어나 고구려의 북쪽 땅을 병합하고 신라와 서로 경계를 맞대었지만, 교빙한 일이 역사에 전하는 것이 없었다. 이때 와서 일길찬 백어(伯魚)를 보내 교빙하였다.

① 감찰 기관으로 중정대가 있었다.
② 최고 교육 기관으로 태학감을 두었다.
③ 중앙의 정치 조직으로 3성 6부를 두었다.
④ 지방의 행정 조직으로 5경 15부 62주가 있었다.

13 다음 왕의 재위 기간에 있었던 사실로 옳은 것은?

> 왕은 중국에 36명의 승려를 파견하여 법안종을 배우도록 하였다. 또한 제관과 의통을 파견하여 천태학에 대한 관심을 보였다.

① 승과 제도를 시행하였다.
② 요세가 세운 백련사를 후원하였다.
③ 의천이 국청사를 창건하는 것을 후원하였다.
④ 거란과의 전쟁을 물리치기 위해 초조대장경을 조성하였다.

14 밑줄 친 '그'에 대한 설명으로 옳은 것은?

> 그는 송악산 아래의 자하동에 학당을 마련하여 낙성(樂聖), 대중(大中), 성명(誠明), 경업(敬業), 조도(造道), 솔성(率性), 진덕(進德), 대화(大和), 대빙(待聘) 등의 9재(齋)로 나누고 각각 전문 강좌를 개설토록 하였다. 그리하여 당시 과거 보려는 자제들은 반드시 먼저 그의 학도로 입학하여 공부하는 것이 상례로 되었다.

① 9경과 3사를 중심으로 교육하였다.
② 유교적 합리주의 사관에 기초하여 「삼국사기」를 편찬하였다.
③ 유교 사상을 치국의 근본으로 삼아 시무 28조의 개혁안을 올렸다.
④ 「소학」과 「주자가례」를 중시하고 권문세족과 불교의 폐단을 비판하였다.

15 다음 설명과 관련된 사건으로 옳은 것은?

> 1975년 서지학자 박병선 박사는 이곳 도서관에서 조선시대 도서가 보관되어 있음을 발견하고 목록을 정리하여 그 존재를 알렸다. 그 후 1990년대 초 한국 정부가 반환을 공식 요청하기에 이르렀다. 그 결과 2011년에 '5년마다 갱신이 가능한 대여 방식'으로 반환되었다.

① 어재연이 광성보에서 결사 항전하였다.
② 제너럴 셔먼호 사건을 빌미로 일어났다.
③ 프랑스가 강화도 외규장각 도서를 약탈하였다.
④ 조선이 처음으로 서양 국가와 외교 관계를 맺었다.

16 동학농민운동에 관한 설명으로 옳지 않은 것은?

① 전주화약 이후 조선 정부는 청·일 군대의 철수를 요청하였다.
② 조선 정부는 농민들의 요구에 대응하여 삼정이정청을 설치하였다.
③ 청·일전쟁 발발 직후에도 전라도 지역을 중심으로 집강소가 운영되었다.
④ 일본군이 경복궁을 점령한 후 전라도와 충청도 지역의 농민군이 연합하였다.

17 1920년대 산미 증식 계획에 대한 설명으로 옳은 것은?

① 춘궁 퇴치·자력갱생 등을 내세웠다.
② 쌀·잡곡에 대한 배급제도와 공출제도가 실시되었다.
③ 소작농을 보호한다는 명목으로 소작조정령을 발표하였다.
④ 공업화로 인한 일본의 식량 부족 문제를 해결하고자 실시하였다.

18 다음 법이 공포된 이후 나타난 일제의 지배 정책에 대한 설명으로 옳지 않은 것은?

> 제4조 정부는 전시에 국가 총동원 상 필요할 때에는 칙령이 정하는 바에 따라 제국 신민을 징용하여 총동원 업무에 종사하게 할 수 있다.

① 마을에 애국반을 편성하여 일상생활을 통제하였다.
② 일본식 성과 이름으로 고치는 창씨개명을 시행하였다.
③ 여성에게 작업복인 '몸뻬'라는 바지의 착용을 강요하였다.
④ 토지 현황 파악을 위해 전국적으로 토지 소유권을 조사하였다.

19 다음 괄호 안에 들어갈 사항으로 옳은 것만을 〈보기〉에서 모두 고른 것은?

> 2000년 12월에 유네스코 세계 유산으로 지정된 경주 역사 유적 지구는 남산 지구, 월성 지구, 대릉원 지구, 황룡사 지구, 산성 지구로 세분된다. 이 중에 남산 지구에 해당하는 문화유산으로는 (   ) 등이 있다.

〈보기〉

㉠ 계림 ㉡ 나정(蘿井)
㉢ 포석정 ㉣ 분황사
㉤ 첨성대 ㉥ 배리 석불 입상

① ㉠, ㉡, ㉢
② ㉠, ㉣, ㉤
③ ㉡, ㉢, ㉥
④ ㉣, ㉤, ㉥

20 (가)~(다) 전시과에 대한 설명으로 옳은 것을 〈보기〉에서 모두 고른 것은?

			1	2	3	4	5	6	7	8	9	10	11	12	13	14	15	16	17	18
(가)	지급액수(결)	전지	110	105	100	95	90	85	80	75	70	65	60	55	50	45	42	39	36	32
		시지	110	105	100	95	90	85	80	75	70	65	60	55	50	45	40	35	30	25
(나)		전지	100	95	90	85	80	75	70	65	60	55	50	45	40	35	30	27	23	20
		시지	70	65	60	55	50	45	40	35	33	30	25	22	20	15	10			
(다)		전지	100	90	85	80	75	70	65	60	55	50	45	40	35	30	25	22	20	17
		시지	50	45	40	35	30	27	24	21	18	15	12	10	8	5				

－「고려사」 식화지－

〈보기〉
㉠ (가) － 관품과 함께 인품도 고려되었다.
㉡ (나) － 한외과가 소멸되었다.
㉢ (다) － 승인과 지리업에게 별사전이 지급되었다.
㉣ (가)~(다) － 경기 8현에 한하여 지급되었다.

① ㉠, ㉡

② ㉠, ㉢

③ ㉡, ㉢

④ ㉢, ㉣

한국사

2016. 3. 19. | 사회복지직 시행

☞ 정답 및 해설 P.39

1 조선 후기 실학자 박제가에 대한 설명으로 옳은 것은?

① 조선에서 처음으로 지전설을 주장하였다.
② 제2차 예송에서 기년설을 주장하였다.
③ 토지 개혁을 위해 여전제 실시를 제안하였다.
④ 서얼 출신으로 규장각 검서관에 등용되었다.

2 다음 사실들을 시기 순으로 바르게 나열한 것은?

┌───┐
│ ㉠ 서울 올림픽 개최   ㉡ 한 · 일 월드컵대회 개최   │
│ ㉢ 금융실명제 개시(開始)   ㉣ 제3차 경제개발 5개년 계획 실시 │
└───┘

① ㉠→㉣→㉡→㉢   ② ㉡→㉢→㉣→㉠
③ ㉢→㉡→㉣→㉠   ④ ㉣→㉠→㉢→㉡

3 밑줄 친 '그'가 활동한 시기의 상황에 대한 설명으로 옳은 것은?

┌───┐
│   그가 돌아와 흥덕왕을 찾아보고 말하기를 "중국에서는 널리 우리나라 사람을 노비로 삼으니, │
│ 청해진을 만들어 적으로 하여금 사람들을 약탈하지 못하도록 하기를 원하나이다."라고 하였다. │
│ … (중략) … 대왕은 그에게 군사 만 명을 거느리고 해상을 방비하게 하니, 그 후로는 해상으로 │
│ 나간 사람들이 잡혀가는 일이 없었다.   │
│   - 「삼국사기」 -   │
└───┘

① 산둥 반도와 양쯔 강 하류에 신라방과 신라소가 있었다.
② 삼한통보, 해동통보, 해동중보 등의 화폐가 주조되었다.
③ 시전을 설치하고, 개경 · 서경 등 대도시에 주점, 다점 등 관영 상점을 두었다.
④ 「농상집요」를 통해 이앙법이 남부지방에 보급될 정도로 논농사가 발전하였다.

4 다음은 광복 이후 발표된 글이다. 밑줄 친 '7원칙'의 내용으로 옳은 것은?

> 조선의 좌우 합작은 민주 독립의 단계요, 남북통일의 관건인 점에서 3천만 민족의 지상 명령이며, 국제 민주화의 필연적 요청이었음에도 불구하고 저간의 복잡다단한 내외 정세로 오랫동안 파란곡절을 거듭해 오던 바, 10월 4일 좌우 대표가 회담한 결과 좌측의 5원칙과 우측의 8원칙을 절충하여 7원칙을 결정하였다.

① 미 · 소 공동위원회의 속개를 요청하는 공동 성명 발표
② 신탁통치 반대와 남북한에서 외국 군대의 철수
③ 토지의 유상 분배 및 중요 산업 사유화
④ 유엔 감시 하의 남북한 총선거 실시

5 다음은 고려시대 토지제도에 대한 설명이다. ㉠, ㉡에 들어갈 말을 바르게 나열한 것은?

> 태조 23년에 처음으로 [㉠] 제도를 설정하였는데, 삼한을 통합할 때 조정의 관료들과 군사들에게 그 관계(官階)가 높고 낮은 지를 논하지 않고 그 사람의 성품과 행동이 착하고 악한 지, 공로가 크고 작은 지를 참작하여 [㉠]을 차등 있게 주었다. 경종 원년 11월에 비로소 직관(職官), 산관(散官) 각 품의 [㉡]을(를) 제정하였는데, 관품의 높고 낮은 것은 논하지 않고 다만 인품만 가지고 [㉡]의 등급을 결정하였다.
>
> — 「고려사」 —

	㉠	㉡
①	훈전	공음전
②	역분전	전시과
③	군인전	외역전
④	내장전	둔전

6 다음 글을 게재한 신문에 대한 설명으로 옳은 것은?

> 천하의 일이 측량하기 어렵도다. 천만 뜻밖에도 5조약을 어떤 이유로 제출하였는고. 이 조약은 비단 우리나라만 아니라 동양 3국이 분열하는 조짐을 나타내는 것인즉 이토 히로부미의 본래 뜻이 어디에 있느냐? …(중략)… 오호라 찢어질 듯한 마음이여! 우리 2,000만 동포들이여! 살았느냐? 죽었느냐? 단군 기자이래 4,000년 국민정신이 하룻밤 사이에 졸연히 망하고 멈추지 않았는가? 아프고 아프도다. 동포여 동포여!

① 오세창 등 천도교 측에서 발행하여 일진회 등의 매국행위를 비판하였다.
② 언론 검열을 피하기 위해 영국인 베델을 발행인으로 초빙하였다.
③ 남궁억이 창간한 국한문혼용체의 신문으로 민족의식을 고취하였다.
④ 윤치호가 주필이 된 후 관민공동회를 주도하는 역할을 수행하였다.

7 다음 자료와 관련 있는 국가에 대한 설명으로 옳은 것은?

> 지형이 동북은 좁고 서남은 길어서 1,000리 정도나 된다. 북쪽은 읍루·부여, 남쪽은 예맥과 맞닿아 있다. … (중략) … 나라가 작아서 큰 나라 틈바구니에서 핍박받다가 결국 고구려에 복속되었다. … (중략) … 땅은 기름지며 산을 등지고 바다를 향해 있어 오곡이 잘 자라며, 농사짓기에 적합하다.
>
> ― 「삼국지」 ―

① 형사취수혼과 서옥제가 행해졌다.
② 해산물이 풍부하였으며, 민며느리제가 있었다.
③ 철이 많이 생산되어 낙랑, 왜 등에 수출하였다.
④ 12월에 제천행사가 열렸으며, 1세기 초에 왕호를 사용하였다.

8 다음 사건들이 일어난 시기를 〈보기〉에서 고르면?

> 대한민국 임시정부의 노선과 활동을 재평가하고 분열된 독립운동 전선을 통일하기 위해 상하이에서 국민대표회의가 소집되었다. 그러나 이 모임에서 임시 정부의 조직만 개조하자는 개조파와 완전히 해체한 후 새 정부를 구성하자는 창조파 등이 팽팽하게 맞섰다. 그 후 헌법을 개정하여 국무령 중심의 의원내각제로 바꾸고, 박은식을 제2대 대통령으로, 이상룡을 국무령으로 추대하였다.

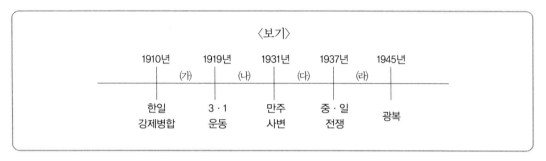

① (가)   ② (나)
③ (다)   ④ (라)

9 다음 자료의 ㉠에 해당하는 것은?

> 호조에서 아뢰기를, ㉠ 은(는) 진제(賑濟)와 환상(還上)을 위해 설치한 것이고, 국고(國庫)는 군국(軍國)의 수요에 대비한 것입니다. 최근 몇 년 사이에 여러 번 흉년이 들어, 백성의 생활이 오로지 진제와 환상만 바라고 있으니, 이 때문에 ㉠ 이(가) 넉넉하지 못하므로 부득이 국고로 지급하여 구휼하게 되어 군수(軍需)가 점차로 거의 없어지게 되니 진실로 염려할 만한 일입니다.
>
> ─ 「세종실록」 ─

① 흑창   ② 의창
③ 광학보   ④ 제위보

10 삼국 통일 과정의 역사적 사실들을 일어난 순서대로 바르게 나열한 것은?

> ㉠ 나 · 당 연합군의 공격으로 사비성이 함락되자 웅진에 있던 의자왕이 항복하였다.
> ㉡ 나 · 당 연합군의 공격으로 평양성을 지키던 연개소문의 아들인 남산이 항복하였다.
> ㉢ 신라는 사비성을 탈환하고 웅진도독부를 대신하여 소부리주를 설치하였다.
> ㉣ 신라군이 당나라 군대 20만 명을 매소성에서 크게 물리쳤다.

① ㉠→㉡→㉢→㉣
② ㉠→㉢→㉡→㉣
③ ㉡→㉠→㉣→㉢
④ ㉡→㉣→㉠→㉢

11 밑줄 친 '국왕'에 대한 설명으로 옳은 것은?

> 국왕은 병부를 설치하여 직접 병권을 장악하였고, 건원이라는 독자적인 연호를 사용하였다. 또한 영토 확장에 힘을 기울여 금관가야를 정복하였다.

① 자장의 권유로 황룡사 9층탑을 건립하였다.
② 율령을 공포하고, 백관의 공복을 제정하였다.
③ 청소년 조직인 화랑도를 국가적인 조직으로 개편하였다.
④ 원광에게 수나라에 군사를 청하는 걸사표를 짓게 하였다.

12 조선시대 북방 정책과 관련된 인물에 대한 설명으로 옳은 것은?

① 최명길 – 청나라의 군신관계 요구에 대해 무력항쟁을 주장하였다.
② 남이 – 기병을 주축으로 하는 별무반을 조직하여 여진과의 싸움에 대비하였다.
③ 김종서 – 세종의 명으로 두만강 유역의 여진족을 몰아내고 6진을 개척하였다.
④ 임경업 – 효종을 도와 북벌을 계획하고 국방력 강화에 주력하였다.

13 조선 후기의 문화에 대한 설명으로 옳지 않은 것은?

① 주자학에 대한 비판이 높아짐에 따라 역사서술에서 강목체는 사라졌다.

② '진경산수'가 유행하여 우리 산천에 대한 사실적인 묘사가 많아졌다.

③ 서양인이 제작한 세계지도의 전래로 조선인들의 세계관이 확대되었다.

④ 판소리나 탈춤이 유행하여 서민들의 문화생활을 풍요롭게 하였다.

14 삼국시대 금속 제작기술에 대한 설명으로 옳지 않은 것은?

① 철광석 생산이 풍부하고 제작기술이 발달한 가야에서는 철로 만든 불상이 유행하였다.

② 백제에서 제작해 왜에 보낸 칠지도는 강철로 만들고 금으로 글씨를 상감해 새겨 넣었다.

③ 고구려 고분 벽화에는 철을 단련하고 수레바퀴를 제작하는 인물의 모습이 그려져 있다.

④ 신라 고분에서 출토된 금관은 뛰어난 제작기법과 형태를 보여주고 있다.

15 밑줄 친 '왕'의 업적으로 옳은 것은?

> 경연에서 신하들이 "붕당(朋黨)이 나누어지는 것은 전랑(銓郎)으로부터 비롯되었으므로 그 권한을 없애야 합니다."라고 하였다. 왕도 역시 이를 인정하여 이조 낭관(郎官)과 한림(翰林)들이 자신의 후임을 자천(自薦)하는 제도를 폐지하도록 명하였다. 그 결과 이조 전랑의 인사 권한이 축소되었다.

① 「속대전」, 「속오례의」 등을 편찬하였다.

② 주자소를 설치하고 계미자를 주조하였다.

③ 초계문신제를 시행하여 관리들을 재교육하였다.

④ 호포제를 실시하여 양반들에게도 군포를 징수하였다.

16 밑줄 친 ㉠, ㉡과 관련된 설명으로 옳은 것은?

> - 일제는 한민족을 일본인으로 동화시켜 '충성스럽고 선량한 황국신민'으로 만들기 위하여 ㉠황국 신민화 정책을 본격적으로 추진하였다.
> - 일제는 한국의 엄청난 자원을 약탈하고, ㉡한국인을 침략 전쟁에 동원하기 위해 끌고가 강제 수용하고 노예처럼 혹사시켰다.

① ㉠ – '황국신민서사'를 아동은 물론 성인에게도 암송하도록 강요하였다.

② ㉠ – '궁성요배'라 하여 서울의 남산을 비롯하여 전국 각지의 중요한 장소에 신사를 세우고 예배하도록 하였다.

③ ㉡ – 군 인력 보충을 위해 처음에 '징병 제도'를 실시했으나 이후에는 '지원병 제도'로 바꾸었다.

④ ㉡ – '만보산 사건'을 일으키기 직전에 국가총동원법을 제정·공포하였다.

17 밑줄 친 ㉠, ㉡에 해당하는 석탑을 바르게 나열한 것은?

> 우리나라 탑의 양식은 목탑 양식에서 석탑 양식으로 이행되었다. 우리의 산천에는 화강암이 널려 있어 석재를 구하기가 쉬웠기 때문이었다. 반면 중국에서는 황토가 많아 전탑이 유행하였는데, ㉠신라에서 이를 본떠 석재를 벽돌 모양으로 잘라서 만든 탑을 만들기도 하였다. 통일 이후 신라는 백제의 석탑 양식을 받아들여 비례와 균형을 갖춘 새로운 석탑 양식을 만들어 내었다. 불교가 더욱 대중화되고 토착화되었던 고려시대에는 안정감은 부족하나 층수가 높아지고 다양한 형태의 석탑이 건립되었다. ㉡고려 후기에는 원나라의 영향을 받은 석탑도 만들어졌다.

㉠	㉡
① 불국사 3층 석탑	진전사지 3층 석탑
② 불국사 3층 석탑	감은사지 3층 석탑
③ 분황사탑	경천사 10층 석탑
④ 분황사탑	원각사지 10층 석탑

18 (가)와 (나) 시기 사이에 있었던 역사적 사건으로 옳은 것은?

> (가) 병인년에 프랑스인이 강화도를 점령하자 양헌수가 정족산성에 들어가 그들과 맞서 싸웠다.
> (나) 신미년에 미국인이 강화도를 침범하자 어재연이 광성보에서 그들과 맞서 싸웠다.

① 운요호가 강화도 초지진을 공격하였다.
② 영남지역의 유생들이 만인소를 올렸다.
③ 미국과 '조·미수호통상조약'이 체결되었다.
④ 오페르트가 남연군의 무덤을 도굴하려 하였다.

19 다음의 경제적 구국운동에 대한 설명으로 옳은 것은?

> 남자는 담배를 끊고 부녀자들은 비녀·가락지 등을 팔아서 민족 언론 기관에 다양한 액수의 돈을 보내며 호응했다. 이는 정부가 일본으로부터 빌린 차관 1,300만 원이라는 액수를 상환하여 경제적 독립을 이룩하기 위한 것이었다.

① 보안회가 주도하였다.
② 총독부의 탄압과 방해로 실패하였다.
③ 대구에서 시작되어 전국적으로 확대되었다.
④ '내 살림 내 것으로', '조선 사람 조선 것' 등의 표어를 내걸었다.

20 다음 연표에서 (가)~(라) 시기의 정치적 상황으로 옳은 것은?

1776	1800	1834	1849	1863
(가)	(나)	(다)	(라)	
정조 즉위	순조 즉위	헌종 즉위	철종 즉위	고종 즉위

① (가) - 홍경래의 난이 일어나 평안도 청천강 이북 지역을 장악하였다.
② (나) - 이인좌는 소론·남인 세력을 규합하여 난을 일으켰다.
③ (다) - 천주교 신자를 박해하는 과정에서 '황사영 백서사건'이 일어났다.
④ (라) - 농민들의 불만을 무마하기 위해 삼정이정청을 설치하였다.

☞ 정답 및 해설 P.41

1 (가)와 (나)에 들어갈 역사서에 대한 설명으로 옳은 것은?

> • _____(가)_____ 은(는) 현존하는 우리나라의 가장 오래된 역사서로 고려 인종 때 편찬되었다. 본기 28권, 연표 3권, 지 9권, 열전 10권 등 총 50권으로 구성되어 있다.
>
> • _____(나)_____ 은(는) 충렬왕 때 한 승려가 일정한 역사 서술 체계에 구애받지 않고 자유로운 형식으로 저술한 역사서이다. 총 5권으로 구성되었으며, 민간 설화와 불교에 관한 내용들이 많이 수록되어 있다.

① (가) – 고조선의 역사를 중시하였다.
② (가) – 고구려 계승의식을 강조하였다.
③ (나) – 민족적 자주의식을 고양하였다.
④ (나) – 도덕적 합리주의를 표방하였다.

2 밑줄 친 '그'에 대한 설명으로 옳은 것은?

> 그는 즉위하여 정방을 폐지하고 사림원을 설치하는 등의 관제 개혁을 추진하는 한편, 권세가들의 농장을 견제하고 소금 전매제를 실시하여 국가 재정을 확충하고자 하였다.

① 만권당을 통해 고려와 원나라 학자들의 문화 교류에 힘썼다.
② 도병마사를 도평의사사로 개편하여 국정을 총괄하게 하였다.
③ 철령 이북의 영토 귀속 문제를 계기로 요동 정벌을 단행하였다.
④ 기철을 비롯한 부원 세력을 숙청하고 자주적 반원 개혁을 추진하였다.

3 다음 글을 근거로 할 때, 사료를 탐구하는 자세로 옳지 않은 것은?

> 역사라는 말은 사람에 따라 다양한 뜻으로 사용되고 있지만, 일반적으로 '과거에 있었던 사실'과 '조사되어 기록된 과거'라는 두 가지 뜻을 지니고 있다. 즉, 역사는 '사실로서의 역사'와 '기록으로서의 역사'라는 두 측면이 있다. 전자가 객관적 의미의 역사라면, 후자는 주관적 의미의 역사라 할 수 있다. 우리가 역사를 배운다고 할 때, 이것은 역사가들이 선정하여 연구한 '기록으로서의 역사'를 배우는 것이다.

① 사료는 '과거에 있었던 사실'이므로 그대로 '사실로서의 역사'라고 판단한다.

② 사료를 이해하기 위해 그 사료가 기록된 당시의 전반적인 시대 상황을 살펴본다.

③ 사료 또한 사람에 의해 '기록된 과거'이므로, 기록한 역사가의 가치관을 분석한다.

④ 동일한 사건 또는 같은 시대를 다루고 있는 여러 다른 사료와 비교·검토해 본다.

4 다음 결정문에 근거하여 실행된 사실로 옳은 것은?

> 조선을 독립시키고 민주국가로 발전시키는 동시에, 가혹한 일본의 조선 통치 잔재를 빨리 청산하기 위해 조선에 임시 민주주의 정부를 수립한다.

① 미·소 공동위원회가 개최되었다.

② 서울에서 건국준비위원회가 조직되었다.

③ 유엔 감시 하에 남한에서 총선거가 실시되었다.

④ 한반도에서 미군과 소련군의 군정이 시작되었다.

5 밑줄 친 '사건'에 대한 설명으로 옳은 것은?

> 4~5명의 개화당이 <u>사건</u>을 일으켜서 나라를 위태롭게 한 다음 청나라 사람의 억압과 능멸이 대단하였다. …(중략)… 종전에는 개화가 이롭다고 말하면 그다지 싫어하지 않았으나 이 <u>사건</u> 이후 조야(朝野) 모두 '개화당은 충의를 모르고 외인과 연결하여 매국배종(賣國背宗)하였다'고 하였다.
>
> — 「윤치호일기」 —

① 정동구락부 세력이 주도하였다.
② 일본군과 함께 경복궁을 침범하였다.
③ 차관 도입을 위한 수신사 파견의 계기가 되었다.
④ 일본 공사관이 불타고 일본군이 청군에 패퇴하였다.

6 개항기 체결된 통상 협약에 대한 설명으로 옳지 않은 것은?

① 조·일 통상장정(1876) – 곡물 유출을 막는 방곡령 규정이 합의되었다.
② 조·청 수륙무역장정(1882) – 서울에서 청국 상인의 개점이 허용되었다.
③ 개정 조·일 통상장정(1883) – 일본과 수출입하는 물품에 일정 세율이 부과되었다.
④ 한·청 통상조약(1899) – 대한제국 황제와 청 황제가 대등한 위치에서 조약을 체결하였다.

7 (가) ~ (라)의 시기에 해당하는 백제 역사에 대한 설명으로 옳지 않은 것은?

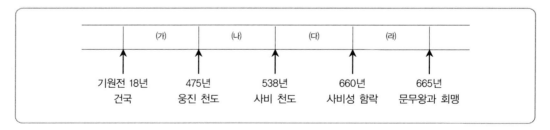

① (가) – 관등제를 정비하고 공복제를 도입하는 등 국가 통치 체제의 근간을 마련하였다.
② (나) – 남쪽의 마한 잔여 세력을 정복하고, 수군을 정비하여 요서 지방까지 진출하였다.
③ (다) – 신라와 연합하여 한강 유역 일부 지역을 수복했으나 얼마 후 신라에게 빼앗겼다.
④ (라) – 복신과 도침 등이 주류성에서 군사를 일으켜 사비성의 당나라 군대를 공격하였다.

8 다음 자료에 나타난 통일신라시대의 신분층과 연관된 설명으로 옳은 것은?

> (그들의) 집에는 녹(祿)이 끊이지 않았다. 노동(奴僮)이 3천 명이며, 비슷한 수의 갑병(甲兵)이 있다. 소, 말, 돼지는 바다 가운데 섬에서 기르다가 필요할 때 활로 쏘아 잡아먹는다. 곡식을 남에게 빌려 주어 늘리는데, 기간 안에 갚지 못하면 노비로 삼아 부린다.
>
> — 「신당서」 —

① 관등 승진의 상한은 아찬까지였다.　　② 도당 유학생의 대부분을 차지하였다.

③ 돌무지덧널무덤을 묘제로 사용하였다.　④ 식읍 · 전장 등을 경제적 기반으로 하였다.

9 임진왜란 때의 주요 전투를 벌어진 순서대로 바르게 나열한 것은?

> ㉠ 권율 장군이 행주산성에서 왜군을 크게 무찔렀다.
> ㉡ 조선과 명나라 군대가 합세하여 평양성을 탈환하였다.
> ㉢ 진주목사 김시민이 왜의 대군을 맞아 격전 끝에 진주성을 지켜냈다.
> ㉣ 이순신 장군이 한산도 앞바다에서 왜의 수군을 격퇴하고 제해권을 장악하였다.

① ㉠→㉡→㉢→㉣　　　　　② ㉠→㉢→㉡→㉣

③ ㉣→㉡→㉢→㉠　　　　　④ ㉣→㉢→㉡→㉠

10 밑줄 친 '이 법'에 대한 설명으로 옳지 않은 것은?

> 현물로 바칠 벌꿀 한 말의 값은 본래 목면 3필이지만, 모리배들은 이를 먼저 대납하고 4필 이상을 거두어 갑니다. 이런 폐단을 없애기 위해 이 법을 시행하면 부유한 양반 지주가 원망하고 시행하지 않으면 가난한 농민이 원망한다는데, 농민의 원망이 훨씬 더 큽니다. 경기와 강원에서 이미 시행하고 있으니 충청과 호남 지역에도 하루빨리 시행해야 합니다.

① 토지 결수를 과세 기준으로 삼았다.

② 인조 때 처음으로 경기도에서 시행하였다.

③ 이 법이 시행된 후에도 왕실에 대한 진상은 계속되었다.

④ 이 법을 시행하면서 관할 관청으로 선혜청을 설치하였다.

11 밑줄 친 '왕' 때의 사실로 옳은 것은?

> • 왕 재위 2년에 전진 국왕 부견이 사신과 승려 순도를 보내며 불상과 경문을 전해왔다. (이에 우리) 왕께서 사신을 보내 사례하며 토산물을 보냈다.
> • 왕 재위 5년에 비로소 초문사를 창건하고 순도를 머물게 하였다. 또 이불란사를 창건하고 아도를 머물게 하였다. 이것이 해동 불법(佛法)의 시작이었다.
>
> — 「삼국사기」 —

① 역사서인 「신집」을 편찬하였다.
② 진휼 제도로 진대법을 도입하였다.
③ 유학 교육 기관인 태학을 설치하였다.
④ 왜에 종이와 먹의 제작 방법을 전해 주었다.

12 1920년대 만주지역 독립운동에 대한 설명으로 옳지 않은 것은?

① 대종교 계통 인사들이 신민부를 결성하였다.
② 독립군 연합부대가 봉오동 전투에서 승리하였다.
③ 민족 유일당운동의 일환으로 국민부를 결성하였다.
④ 한국독립군이 한·중 연합작전으로 동경성에서 승리하였다.

13 다음 자료와 같은 현상이 나타난 시기의 사회 모습에 대한 설명으로 옳지 않은 것은?

> 근래 세상의 도리가 점점 썩어가서 돈 있고 힘 있는 백성들이 갖은 방법으로 군역을 회피하고 있다. 간사한 아전과 한통속이 되어 뇌물을 쓰고 호적을 위조하여 유학(幼學)이라 칭하면서 면역하거나 다른 고을로 옮겨 가서 스스로 양반 행세를 하기도 한다. 호적이 밝지 못하고 명분의 문란함이 지금보다 심한 적이 없다.
>
> — 「일성록」 —

① 사족들이 형성한 동족 마을이 증가하였다.
② 향회가 수령의 부세자문기구로 변질되었다.
③ 유향소를 통제하기 위하여 경재소가 설치되었다.
④ 부농층이 관권과 결탁하여 향임직에 진출하였다.

14 밑줄 친 '이 사람'에 대한 설명으로 옳은 것은?

> <u>이 사람</u>은 34세에 문과에 급제하여 관직 생활을 시작하였지만 곧 모친상을 당하여 3년간 상복을 입었다. 삼년상이 끝나고 관직에 복귀하였으나 을사사화 등으로 조정이 어지러워지자 이내 관직 생활의 뜻을 접고, 1546년 40대 중반의 나이에 향리로 퇴거하여 학문 연구에 전념하였다. 이후 경상도 풍기군수로 있으면서 주세붕이 창설한 백운동서원에 대한 사액을 청원하여 실현을 보게 되었으니, 이것이 조선 왕조 최초의 사액서원인 '소수서원'이다.

① 서리망국론을 부르짖으며 당시 서리의 폐단을 강력하게 비판하였다.
② 아홉 차례의 과거 시험에 모두 장원하여 '구도장원공'이라는 별칭을 얻었다.
③ 주희의 성리설을 받아들였으며, 이기철학에서 이(理)의 절대성을 주장하였다.
④ 우주자연은 기(氣)로 구성되어 있으며, 기는 영원불멸하면서 생명을 낳는다고 보았다.

15 다음 선언문을 강령으로 했던 단체의 활동으로 옳지 않은 것은?

> 우리는 일본 강도 정치 즉 이족 통치가 우리 조선 민족 생존의 적임을 선언하는 동시에, 우리는 혁명 수단으로 우리 생존의 적인 강도 일본을 살벌함이 곧 우리의 정당한 수단임을 선언하노라.

① 민족혁명당 창당에 가담하였다.
② 경성 부민관에 폭탄을 투척하였다.
③ 일본 제국의회와 황궁을 공격할 계획을 세웠다.
④ 임시정부 요인과 제휴한 투탄 계획을 추진하였다.

16 다음 상황이 나타난 시기에 추진한 정부 정책으로 옳지 않은 것은?

> 외국 사람들이 조계지를 지키지 않고 도성의 좋은 곳에 있는 집은 후한 값으로 사고 터를 넓히니 잔폐(殘廢)한 인민의 거주지가 침범을 당한다. 또한 여러 해 동안 도로를 놓고 있기 때문에 집들이 줄어들었다. 탑동(塔洞) 등지에 집을 헐고 공원을 만든다 하니 …(중략)… 결국 집 없는 사람이 태반이 될 것이다.
>
> — 매일신문 —

① 경운궁을 정궁으로 삼았다.
② 한성은행, 대한천일은행 등 민족계 은행을 지원하였다.
③ 중추원을 개조하여 우리 옛 법령과 풍속을 연구하였다.
④ 한성전기회사를 통하여 서울에 전차노선을 개통하였다.

17 밑줄 친 '이 사상'에 대한 설명으로 옳지 않은 것은?

> 신라 말기에 도선과 같은 선종 승려들이 중국에서 유행한 이 사상을 전하였다. 이는 산세와 수세를 살펴 도읍·주택·묘지 등을 선정하는, 경험에 의한 인문 지리적 사상이다. 아울러 지리적 요인을 인간의 길흉 화복과 관련하여 생각하는 자연관 및 세계관을 내포하고 있다.

① 신라 말기에 안정된 사회를 염원하는 일반 백성의 인식이 반영되었다.
② 신라 말기에 호족이 자기 지역의 중요성을 자부하는 근거로 이용하였다.
③ 고려시대에 묘청이 서경 천도의 필요성을 주장하는 논리로 활용하였다.
④ 고려시대에 국가와 왕실의 안녕과 번영을 기원하는 초제로 행하여졌다.

18 전시과 제도의 변천 과정을 나타낸 것이다. (가) 제도에 대한 〈보기〉의 설명으로 옳은 것만을 모두 고른 것은?

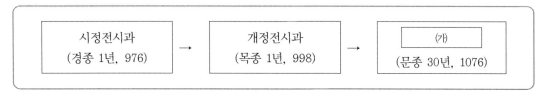

시정전시과
(경종 1년, 976)
→
개정전시과
(목종 1년, 998)
→
(가)
(문종 30년, 1076)

〈보기〉

㉠ 4색 공복을 기준으로 등급을 나누었다.
㉡ 산직(散職)이 전시의 지급 대상에서 배제되었다.
㉢ 등급별 전시의 지급 액수가 전보다 감소하였다.
㉣ 무반과 일반 군인에 대한 대우가 전반적으로 향상되었다.

① ㉠, ㉡
② ㉢, ㉣
③ ㉠, ㉡, ㉢
④ ㉡, ㉢, ㉣

19 (가)와 (나) 시기 고조선에 대한 〈보기〉의 설명으로 옳은 것만을 고른 것은?

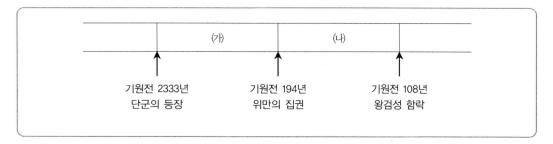

(가)　　(나)

기원전 2333년
단군의 등장
기원전 194년
위만의 집권
기원전 108년
왕검성 함락

〈보기〉

㉠ (가) - 왕 아래 대부, 박사 등의 직책이 있었다.
㉡ (가) - 고조선 지역에 한(漢)의 창해군이 설치되었다.
㉢ (나) - 철기 문화를 본격적으로 수용하며, 중계 무역의 이득을 취하였다.
㉣ (나) - 비파형동검과 고인돌의 분포를 통하여 통치 지역을 알 수 있다.

① ㉠, ㉢
② ㉠, ㉣
③ ㉡, ㉢
④ ㉡, ㉣

20 다음 법령에 대한 설명으로 옳은 것은?

> 제17관 임시토지조사국은 토지대장 및 지도를 작성하고, 토지의 조사 및 측량한 것을 사정하여 확정한 사항 또는 재결을 거친 사항을 이에 등록한다.

① 토지와 임야를 함께 조사하도록 하였다.

② 토지 등급은 물론 지적, 결수, 지목 등을 신고하도록 하였다.

③ 지역별 지가와 그것의 1.3 %를 지세로 하는 과세 표준을 명시하였다.

④ 본 법령에 따라 토지 소유를 증명하는 토지가옥증명규칙과 시행세칙이 공포되었다.

☞ 정답 및 해설 P.42

1 밑줄 친 '이 토기'가 주로 사용되었던 시대에 대한 설명으로 옳은 것은?

> 이 토기는 팽이처럼 밑이 뾰족하거나 둥글고, 표면에 빗살처럼 생긴 무늬가 새겨져 있다. 곡식을 담는 데 많이 이용된 이 토기는 전국 각지에서 출토되고 있는데, 대표적 유적지는 서울 암사동, 봉산 지탑리 등이다.

① 농경과 정착 생활이 이루어졌다.
② 고인돌이나 돌널무덤을 만들었다.
③ 빈부의 격차가 나타나고 계급이 발생하였다.
④ 군장이 부족의 풍요와 안녕을 기원하는 제사를 지냈다.

2 다음과 같은 문서가 작성되었던 시대에 대한 설명으로 옳지 않은 것은?

> 토지는 논, 밭, 촌주위답, 내시령답 등 토지의 종류와 면적을 기록하고, 사람들은 인구, 가호, 노비의 수와 3년 동안의 사망, 이동 등 변동 내용을 기록하였다. 그 밖에 소와 말의 수, 뽕나무, 잣나무, 호두나무의 수까지 기록하였다.

① 관료에게는 관료전을, 백성에게는 정전을 지급하였다.
② 인구는 남녀 모두 연령에 따라 6등급으로 나누어 파악하였다.
③ 전국을 9주로 나누고, 주 아래에는 군이나 현을 두어 지방관을 파견하였다.
④ 국가에 봉사하는 대가로 관료에게 토지를 나누어 주는 전시과 제도를 운영하였다.

3 다음 ⊙의 주민에 대한 설명으로 옳은 것은?

> 고려 시기에 ⃞ ⊙ ⃞ 은(는) 금, 은, 구리, 쇠 등 광산물을 채취하거나 도자기, 종이, 차 등 특정한 물품을 생산하여 국가에 공물로 바쳤다.

① 군현민과 같은 양인이지만 사회적 차별을 받았다.
② 죄를 지으면 형벌로 귀향을 시키는 처벌을 받았다.
③ 지방 호족 출신으로 지방 행정의 실무를 담당하였다.
④ 재산으로 간주되어 매매·상속·증여의 대상이 되었다.

4 다음 대화에 나타난 수취 제도에 대한 설명으로 옳은 것은?

> • 갑 : 호(戶)에 부과하던 공물을 토지에 부과하게 되면서 땅이 많은 대가(大家)와 거족(巨族)이 불만을 가져 원망을 하고 있으니 가뜩이나 어려운 시기에 심히 걱정스럽군.
> • 을 : 부자는 토지 소유에 비례하여 많은 액수의 세금을 한꺼번에 내기 어렵다고 불평하지만, 수확과 노동력이 많은 부자가 가난한 사람도 여태껏 그럭저럭 납부해온 것을 왜 못 내겠소?

① 광해군 때 경기도에서 처음으로 실시되었다.
② 농민의 군포 부담을 1년에 1필로 줄여 주었다.
③ 지주에게 토지 1결당 2두의 결작미를 징수하였다.
④ 농민 부담을 낮추기 위해 전세를 토지 1결당 미곡 4두로 고정하였다.

5 다음 법령의 시행 결과에 대한 설명으로 옳은 것은?

> 제5조 정부는 다음에 의하여 농지를 매수한다.
>   1. 다음의 농지는 정부에 귀속한다.
>   ㈎ 법령 및 조약에 의하여 몰수 또는 국유로 된 토지
>   ㈏ 소유권의 명의가 분명하지 않은 농지
>   2. 다음의 농지는 본법 규정에 의하여 정부가 매수한다.
>   … (중략) …
> 제12조 농지의 분배는 1가구당 총 경영 면적 3정보를 초과하지 못한다.

① 협동조합이 모든 농지를 소유하게 되었다.
② 많은 일반 민유지가 총독부 소유로 되었다.
③ 소작지가 크게 줄어들고 자작지가 늘어났다.
④ 지주 소유 토지를 몰수하여 농민에게 무상으로 분배하였다.

6 다음 사실들을 시기 순으로 바르게 나열한 것은?

> ㉠ 고구려 – 살수에서 수 양제의 군대를 격파하였다.
> ㉡ 백제 – 사비로 도읍을 옮기고 국호를 남부여로 고쳤다.
> ㉢ 신라 – 율령을 반포하고 백관의 공복을 제정하였다.
> ㉣ 가야 – 고령 지역의 대가야가 신라의 공격으로 멸망하였다.

① ㉡→㉢→㉣→㉠
② ㉡→㉣→㉢→㉠
③ ㉢→㉡→㉣→㉠
④ ㉢→㉣→㉠→㉡

7 밑줄 친 '왕'의 재위 기간에 있었던 사실로 옳은 것은?

> 주전도감에서 <u>왕</u>에게 아뢰기를 "백성들이 화폐를 사용하는 유익함을 이해하고 그것을 편리하게 생각하고 있으니 이 사실을 종묘에 알리십시오."라고 하였다. 이 해에 또 은병을 만들어 화폐로 사용하였는데, 은 한 근으로 우리나라의 지형을 본떠서 만들었고 민간에서는 활구라고 불렀다.

① 주요 지역에 12목을 설치하고 목사를 파견하였다.
② 여진 정벌을 위해 윤관이 건의한 별무반을 설치하였다.
③ 지방 호족을 견제하기 위해 사심관과 기인 제도를 도입하였다.
④ 왕권을 강화하기 위해 과거 제도를 시행하고 독자적인 연호를 사용하였다.

8 다음 내용을 주장한 인물에 대한 설명으로 옳은 것은?

> • 한 마음(一心)을 깨닫지 못하고 한없는 번뇌를 일으키는 것이 중생인데, 부처는 이 한 마음을 깨달았다. 깨닫는 것과 깨닫지 못하는 것은 오직 한 마음에 달려 있으니 이 마음을 떠나서 따로 부처를 찾을 수 없다.
> • 먼저 깨치고 나서 후에 수행한다는 뜻은 못의 얼음이 전부 물인 줄은 알지만 그것이 태양의 열을 받아 녹게 되는 것처럼 범부가 곧 부처임을 깨달았으나 불법의 힘으로 부처의 길을 닦게 되는 것과 같다.

① 국청사를 창건하고 천태종을 창시하였다.
② 부석사를 창건하고 화엄 사상을 선양하였다.
③ 불교계를 개혁하기 위해 수선사 결사를 주도하였다.
④ 십문화쟁론을 저술하여 종파 간의 사상적 대립을 조화시키고자 하였다.

9 다음 정책을 시행한 왕에 대한 설명으로 옳은 것은?

> • 속대전을 편찬하여 법령을 정비하였다.
> • 사형수에 대한 삼복법(三覆法)을 엄격하게 시행하였다.
> • 신문고 제도를 부활시켜 백성들의 억울함을 풀어주고자 하였다.

① 신해통공을 단행해 상업 활동의 자유를 확대하였다.
② 삼정이정청을 설치해 농민의 불만을 해결하려 하였다.
③ 붕당의 폐단을 제거하기 위해 서원을 대폭 정리하였다.
④ 환곡제를 면민이 공동출자하여 운영하는 사창제로 전환하였다.

10 다음 법령이 시행되던 시기에 볼 수 있는 모습으로 옳은 것은?

> 제1조 3개월 이하의 징역 또는 구류에 처하여야 할 자는 그 정상에 따라 태형에 처할 수 있다.
> 제6조 태형은 태로써 볼기를 치는 방법으로 집행한다.
> 제13조 본령은 조선인에 한하여 적용한다.

① 회사령 공포를 듣고 있는 상인
② 경의선 철도 개통식을 보는 학생
③ 동양척식주식회사의 설립식에 참석한 기자
④ 대한광복군정부의 군사 훈련에 참여한 청년

11 다음 자료에 나타난 시기에 대한 설명으로 옳은 것은?

> 곳곳에서 도적이 벌 떼같이 일어났다. 이에, 원종, 애노 등이 사벌주(상주)에 의거하여 반란을 일으키니, 왕이 나마 벼슬의 영기에게 명하여 잡게 하였다.

① 지방에서는 호족 세력이 성장하였다.
② 신진 사대부가 대두하여 권문세족을 비판하였다.
③ 농민들은 전정, 군정, 환곡 등 삼정의 문란으로 고통을 받았다.
④ 봄에 곡식을 빌려 주었다가 가을에 추수한 것으로 갚게 하는 진대법을 실시하였다.

12 다음 사건에 대한 설명으로 옳은 것은?

> 임오년 서울의 영군(營軍)들이 큰 소란을 피웠다. 갑술년 이후 대내의 경비가 불법으로 지출되고 호조와 선혜청의 창고도 고갈되어 서울의 관리들은 봉급을 못 받았으며, 5영의 병사들도 가끔 결식을 하여 급기야 5영을 2영으로 줄이고 노병과 약졸들을 쫓아냈는데, 내쫓긴 사람들은 발붙일 곳이 없으므로 그들은 난을 일으키려 했다.

① 군대 해산에 반발한 군인들은 의병 부대에 합류하였다.
② 보국안민, 제폭구민의 대의를 위해 봉기할 것을 호소하였다.
③ 정부의 개화 정책에 반대하는 서울의 하층민들도 참여하였다.
④ 충의를 위해 역적을 토벌한다는 명분을 내걸고 유생들이 주동하였다.

13 다음 내용이 포함된 개혁에 대한 설명으로 옳지 않은 것은?

> • 공 · 사 노비 제도를 모두 폐지하고, 인신 매매를 금지한다.
> • 연좌법을 폐지하여 죄인 자신 외에는 처벌하지 않는다.
> • 과부의 재혼은 귀천을 막론하고 그 자유에 맡긴다.

① 중국 연호의 사용을 폐지하였다.
② 독립 협회 활동의 영향을 받았다.
③ 군국기무처의 주도 하에 추진되었다.
④ 동학 농민 운동의 요구를 일부 수용하였다.

14 밑줄 친 '무덤 주인'이 왕위에 있었던 시기의 사실로 옳은 것은?

> 1971년 7월, 공주시 송산리 고분군 배수로 공사 도중 벽돌무덤 하나가 우연히 발견되었다. 무덤 입구를 열자, 무덤 주인을 알려주는 지석이 놓여 있었으며, 백제는 물론 중국의 남조와 왜에서 만들어진 갖가지 유물들이 고스란히 남아 있었다.

① 중앙에는 22부 관청을 두고 지방에는 5방을 설치하였다.
② 고구려의 남진 정책에 맞서 나제동맹을 처음 결성하였다.
③ 활발한 대외 정복 전쟁으로 한강 유역을 차지하고 가야를 완전히 정복하였다.
④ 지방에 22개의 담로를 두고 왕족을 파견하여 지방에 대한 통제를 강화하였다.

15 밑줄 친 '그'에 대한 설명으로 옳은 것은?

> 묘청의 천도 운동에서 그가 패하고 묘청이 이겼더라면 조선사는 독립적 · 진취적으로 진전하였을 것이니 이것이 어찌 일천년래 제일 사건이라 하지 아니하랴.

① 성리학적 유교 사관에 입각한 사략을 저술하였다.
② 현존하는 우리나라의 최고(最古) 역사서를 편찬하였다.
③ 우리나라 역사를 단군에서부터 서술한 역사서를 저술하였다.
④ 동명왕의 업적을 칭송한 영웅 서사시인 동명왕편을 저술하였다.

16 (가)~(라)의 시기에 있었던 사실로 옳은 것은?

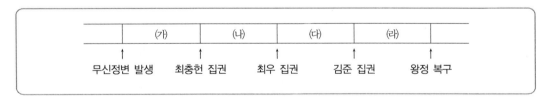

	(가)	(나)	(다)	(라)	
↑	↑	↑	↑	↑	
무신정변 발생	최충헌 집권	최우 집권	김준 집권	왕정 복구	

① (가) – 국정을 총괄하는 교정도감이 처음 설치되었다.
② (나) – 망이 · 망소이 등 명학소민이 봉기하였다.
③ (다) – 금속활자로 상정고금예문을 인쇄하였다.
④ (라) – 고려대장경을 다시 조판하여 완성하였다.

17 밑줄 친 '왕'의 재위 기간에 있었던 사실로 옳지 않은 것은?

> 왕이 이순지, 김담 등에게 명하여 중국의 선명력, 수시력 등의 역법을 참조하여 새로운 역법을 만들게 하였다. 이 역법은 내편과 외편으로 구성되었다. 내편은 수시력의 원리와 방법을 해설한 것이며, 외편은 회회력(이슬람력)을 해설, 편찬한 것이다.

① 천체 관측 기구인 혼의, 간의 등을 제작하였다.
② 경기 지역의 농사 경험을 토대로 금양잡록을 편찬하였다.
③ 경자자(庚子字), 갑인자(甲寅字) 등 금속 활자를 주조하였다.
④ 우리 풍토에 맞는 약재와 치료법을 정리한 향약집성방을 편찬하였다.

18 다음 자료에 나타난 시기의 사회 모습에 대한 설명으로 옳은 것은?

> 옷차림은 신분의 귀천을 나타내는 것이다. 그런데 어찌된 까닭인지 근래 이것이 문란해져 상민·천민들이 갓을 쓰고 도포를 입는 것을 마치 조정의 관리나 선비와 같이 한다. 진실로 한심스럽기 짝이 없다. 심지어 시전 상인들이나 군역을 지는 상민들까지도 서로 양반이라 부른다.

① 불교의 신앙 조직인 향도가 널리 확산되었다.
② 서얼의 청요직 진출이 부분적으로 허용되었다.
③ 양민의 대다수를 차지한 농민을 백정(白丁)이라고 하였다.
④ 선현 봉사(奉祀)와 교육을 위한 서원이 설립되기 시작하였다.

19 다음 사실들을 시기 순으로 바르게 나열한 것은?

> ㉠ 김좌진을 중심으로 한 신민부가 조직되었다.
> ㉡ 민족협동전선론에 따라 정우회가 조직되었다.
> ㉢ 노동 조건의 개선을 요구한 원산 노동자 총파업이 일어났다.
> ㉣ 백정의 사회적 차별을 철폐하고자 하는 형평사가 창립되었다.

① ㉠→㉡→㉣→㉢   ② ㉠→㉣→㉢→㉡
③ ㉣→㉠→㉡→㉢   ④ ㉣→㉢→㉠→㉡

20 다음과 같이 주장한 붕당에 대한 설명으로 옳은 것은?

> 기해년의 일은 생각할수록 망극합니다. 그때 저들이 효종 대왕을 서자처럼 여겨 대왕대비의 상복을 기년복(1년 상복)으로 낮추어 입도록 하자고 청했으니, 지금이라도 잘못된 일은 바로잡아야 하지 않겠습니까?

① 인조반정으로 몰락하였다.
② 기사환국으로 다시 집권하였다.
③ 경신환국을 통해 정국을 주도하였다.
④ 정제두 등이 양명학을 본격적으로 수용하였다.

1 다음 자료와 관련된 나라에 대한 설명으로 가장 옳지 않은 것은?

> • 풍속에 장마와 가뭄이 연이어 오곡이 익지 않을 때, 그 때마다 왕에게 허물을 돌려 '왕을 마땅히 바꾸어야 한다.'라거나 혹은 '왕은 마땅히 죽어야 한다.'라고 하였다.
> • 정월에 지내는 제천 행사는 국중 대회로 날마다 마시고 먹고 노래하고 춤추는데 그 이름은 영고라 한다.
>
> − 「삼국지」 위서 동이전 −

① 쑹화 강 유역의 평야 지대에서 성장하였다.

② 왕 아래 가축의 이름을 딴 여러 가(加)들이 있었다.

③ 왕이 죽으면 노비 등을 함께 묻는 순장의 풍습이 있었다.

④ 국력이 쇠퇴하여 광개토대왕 때 고구려에 완전 병합되었다.

2 삼국 간의 경쟁 과정에서 일어난 사건을 순서대로 바르게 나열한 것은?

> (가) 백제 성왕이 관산성 전투에서 전사하였다.
> (나) 백제 의자왕은 신라의 대야성을 함락시켰다.
> (다) 고구려 광개토대왕은 신라 지역으로 쳐들어온 왜국의 침략을 격퇴하였다.
> (라) 백제는 고구려의 침략으로 말미암아 수도를 웅진으로 옮겼다.

① (나) − (다) − (라) − (가)

② (다) − (가) − (라) − (나)

③ (다) − (라) − (가) − (나)

④ (라) − (다) − (나) − (가)

3 삼국시대의 사상과 문화에 대한 설명으로 가장 옳지 않은 것은?

① 부여 능산리에서 발견된 백제대향로에는 신선이 산다는 봉래산이 조각되어 있어 백제인의 신선사상을 엿볼 수 있다.

② 삼국 불교의 윤회설은 왕이나 귀족, 노비는 전생의 업보에 의해 타고났다고 보기 때문에 신분 질서를 정당화하는 관념을 제공하였다.

③ 신라 후기 민간사회에서는 주문으로 질병 치료나 자식 출산 등을 기원하는 현실구복적 밀교가 유행하였다.

④ 고구려의 겸익은 인도에서 율장을 가지고 돌아온 계율종의 대표적 승려로서 일본 계율종의 성립에도 영향을 주었다.

4 빈칸에 들어갈 왕의 재임 시기에 일어난 사실로 가장 옳은 것은?

> 발해와 당은 발해 건국 과정에서부터 대립적이었으며 발해의 고구려 영토 회복 정책으로 양국의 대립은 더욱 노골화되었다. 당은 발해를 견제하기 위해 흑수말갈 지역에 흑수주를 설치하고 통치관을 파견하였다. 이러한 당과 흑수말갈의 접근을 막기 위하여 발해의 □□□은 흑수말갈에 대한 정복을 추진하였다. 이 계획을 둘러싼 갈등이 비화되어 발해는 산둥 지방의 덩저우에 수군을 보내 공격하였다. 이에 대응하여 당은 발해를 공격하는 한편, 남쪽의 신라를 끌어들여 발해를 제어하려고 하였다.

① 3성 6부를 비롯한 중앙 관서를 정비하였다.

② 융성한 발해는 '해동성국'이라는 칭호를 얻었다.

③ 왕을 '황상(皇上)'이라고 칭하여 황제국을 표방하였다.

④ 일본에 보낸 외교문서에서 고구려 계승 의식을 천명하였다.

5 고려시대의 대장경을 설명한 것으로 가장 옳지 않은 것은?

① 대장경이란 경(經)·율(律)·논(論) 삼장으로 구성된 불교 경전을 말한다.

② 초조대장경의 제작은 거란의 침입을 받으면서 시작되었다.

③ 의천은 송과 금의 대장경 주석서를 모아 속장경을 편찬하였다.

④ 초조대장경과 속장경은 몽골의 침입으로 소실되었다.

6 다음 사건을 일어난 순서대로 바르게 나열한 것은?

> (가) 김보당의 난 발생   (나) 이의민의 권력 장악
>
> (다) 김사미와 효심의 난 발생   (라) 교정도감의 설치

① (가) – (나) – (다) – (라)   ② (가) – (나) – (라) – (다)

③ (나) – (가) – (다) – (라)   ④ (나) – (가) – (라) – (다)

7 고려의 정치와 사회에 대한 설명으로 가장 옳지 않은 것은?

① 정치제도는 당과 송의 제도를 참고하여 2성 6부제로 정비하였다.

② 지방제도는 5도 양계 및 경기로 구성되었고 태조 때부터 12목을 설치하였다.

③ 관리 등용 제도로는 과거와 음서 등이 있었으며 무과는 거의 실시되지 않았다.

④ 성종 대에 최승로는 시무 28조를 건의하는 등 유교정치 이념의 토대를 닦았다.

8 충선왕 대의 개혁 정책으로 옳은 것은?

① 원나라 연호와 관제를 폐지하였다.

② 몽골풍의 의복과 변발을 폐지하였다.

③ 왕권을 강화하고 개혁을 주도하기 위한 기구로 사림원을 두었다.

④ 정치도감을 두어 부원 세력을 척결하였다.

9 고려 말에서 조선 초에 있었던 요동정벌 운동을 설명한 것으로 옳지 않은 것은?

① 우왕 때 최영은 명이 철령위 설치를 통고하자 요동을 공격할 계획을 세웠다.

② 태조 이성계는 요동정벌을 추진하였고 정도전과 남은은 군사 훈련을 강화하였다.

③ 명은 정도전을 '조선의 화근'이라며 명으로 압송할 것을 요구하였다.

④ 이방원은 태조의 요동정벌 운동을 적극 지지하였다.

10 다음 중 영조 대에 편찬된 서적은?

① 「동국문헌비고」 　　　　　　　② 「동국지리지」

③ 「동사강목」 　　　　　　　　　④ 「동의보감」

11 조선 전기 일본과 관계된 주요 사건이다. ㈎~㈐ 각 시기에 있었던 사건으로 옳지 않은 것은?

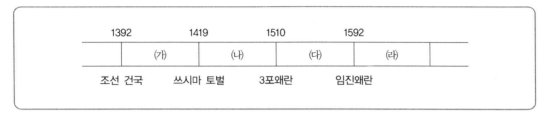

① ㈎ : 부산포, 제포, 염포 등 3포를 개항하였다.

② ㈏ : 계해약조를 체결하여 쓰시마 주의 제한적 무역을 허락하였다.

③ ㈐ : 왜선이 침입하여 을묘왜변을 일으켰다.

④ ㈑ : 조선은 포로의 송환 교섭을 위해 일본에 사신을 파견하였다.

12 다음 ㈎~㈐의 설명에 해당하는 인물을 바르게 연결한 것은?

> ㈎ 스승 이벽의 권유로 북경에 갔다가 서양인 신부의 세례를 받고 귀국하였다.
>
> ㈏ 성리학의 입장에서 천주교를 비판하는 천학문답을 저술하였다.
>
> ㈐ 신부가 되어 충청도 당진(솔뫼)을 근거로 포교하다가 붙잡혀 처형되었다.

	㈎	㈏	㈐
①	이가환	안정복	황사영
②	이승훈	이기경	황사영
③	이승훈	안정복	김대건
④	이가환	이기경	김대건

13 근대의 구국 계몽 운동에 대한 설명으로 가장 옳은 것은?

① 송수만, 심상진은 대한자강회를 조직하고 일본의 황무지 개척에 반발하는 운동을 전개하여 이를 철회시켰다.

② 이종일은 순한글로 간행한 황성신문을 발간하여 정치논설보다 일반 대중을 위한 사회계몽 기사를 많이 실었다.

③ 최남선은 을지문덕, 강감찬, 최영, 이순신 등의 애국 명장에 관한 전기를 써서 애국심을 고취하였다.

④ 고종은 을사늑약의 불법성을 폭로하는 친서를 양기탁과 영국인 베델의 대한매일신보를 통하여 발표하였다.

14 대한제국의 성립 과정에 대한 설명으로 가장 옳지 않은 것은?

① 을미사변 이후 위축된 국가 주권을 지키고 고종의 위상을 높여야 한다는 여론이 높아졌다.

② 고종은 러시아 공사관에 있는 동안 경운궁을 증축하였다.

③ 고종은 연호를 광무라 하고 경운궁에서 황제 즉위식을 거행하였다.

④ 대한제국의 헌법이라 할 수 있는 대한국 국제를 발표하였다.

15 일본이 대한제국의 정부 기관에 자신들이 추천하는 고문을 두게 하여 대한제국의 내정에 간섭함으로써 실질적으로 주권을 침해하는 결과를 가져왔던 조약은?

① 1904년 2월 한 · 일 의정서

② 1904년 8월 제1차 한 · 일 협약(한 · 일 협정서)

③ 1905년 제2차 한 · 일 협약(을사늑약)

④ 1907년 한 · 일 신협약(정미7조약)

16 다음 약력에 해당하는 인물은?

- 1872년 철종의 딸 영혜옹주와 결혼
- 1884년 갑신정변에 참여함. 실패 후 일본 망명
- 1894년 내무대신에 임명됨. 다음해 일본 망명
- 1910년 국권 피탈 이후 일본의 작위를 받고 동아일보사 초대사장, 중추원의장·부의장, 일본 귀족원 의원 등 역임

① 박영효   ② 윤치호
③ 김옥균   ④ 김홍집

17 대한민국 정부 수립 이후에 일어난 사건을 〈보기〉에서 모두 고른 것은?

〈보기〉
ㄱ 반민족 행위 특별 조사 위원회 설치
ㄴ 농지 개혁법 시행
ㄷ 안두희의 김구 암살
ㄹ 제주 4·3 사건 발생
ㅁ 여수·순천 10·19 사건 발생

① ㄱ, ㄴ, ㅁ
② ㄱ, ㄴ, ㄷ, ㅁ
③ ㄱ, ㄴ, ㄹ, ㅁ
④ ㄱ, ㄴ, ㄷ, ㄹ, ㅁ

18 1950년대 정치와 사회에 대한 설명으로 가장 옳지 않은 것은?

① 이승만 정권은 1951년 국민회, 대한청년당, 노동총연맹, 농민총연맹, 대한부인회 등 우익단체를 토대로 자유당을 조직하였다.

② 이승만 정권은 신국가보안법을 제정하였고 반공청년단을 조직하였으며 진보당의 조봉암을 간첩 혐의로 사형에 처하였다.

③ 미국의 원조로 소비재 공업이 성장하였고 밀가루, 설탕, 면화 산업 등 삼백산업이 중심을 이루었다.

④ 이승만 정권은 1954년 의회에서 부결된 대통령 직선제 개헌안을 사사오입의 논리로 통과시켰다.

19 다음 자료와 관련된 사업에 대한 설명으로 가장 옳지 않은 것은?

> 만약 지주가 정해진 기한 내에 조사국 혹은 조사국 출장소원에게 신고 제출을 게을리 하거나 신고를 제출하지 아니하는 때는 당국에서 이 토지에 대해 지주의 소유권 유무 등을 심사하여 만약 소유자로 인정하지 못할 경우에는 이 토지를 지주가 없는 것으로 간주하여 당연히 국유지로 편입하는 수단을 집행할 것이니, 일반 토지 소유자는 고시에 의한 신고 제출을 게을리 하지 말도록 하였더라.
>
> – 「매일신보」 –

① 소유권 분쟁을 인정하지 않아 분쟁은 발생하지 않았다.

② 명의상의 주인을 내세우기 어려운 동중 · 문중 토지의 상당 부분이 조선 총독부의 소유가 되었다.

③ 한 · 일 병합 조약이 체결된 직후 신속하게 사업이 시작되었다.

④ 사업의 결과 조선 총독부의 재정 수입이 크게 증가하였다.

20 다음 사건들을 일어난 순서대로 바르게 나열한 것은?

> ㈎ 김영삼 신민당 당수 국회 제명
> ㈏ 김대중 납치 사건 발생
> ㈐ 유신 헌법의 국민투표 통과
> ㈑ 국민교육헌장 제정
> ㈒ 7 · 4 남북 공동 성명 발표

① ㈑ – ㈒ – ㈐ – ㈎ – ㈏

② ㈑ – ㈒ – ㈐ – ㈏ – ㈎

③ ㈒ – ㈐ – ㈑ – ㈎ – ㈏

④ ㈒ – ㈐ – ㈑ – ㈏ – ㈎

2017~2019년
기출문제

☞ 정답 및 해설 P.45

1 다음의 유적지에 대한 설명으로 가장 옳은 것은?

① 사천 늑도 유적에서 반량이라는 글자가 새겨진 청동 화폐가 출토되었다.

② 부산 동삼동 패총에서는 주춧돌을 사용한 지상가옥이 발견 되었다.

③ 단양 수양개에서 발견된 아이의 뼈를 '흥수아이'라 부른다.

④ 울주 반구대에는 시각형 또는 방패 모양의 그림이 주로 새겨져 있다.

2 삼국시대 정치제도에 대한 설명으로 가장 옳은 것은?

① 신라 화백회의는 만장일치 원칙이며 회의의 의장은 상좌평이다.

② 백제는 관품 구별에 따라 자 · 단 · 비 · 녹색의 공복을 입었다.

③ 신라는 진덕여왕대 집사부와 창부를 통합해 정무기관인 품주를 설치하였다.

④ 국상, 대대로, 막리지 등은 고구려에서 재상의 직위를 지칭한다.

3 1898년 관민공동회에서 채택된 '헌의 6조'에 해당하지 않는 것은?

① 외국인에게 기대지 아니하고 관민이 동심 협력하여 전제 황권을 견고케 할 것

② 전국의 재정은 궁내부 내장원으로 이속하고 예산과 결산은 중추원의 승인을 거칠 것

③ 모든 중대 범죄는 공개 재판을 시행하되, 피고가 끝까지 설명하여 마침내 자복(自服)한 후에 시행할 것

④ 칙임관은 황제가 정부에 자문을 구하여 그 과반수에 따라 임명할 것

4 밑줄 친 내용과 관련된 사실로 가장 옳지 않은 것은?

> 전일 ㉠세자가 심양에 있을 때 집을 지어 고운 빨간 빛의 흙을 발라서 단장하고, 또 ㉡포로로 잡혀간 조선 사람들을 모집하여 둔전을 경작해서 곡식을 쌓아 두고는 그것으로 진기한 물품과 무역을 하느라 ㉢관소의 문이 마치 시장 같았으므로, ㉣임금이 그 사실을 듣고 불평스럽게 여겼다.

① ㉠ 세자 – 북경에서 아담 샬과 만나 교류하였다.
② ㉡ 포로 – 귀국한 여성 중에는 가족들의 천대와 멸시를 받는 이도 있었다.
③ ㉢ 관소 – 심양관은 외교적 기능을 담당하기도 하였다.
④ ㉣ 임금 – 전쟁의 치욕을 벗기 위해 북벌론을 적극 추진하였다.

5 다음의 밑줄 친 주체에 대한 설명으로 가장 옳지 않은 것은?

> 운봉을 넘어온 ~중략~ 이 싸움에서 아군은 1,600여 필의 군마와 여러 병기를 노획하였고, 살아 도망간 자는 70여 명 밖에 없었다고 한다.
>
> <고려사>에서 인용 · 요약

① 그들로부터 개경을 수복한 정세운, 이방실, 김득배는 김용의 주도하에 살해되었다.
② 조운선이 그들의 목표물이 되어 국가 재정이 곤란해졌다.
③ 그들의 소굴인 대마도가 정벌되어 그 기세가 꺾이게 되었다.
④ 그들이 자주 출몰하자 수도를 옮기자는 주장이 제기되었다.

6 다음의 자료와 관련된 조약에 해당하는 것은?

> 1. 청 · 일 양국 군대는 4개월 이내에 조선에서 동시 철병할 것
> 2. 청 · 일 양국은 조선국왕의 군대를 교련하여 자위할 수 있게 하되, 외국 무관 1인 내지 여러 명을 채용하고 두 나라의 무관은 조선에 파견하지 않을 것
> 3. 장차 조선에서 변란이나 중대사로 두 나라 중 한 나라가 출병할 필요가 있을 때는 먼저 문서로 조회하고 사건이 진정된 뒤에는 즉시 병력을 전부 철수하여 잔류시키지 않을 것

① 한성 조약   ② 제물포 조약
③ 시모노세키 조약   ④ 톈진 조약

7 다음 중 「성학집요」의 저자에 대한 설명으로 옳지 않은 것은?

① 이기이원론적 이기론을 통하여 이(理)의 자발성이나 독자성을 강조하였다.
② 신하는 성학을 군주에게 가르쳐 기질을 변화시켜야 한다고 하였다.
③ 향약의 전국 시행, 수미법의 실시 등을 제시하였다.
④ 기자의 행적을 정리한 「기자실기」를 편찬했다.

8 다음은 정약용의 토지제도 개혁안의 일부이다. ㉠과 ㉡에 들어갈 말로 옳은 것은?

> (㉠)법은 시행할 수 없다. (㉠)은 모두 한전이었는데, 수리시설이 갖춰지고 메벼와 찰벼가 맛이 좋으니 수전을 버리겠는가. (㉠)이란 평평한 농지인데 나무를 베어 내노라 힘을 들였고 산과 골짜기가 이미 개간되었으니, 이러한 밭을 버리겠는가.
> (㉡)법은 시행할 수 없다. (㉡)은 농지와 인구를 계산하여 분배해 주는 것인데, 호구의 증감이 달마다 다르고 해마다 다르다. 금년에는 갑의 비율로 분배하였다가 명년에는 을의 비율로 분배해야 하므로 조그마한 차이는 산수에 능한 자라도 살필 수 없고 토지의 비옥도가 경마다 묘마다 달라 한정이 없으니, 어떻게 균등하게 하겠는가.

	㉠	㉡			㉠	㉡
①	한전	균전		②	정전	여전
③	여전	한전		④	정전	균전

9 조선정부는 강화도 조약 체결 이후에 근대 문물을 살펴보고 국정 개혁의 자료를 모으기 위하여 여러 나라에 사절단을 파견하였다. 각 사절단의 파견 순서를 바르게 나열한 것은?

> ㉠ 1차 수신사절   ㉡ 보빙사
> ㉢ 조사시찰단   ㉣ 영선사
> ㉤ 2차 수신사절

① ㉠ → ㉢ → ㉣ → ㉤ → ㉡   ② ㉠ → ㉣ → ㉢ → ㉤ → ㉡
③ ㉠ → ㉤ → ㉢ → ㉣ → ㉡   ④ ㉠ → ㉤ → ㉣ → ㉢ → ㉡

10 다음 지문이 가리키는 신문과 관련된 내용으로 옳은 것은?

> 그러므로 우리 조정에서도 박문국을 설치하고 관리를 두어 외국의 기사를 폭넓게 번역하고 아울러 국내의 일까지 기재하여 국중에 알리는 동시에 열국에까지 널리 알리기로 하고, 이름을 旬報라 하며…

① 우리나라 최초의 신문으로 1883년 창간되었으며, 한문체로 발간된 관보의 성격을 띠었다.
② 최초로 국한문을 혼용하였고, 내용에 따라 한글 혹은 한문만을 쓰기도 하며 독자층을 넓혀 나가고자 하였다.
③ 한글판, 영문판을 따로 출간하여 대중 계몽을 통한 근대화를 촉진하고, 외국인에게 조선의 실정을 제대로 홍보하여 조선이 국제사회에서 완전한 근대적 자주독립국가로 자리매김하는 것을 목표로 하였다.
④ 국한문 혼용체를 사용한 일간지로 주로 유학자층의 계몽에 앞장섰다.

11 다음 〈보기〉의 (　　)에 들어갈 낱말을 바르게 나열한 것은?

> 〈보기〉
>
> 고려의 지배층과 피지배층 사이에는 중류층이 자리잡고 있었다. 중앙 관청의 말단 서리인 (㉠), 궁중 실무 관리인 (㉡), 직업 군인으로 하급 장교인 (㉢) 등이 있었다.

	㉠	㉡	㉢			㉠	㉡	㉢
①	잡류	역리	군반		②	남반	군반	역리
③	잡류	남반	군반		④	남반	군반	잡류

12 다음 중 고조선에 대한 설명으로 가장 옳지 않은 것은?

① 중국 측 기록인 「관자」나 「산해경」등에는 고조선과 관련된 기록이 등장한다.

② 「삼국지」〈동이전〉에 인용된 「위략」에 따르면 연나라가 강성해져 스스로 왕을 칭하자 조선후가 왕을 자칭하지 않았다는 기록이 있다.

③ 기원전 2세기 초, 위만은 고조선에 망명해 와 있다가 준왕을 몰아내고 왕이 되었다.

④ 위만조선은 기원전 108년 한나라의 침입에 의해 멸망했고, 이 지역에는 한의 군현이 설치되었다.

13 다음 지문과 관계있는 단체의 활동으로 옳은 것은?

> 이제 폭력의 목적물을 대략 열거하건대, 조선 총독 및 각 관공리, 일본 천황 및 각 관공리, 정탐노 · 매국적, 적의 일체 시설물, 이 밖에 각 지방의 신사나 부호가 비록 현저히 혁명운동을 방해한 죄가 없을지라도 언어 혹 행동으로 우리의 운동을 완화하고 중상하는 자는 폭력으로써 대응할지니라.

① 1932년 1월 이봉창은 도쿄에서 관병식을 마치고 돌아가는 일왕 히로히토를 저격하였다.

② 1932년 4월 윤봉길은 상하이 훙커우 공원에서 일제의 요인들을 폭살시키는 의거를 결행하였다.

③ 1920년 박재혁은 밀양 경찰서에 폭탄을 투척하는 의거를 결행하였다.

④ 1926년 나석주는 식민지 대표 착취 기관인 식산 은행과 동양 척식 주식회사에 들어가 폭탄을 던지고 권총으로 관리들을 저격하였다.

14 다음 중 통일신라시대의 사회와 경제 관련 내용으로 가장 옳지 않은 것은?

① 신문왕은 관료전을 지급하고 녹읍을 폐지하였다.

② 성덕왕대에는 일반 백성들에게 정전을 지급하였다.

③ 헌강왕대에 녹읍이 부활되고, 경덕왕대에 관료전이 폐지 되었다.

④ 일본 정창원에서 발견된 '신라 촌락 문서'는 서원경 부근의 4개 촌락을 대상으로 한 것이다.

15 다음의 비문에 관한 설명으로 옳지 않은 것은?

> 오라총관 목극등은 국경을 조사하라는 교지를 받들어 이 곳에 이르러 살펴보고 서쪽은 압록강으로 하고 동쪽은 토문강으로 경계를 정해 강이 갈라지는 고개 위에 비석을 세워 기록하노라.

① 조선과 청의 대표는 현지 답사를 생략한 채 비를 세웠다.

② 토문강의 위치는 간도 귀속 문제와도 관련이 되었다.

③ 국경 지역 조선인의 산삼 채취나 사냥이 비 건립의 한 배경이었다.

④ 조선 숙종대 세워진 비석의 비문 내용이다.

16 조선시대의 교육제도에 관한 설명으로 옳지 않은 것은?

① 왕세자는 궁 안의 시강원에서 교육을 받았다.

② 성균관에는 생원이나 진사만 입학할 수 있었다.

③ 서울에는 서학, 동학, 남학, 중학이 설치되었다.

④ 향교의 교생 가운데 시험 성적이 나쁜 사람은 군역에 충정 되기도 하였다.

17 다음 저서에 대한 설명으로 옳지 않은 것은?

> 가. 「산림경제」   나. 「색경」
> 다. 「과농소초」   라. 「농가집성」

① 가 : 홍만선의 저술로 농업, 임업, 축산업, 식품가공 등을 망라하였다.
② 나 : 박세당의 저술로 과수, 축산, 기후 등에 중점을 두었다.
③ 다 : 정약용의 저술로 농업기술과 농업정책에 관하여 논하였다.
④ 라 : 신속의 저술로 이앙법을 언급하였다.

18 모스크바 3국 외상 회의에서 결정한 한국정부 수립 방안을 순서대로 바르게 나열한 것은?

> ㉠ 미 · 소 공동위원회 개최
> ㉡ 미 · 소 공동위원회와 임시민주정부 협의하에 미, 영, 중, 소에 의한 신탁통치 방안 결정
> ㉢ 미 · 소 공동위원회와 한국의 정당 및 사회단체의 협의
> ㉣ 임시민주정부 수립

① ㉠ → ㉢ → ㉡ → ㉣
② ㉠ → ㉢ → ㉣ → ㉡
③ ㉢ → ㉠ → ㉣ → ㉡
④ ㉢ → ㉣ → ㉠ → ㉡

19 고려시대 귀족의 특징에 대한 설명으로 옳은 것은?
① 귀족 세력은 왕족을 비롯하여 7품 이상의 고위 관료가 주류를 형성하였다.
② 귀족은 대대로 고위 관직을 차지하여 사림 세력을 형성하였다.
③ 귀족의 자제는 음서를 통해 관직에 진출할 수 있었다.
④ 향리의 자제는 과거를 통하여 귀족의 대열에 들 수 없었다.

20 다음의 (   ) 안에 들어갈 말을 바르게 나열한 것은?

> 일제의 민족분열정책과 자치운동론의 등장에 대응하여, 민족해방운동의 단결과 통일적 대응을 모색하던 사회주의 진영과 비타협적 민족주의 진영은 1926년 (㉠) 선언을 계기로, 1927년 1월 (㉡)를 발기하였다. 이어서 서울청년 회계 사회주의자와 물산장려운동계열이 연합한 (㉢)와도 합동할 것을 결의, 마침내 2월 15일 YMCA 회관에서 (㉡) 창립대회를 가졌다.

	㉠	㉡	㉢
①	북풍회	정우회	고려 공산 청년회
②	정우회	신간회	조선민흥회
③	정우회	근우회	고려 공산 청년회
④	북풍회	신간회	조선민흥회

한국사

2017. 4. 8. | 인사혁신처 시행

☞ 정답 및 해설 P.46

1 ㉠과 ㉡ 두 인물의 공통된 신분상의 특징으로 옳은 것은?

> • ⬜ ㉠ ⬜ 은(는) 신문왕에게 화왕계를 통하여 조언하였다.
> • ⬜ ㉡ ⬜ 은(는) 진성여왕에게 시무책 10여 조를 올렸다.

① 왕이 될 수 있는 신분이었다.

② 자색(紫色)의 공복을 착용하였다.

③ 중앙 관부의 최고 책임자를 독점하였다.

④ 관등 승진에서 중위제(重位制)를 적용받았다.

2 (가)~(다)는 고구려의 발전 과정을 시기 순으로 나열한 것이다. (나)에 들어갈 내용으로 옳은 것만을 〈보기〉에서 모두 고른 것은?

> (가) 낙랑군을 차지하여 한반도로 진출하는 발판을 마련하였다.
> (나) ⬜
> (다) 평양으로 도읍을 옮기고, 백제의 수도인 한성을 함락하였다.

> 〈보기〉
> ㉠ 태학을 설립하였다.
> ㉡ 진대법을 도입하였다.
> ㉢ 천리장성을 축조하였다.
> ㉣ 신라를 도와 왜를 격퇴하였다.

① ㉠, ㉡   ② ㉠, ㉣

③ ㉡, ㉢   ④ ㉢, ㉣

3 다음 제도를 시행한 목적에 해당하는 것만을 〈보기〉에서 모두 고른 것은?

> • 무릇 민호(民戶)는 그 이웃과 더불어 모으되, 가족 숫자의 다과(多寡)와 재산의 빈부에 관계없이 다섯 집마다 한 통(統)을 만들고, 통 안에 한 사람을 골라서 통수(統帥)로 삼아 통 안의 일을 맡게 한다.
> • 1리(里) 마다 5통 이상에서 10통까지는 소리(小里)를 삼고, … (중략) … 리(里) 안에서 또 이정(里正)을 임명한다.
>
> — 「비변사등록」 —

〈보기〉
ㄱ 농민들의 도망과 이탈 방지
ㄴ 부세와 군역의 안정적인 확보
ㄷ 재지사족 중심의 향촌 자치 활성화
ㄹ 향권을 둘러싼 구향과 신향 간의 향전 억제

① ㄱ, ㄴ

② ㄱ, ㄹ

③ ㄴ, ㄷ

④ ㄷ, ㄹ

4 갑신정변 이후 국내외 정세로 옳지 않은 것은?

① 독일 부영사 부들러는 조선의 영세 중립국화를 건의하였다.

② 러시아의 남하정책에 대응하여 영국 함대가 거문도를 불법 점령하였다.

③ 조ㆍ청 상민수륙무역장정을 체결하여 청나라 상인에게 통상 특혜를 허용하였다.

④ 청ㆍ일 양국 군대가 조선에서 철수하는 것 등을 내용으로 하는 톈진조약이 체결되었다.

5 다음 발의로 개최된 ㉠에 대한 설명으로 옳은 것은?

> 베이징 방면의 인사는 분열을 통탄하며 통일을 촉진하는 단체를 출현시키고 상하이 일대의 인사는 이를 고려하여 개혁을 제창하고 있다. … (중략) … 근본적 대해결로써 통일적 재조를 꾀하여 독립운동의 신국면을 타개하려고 함에는 다만 민의뿐이므로 이에 [㉠]의 소집을 제창한다.

① 창조파와 개조파 등의 주장이 대립되었다.
② 한국국민당을 통한 정당정치 실시가 결정되었다.
③ 삼균주의를 바탕으로 한 건국강령이 채택되었다.
④ 파리강화회의에 김규식을 파견하는 것이 논의되었다.

6 (가)~(라) 시기에 있었던 사실로 옳은 것은?

① (가) – 현량과를 실시하였다.
② (나) – 무오사화와 갑자사화가 일어났다.
③ (다) – 두 차례에 걸친 예송이 일어났다.
④ (라) – 신해통공으로 금난전권을 폐지하였다.

7 다음 자료에 나타난 나라에 대한 설명으로 옳은 것은?

> 해마다 10월이면 하늘에 제사를 지내는데, 밤낮으로 술을 마시고 노래 부르며 춤을 추니 이를 무천이라 한다. 또 호랑이를 신(神)으로 여겨 제사지낸다. 읍락을 함부로 침범하면 노비와 소, 말로 변상하는데, 이를 책화라 한다.

① 후·읍군·삼로 등이 하호를 통치하였다.
② 국읍마다 천신에 대한 제사를 주관하는 천군이 있었다.
③ 사람이 죽으면 가매장한 다음 뼈만 추려 목곽에 안치하였다.
④ 아이가 출생하면 돌로 머리를 눌러 납작하게 하는 풍습이 있었다.

8 밑줄 친 '이 기구'가 설치된 왕 대에 있었던 사실로 옳은 것은?

> 조정은 중국의 화약 제조 기술을 터득하여 <u>이 기구</u>를 두고, 대장군포를 비롯한 20여 종의 화기를 생산하였으며, 화약과 화포를 제작하였다.

① 복원궁을 건립하여 도교를 부흥시켰다.
② 흥덕사에서 직지심체요절을 간행하였다.
③ 교장도감을 설치하여 속장경을 간행하였다.
④ 시무 28조를 수용하여 유교정치를 구현하였다.

9 다음 건의문이 결의된 이후에 일어난 사실로 옳은 것은?

> 1. 외국인에게 의지하지 말고, 관·민이 힘을 합하여 전제 황권을 견고하게 할 것
> 2. 외국과의 이권에 관한 조약은 각 대신과 중추원 의장이 합동 날인하여 시행할 것
> 3. 국가 재정은 탁지부에서 전관하고, 예산과 결산을 국민에게 공포할 것
> 4. 중대 범죄를 공판하되, 피고의 인권을 존중할 것
> 5. 칙임관을 임명할 때에는 정부의 자문을 받아 다수의 의견에 따를 것
> 6. 정해진 규정을 실천할 것

① 군국기무처를 중심으로 개혁이 추진되었다.

② 황제권 강화 작업의 일환으로 원수부가 설치되었다.

③ 고종이 러시아 공사관으로 거처를 옮기게 되었다.

④ 서재필을 중심으로 민중 계몽을 위한 독립신문이 창간되었다.

10 독도가 우리나라 영토임을 입증하는 근거로만 옳게 짝지어진 것은?

① 이범윤의 보고문 – 은주시청합기

② 대한제국 칙령 제41호 – 삼국접양지도

③ 미쓰야 협정 – 시마네 현 고시 제40호

④ 조선국교제시말내탐서 – 어윤중의 서북경략사 임명장

11 다음에서 설명하는 화폐가 사용된 시기의 경제 상황으로 옳은 것은?

> 초기에는 은 1근으로 우리나라 지형을 본떠 만들었는데 그 가치는 포목 100필에 해당하는 고액이었다. 주로 외국과의 교역에 사용되었으며 후에 은의 조달이 힘들어지고 동을 혼합한 위조가 성행하자, 크기를 축소한 소은병을 만들었다.

① 이앙법이 전국적으로 보급되었다.

② 책, 차 등을 파는 관영상점을 두었다.

③ 동시전이 설치되어 시장을 감독하였다.

④ 청해진이 설치되어 무역권을 장악하였다.

12 밑줄 친 '그'에 대한 설명으로 옳은 것은?

> 그는 이성계를 추대하여 조선 왕조를 개창한 공으로 개국 1등 공신이 되었으며, 의정부를 중심으로 하는 재상 중심의 관료정치를 주창하였다. 그리고 「불씨잡변」을 저술하여 불교의 사회적 폐단을 비판하였다.

① 왜구의 소굴인 쓰시마 섬을 정벌하였다.
② 백성들의 윤리서인 「삼강행실도」를 편찬하였다.
③ 여진족을 두만강 밖으로 몰아내고 6진을 개척하였다.
④ 「조선경국전」을 편찬하여 왕조의 통치 규범을 마련하였다.

13 밑줄 친 '이곳'에서 전개된 민족운동으로 옳은 것은?

> 1903년에 우리나라 공식 이민단이 이곳에 도착하였다. 이주 노동자들은 사탕수수 농장, 개간 사업장, 철도 공사장 등에서 일하며 한인 사회를 형성하여 갔다. 노동 이민과 함께 사진 결혼에 의한 부녀자들의 이민도 이루어졌다. 또한 한인합성협회 등과 같은 한인 단체가 결성되었다.

① 독립운동 기지인 한흥동이 건설되었다.
② 독립운동 단체인 권업회가 조직되었다.
③ 자치 기관인 경학사와 부민단이 만들어졌다.
④ 군사 양성 기관인 대조선 국민군단이 창설되었다.

14 다음과 같이 주장한 조선후기의 실학자에 대한 설명으로 옳은 것은?

> 천체가 운행하는 것이나 지구가 자전하는 것은 그 세가 동일하니, 분리해서 설명할 필요가 없다. 생각건대 9만 리의 둘레를 한 바퀴 도는 데 이처럼 빠르며, 저 별들과 지구와의 거리는 겨우 반경(半徑)밖에 되지 않는데도 오히려 몇 천만 억의 별들이 있는지 알 수가 없다. 하물며 은하계 밖에도 또 다른 별들이 있지 않겠는가!

① 「북학의」에서 소비를 권장하여 생산을 촉진하자고 주장하였다.
② 「임하경륜」에서 성인 남자에게 2결의 토지를 나누어 주자고 주장하였다.
③ 「반계수록」에서 신분에 따라 토지를 차등 있게 재분배하자고 주장하였다.
④ 「우서」에서 상업적 경영을 통해 농업 생산성을 높여야 한다고 주장하였다.

15 다음 조칙이 발표된 이후의 상황에 대한 설명으로 옳은 것만을 〈보기〉에서 모두 고른 것은?

> ≪관보≫ 호외
> 짐이 생각건대 쓸데없는 비용을 절약하여 이용후생에 응용함이 급무라. 현재 군대는 용병으로서 상하의 일치와 국가 안전을 지키는 방위에 부족한지라. 훗날 징병법을 발표하여 공고한 병력을 구비할 때까지 황실시위에 필요한 자를 빼고 모두 일시에 해산하노라.

> 〈보기〉
> ㉠ 신돌석과 같은 평민 출신의 의병장이 처음으로 등장하였다.
> ㉡ 단발령의 실시로 위정척사 사상에 바탕을 둔 의병 운동이 시작되었다.
> ㉢ 연합 의병 부대인 13도 창의군이 결성되어 서울 진공작전을 계획하였다.
> ㉣ 일본군의 '남한 대토벌 작전'으로 의병 부대의 근거지가 초토화되었다.

① ㉠, ㉡   ② ㉠, ㉣
③ ㉡, ㉢   ④ ㉢, ㉣

16 국권이 침탈되기까지의 과정을 시기 순으로 바르게 나열한 것은?

> ㉠ 헤이그 특사 파견을 문제 삼아 고종 황제를 강제로 퇴위시켰다.
> ㉡ 일본인 메가타를 재정 고문으로, 미국인 스티븐스를 외교 고문으로 임명하도록 하였다.
> ㉢ 대한제국의 사법권을 빼앗고 감옥 사무를 장악하였다.
> ㉣ 통감이 추천한 일본인을 대한제국의 관리로 임명하도록 하였다.

① ㉠→㉡→㉢→㉣   ② ㉡→㉠→㉣→㉢
③ ㉡→㉢→㉠→㉣   ④ ㉣→㉡→㉠→㉢

17 다음의 자료에 보이는 시기의 경제 상황에 대한 설명으로 옳지 않은 것은?

> 황해도 관찰사의 보고에 따르면, 수안군에는 본래 금광이 다섯 곳이 있었다. 올해 여름에 새로 39개소의 금혈을 뚫었는데, 550여 명의 광꾼들이 모여들었다. 도내의 무뢰배들이 농사를 짓지 않고 다투어 모여들 뿐만 아니라 다른 지방에서 이익을 좇는 무리들도 소문을 듣고 몰려온다. … (중략) … 금점을 설치한 지 이미 여러 해가 된 곳에는 촌락이 즐비하고 상인들이 물품을 유통시켜 큰 도회지를 이루고 있다.

① 밭농사에서는 견종법이 보급되었다.
② 면화, 담배 등 상품 작물을 재배하였다.
③ 일부 지방에서 도조법으로 지대를 납부하였다.
④ 개간을 장려하기 위해 사패전을 부농층에 분급하였다.

18 다음에 나타난 사상에 대한 설명으로 옳지 않은 것은?

> 신(臣)들이 서경의 임원역 지세를 관찰하니, 이곳이 곧 음양가들이 말하는 매우 좋은 터입니다. 만약 궁궐을 지어서 거처하면 천하를 병합할 수 있고, 금나라가 폐백을 가지고 와 스스로 항복할 것이며, 36국이 모두 신하가 될 것입니다.

① 서경 천도 운동의 배경이 되었다.
② 문종 때 남경 설치의 배경이 되었다.
③ 하늘에 제사 지내는 초제의 사상적 근거가 되었다.
④ 공민왕과 우왕 때 한양 천도 주장의 근거가 되었다.

19 다음 주장을 한 인물에 대한 설명으로 옳은 것은?

> 계급투쟁은 민족의 내부 분열을 초래할 것이며, 민족의 내쟁은 필연적으로 민족의 약화에 따르는 다른 민족으로부터의 수모를 초래할 것이다. 계급투쟁의 길은 우리가 반드시 취해야 할 필요는 없고, 민족 균등이 실현되는 날 그것은 자연 해소되는 문제다. … (중략) … 이 세계적 기운과 민족적 요청에서 민족사관은 출발하는 것이며, 민족사는 그 향로와 방법을 명백하게 과학적으로 지시하여야 할 것이다.
>
> —「조선민족사 개론」—

① 「조선상고사」와 「조선사연구초」를 저술하였다.
② 대동사상을 수용한 유교 구신론을 주장하였다.
③ 「진단학보」를 발간한 진단학회의 발기인으로 활동하였다.
④ 「5천년간 조선의 얼」이라는 글을 동아일보에 연재하였다.

20 고려시대 의주에 대한 설명으로 옳지 않은 것은?

① 청천강변에 위치하며 도호부가 설치된 곳이다.
② 강동 6주 가운데 하나인 흥화진이 있던 곳이다.
③ 요(遼)와 물품을 거래하던 각장이 설치된 곳이다.
④ 효(遼)와 금(金)의 분쟁을 이용하여 회복하려고 시도한 곳이다.

1 한반도 선사시대에 대한 설명으로 옳지 않은 것은?

① 구석기시대 전기에는 주먹도끼와 슴베찌르개 등이 사용되었다.
② 신석기시대 집터는 대부분 움집으로 바닥은 원형이나 모서리가 둥근 사각형이다.
③ 신석기시대 사람들은 조개류를 많이 먹었으며, 때로는 장식으로 이용하기도 하였다.
④ 청동기시대의 전형적인 유물로는 비파형동검·붉은간토기·반달돌칼·홈자귀 등이 있다.

2 다음 자료를 쓴 역사가의 활동으로 옳은 것은?

> 역사란 무엇이뇨. 인류 사회의 아와 비아의 투쟁이 시간부터 발전하며 공간부터 확대하는 심적 활동의 상태의 기록이니, 세계사라 하면 세계 인류의 그리되어 온 상태의 기록이며, 조선사라 하면 조선 민족의 그리되어 온 상태의 기록이니라.

① 「여유당전서」를 발간하여 조선후기 실학자들을 재평가하였다.
② 을지문덕, 최영, 이순신 등 애국명장의 전기를 써서 애국심을 고취하였다.
③ 「조선사회경제」를 저술하여 세계사적 보편성 속에서 한국사를 해석하였다.
④ '5천 년간 조선의 얼'이라는 글을 동아일보에 연재하여 민족정신을 고취하였다.

3 군사제도가 실시된 시기순으로 바르게 나열한 것은?

	중앙	지방
㉠	9서당	10정
㉡	5위	진관체제
㉢	5군영	속오군
㉣	2군과 6위	주현군과 주진군

① ㉠→㉡→㉢→㉣　　　　② ㉠→㉣→㉡→㉢
③ ㉡→㉠→㉢→㉣　　　　④ ㉡→㉣→㉠→㉢

4 (가), (나)의 특징을 가진 국가에 대한 설명으로 옳은 것은?

> (가) 옷은 흰색을 숭상하며, 흰 베로 만든 큰 소매 달린 도포와 바지를 입고 가죽신을 신는다.
> (나) 부여의 별종(別種)이라 하는데, 말이나 풍속 따위는 부여와 많이 같지만 기질이나 옷차림이 다르다.
>
> － 「삼국지」 위서 동이전 －

① (가) － 혼인풍속으로 민며느리제가 있었다.
② (나) － 제사장인 천군이 다스리는 소도가 있었다.
③ (가) － 남의 물건을 훔쳤을 때는 12배로 배상하게 하였다.
④ (나) － 단궁이라는 활과 과하마·반어피 등이 유명하였다.

5 다음 글을 지은 사람들의 공통점으로 옳은 것은?

> (가) 낭혜화상백월보광탑비문(朗慧和尙白月葆光塔碑文)
> (나) 대견훤기고려왕서(代甄萱寄高麗王書)
> (다) 낭원대사오진탑비명(郎圓大師悟眞塔碑銘)

① 골품제를 비판하고 호족 억압을 주장하였다.
② 국립 교육기관인 태학(太學)에서 공부하였다.
③ 신라뿐만 아니라 고려왕조에서도 벼슬하였다.
④ 당나라에 유학하여 빈공과(賓貢科)에 급제하였다.

6 다음 밑줄 친 '대사'에 대한 내용으로 옳지 않은 것은?

> 이 엔닌은 <u>대사</u>의 어진 덕을 입었기에 삼가 우러러 뵙지 않을 수 없습니다. 저는 이미 뜻한 바를 이루기 위해 당나라에 머물러 왔습니다. 부족한 이 사람은 다행히도 <u>대사</u>께서 발원하신 적산원(赤山院)에 머물 수 있었던 것에 대해 감경(感慶)한 마음을 달리 비교해 말씀드리기가 어렵습니다.
>
> ― 「입당구법순례행기」 ―

① 법화원을 건립하고 이를 지원하였다.

② 당나라에 가서 서주 무령군 소장이 되었다.

③ 회역사, 견당매물사 등의 교역 사절을 파견하였다.

④ 웅주를 근거지로 반란을 일으켜 장안(長安)이라는 나라를 세웠다.

7 다음 (가)에서 이루어진 합의제도를 시행한 국가의 통치체제로 옳은 것은?

> 호암사에는 [　(가)　](이)라는 바위가 있다. 나라에서 장차 재상을 뽑을 때에 후보 3, 4명의 이름을 써서 상자에 넣고 봉해 바위 위에 두었다가 얼마 후에 가지고 와서 열어 보고 그 이름 위에 도장이 찍혀 있는 사람을 재상으로 삼았다.
>
> ― 「삼국유사」 ―

> ㉠ 중앙정치는 대대로를 비롯하여 10여 등급의 관리들이 나누어 맡았다.
> ㉡ 중앙관청을 22개로 확대하고 수도는 5부, 지방은 5방으로 정비하였다.
> ㉢ 16품의 관등제를 시행하고, 품계에 따라 옷의 색을 구별하여 입도록 하였다.
> ㉣ 지방 행정 조직을 9주 5소경 체제로 정비하였다.
> ㉤ 중앙에 3성 6부를 두고, 정당성을 관장하는 대내상이 국정을 총괄하도록 하였다.

① ㉠, ㉡　　　　　　　　　　　② ㉡, ㉢

③ ㉢, ㉣　　　　　　　　　　　④ ㉣, ㉤

8 다음 글을 쓴 사람에 대한 설명으로 옳은 것은?

> 오늘날 백성을 다스리는 자는 백성에게서 걷어들이는 데만 급급하고 백성을 부양하는 방법은 알지 못한다. …… '심서(心書)'라고 이름 붙인 까닭은 무엇인가? 백성을 다스릴 마음은 있지만 몸소 실행할 수 없기 때문에 그렇게 이름 붙인 것이다.

① 우리나라에서 처음으로 지전설을 주장하였다.
②「농가집성」을 펴내 이앙법 보급에 공헌하였다.
③ 홍역 관련 의서를 종합해「마과회통」을 저술하였다.
④ 조선시대의 역사를 서술한「열조통기」를 편찬하였다.

9 다음 상황이 나타난 시기에 볼 수 있는 모습으로 옳은 것은?

> 대외 무역이 발전하면서 예성강 어귀의 벽란도가 국제 무역항으로 번성했으며, 대식국(大食國)으로 불리던 아라비아 상인들도 들어와 수은·향료·산호 등을 팔았다.

① 해동통보와 은병(銀瓶) 같은 화폐를 만들어 사용하였다.
② 인구·토지면적 등을 기록한 장적(帳籍, 촌락문서)이 작성되었다.
③ 개성의 송상은 전국에 송방(松房)이라는 지점을 개설해서 활동하였다.
④ 지방 장시의 객주와 여각은 상품의 매매뿐 아니라 숙박·창고·운송 업무까지 운영하였다.

10 (개)와 (내)의 인물에 대한 〈보기〉의 설명으로 옳은 것은?

> (개)는 "교(教)를 배우는 이는 대개 안의 마음을 버리고 외면에서 구하고, 선(禪)을 익히는 이는 인연을 잊고 안의 마음을 밝히기를 좋아하니, 모두 한쪽에 치우친 것으로 두 극단에 모두 막힌 것이다."라고 주장하였다.
> (내)는 "정(定)은 본체이고 혜(慧)는 작용이다. 작용은 본체를 바탕으로 존재하므로 혜가 정을 떠나지 않고, 본체가 작용을 가져오게 하므로 정은 혜를 떠나지 않는다."라고 주장하였다.

> 〈보기〉
> ㉠ (개)와 (내)는 서로 다른 방법으로 교종과 선종의 통합을 시도하였다.
> ㉡ (개)와 (내)는 지방 호족과 연합하여 신라 정부의 권위를 약화시켰다.
> ㉢ (개)는 불교와 유교 모두 도를 추구한다는 점에서 같다는 유·불 일치설을 주장하였다.
> ㉣ (내)는 수선사 결성을 제창하여 불교계의 개혁을 추진하였다.

① ㉠, ㉡
② ㉠, ㉣
③ ㉡, ㉢
④ ㉡, ㉣

11 조선시대 도성 한양에 대한 설명으로 옳지 않은 것은?

① 경복궁 근정전의 이름은 정도전이 지었다.
② 경복궁의 동쪽에 사직이, 서쪽에 종묘가 각각 배치되었다.
③ 유교사상인 인·의·예·지 덕목을 담아 도성 4대문의 이름을 지었다.
④ 도성 밖 10리 안에는 개인의 무덤을 쓰거나 벌채를 하지 못하도록 규제하였다.

12 밑줄 친 제도에 대한 설명으로 옳은 것은?

> 국왕이 말했다. "나는 일찍부터 이 제도를 시행해 여러 해의 평균을 파악하고 답험(踏驗)의 폐단을 영원히 없애려고 해왔다. 신하들부터 백성까지 두루 물어보니 반대하는 사람은 적고 찬성하는 사람이 많았으므로 백성의 뜻도 알 수 있다."

① 토지의 비옥도에 따라 조세를 차등 징수하였다.
② 풍흉에 상관없이 1결당 4~6두를 조세로 징수하였다.
③ 토지 소유자에게 1결당 미곡 12두를 조세로 징수하였다.
④ 토지 소유자에게 수확량의 10분의 1을 조세로 징수하였다.

13 임진왜란의 전개 과정에 대한 설명으로 옳지 않은 것은?

① 휴전협상이 진행되는 동안 조선은 훈련도감을 설치해 군대의 편제를 바꾸었다.
② 조선군은 명나라 지원군과 연합하여 일본군에게 뺏긴 평양성을 탈환하였다.
③ 전세가 불리해지고 도요토미 히데요시가 죽자 일본군이 철수함으로써 전란이 끝났다.
④ 첨사 정발은 부산포에서, 도순변사 신립은 상주에서 일본군과 맞서 싸웠지만 패배하였다.

14 다음 지시에 따라 실시된 제도로 옳은 것은?

> 왕이 양역을 절반으로 줄이라고 명령했다. "…… 호포(戶布)나 결포(結布) 모두 문제가 있다. 이제 1필을 줄이는 것으로 온전히 돌아갈 것이니 경들은 1필을 줄였을 때 생기는 세입 감소분을 보충할 방법을 강구하라."

① 지조법을 시행하고 호조로 재정을 일원화하였다.
② 토산물로 징수하던 공물을 쌀이나 무명, 동전 등으로 통일하였다.
③ 황폐해진 농지를 개간하도록 권장하고 전국적인 양전 사업을 시행하였다.
④ 일부 양반층에게 선무군관이라는 칭호를 주고 군포 1필을 납부하게 하였다.

15 우리나라 족보에 대한 설명으로 옳지 않은 것은?

① 조선후기에 부유한 농민들은 족보를 사거나 위조하기도 하였다.

② 조선초기의 족보는 친손과 외손을 구별하지 않고 모두 수록하였다.

③ 현존하는 가장 오래된 족보는 성종 7년에 간행된 「문화류씨가정보」이다.

④ 조선시대에는 족보가 배우자를 구하거나 붕당을 구별하는 데 중요한 자료로 활용되기도 하였다.

16 다음 (가)~(라)를 내용으로 하는 헌법이 적용되던 시기에 일어난 사건으로 바르게 연결한 것은?

> (가) 대통령의 임기는 7년이며 중임할 수 없다.
>
> (나) 대통령과 부통령은 국회에서 무기명 투표로 각각 선거한다.
>
> (다) 대통령과 부통령의 임기는 4년으로 하며, 1차 중임할 수 있다. 단, 이 헌법 공포 당시의 대통령에 대하여 중임 제한을 적용하지 아니한다.
>
> (라) 6년 임기의 대통령은 통일 주체 국민회의에서 선출된다.

① (가) - 남한과 북한은 함께 유엔에 가입하였다.

② (나) - 판문점에서 휴전 협정이 체결되었다.

③ (다) - 평화통일론을 주장한 진보당의 정당등록이 취소되었다.

④ (라) - 민족 통일을 위한 남북 공동 성명이 발표되었다.

17 다음 자료가 조선 조정에 소개된 이후에 일어난 사건으로 옳지 않은 것은?

> 러시아를 막을 수 있는 조선의 책략은 무엇인가? 중국과 친하고 〔親中〕 일본과 맺고 〔結日〕 미국과 연합해 〔聯美〕 자강을 도모하는 길 뿐이다.

① 육영공원(育英公院)을 설립해 서양의 새 학문을 교육했다.

② 임오군란이 일어나고 제물포조약이 체결되어 일본에 배상금을 지불하였다.

③ 개화파가 우정총국 개국 축하연을 이용해 정변을 일으켜 정권을 장악하였다.

④ 최익현은 일본과 통상을 반대하는 「오불가소(五不可疏)」를 올렸다.

18 다음 자료에 나타난 사상을 정립한 인물에 대한 설명으로 옳지 않은 것은?

> 우리나라의 건국정신은 삼균제도(三均制度)의 역사적 근거를 두었으니 선조들이 분명히 명한 바 「수미균평위(首尾均平位)하야 흥방보태평(興邦保泰平)하리라」 하였다. 이는 사회 각층 각급의 지력과 권력과 부력의 향유를 균평하게 하야 국가를 진흥하며 태평을 보유(保維)하려 함이니 홍익인간(弘益人間)과 이화세계(理化世界)하자는 우리 민족의 지킬 바 최고 공리(公理)임

① 한국독립당을 창당하였다.　　　　② 임시정부의 국무위원이었다.

③ 제헌 국회의원에 당선되었다.　　　④ 정치 · 경제 · 교육의 균등을 주장하였다.

19 시대별 교육문화의 변화에 대한 설명으로 옳지 않은 것은?

① 미군정기 : 미국식 민주주의 교육과 6-3-3학제가 도입되었다.

② 1950년대 : 경제적 어려움 속에서도 초등학교 의무교육제가 시행되었다.

③ 1960년대 : 입시과열을 막기 위해 중학교 무시험 추첨제가 도입되었다.

④ 1970년대 : 국가주의 이념을 강조한 국민교육헌장이 제정되었다.

20 다음 법령에 대한 설명으로 옳지 않은 것은?

> 제1조 일본 정부와 통모하여 한 · 일 합병에 적극 협력한 자, 한국의 주권을 침해하는 조약 또는 문서에 조인한 자와 모의한 자는 사형 또는 무기 징역에 처하고, 그 재산과 유산의 전부 혹은 2분의 1 이상을 몰수한다.
> 제2조 일본 정부로부터 작위를 받은 자 또는 일본 제국 의회의 의원이 되었던 자는 무기 또는 5년 이상의 징역에 처하고 그 재산과 유산의 전부 혹은 2분의 1 이상을 몰수한다.
> 제3조 일본 치하 독립운동자나 그 가족을 악의로 살상 · 박해한 자 또는 이를 지휘한 자는 사형, 무기 또는 5년 이상의 징역에 처하고 그 재산의 전부 혹은 일부를 몰수한다.

① 이 법령에 따라 특별 재판부가 설치되었다.

② 이 법령의 제정은 제헌헌법에 명시된 사항이었다.

③ 이 법령에 따라 반민족행위자들이 실형을 선고받았다.

④ 이 법령은 여수 · 순천 10 · 19 사건 직후에 국회에서 통과되었다.

☞ 정답 및 해설 P.49

1 조선 후기에 전개된 국학 연구에 대한 설명으로 옳지 않은 것은?

① 유희는 「언문지」를 지어 우리말의 음운을 연구하였다.

② 이의봉은 「고금석림」을 편찬하여 우리의 어휘를 정리하였다.

③ 한치윤은 「기언」을 지어 토지제도의 개혁을 주장하였다.

④ 이종휘는 「동사」를 지어 고구려사에 대한 관심을 고조시켰다.

2 조선 후기 경제 변화에 대한 설명으로 옳지 않은 것은?

① 소라 불리는 특수지역에서 수공업이 이루어졌다.

② 도고라 불리는 독점적 도매상인이 활동하였다.

③ 인삼·담배 등의 상품작물이 널리 재배되었다.

④ 금광·은광을 몰래 개발하는 잠채가 번창하였다.

3 다음 지도와 같이 영토 수복이 이루어진 왕대에 일어난 사실은?

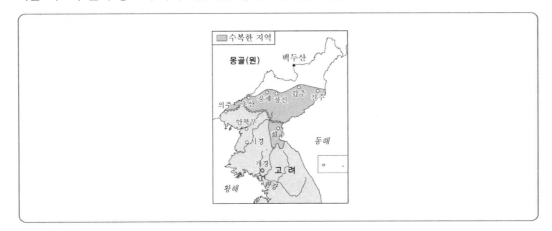

① 과전법의 시행　　　　　　　　　② 철령위의 설치
③ 이승휴의 「제왕운기」 편찬　　　④ 전민변정도감의 설치

4 고려시대 토지제도에 대한 설명으로 옳은 것은?

① 6품 이상의 관리는 전시과 이외에도 공음전을 받아 자손에게 물려줄 수 있었다.
② 전시과에서는 문무관리, 군인, 향리 등을 9등급으로 나누어, 토지를 주었다.
③ 후삼국을 통일한 태조 왕건은 공신, 군인 등을 대상으로 그들의 공로에 따라 차등을 두어 역분전을 지급하였다.
④ 국가는 왕실 경비를 마련하기 위해서 공해전을 지급하였다.

5 (가), (나) 문서에 대한 설명으로 옳은 것은?

> (가) 조선 인민의 노예 상태에 유의하여 적당한 시기에 맹세코 조선을 자주 독립시킬 것을 결의한다.
> (나) 조선 임시 정부의 구성을 원조할 목적으로 먼저 그 적절한 방안을 마련하기 위하여 남조선 합중국 관구와 북조선 소련 관구의 대표자들로 공동위원회가 설치될 것이다.

① (가)는 포츠담 회담에서 발표되었다.
② (나)의 결정에는 미국, 영국, 소련이 참여하였다.
③ (나)의 결정에 따라 좌우합작위원회가 만들어졌다.
④ (가), (나)는 8 · 15 해방 직전에 발표되었다.

6 거문도 사건이 전개된 동안, 당시 사람들이 볼 수 있었던 모습은?

① 당오전을 발행하는 기사
② 한성순보를 배포하는 공무원
③ 서유견문을 출간한 유길준
④ 일본과의 무관세 무역을 항의하는 동래 부민

7 다음은 「고려사」에 나타난 고려 중기 두 세력의 대표적 인물의 주장이다. 이들에 대한 설명으로 옳은 것을 〈보기〉에서 고르면?

> (가) 제가 보건대 서경 임원역의 땅은 풍수지리를 하는 사람들이 말하는 아주 좋은 땅입니다. 만약 이곳에 궁궐을 짓고 전하께서 옮겨 앉으시면 천하를 다스릴 수 있습니다. 또한 금나라가 선물을 바치고 스스로 항복할 것이고 주변의 36나라가 모두 머리를 조아릴 것입니다.
>
> (나) 금년 여름 서경 대화궁에 30여 개소나 벼락이 떨어졌습니다. 서경이 만일 좋은 땅이라면 하늘이 이렇게 하였을 리 없습니다. 또 서경은 아직 추수가 끝나지 않았습니다. 지금 거동하시면 농작물을 짓밟을 것이니 이는 백성을 사랑하고 물건을 아끼는 뜻과 어긋납니다.

> 〈보기〉
> ㉠ (가) 국호를 대위, 연호를 천개로 정하고 반란을 일으켰다.
> ㉡ (가) 칭제 건원과 요나라 정벌을 주장하였다.
> ㉢ (나) 개경 중심의 문벌 귀족세력의 대표였다.
> ㉣ (나) 편년체 역사서인 「삼국사기」를 편찬하였다.

① ㉠, ㉢   ② ㉠, ㉡, ㉢
③ ㉠, ㉢, ㉣   ④ ㉠, ㉡, ㉢, ㉣

8 밑줄 친 '그'에 대한 설명으로 옳은 것은?

> 그는 「묘종초」를 설법하기 좋아하여 언변과 지혜가 막힘이 없었고, 대중에게 참회를 닦기를 권하였다. …(중략)… 대중의 청을 받아 교화시키고 인연을 맺은 지 30년이며, 결사에 들어온 자들이 3백여 명이 되었다.

① 강진의 토호세력의 도움을 받아 백련사를 결성하였다.
② 불교계 폐단을 개혁하기 위해 9산 선문의 통합을 주장하였다.
③ 이론의 연마와 실천을 아울러 강조하는 교관겸수를 제창하였다.
④ 깨달은 후에도 꾸준한 실천이 필요하다는 돈오점수를 중시하였다.

9 다음과 같은 남북합의가 이루어진 정부에서 일어난 사실은?

> 제1조 남과 북은 서로 상대방의 체제를 인정하고 존중한다.
> 제2조 남과 북은 상대방의 내부 문제에 간섭하지 아니한다.
> 제3조 남과 북은 상대방에 대한 비방, 중상을 하지 아니한다.
> 제4조 남과 북은 상대방을 파괴, 전복하는 일체 행위를 하지 아니한다.

① 남북조절위원회 회담　　　　　② 금융실명제 전면 실시
③ 남북정상회담 개최　　　　　　④ 북방외교의 적극 추진

10 다음 중 단군조선의 역사를 다룬 책으로 옳은 것은?

① 「삼국사기」　　　　　　　　　② 「표제음주동국사략」
③ 「연려실기술」　　　　　　　　④ 「고려사절요」

11 삼국 통일 과정에서 나타난 사건을 순서대로 바르게 나열한 것은?

> (가) 나 · 당 연합군이 평양성을 함락시켰다.
> (나) 신라가 매소성에서 당군을 크게 물리쳤다.
> (다) 계백의 저항에도 불구하고 사비성이 함락되었다.
> (라) 백제 · 왜 연합군이 나 · 당 연합군과 백강에서 전투를 벌였다.

① (나) − (가) − (다) − (라)

② (나) − (다) − (가) − (라)

③ (다) − (라) − (가) − (나)

④ (라) − (다) − (가) − (나)

12 임진왜란으로 발생한 문제를 해결하기 위해 광해군 재위기간 중에 추진된 정책에 해당하지 않는 것은?

① 토지 대장과 호적을 새로 정비하였다.

② 공납제도의 문제점을 보완하기 위해 대동법을 실시하였다.

③ 임진왜란 때 활약한 충신과 열녀를 조사하여 추앙하였다.

④ 진관 체제에서 제승방략 체제로 변경하였다.

13 (가)의 사건에 대한 설명으로 옳은 것은?

> 심문자 : 작년 3개월간 무슨 사연으로 고부 등지에서 민중을 크게 모았는가?
> 답변자 : 고부 군수의 수탈이 심하여 민심이 억울하고 통한스러워 의거를 하였다.
> 심문자 : 흩어져 돌아간 후에는 무슨 일로 봉기하였는가?
> 답변자 : 안핵사 이용태가 의거 참가자 대다수를 동학도로 몰아 체포하여 살육하였기 때문이다.
> 심문자 : (가) 이후 다시 봉기를 일으킨 이유는 무엇인가?
> 답변자 : 일본이 군대를 거느리고 경복궁을 침범하였기 때문이다.

① 일본군이 풍도의 청군을 공격하면서 성립하였다.

② 법규교정소를 설치한다는 내용이 들어 있었다.

③ 집강소 및 폐정개혁에 관한 규정이 포함되었다.

④ 제물포 조약을 근거로 실행한 것이다.

14 다음 자료와 관련된 사건을 순서대로 바르게 나열한 것은?

> ㉠ 무엇보다 우리는 이른바 4 · 13 대통령의 특별 조치를 국민의 이름으로 무효임을 선언한다.
> ㉡ 우리 시민군은 온갖 방해에도 불구하고 여러분의 안전을 끝까지 지킬 것입니다. 또한 협상이 올바른 방향대로 진행되면 우리는 즉각 총을 놓겠습니다.
> ㉢ 오늘의 이 시점에서 저는 사회적 혼란을 극복하고, 국민적 화해를 이룩하기 위하여 대통령 직선제를 택하지 않을 수 없다는 결론에 이르게 되었습니다.

① ㉠ – ㉡ – ㉢

② ㉡ – ㉠ – ㉢

③ ㉡ – ㉢ – ㉠

④ ㉢ – ㉡ – ㉠

15 다음의 협약 이후 일어난 일로 옳지 않은 것은?

> • 한국 정부는 시정 개선에 관하여 통감의 지도를 받을 것
> • 한국 정부의 법령 제정 및 중요한 행정상의 처분은 미리통감의 승인을 거칠 것
> • 한국 고등 관리의 임면은 통감의 동의로써 이를 행할 것
> • 한국 정부는 통감이 추천하는 일본인을 한국 관리에 임명할 것

① 13도 창의군의 서울진공작전
② 고종의 헤이그 특사 파견
③ 대한제국 군대 해산
④ 대한제국 경찰권 박탈

16 밑줄 친 '왕'에 대한 설명으로 옳은 것은?

> 왕은 왕권 강화를 위해 중앙집권체제를 강화하고, 변방중심에서 전국적인 지역 중심 방어체제로 바꾸는 등 국방을 강화하였다. 또 국가재정을 안정시키기 위해 과전을 현직 관료에게만 지급하기 시작하였다.

① 「경국대전」의 편찬을 마무리하여 반포하였다.
② 간경도감을 두어 「월인석보」를 언해하여 간행하였다.
③ 6조 직계제를 채택하고 사간원을 독립시켜 대신을 견제하였다.
④ 대마도주와 계해약조를 맺어 무역선을 1년에 50척으로 제한하였다.

17 밑줄 친 '이 책'의 저자에 대한 설명으로 옳은 것은?

> 이 책은 왕과 사대부를 위해 왕도정치의 규범을 체계화한 것으로 통설, 수기, 정가, 위정, 성현도통 등으로 구성되어 있다. 이 책은 성리학의 정치 이론서인 「대학연의」를 보완함으로써 조선의 사상계에 널리 영향을 미쳤다.

① 경과 의를 근본으로 하는 실천적 성리학풍을 강조하였다.
② 기대승과 8차례 편지를 통해 4단과 7정에 대한 논쟁을 벌였다.
③ 이보다 기를 중심으로 세계를 이해하고 노장사상에 개방적이었다.
④ 사림이 추구하는 왕도정치가 기자에서 시작되었다는 평가를 담은 「기자실기」를 저술하였다.

18 밑줄 친 '그'의 활동에 대한 설명으로 옳은 것은?

> 그는 만동묘와 폐단이 큰 서원을 철폐하도록 명령을 내렸다. 선비들 수만 명이 대궐 앞에 모여 만동묘와 서원을 다시 설립할 것을 청하니, 그가 크게 노하여 병졸로 하여금 한강 밖으로 몰아내도록 하였다.

① 갑오개혁 당시 군국기무처의 총재관으로 활동하였다.
② 갑신정변 당시 청군의 원조를 요청하였다.
③ 임오군란 직후 통리기무아문을 폐지하였다.
④ 강화도 조약 체결 직전 화서학파의 적극적인 지지를 받았다.

19 대한민국 임시 정부에 대한 설명으로 옳지 않은 것은?

① 국내 항일 세력들과 연락하기 위해 연통제를 운영하였다.
② 국외 거주 동포에게 독립 공채를 발행하였다.
③ 만주 지역의 무장 투쟁 세력들도 참여하였다.
④ 임시 정부 수립 직후 임시 의정원을 구성하였다.

20 ㉠~㉣에 대한 설명이 바르게 연결된 것은?

> ㉠ 농경이 발달하였고, 어물과 소금 등 해산물이 풍부하였다.
> ㉡ 도둑질을 하면 물건 값의 12배를 변상하게 하였다.
> ㉢ 산과 내마다 각기 구분이 있어서 함부로 들어가지 못하였다.
> ㉣ 국읍에 각각 한 사람씩 세워 천신의 제사를 주관하게 하였다.

① ㉠ - 10월에 동맹이라는 제천 행사를 실시하였다.
② ㉡ - 형이 죽으면 형수를 아내로 삼는 풍습이 있었다.
③ ㉢ - 족내혼과 함께 민며느리제라는 혼인 풍속이 있었다.
④ ㉣ - 상가, 고추가 등이 제가회의를 열어 국가 대사를 결정하였다.

☞ 정답 및 해설 P.51

1 '신라촌락(민정)문서'를 통해서 알 수 있는 내용으로 옳지 않은 것은?

① 인구를 중시하여 소아의 수까지 파악했다.

② 내시령과 같은 관료에게 토지가 지급되었다.

③ 촌락의 경제력을 파악할 때 유실수의 상황을 반영했다.

④ 촌락을 통제하기 위해서 지방관으로 촌주가 파견되었다.

2 다음과 같은 명을 내린 왕에 대한 설명으로 옳은 것은?

> 삼강은 인도의 근본이니, 군신·부자·부부의 도리를 먼저 알아야 할 것이다. 이제 내가 유신에게 명하여 고금의 사적을 편집하고 아울러 그림을 붙여 만들어 이름을 '삼강행실'이라 하고, 인쇄하게 하여 서울과 외방에 널리 펴고자 한다.

① 압록강과 두만강 지역에 4군 6진을 설치하였다.

② 훈구세력을 견제하기 위해 사림을 적극 중용하였다.

③ 『국조오례의』를 편찬하여 국가의 예법과 절차를 정하였다.

④ 토지 등급을 대부분 하등으로 정하여 전세를 경감해 주었다.

3 밑줄 친 '왕'의 재위 기간에 있었던 사실로 옳은 것은?

> 왕 30년, 달솔 노리사치계를 왜에 보내 석가여래상과 불경을 전했다.

① 불교를 공인하였다.

② 국호를 남부여로 고쳤다.

③ 평양성까지 진군하여 고국원왕을 전사시켰다.

④ 북위에 국서를 보내 고구려를 공격해줄 것을 요청했다.

4 고려시대 토지 종목 중 ㉠에 해당하는 것은?

> 원종 12년 2월에 도병마사가 아뢰기를, "근래 병란이 일어남으로 인해 창고가 비어서 백관의 녹봉을 지급하지 못하여 사인(士人)을 권면할 수 없었습니다. 청컨대 경기 8현을 품등에 따라 (㉠)으로 지급하소서."라고 하였다.
>
> — 『고려사』 —

① 공음전
② 구분전
③ 녹과전
④ 사패전

5 다음 자료에 해당하는 나라에 대한 설명으로 옳지 않은 것은?

> • 대가(大家)들은 농사를 짓지 않고, 앉아서 먹는 자[坐食者]가 1만여 명이나 된다. 하호가 멀리서 쌀, 곡물, 물고기, 소금을 져서 날라 공급한다.
> • 큰 창고가 없고 집집마다 작은 창고가 있어 부경(桴京)이라고 부른다.
>
> — 『삼국지』 —

① 전쟁에 나갈 때 우제점(牛蹄占)을 쳐서 승패를 예측했다.
② 거처의 좌우에 큰 집을 지어 귀신을 제사하고, 영성과 사직에도 제사했다.
③ 금, 은의 폐물로써 후하게 장례를 치렀으며 돌무지무덤(적석총)을 만들었다.
④ 신랑은 처가 쪽에 머물며 자식이 장성한 다음에야 부인을 데리고 본가로 돌아왔다.

6 밑줄 친 '탑'에 대한 설명으로 옳은 것은?

> 신인(神人)이 말하기를, "황룡사의 호법룡은 나의 아들로서 범왕(梵王)의 명을 받아 그 절을 보호하고 있으니, 본국에 돌아가 그 절에 탑을 세우시오. 그렇게 하면 이웃 나라가 항복하고 구한(九韓)이 와서 조공하여 왕업이 길이 태평할 것이오."라고 하였다. …… 백제에서 아비지(阿非知)라는 공장을 초빙하여 이 탑을 건축하고 용춘이 이를 감독했다.
>
> ―『삼국유사』―

① 자장 율사가 건의하여 세워졌다.
② 돌을 벽돌 모양으로 다듬어 쌓았다.
③ 목조탑의 양식을 간직하고 있는 석탑이다.
④ 선종이 보급되면서 승려의 사리를 봉안하기 위해 세웠다.

7 다음 사건으로 즉위한 왕의 재위 기간에 있었던 사실로 옳지 않은 것은?

> 목종의 모후(母后)인 천추태후와 김치양이 불륜 관계를 맺고 왕위를 엿보자, 서북면도순검사 강조가 군사를 일으켜 김치양 일파를 제거하고 목종을 폐위시켰다.

① 대장경 조판 사업을 시작하였다.
② 지방관이 없는 속군에 감무를 파견하였다.
③ 부모의 명복을 빌고자 현화사를 창건하였다.
④ 개성부를 경중(京中) 5부와 경기로 구획하였다.

8 『신편제종교장총록』을 편찬한 승려에 대한 설명으로 옳은 것은?

① 선종의 일파인 임제종을 들여와 전파하였다.
② 거조암, 길상사 등에서 정혜결사를 주도하였다.
③ 우리나라 천태교학의 전통을 원효에게서 찾았다.
④ 성속무애 사상을 주장하면서 종단을 통합하려 하였다.

9 발해의 통치 체제에 대한 설명으로 옳은 것은?

① 사정부를 두어 관리를 감찰하였다.
② 중앙의 핵심 군단으로 9서당이 있었다.
③ 정당성 아래에 있는 6부가 정책을 집행하였다.
④ 중앙과 지방에 각각 6부와 9주를 두어 다스렸다.

10 밑줄 친 인물들이 속한 신분층에 대한 설명으로 옳은 것은?

> • 진덕여왕 2년, 김춘추가 돌아오는 길에 고구려의 순라병을 만났는데, 종자인 온군해가 대신 피살되었고 그는 무사히 신라로 귀국했다.
> • 마침 알천의 물이 불어 김주원이 왕궁으로 건너오지 못하니, 상대등 김경신이 왕위에 올랐다.
> — 『삼국사기』 —

① 관등과 상관없이 특정 색깔의 관복을 입었다.
② 골품제의 모순을 비판하며 과거제 도입을 주장하였다.
③ 죄를 지으면 본관지로 귀향시키는 형벌이 적용되었다.
④ 중앙 관부와 지방행정 조직의 장관직에 오를 수 있었다.

11 다음 사건에 대한 설명으로 옳은 것은?

> 미군이 제너럴셔먼호 사건을 구실로 광성보를 침공하였다. 어재연이 이끄는 조선군은 격렬히 항전했지만, 미군에 패하고 말았다. 그러나 조선 정부는 굴복하지 않았고, 결국 미군은 물러갔다.

① 『조선책략』에 대한 반발로 발생한 사건이었다.
② 전국 여러 곳에 척화비가 세워지는 계기가 되었다.
③ 오페르트가 남연군묘 도굴 사건을 일으킨 원인이 되었다.
④ 이 사건 당시 정족산성에서 양헌수 부대가 승리를 거두었다.

12 다음 강령을 채택한 단체에 대한 설명으로 옳은 것은?

> • 우리는 정치적 경제적 각성을 촉구함
> • 우리는 단결을 공고히 함
> • 우리는 기회주의를 일체 부인함

① 조선 물산 장려회를 조직하였다.
② 한글 맞춤법 통일안을 제정하였다.
③ 암태도 소작 쟁의를 주도적으로 이끌었다.
④ 광주 학생 항일 운동의 진상 조사 활동을 펼쳤다.

13 다음 글의 ㉠에 해당하는 것은?

> 국내 · 외에서 줄기차게 전개된 독립 운동은 연합국이 한국의 독립을 약속하는 데에 영향을 미쳤다. 1943년에 미국의 루스벨트 대통령과 영국의 처칠 수상, 중국의 장제스 총통은 '한국인이 노예적 상태에 있음에 유의하여 적당한 절차(in due course)를 밟아 한국을 독립시키기로 결의한다'는 내용이 담긴 (㉠)을 발표하였다.

① 얄타 협정   ② 카이로 선언
③ 포츠담 선언   ④ 트루먼 독트린

14 밑줄 친 '시기'에 있었던 사실에 대한 설명으로 옳은 것은?

> 제1차 경제 개발 5개년 계획을 시행할 무렵에 우리나라 정부는 국내에서 산업 개발 자금을 확보하려 하였다. 이에 통화 개혁을 실시했으나 목적을 달성하지 못했고, 결국 외국 차관을 들여왔다. 이러한 배경 속에서 섬유 · 가발 등의 수출 산업이 육성되었다. 제2차 경제 개발 5개년 계획이 적용된 때에는 화학, 철강 산업에 대한 투자도 이루어졌다. 이 두 차례의 경제 개발 계획이 시행된 <u>시기</u>에 수출 주도 성장 전략이 자리를 잡았다.

① 경부 고속 국도가 건설되었다.
② 금융 실명제가 전격적으로 실시되었다.
③ 경제 협력 개발 기구(OECD)에 가입하였다.
④ 연간 수출 총액이 늘어나 100억 달러를 돌파하였다.

15 조선시대 의궤에 대한 설명으로 옳지 않은 것은?

① 가례도감의궤는 임진왜란 이후부터 편찬되기 시작하였다.

② 조선왕조의궤는 유네스코 세계기록유산으로 등재되었다.

③ 정조 때 화성 행차 일정, 참가자 명단, 행차 그림 등을 수록한 의궤가 편찬되었다.

④ 가례도감의궤의 말미에 그려진 반차도에는 당시 왕실 혼례의 행렬 모습이 담겨 있다.

16 조선 후기 평안도에 대한 설명으로 옳지 않은 것은?

① 평안도 사람들은 서북인이라 하여 차별을 받았다.

② 두 차례의 호란 직후 사회가 불안정해져 인구가 급감하였다.

③ 영ㆍ정조 대에 들어서 문과 합격자 중 평안도 출신자의 비중이 높아졌다.

④ 중국과의 무역량이 증가하면서 의주, 평양, 정주 등지의 상인들이 많은 부를 축적하였다.

17 (가), (나) 시기에 있었던 사실에 대한 설명으로 옳은 것은?

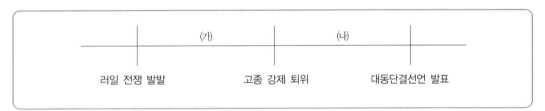

① (가) - 독립협회가 개최한 관민공동회에서 헌의 6조가 결의되었다.

② (가) - 독도를 울릉군 관할로 한다는 내용의 대한제국 칙령 제41호가 공포되었다.

③ (나) - 일제가 '105인 사건'을 일으켜 윤치호 등을 체포하였다.

④ (나) - 일본인 메가타가 재정 고문으로 부임하여 화폐 정리 사업을 시작하였다.

18 조선 후기의 사상 동향에 대한 설명으로 옳은 것만을 모두 고른 것은?

> ㉠ 서울 부근의 일부 남인 학자는 천주교를 수용하였다.
> ㉡ 정조는 기존의 문체에 얽매이지 않는 신문체를 장려하였다.
> ㉢ 복상 기간에 대한 견해차로 인해 예송(禮訟)이 전개되었다.
> ㉣ 노론과 남인 간에 인성(人性)·물성(物性) 논쟁이 전개되었다.

① ㉠, ㉡   ② ㉠, ㉢
③ ㉡, ㉣   ④ ㉢, ㉣

19 밑줄 친 '단체'의 활동에 대한 설명으로 옳은 것은?

> 1919년 김원봉, 윤세주 등이 만주 지린성에서 조직한 이 단체는 일제(日帝)의 요인 암살과 식민 지배 기관 파괴를 목표로 삼았다. 이 단체는 신채호가 작성한 조선혁명선언을 이념적 지표로 내세웠다.

① 중국 충칭에서 한국광복군을 조직하였다.
② 대한민국 임시 정부를 주도한 한국 독립당을 결성하였다.
③ 중국 의용군과 힘을 합쳐 영릉가 전투에서 일본군을 물리쳤다.
④ 이 단체에 속한 김익상이 조선총독부에 폭탄을 투척하였다.

20 다음 사실들을 시기 순으로 바르게 나열한 것은?

> ㉠ 남북이 유엔에 동시 가입하였다.
> ㉡ 분단 후 처음으로 금강산 관광 사업이 실현되었다.
> ㉢ '남북 사이의 화해와 불가침 및 교류·협력에 관한 합의서'가 체결되었다.
> ㉣ 북한 핵시설 동결과 경수로 발전소 건설 지원 등을 명시한 '북·미 제네바 기본 합의서'가 채택되었다.

① ㉠→㉡→㉢→㉣   ② ㉠→㉢→㉣→㉡
③ ㉢→㉠→㉣→㉡   ④ ㉢→㉣→㉠→㉡

1 〈보기〉는 일제가 제정한 법령의 일부이다. 이 법령에 의해 처벌된 사건이 아닌 것은?

> 〈보기〉
>
> 국체를 변혁하는 것을 목적으로 결사를 조직하는 자 또는 결사의 임원, 그의 지도자로서의 임무에 종사하는 자는 사형, 무기 또는 5년 이상의 징역 또는 금고에 처한다. (중략)
> 사유재산제도를 부인하는 것을 목적으로 결사를 조직하는 자, 결사에 가입하는 자, 또는 목적 수행을 위한 행위를 돕는 자는 10년 이하의 징역 또는 금고에 처한다.

① 김상옥의 종로경찰서 폭탄투척 사건

② 조선공산당 사건

③ 수양동우회 사건

④ 조선어학회 사건

2 〈보기〉의 유적들이 등장한 시대의 사회상에 대한 설명으로 가장 옳은 것은?

> 〈보기〉
>
> • 서울 암사동 유적   • 제주 고산리 유적
> • 양양 오산리 유적   • 부산 동삼동 유적

① 움집을 청산하고 지상 가옥에서 거주하기 시작하였다.

② 벼농사를 위하여 각종 수리시설이 축조되었다.

③ 조개무지(패총)를 많이 남겼다.

④ 마을을 보호하기 위한 방어시설이 발전하였다.

3 〈보기〉의 백과사전(유서)을 편찬한 순서대로 바르게 나열한 것은?

〈보기〉

㉠ 대동운부군옥   ㉡ 지봉유설
㉢ 성호사설   ㉣ 오주연문장전산고

① ㉠ → ㉡ → ㉢ → ㉣
② ㉡ → ㉢ → ㉣ → ㉠
③ ㉠ → ㉢ → ㉡ → ㉣
④ ㉠ → ㉣ → ㉢ → ㉡

4 〈보기〉는 일제강점기 당시 흥행에 성공하였던 영화의 줄거리이다. 이 영화가 상영되던 시기의 문화예술계에 대한 설명으로 가장 옳은 것은?

〈보기〉

영진은 전문학교를 다닐 때 독립만세를 부르다가 왜경에게 고문을 당해 정신이상이 된 청년이었다. 한편 마을의 악덕 지주 천가의 머슴이며, 왜경의 앞잡이인 오기호는 빚 독촉을 하며 영진의 아버지를 괴롭혔다. 더욱이 딸 영희를 아내로 준다면 빚을 대신 갚아줄 수 있다고 회유하기까지 하였다. (중략) 오기호는 마을 축제의 어수선한 틈을 타 영희를 겁탈하려 하고 이를 지켜보던 영진은 갑자기 환상에 빠져 낫을 휘둘러 오기호를 죽인다. 영진은 살인혐의로 일본 순경에게 끌려가고, 주제곡이 흐른다.

① 역사학 : 민족주의 역사가들 사이에서 이른바 '조선학' 운동이 시작되었다.
② 문학 : 민중생활에 관심을 기울인 신경향파 문학이 대두하여 식민통치에 대한 저항문학으로 발전했다.
③ 음악 : 일본 주류 대중음악의 영향을 받은 트로트 양식이 정립되었다.
④ 영화 : 일제는 조선영화령을 공포하여 영화를 전시체제의 옹호와 선전의 수단으로 사용하였다.

5 〈보기〉의 사건을 시간순으로 바르게 나열한 것은?

> 〈보기〉
> ㉠ 일본군이 인천항에 정박한 러시아군함 2척을 공격
> ㉡ 대한제국정부의 국외중립 선언
> ㉢ 일본군이 러시아에 선전포고
> ㉣ 한일의정서 체결

① ㉠ – ㉣ – ㉡ – ㉢
② ㉡ – ㉠ – ㉢ – ㉣
③ ㉠ – ㉢ – ㉣ – ㉡
④ ㉡ – ㉣ – ㉢ – ㉠

6 〈보기〉의 그에 대한 설명으로 가장 옳지 않은 것은?

> 〈보기〉
> 그는 평안도 양덕 사람으로 (중략) 체격이 장대하고 지기가 왕성하였는데, 비록 글은 배우지 못하였으나 천성적인 의협심이 있어, 남을 돕는 일을 급무로 삼은 연유로 사람들이 많이 따랐다. 1907년 겨울에 차도선, 송상봉, 허근 등 여러 사람들과 의병을 일으켜 (중략) 전투를 벌였다.

① 산포수들을 모아 의병을 구성하였다.
② 주요 활동지는 함경도 삼수, 갑산 등지였다.
③ 1920년 청산리 전투에서 일본군을 격파하였다.
④ 13도창의군을 결성하고 서울진공작전을 개시하였다.

7 〈보기〉의 선언문을 지침으로 삼은 단체의 활동에 대한 설명으로 가장 옳은 것은?

> 〈보기〉
>
> 강도 일본이 우리의 국호를 없이 하며, 우리의 정권을 빼앗으며, 우리의 생존적 필요조건을 다 박탈하였다. (중략)
> 혁명의 길은 파괴부터 개척할지니라. 그러나 파괴만 하려고 파괴하는 것이 아니라 건설하려고 파괴하는 것이니, 만일 건설할 줄을 모르면 파괴할 줄도 모를지며, 파괴할 줄을 모르면 건설할 줄도 모를지니라. 건설과 파괴가 다만 형식상에서 보아 구별될 뿐이요 정신상에서는 파괴가 곧 건설이니, 이를테면 우리가 일본세력을 파괴하려는 것이, (하략)

① 오성륜, 김익상, 이종암이 상해 황포탄에서 일본 육군대장 다나카 기이치를 저격하였다.
② 이봉창이 동경에서 일왕 히로히토에게 폭탄을 던졌다.
③ 백정기, 이강훈, 원심창이 상해 육삼정에서 일본공사 아리요시를 암살하려고 시도하였다.
④ 윤봉길이 상해 홍구공원에서 열린 일본의 천장절 행사에 폭탄을 던졌다.

8 고구려와 관련된 〈보기〉의 사건을 시간순으로 바르게 나열한 것은?

> 〈보기〉
>
> ㉠ 평양천도   ㉡ 관구검과의 전쟁
> ㉢ 고국원왕의 전사   ㉣ 광개토왕릉비 건립

① ㉢ - ㉠ - ㉣ - ㉡
② ㉠ - ㉢ - ㉡ - ㉣
③ ㉡ - ㉢ - ㉣ - ㉠
④ ㉣ - ㉡ - ㉠ - ㉢

9 조선시대에 편찬된 서적과 관련된 설명으로 옳은 것을 〈보기〉에서 모두 고른 것은?

〈보기〉

㉠『경국대전』: 조선의 통치 규범과 법을 정리하였다.
㉡『동문선』: 우리 풍토에 맞는 약재와 치료법을 정리하였다.
㉢『동의수세보원』: 중국과 일본의 자료를 참고하여 민족사 인식을 확대하였다.
㉣『금석과안록』: 북한산비가 진흥왕 순수비임을 밝혔다.

① ㉠, ㉡
② ㉡, ㉢
③ ㉠, ㉣
④ ㉡, ㉣

10 〈보기〉는 개항 이후 각국과 맺은 조약이다. ㉠과 ㉡에 들어갈 용어로 옳은 것은?

〈보기〉

(가) 조선국은 ___㉠___ 으로 일본국과 평등한 권리를 보유한다. 금 후 양국이 화친의 성의를 표하
고자 할진대 모름지기 서로 동등한 예의로써 상대할 것이며 추호도 경계를 넘어 침입하거나
시기하여 싫어함이 있어서는 아니될 것이다.
(나) 수륙무역장정은 중국이 ___㉡___ 을 우대하는 후의에서 나온 것인 만큼 다른 각국과 일체 균점
하는 예와는 같지 않으므로 여기에 각항 약정을 한다.

① ㉠ 인근국 – ㉡ 속방
② ㉠ 자주국 – ㉡ 우방
③ ㉠ 인근국 – ㉡ 우방
④ ㉠ 자주국 – ㉡ 속방

11 〈보기〉의 단체가 존속한 기간에 발생한 사건이 아닌 것은?

> 〈보기〉
> • 사회주의계열과 비타협적 민족주의계열의 합작으로 구성되었다.
> • 설립 당시 회장은 이상재, 부회장은 홍명희가 맡았다.
> • 전국에 140여 개소의 지회를 두고, 약 4만 명의 회원을 확보하였다.

① 광주학생독립운동
② 원산총파업
③ 단천산림조합시행령 반대운동
④ 암태도소작쟁의

12 〈보기〉의 내용을 주장한 인물에 대한 설명으로 가장 옳은 것은?

> 〈보기〉
> 국가는 마땅히 한 집의 생활에 맞추어 재산을 계산해서 토지 몇 부(負)를 한 호의 영업전으로 한다. 그러나 땅이 많은 자는 빼앗아 줄이지 않고 미치지 못하는 자도 더 주지 않으며, 돈이 있어 사고자 하는 자는 비록 천백 결이라도 허락해 주고, 땅이 많아서 팔고자 하는 자는 다만 영업전 몇 부 이외에는 허락한다.

① 『목민심서』를 저술하는 등 실학을 집대성하였다.
② 발해사를 우리나라 역사로 체계화할 목적으로 『발해고』를 저술하였다.
③ 전국의 자연환경과 인물, 풍속 등을 정리한 『택리지』를 저술하였다.
④ 천지 · 인사 · 만물 · 경사 · 시문 등 5개 부문으로 나누어 우리나라와 중국의 문화를 백과사전식으로 소개 · 비판한 『성호사설』을 저술하였다.

13 〈보기〉는 어느 책의 일부를 발췌한 것이다. 이 책을 저술한 사람은?

〈보기〉
    하늘이 재능을 균등하게 부여하는데 관리의 자격을 대대로 벼슬하던 집안과 과거 출신으로만 한정하고 있으니 항상 인재가 모자라 애태우는 것은 당연한 일이다. 어느 시대, 어느 나라에서 노비나 서얼이어서 어진 인재를 버려두고, 어머니가 개가했으므로 재능을 쓰지 않는다는 것은 듣지 못했다.

① 이황   ② 이이
③ 허균   ④ 유형원

14 〈보기〉에서 조선 전기 건축물을 모두 고른 것은?

〈보기〉
㉠ 무위사 극락전   ㉡ 법주사 팔상전
㉢ 금산사 미륵전   ㉣ 해인사 장경판전

① ㉠, ㉣   ② ㉡, ㉣
③ ㉢, ㉣   ④ ㉠, ㉢

15 고려와 조선의 지방 행정 제도에 대한 설명으로 가장 옳지 않은 것은?

① 조선에서 지방관은 행정·사법권을, 별도로 파견된 진장·영장은 군사권을 보유하였다.
② 고려에서 상급 향리는 과거 응시에 제한을 두지 않아 고위 관리가 될 수 있었다.
③ 조선에서 지역 양반은 유향소를 구성하여 향리를 규찰하고 향촌 질서를 바로잡았다.
④ 고려의 지방은 지방관이 파견된 주현과 파견되지 않은 속현으로 구성되었다.

16 〈보기〉의 선언에 대한 설명으로 가장 옳은 것은?

> 〈보기〉
>
> 각 군사 사절단은 일본국에 대한 장래의 군사행동을 협정하였다. (중략) 앞의 3대국은 조선 인민의 노예상태에 유의하여 적당한 시기에 맹세코 조선을 자주독립시킬 결의를 한다.

① 이 선언에서 연합국은 일본에 무조건 항복을 요구하였다.

② 미국, 영국, 중국의 정상이 모여 회담을 한 후 나온 선언이다.

③ 소련은 일본과의 전쟁에 참전할 것을 결정했다.

④ 미국의 루즈벨트 대통령이 20~30년간의 신탁통치안을 처음으로 제안하였다.

17 〈보기〉의 북한정권 수립 과정을 시간순으로 바르게 나열한 것은?

> 〈보기〉
>
> ㉠ 북조선임시인민위원회 성립   ㉡ 조선인민군 창설
> ㉢ 토지개혁 실시   ㉣ 최고인민회의 대의원 선거 실시
> ㉤ 북조선노동당 결성   ㉥ 조선민주주의인민공화국 성립

① ㉠ - ㉡ - ㉢ - ㉣ - ㉤ - ㉥

② ㉠ - ㉢ - ㉤ - ㉡ - ㉣ - ㉥

③ ㉠ - ㉤ - ㉢ - ㉣ - ㉡ - ㉥

④ ㉠ - ㉤ - ㉡ - ㉢ - ㉣ - ㉥

18 〈보기〉의 왕 재위기간에 있었던 사실로 가장 옳은 것은?

> 〈보기〉
>
> 나라 안의 여러 주군에서 세금을 바치지 않으니, 창고가 비고 나라의 쓰임이 궁핍하였다. 왕이 독촉하자 곳곳에서 도적이 벌떼같이 일어났다. 이에 원종, 애노 등이 사벌주(상주)에 의거하여 반란을 일으키니, 왕이 나마 벼슬의 영기를 시켜 사로잡게 하였다.
>
> ─ 『삼국사기』 ─

① 관직과 주현의 이름을 중국식 한자로 바꾸었다.

② 귀족과 관리에게 주던 녹읍을 폐지하였다.

③ 해적을 소탕하기 위해 청해진을 세웠다.

④ 위홍 등이 향가를 모아 『삼대목』을 편찬하였다.

19 〈보기〉의 왕에 대한 설명으로 가장 옳은 것은?

> 〈보기〉
>
> 왕은 당이 내분으로 어지러워진 틈을 타서 영토를 넓히고, 수도를 중경에서 상경으로, 다시 동경으로 옮겼다. 또한 대흥, 보력 등 독자적인 연호를 사용하였다.

① 산동지방에 수군을 보내 당을 공격하였다.

② 당으로부터 해동성국이라 불렸다.

③ 전륜성왕을 자처하고 황상이라는 칭호를 사용하였다.

④ 동모산에 나라를 세웠다.

20 〈보기〉에서 설명하고 있는 기구에 대한 설명으로 가장 옳은 것은?

〈보기〉

　　재신(宰臣)으로서 이 일을 맡은 사람을 지변재상(知邊宰相)이라고 불렀습니다. 그러나 이것은 일시적인 전쟁 때문에 설치한 것으로 국가의 중요한 모든 일들을 참으로 다 맡긴 것은 아니었습니다. 오늘에 와서 큰 일이건 작은 일이건 중요한 것으로 취급되지 않는 것이 없는데, 정부는 한갓 헛이름만 지니고 육조는 모두 그 직임을 상실하였습니다. 명칭은 '변방의 방비를 담당하는 것'이라고 하면서 과거에 대한 판하(判下)나 비빈(妃嬪)을 간택하는 등의 일까지도 모두 여기를 경유하여 나옵니다.

－『효종실록』－

① 대원군에 의해 기능이 강화되었다.
② 의정부의 기능을 약화시켰다.
③ 붕당정치의 폐단을 막기 위해 설치되었다.
④ 왜구의 침입에 대비하여 16세기 초 상설기구로 설치되었다.

☞ 정답 및 해설 P.54

1 시대별 지방 행정 제도에 대한 설명으로 옳은 것은?

① 통일신라 – 촌의 행정은 촌주가 담당하였다.
② 발해 – 전국 330여 개의 모든 군현에 수령을 파견하였다.
③ 고려 – 촌락 지배 방식으로 면리제가 확립되었다.
④ 조선 – 향리 통제를 위하여 사심관을 파견하였다.

2 다음 (갑)과 (을)의 담판 이후에 있었던 (을)의 활동으로 옳은 것은?

> (갑) 그대 나라는 신라 땅에서 일어났고 고구려 땅은 우리의 소유인데 그대들이 침범했다.
> (을) 아니다. 우리야말로 고구려를 이은 나라이다. 그래서 나라 이름도 고려라 했고, 평양에 도읍하였다. 만일 땅의 경계로 논한다면 그대 나라 동경도 모두 우리 강역에 들어 있는 것인데 어찌 침범이라 하겠는가.

① 9성 설치   ② 귀주 대첩
③ 강동 6주 경략   ④ 천리장성 축조

3 밑줄 친 ㉠의 결과에 해당하는 사실로 옳은 것은?

> (영락) 6년 병신(丙申)에 왕이 직접 수군을 이끌고 백제를 토벌하였다. (백제왕이) 우리 왕에게 항복하면서 "지금 이후로는 영원히 노객(奴客)이 되겠습니다."라고 맹세하였다. … (중략) … ㉠10년 경자(庚子)에 왕이 보병과 기병 5만 명을 보내어 신라를 구원하게 하였다.

① 고구려가 신라 내정간섭을 강화하였다.
② 백제가 고구려의 평양성을 공격하였다.
③ 신라가 관산성 전투에서 백제 성왕을 살해하였다.
④ 금관가야가 가야 지역의 중심 세력으로 대두하였다.

4 (가)와 (나)를 주장한 각 인물에 대한 설명으로 옳은 것은?

> (가) 우리는 남방만이라도 임시 정부 혹은 위원회 같은 것을 조직하여 38도선 이북에서 소련이 철퇴하도록 세계 공론에 호소해야 할 것이다.
>
> (나) 나는 통일된 조국을 달성하려다 38도선을 베고 쓰러질지언정 일신의 구차한 안일을 위하여 단독 정부를 세우는 데는 협력하지 아니하겠다.

① (가) - 5·10 총선거에 불참하였다.

② (가) - 좌우 합작 7원칙을 지지하였다.

③ (나) - 탁치 반대 국민 총동원 위원회를 조직하였다.

④ (나) - 남조선 과도 입법 의원의 의장을 역임하였다.

5 다음 (가)에 대한 설명으로 옳지 않은 것은?

> 예전에 성종이 ☐☐(가)☐☐ 시행에 따르는 잡기가 정도(正道)에 어긋나는데다가 번거롭고 요란스럽다 하여 이를 모두 폐지하였다. … (중략) … 이것을 폐지한 지가 거의 30년이나 되었는데, 이때에 와서 정당문학 최항이 청하여 이를 부활시켰다.

① 국제 교류의 장이었다.

② 정월 보름에 개최되었다.

③ 토속 신에게 제사를 지냈다.

④ 훈요 10조에서 시행할 것을 강조하였다.

6 다음과 같이 주장한 인물에 대한 설명으로 옳은 것은?

> 달은 하나이나 냇물의 갈래는 만 개가 된다. … (중략) … 나는 그 냇물이 세상 사람들이라는 것을 안다. 빛을 받아 비추어서 드러나는 것은 사람들의 상이다. 달이라는 것은 태극이요, 태극은 나이다.

① 『해동농서』를 편찬하도록 하였다.

② 갑인예송에서 왕권을 강조하며 기년복을 주장하였다.

③ 이순신에게 현충이라는 시호를 내리고 강감찬 사당을 건립하였다.

④ 민간의 광산개발 참여를 허용하는 설점수세제를 처음 실시하였다.

7 밑줄 친 '국왕'의 재위 기간에 있었던 일로 옳은 것은?

> 지금 국왕께서 풍속을 바꾸려는 데에 뜻이 있으므로 신은 지극하신 뜻을 받들어 완악한 풍속을 고치고자 합니다. … (중략) … 『이륜행실(二倫行實)』로 말하면 신이 전에 승지가 되었을 때에 간행할 것을 청했습니다. 삼강이 중한 것은 아무리 어리석은 부부라도 모두 알고 있으나, 붕우·형제의 이륜에 이르러서는 평범한 사람들이 제대로 모르는 경우가 있습니다.

① 주세붕이 백운동 서원을 세웠다.
② 김시습이 『금오신화』를 저술하였다.
③ 『국조오례의』가 편찬되고 『동국여지승람』이 만들어졌다.
④ 문화와 제도를 유교식으로 갖추기 위해 집현전을 창설하였다.

8 다음의 법률에 근거하여 실시된 식민지 정책으로 옳지 않은 것은?

> 제4조 정부는 전시에 국가총동원상 필요하다고 인정될 때에는 칙령이 정하는 바에 따라서 제국 신민을 징용하여 총동원 업무에 종사하도록 할 수 있다.
> 제7조 정부는 칙령이 정하는 바에 따라 노동 쟁의의 예방 혹은 해결에 관한 명령, 작업소 폐쇄, 작업 혹은 노무의 중지 … (중략) … 등을 명할 수 있다

① 물자통제령을 공포하여 배급제를 확대하였다.
② 육군특별지원병령을 제정하여 지원병을 선발하였다.
③ 금속류회수령을 제정하여 주요 군수 물자를 공출하였다.
④ 국민징용령을 공포하여 강제적인 노무 동원을 실시하였다.

9 (가) 시기에 해당되는 사실로 옳은 것은?

> 방금 안핵사 이용태의 보고에 따르면 "죄인들이 대다수 도망치는 바람에 조사하지 못하였다."라고 하였다.
>
> — 『승정원일기』 —
>
> ↓
>
> | (가) |
>
> ↓
>
> 전봉준은 금구 원평에 앉아 (전라) 우도에 호령하였으며, 김개남은 남원성에 앉아 좌도를 통솔하였다.
>
> — 『갑오약력』 —

① 논산에서 남·북접의 동학군이 집결하였다.

② 우금치 전투에서 동학군이 일본군과 격전을 벌였다.

③ 동학교도가 궁궐 앞에서 교조 신원을 주장하는 집회를 열었다.

④ 백산에서 전봉준이 보국안민을 위해 궐기하라는 통문을 보냈다.

10 (가) 기구가 존속한 시기의 사람들이 볼 수 있었던 사실로 적절한 것은?

> 지주는 조선 총독이 정하는 기간 내에 [(가)] 혹은 그것의 출장소 직원에게 신고해야 한다. 만약 제출을 태만히 하거나 신고서를 제출하지 않을 시에는 당국에서 해당 토지에 대해 소유권의 유무 등을 조사하다가 소유자를 알지 못하는 경우에 지주가 없는 것으로 간주하여 국유지로 편입할 수 있다.

① 조선청년연합회에 출입하는 일본인 고문

② 신문에 연재 중인 소설 무정을 읽는 학생

③ 연초 전매 제도에 따라 조합에 수매되는 담배

④ 의열단에 가입하는 신흥 무관 학교 출신 청년

11 밑줄 친 '이 지도'에 대한 설명으로 옳지 않은 것은?

> 1402년 제작된 <u>이 지도</u>는 조선 학자들에 의해 제작된 세계 지도이다. 권근의 글에 의하면 중국에서 수입한 '성교광피도'와 '혼일강리도'를 기초로 하고, 우리나라와 일본의 지도를 합해서 제작하였다고 한다.

① 유럽과 아프리카 대륙까지 묘사하였다.
② 중국이 세계의 중심이라는 중화사상이 반영되었다.
③ 이 지도의 작성에는 이슬람 지도학의 영향이 있었다.
④ 우리나라에 해당하는 부분은 백리척을 사용하여 과학화에 기여하였다.

12 다음 왕의 재위 기간에 있었던 사실로 옳은 것은?

> • 왕 원년 : 소판 김흠돌, 파진찬 흥원, 대아찬 진공 등이 반역을 도모하다가 사형을 당하였다.
> • 왕 9년 : 달구벌로 서울을 옮기려다 실현하지 못하였다.
>
> —『삼국사기』—

① 사방에 우역을 설치하였다.
② 수도에 서시와 남시를 설치하였다.
③ 국학을 설치하여 유학을 교육하였다.
④ 관료에게 지급하는 녹읍을 부활하였다.

13 다음은 발해사에 대한 중국과 러시아 입장이다. 한국사의 입장에서 이를 반박하는 증거로 적절한 것은?

> • 중국 : 소수 민족 지역의 분리 독립 의식을 약화시키려고, 국가라기보다는 당 왕조에 예속된 지방 민족 정권 차원에서 본다.
> • 러시아 : 중국 문화보다는 중앙 아시아나 남부 시베리아의 영향을 강조하여 러시아의 역사에 편입시키려 한다.

① 신라와의 교통로   ② 상경성 출토 온돌 장치
③ 유학 교육 기관인 주자감   ④ 3성 6부의 중앙 행정 조직

14 신라 문무왕의 유언이다. 밑줄 친 ㉠~㉣의 내용과 부합하지 않는 것은?

> 과인은 운수가 어지럽고 전쟁을 하여야 하는 때를 만나서 ㉠서쪽을 정벌하고 ㉡북쪽을 토벌하여 영토를 안정시켰고, ㉢배반하는 무리를 토벌하고 ㉣협조하는 무리를 불러들여 멀고 가까운 곳을 모두 안정시켰다.
>
> — 『삼국사기』 —

① ㉠ – 태자로서 참전하여 백제를 멸망시켰다.

② ㉡ – 당나라 군대와 함께 고구려를 멸망시켰다.

③ ㉢ – 백제 부흥 운동을 주도한 복신을 공격하였다.

④ ㉣ – 임존성에서 저항하던 지수신의 투항을 받아주었다.

15 다음은 대한제국 시기에 설립된 어느 회사에 관한 내용이다. 밑줄 친 '이 회사'에 대한 설명으로 옳은 것은?

> - 이 회사의 고금(股金, 주권)은 액면 50원씩이고, 총 1천만 원을 발행하고, 주당 불입금은 5년간 총 10회 5원씩 나눠서 낸다.
> - 이 회사는 국내 진황지 개간, 관개 사무와 산림천택(山林川澤), 식양채벌(殖養採伐) 등의 사무 이외에 금·은·동·철·석유 등의 각종 채굴 사무에 종사한다.

① 종로의 백목전 상인이 주도가 된 직조 회사였다.

② 역둔토나 국유 미간지를 약탈하려는 국책 회사였다.

③ 황무지 개간권 요구에 대응하여 설립된 특허 회사였다.

④ 외국 상인과의 상권 경쟁을 위해 시전 상인이 만든 척식 회사였다.

16 조선 성리학의 학설이나 동향을 시기순으로 바르게 나열한 것은?

> ㉠ 현실세계를 구성하는 기를 중시하여 경장(更張)을 주장하였다.
> ㉡ 우주를 무한하고 영원한 기로 보는 '태허(太虛)설'을 제기하였다.
> ㉢ 정지운의 『천명도』 해석을 둘러싸고 사단칠정 논쟁이 시작되었다.
> ㉣ 향약 보급 운동과 함께 일상에서의 실천 윤리가 담긴 『소학』을 중시하였다.

① ㉡→㉠→㉣→㉢   ② ㉡→㉣→㉠→㉢

③ ㉣→㉡→㉢→㉠   ④ ㉣→㉢→㉡→㉠

17 일제강점기 조선인의 생활 모습으로 옳지 않은 것은?

① 도시 외곽의 토막촌에는 빈민이 살았다.

② 번화가에서 최신 유행의 모던걸과 모던보이가 활동하였다.

③ 몸뻬를 입은 여성들이 근로보국대에서 강제 노동을 하였다.

④ 상류층이 한식 주택을 2층으로 개량한 영단 주택에 모여 살았다.

18 (가)와 (나)는 외국과 맺은 각서이다. 두 각서 사이에 있었던 사실로 옳은 것은?

> (가) 일본 측은 한국 측에 무상원조 3억 달러, 유상원조(해외경제협력기금) 2억 달러, 그리고 수출입은행 차관 1억 달러 이상을 제공한다.
> (나) 미국 정부가 한국과 약속했던 1억 5천만 달러 규모의 차관 공여와 더불어 … (중략) … 한국의 경제 발전을 돕기 위한 추가 AID차관을 제공한다.

① 경부 고속 국도가 개통되었다.

② 마산에 수출 자유 지역이 건설되었다.

③ 국가 기간 산업인 울산 정유 공장이 가동되었다.

④ 유엔의 지원으로 충주에 비료 공장을 설립하였다.

19 다음은 고려시대 진화의 시이다. 이 시인과 교류를 통해 자부심을 공유한 인물의 작품은?

> 서쪽 송나라는 이미 기울고 북쪽 오랑캐는 아직 잠자고 있네.
> 앉아서 문명의 아침을 기다려라, 하늘의 동쪽에서 태양이 떠오르네.

① 삼국사기　　　　　　　　　② 동명왕편
③ 제왕운기　　　　　　　　　④ 삼국유사

20 다음 해외 견문 기록을 시기순으로 바르게 나열한 것은?

> ㉠『표해록』　　　　　　　　㉡『열하일기』
> ㉢『서유견문』　　　　　　　㉣『해동제국기』

① ㉠→㉡→㉣→㉢　　　　　② ㉠→㉣→㉢→㉡
③ ㉣→㉠→㉡→㉢　　　　　④ ㉣→㉢→㉠→㉡

☞ 정답 및 해설 P.56

1 다음은 각 유물과 그것이 사용되던 시기의 사회 모습에 대한 설명이다. 옳은 것만을 모두 고르면?

> ㉠ 슴베찌르개 – 벼농사를 짓기 시작하였고 나무로 만든 농기구를 사용하였다.
> ㉡ 붉은 간토기 – 거친무늬거울을 사용하여 제사를 지내거나 의식을 거행하였다.
> ㉢ 반달 돌칼 – 농사를 짓기 시작했지만 아직 지배와 피지배 관계는 발생하지 않았다.
> ㉣ 눌러찍기무늬 토기 – 가락바퀴와 뼈바늘을 이용하여 옷이나 그물을 만들어 사용하였다.

① ㉠, ㉡   ② ㉠, ㉢
③ ㉡, ㉣   ④ ㉢, ㉣

2 다음과 같은 불교 사상의 영향을 받아 만들어진 문화재는?

> 이 불교 사상은 개인적 정신 세계를 추구하는 경향이 강하였기 때문에 지방에서 독자적인 세력을 이루어 성주나 장군을 자처하던 자들로부터 큰 호응을 받았다.

① 성덕대왕신종
② 쌍봉사 철감선사탑
③ 경천사지 십층석탑
④ 금동미륵보살 반가사유상

3 밑줄 친 '이곳'에서 일어난 일로 옳은 것은?

> 고려 정종 때 이곳으로 천도 계획을 세웠으나 실현되지 못했고, 문종 때 이곳 주위에 서경기 4도를 두었다.

① 이곳에서 현존 세계 최고의 직지심체요절이 간행되었다.
② 지눌이 이곳을 중심으로 수선사 결사 운동을 전개하였다.
③ 조위총이 정중부 등의 타도를 위해 이곳에서 반란을 일으켰다.
④ 강조가 군사를 이끌고 이곳으로 들어와 김치양 일파를 제거하였다.

4 밑줄 친 '운동'에 대한 설명으로 옳은 것은?

> 조선 사람은 조선 사람이 만든 물건만 쓰고 살자고 하는 운동이 일어나고 있다. 그렇게 하면 조선인 자본가의 공업이 일어난다고 한다. … (중략) … 이 운동이 잘 되면 조선인 공업이 발전해야 하지만 아직 그렇지 않다. … (중략) … 이 운동을 위해 곧 발행된다는 잡지에 회사를 만들라고 호소하지만 말고 기업을 하는 방법 같은 것을 소개해야 한다.
>
> － 개벽 －

① 조선총독부가 회사령을 폐지하는 계기가 되었다.
② 원산총파업을 계기로 조직적으로 전개될 수 있었다.
③ 조만식 등에 의해 평양에서 시작되어 전국으로 확산되었다.
④ 조선노농총동맹의 적극적 참여로 대중적인 기반이 확충되었다.

5 (가) 시기에 해당되는 사실로 옳은 것만을 〈보기〉에서 모두 고르면?

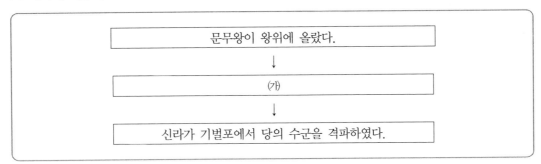

| 문무왕이 왕위에 올랐다. |
| ↓ |
| (가) |
| ↓ |
| 신라가 기벌포에서 당의 수군을 격파하였다. |

〈보기〉
㉠ 신라가 안승을 고구려왕에 봉했다.
㉡ 당나라가 신라를 계림대도독부로 삼았다.
㉢ 신라가 황산벌 전투에서 백제군을 무찔렀다.
㉣ 보장왕이 요동 지역에서 고구려 부흥을 꾀했다.

① ㉠, ㉡　　　　　　　② ㉠, ㉢
③ ㉡, ㉣　　　　　　　④ ㉢, ㉣

6 삼국 시대의 정치 제도에 대한 설명으로 옳은 것만을 모두 고르면?

㉠ 삼국의 관등제와 관직제도 운영은 신분제에 의하여 제약을 받았다.
㉡ 고구려는 대성(大城)에는 처려근지, 그 다음 규모의 성에는 욕살을 파견하였다.
㉢ 백제는 도성에 5부, 지방에 방(方)-군(郡) 행정제도를 시행하였다.
㉣ 신라는 10정 군단을 바탕으로 영역을 확장하고 삼국통일을 이룩하였다.

① ㉠, ㉡　　　　　　　② ㉠, ㉢
③ ㉡, ㉣　　　　　　　④ ㉢, ㉣

7 성격이 유사한 것끼리 옳게 짝지은 것은?

① 대대로 − 대내상
② 중정대 − 승정원
③ 2성 6부 − 5경 15부
④ 기인 제도 − 녹읍 제도

8 다음 각 문화재에 대한 설명으로 옳지 않은 것은?

① 화엄사 각황전은 다층식 외형을 지녔다.
② 수덕사 대웅전은 주심포 양식의 건물이다.
③ 부석사 무량수전은 배흘림 기둥을 갖고 있다.
④ 덕수궁 석조전은 서양 고딕 양식의 건물이다.

9 다음에서 설명하는 인물의 저술로 옳은 것은?

> • 종래의 조선 농학과 박물학을 집대성하였다.
> • 전국 주요 지역에 국가 시범 농장인 둔전을 설치하여 혁신적 농법과 경영 방법으로 수익을 올려서 국가 재정을 보충할 것을 제안했다.

① 색경
② 산림경제
③ 과농소초
④ 임원경제지

10 고려에서 행한 국가제사에 대한 설명으로 옳지 않은 것은?

① 태조 때에 환구단(圜丘壇)에서 풍년을 기원하는 제사를 올렸다.
② 성종 때에 사직(社稷)을 세워 지신과 오곡 신에게 제사를 지냈다.
③ 숙종 때에 기자(箕子) 사당을 세워 국가에서 제사하였다.
④ 예종 때에 도관(道觀)인 복원궁을 세워 초제를 올렸다.

11 밑줄 친 '대의(大義)'를 이루기 위해 효종이 한 일로 옳은 것은?

> 병자년 일이 완연히 어제와 같은데, 날은 저물고 갈 길은 멀다고 하셨던 성조의 하교를 생각하니 나도 모르게 눈물이 솟는구나. 사람들은 그것을 점점 당연한 일처럼 잊어가고 있고 대의(大義)에 대한 관심도 점점 희미해져 북녘 오랑캐를 가죽과 비단으로 섬겼던 일을 부끄럽게 생각지 않고 있으니 그것을 생각한다면 그 아니 가슴 아픈 일인가.
>
> — 『조선왕조실록』 —

① 남한산성을 복구하고 어영청을 확대하였다.

② 훈련별대를 정초군과 통합하여 금위영을 발족시켰다.

③ 명과 후금 사이에서 실리를 추구하는 중립외교 정책을 펼쳤다.

④ 호위청, 총융청, 수어청 등의 부대를 창설하여 국방력을 강화하였다.

12 대한제국 정부가 시행한 정책으로 옳은 것은?

① 별기군을 폐지하고 5군영을 복구하였다.

② 양전 사업을 시행하고자 양지아문을 설치하였다.

③ 통리기무아문을 설치하여 개화 정책을 추진하였다.

④ 화폐 제도를 은본위제로 개혁하고자 신식화폐발행장정을 공포하였다.

13 ㉠ 조직에 대한 설명으로 옳은 것은?

> 1922년 3월, 중국 상하이에서 (㉠)이/가 일본 육군대장 타나카 기이치(田中義一)를 암살하고자 한 사건이 발생했다. 이때 체포된 독립운동가들은 일본 경찰에 인도되어 심문을 받게 되었는데, 그 심문 과정에서 (㉠)에 속한 김익상이 1921년 9월 조선총독부 건물에 폭탄을 던진 의거의 당사자라는 사실이 밝혀졌다.

① 공화주의를 주창하는 내용의 대동단결선언을 작성해 발표하였다.

② 이 조직에 속한 이봉창이 일왕이 탄 마차 행렬에 폭탄을 던졌다.

③ 일부 구성원을 황푸군관학교에 보내 군사 훈련을 받도록 하였다.

④ 새로 부임하는 사이토 조선 총독에게 폭탄을 투척하는 의거를 일으켰다.

14 다음과 같은 특징을 가진 조선 후기 역사서는?

> • 단군으로부터 고려에 이르기까지의 우리 역사를 치밀한 고증에 입각하여 엮은 통사이다.
> • 마한을 중시하고 삼국을 무통(無統)으로 보는 입장에서 우리 역사를 체계화하였다.

① 허목의 동사
② 유계의 여사제강
③ 한치윤의 해동역사
④ 안정복의 동사강목

15 다음 사건을 발생한 순서대로 바르게 나열한 것은?

> ㉠ 이순신이 명량에서 일본 수군을 격파하였다.
> ㉡ 의주로 피난했던 국왕 일행이 한성으로 돌아왔다.
> ㉢ 권율이 행주산성에서 일본군의 공격을 격파하였다.
> ㉣ 원균이 이끄는 조선 수군이 칠천량에서 크게 패배하였다.

① ㉡→㉢→㉠→㉣
② ㉡→㉢→㉣→㉠
③ ㉢→㉡→㉠→㉣
④ ㉢→㉡→㉣→㉠

16 고려 전기의 문산계와 무산계에 대한 설명으로 옳지 않은 것은?

① 중앙 문반에게 문산계를 부여하였다.
② 성종 때에 문산계를 정식으로 채택하였다.
③ 중앙 무반에게 무산계를 제수하였다.
④ 탐라의 지배층과 여진 추장에게 무산계를 주었다.

17 밑줄 친 '그'에 대한 설명으로 옳은 것은?

> 그는 신민회 회원으로 활동하면서 해서교육총회에 가담해 교육 사업에 힘을 기울였으며, 안악사건에 연루되어 일제 경찰에 체포되었다. 1923년에 열린 국민대표회의에서 창조파와 개조파가 대립했을 때, 그는 국민대표회의의 해산을 명하는 내무부령을 공포하였다. 그 뒤 그는 한국국민당을 조직하는 등 독립운동 정당을 만들기 위해 노력하였다.

① 평양에서 열린 남북 협상 회의에 참석하였다.
② 조선민족혁명당을 조직하고 조선의용대를 이끌었다.
③ 안재홍과 함께 조선건국준비위원회를 주도적으로 조직하였다.
④ 대통령 직선제를 골자로 하는 발췌 개헌안을 국회에 제출하였다.

18 ㉠ 부대에 대한 설명으로 옳은 것은?

> (㉠)은/는 1933년에 중국인 부대와 연합하여 동경성 전투 등을 치르며 큰 전과를 올렸고, 대전자령에서는 일본군을 기습 공격하여 승리를 거두었다.

① 하와이에 대조선 국민군단을 창설하였다.
② 양세봉의 지휘하에 흥경성 전투에 참여하였다.
③ 만주 지역에서 활동했던 한국독립당의 산하 조직이었다.
④ 중국 의용군과 연합하여 영릉가 전투에서 일본군을 물리쳤다.

19 밑줄 친 '이 협약'에 대한 설명으로 옳은 것은?

> 일제는 군대를 증강해 강압적 분위기를 조성한 다음 친일 내각과 <u>이 협약</u>을 체결했다. <u>이 협약</u>을 체결할 때, 일제는 대한제국 군대의 해산을 요구해 관철시켰다. 이때 해산된 군인의 상당수는 일본군과 격전을 벌인 후 의병 부대에 합류하였다.

① 고종이 헤이그에 특사를 파견하는 계기가 되었다.
② 최익현이 의병 운동을 처음 시작한 원인이 되었다.
③ 재정고문 메가타가 화폐정리사업을 실시하는 근거가 되었다.
④ 통감이 추천하는 일본인을 한국 관리에 임명한다는 내용을 담고 있다.

20 다음 합의문에 대한 설명으로 옳은 것은?

> 쌍방은 오랫동안 서로 만나보지 못한 결과로 생긴 남북 사이의 오해와 불신을 풀고 긴장의 고조를 완화시키며 나아가서 조국 통일을 촉진시키기 위하여 다음과 같은 문제들에 완전한 견해의 일치를 보았다.
> 1. 쌍방은 다음과 같은 조국 통일 원칙들에 합의를 보았다.
>   첫째, 통일은 외세에 의존하거나 외세의 간섭을 받음이 없이 자주적으로 해결하여야 한다.
>   둘째, 통일은 서로 상대방을 반대하는 무력행사에 의거하지 않고 평화적 방법으로 실현하여야 한다.
>   … (중략) …
> 4. 쌍방은 지금 온 민족의 거대한 기대 속에 진행되고 있는 남북적십자회담이 하루빨리 성사되도록 적극 협조하는 데 합의하였다.
>   … (후략) …

① 남북기본합의서와 동시에 작성된 문서이다.
② 남북조절위원회를 구성하기로 합의한 내용이 담겨 있다.
③ 분단 후 최초로 열린 남북정상회담의 결과로 발표된 성명서이다.
④ 금강산 관광사업을 추진하기로 결정했다는 내용이 수록되어 있다.

1 고려의 문화에 대한 설명 중 가장 옳은 것은?

① 고려의 귀족문화를 대표하는 백자는 상감기법을 이용한 것이다.

② 고려는 세계 최초로 금속활자를 발명하였다.

③ 팔만대장경판은 거란의 침입을 물리치기 위한 염원을 담아 만든 것이다.

④ 고려는 불교국가여서 유교문화가 발전하지 못하였다.

2 조선 전기에 편찬된 서적으로 가장 옳지 않은 것은?

① 『본조편년강목』　　　　　　　　② 『의방유취』

③ 『삼국사절요』　　　　　　　　　④ 『농사직설』

3 〈보기〉의 통일신라시대의 경제제도를 시간 순으로 바르게 나열한 것은?

〈보기〉
㉠ 중앙과 지방의 여러 관리에게 매달 주던 녹봉을 없애고 다시 녹읍을 주었다.
㉡ 중앙과 지방 관리들의 녹읍을 폐지하고 해마다 조(祖)를 차등 있게 주었으며 이를 일정한 법으로 삼았다.
㉢ 처음으로 백성들에게 정전(丁田)을 지급하였다.
㉣ 교서를 내려 문무 관료들에게 토지를 차등 있게 주었다.

① ㉡→㉠→㉣→㉢　　　　　　　② ㉡→㉣→㉠→㉢

③ ㉣→㉢→㉡→㉠　　　　　　　④ ㉣→㉡→㉢→㉠

4 무신집권기 지방민과 천민의 동요에 대한 설명으로 가장 옳지 않은 것은?

① 조위총은 백제 부흥을 위해 봉기하였다.

② 망이 · 망소이의 난은 일반 군현이 아닌 소에서 일어났다.

③ 경주를 중심으로 한 지역에서는 신라부흥을 내걸고 반란이 일어나기도 했다.

④ 만적은 노비해방을 내세우며 반란을 모의하였다.

5 〈보기〉의 사건을 시간 순으로 바르게 나열한 것은?

〈보기〉

㉠ 아관파천   ㉡ 전주화약 체결

㉢ 홍범 14조 발표   ㉣ 군국기무처 설치

① ㉠→㉢→㉡→㉣   ② ㉡→㉣→㉢→㉠

③ ㉢→㉠→㉣→㉡   ④ ㉣→㉡→㉠→㉢

6 1965년 6월 22일 체결된 한일기본조약에 대한 설명으로 가장 옳은 것은?

제2조 : 1910년 8월 22일 및 그 이전에 대한제국과 일본 제국 간에 체결된 모든 조약 및 협정이 이미 무효임을 확인한다.

제3조 : 대한민국 정부가 국제연합 총회의 결의 제195(Ⅲ)호에 명시된 바와 같이 한반도에 있어서의 유일한 합법정부임을 확인한다.

① 위안부 문제가 주요한 의제로 논의되었다.

② 조약에 반대하여 학생들이 6 · 10 민주 항쟁을 일으켰다.

③ 조약 협의를 위해 중앙정보부장 이후락이 특사로 파견되었다.

④ 재일 교포의 법적 지위 및 대우에 관한 협정도 함께 체결되었다.

7 고려시대의 경제생활에 대한 설명으로 옳은 것을 〈보기〉에서 모두 고른 것은?

〈보기〉
ㄱ 성종은 건원중보를 만들어 전국적으로 사용하게 하려 했으나 성공하지 못하였다.
ㄴ 고려후기 관청수공업이 쇠퇴하면서 민간수공업이 발달하였다.
ㄷ 예성강 어귀의 벽란도는 고려의 국제무역항이었다.
ㄹ 원간섭기에는 원의 지폐인 보초가 들어와 유통되기도 하였다.

① ㄱ, ㄴ, ㄷ
② ㄱ, ㄷ, ㄹ
③ ㄴ, ㄷ, ㄹ
④ ㄱ, ㄴ, ㄷ, ㄹ

8 〈보기〉의 조선시대의 국방정책을 시간 순으로 바르게 나열한 것은?

〈보기〉
ㄱ 서울 주변의 네 유수부가 서울을 엄호하는 체제를 구축하였다.
ㄴ 금위영을 발족시켜 5군영 제도가 성립되었다.
ㄷ 하멜이 가져온 조총 기술을 도입하여 서양식 무기를 제조하였다.
ㄹ 수도방어체계를 강화하고 『수성윤음』을 반포하였다.

① ㄱ→ㄴ→ㄷ→ㄹ
② ㄴ→ㄹ→ㄱ→ㄷ
③ ㄷ→ㄴ→ㄹ→ㄱ
④ ㄹ→ㄷ→ㄱ→ㄴ

9 구석기시대 사람들의 생활상에 대한 설명으로 가장 옳은 것은?

① 대체로 동굴이나 바위그늘에서 생활하였으며 불을 사용할 줄 알았다.
② 단양 수양개, 연천 전곡리, 공주 석장리 등 강가에 살던 사람들은 주로 고기잡이와 밭농사를 하며 생활하였다.
③ 이 시기의 대표적인 무덤 형식은 고인돌과 돌널무덤이다.
④ 주먹도끼, 가로날도끼, 민무늬토기 등의 도구를 사용했다.

10 통일신라에 대한 설명으로 가장 옳은 것은?

① 통일 후에는 주로 진골귀족으로 구성된 9서당을 국왕이 장악함으로써 왕실이 주도하는 교육 제도를 구축하였다.

② 불교가 크게 융성한 통일신라의 수도인 경주에서는 주로 천태종이 권력과 밀착하며 득세하였다.

③ 신라 중대 때는 주로 원성왕의 후손들이 즉위하면서 비교적 강력한 왕권을 행사하였다.

④ 넓어진 영토를 관리하기 위해 지방행정을 구획하였는데, 5소경도 이에 해당한다.

11 〈보기〉에서 제시된 인물의 공통점으로 가장 옳은 것은?

〈보기〉
ㄱ 김운경 ㄴ 최치원
ㄷ 최언위 ㄹ 최승우

① 고려 출신으로 당나라에서 유학했다.

② 7세기와 8세기에 활약했던 신라의 대문장가이다.

③ 숙위학생으로 당 황제의 호위무사가 되었다.

④ 당나라의 빈공과에 급제한 후 귀국하였다.

12 〈보기〉의 어록을 남긴 인물의 활동으로 가장 옳은 것은?

〈보기〉
"대전자령의 공격은 이천만 대한인민을 위하여 원수를 갚는 것이다. 총알 한 개 한 개가 우리 조상 수천 수만의 영혼이 보우하여 주는 피의 사자이니 제군은 단군의 아들로 굳세게 용감히 모든 것을 희생하고 만대 자손을 위하여 최후까지 싸우라."

① 화북 조선 독립동맹의 주석으로 선출되어 활동하였다.

② 조선 혁명군을 이끌고 영릉가 전투에서 대승을 거두었다.

③ 한국 독립군을 이끌고 쌍성보 전투에서 일본군을 격파하였다.

④ 조선 의용대를 결성하고 대적 심리전 등에서 크게 활약하였다.

13 〈보기〉의 빈칸에 공통적으로 해당하는 국가와 관련하여 고려시대에 발생한 일로 가장 옳은 것은?

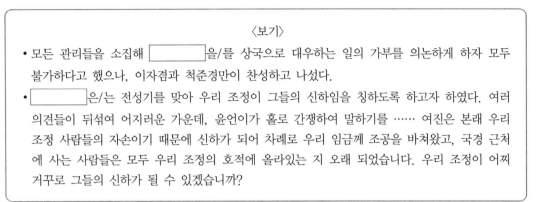

〈보기〉
- 모든 관리들을 소집해 [   ]을/를 상국으로 대우하는 일의 가부를 의논하게 하자 모두 불가하다고 했으나, 이자겸과 척준경만이 찬성하고 나섰다.
- [   ]은/는 전성기를 맞아 우리 조정이 그들의 신하임을 칭하도록 하고자 하였다. 여러 의견들이 뒤섞여 어지러운 가운데, 윤언이가 홀로 간쟁하여 말하기를 …… 여진은 본래 우리 조정 사람들의 자손이기 때문에 신하가 되어 차례로 우리 임금께 조공을 바쳐왔고, 국경 근처에 사는 사람들은 모두 우리 조정의 호적에 올라있는 지 오래 되었습니다. 우리 조정이 어찌 거꾸로 그들의 신하가 될 수 있겠습니까?

① 이 국가의 침입으로 인해 국왕은 나주로 피난하였다.

② 묘청 일파는 이 국가의 정벌을 주장하였다.

③ 이 국가와 함께 강동성에 포위된 거란족을 격파하였다.

④ 이 국가의 침략에 대비하여 광군을 설치하였다.

14 〈보기 1〉의 (개)와 (내)가 발표된 시기의 사이에 있었던 사실을 〈보기 2〉에서 모두 고른 것은?

〈보기 1〉

(개) 첫째, 통일은 외세에 의존하거나 외세의 간섭을 받음이 없이 자주적으로 해결하여야 한다.

둘째, 통일은 서로 상대방을 반대하는 무력행사에 의거하지 않고 평화방법으로 실현하여야 한다.

셋째, 사상과 이념, 제도의 차이를 초월하여 우선 하나의 민족으로서 민족적 대단결을 도모하여야 한다.

(내) 1. 남과 북은 나라의 통일 문제를 그 주인인 우리 민족끼리 서로 힘을 합쳐 자주적으로 해결한다.

2. 남과 북은 남측의 연합제 안과 북측의 낮은 단계의 연방제 안이 서로 공통성이 있다고 인정한다.

〈보기 2〉

㉠ 금강산 관광이 시작되었다.　　　　　㉡ 남북 조절 위원회를 설치하였다.

㉢ 경의선과 동해선 철도가 연결되었다.　㉣ 남과 북이 동시에 유엔에 가입하였다.

---

① ㉠, ㉡, ㉢　　　　　　　　　　　② ㉠, ㉡, ㉣

③ ㉠, ㉢, ㉣　　　　　　　　　　　④ ㉡, ㉢, ㉣

15 조선시대의 대외관계에 대한 설명으로 가장 옳은 것은?

① 태조는 북방의 여진족을 몰아내고 4군 6진을 개척하였다.

② 왜란이 끝난 후 조선은 일본에 통신사를 파견하여 국교 재개를 요청하였다.

③ 조선후기 북학운동의 한계를 느낀 지식인들은 북벌운동을 전개하였다.

④ 조선후기 중국과의 외교와 무역에 은이 대거 소비되면서 은광이 활발하게 개발되었다.

16 두 차례의 양요에 대한 설명으로 가장 옳은 것은?

① 어재연이 이끄는 조선군은 프랑스군을 상대로 승리를 거두었다.
② 미국 상선 제너럴 셔먼 호는 평양 주민을 약탈하였다.
③ 양헌수 부대는 광성보 전투에서 결사항전 하였으나 퇴각하였다.
④ 박규수는 화공작전을 펴서 프랑스 군대를 공격하였다.

17 조선시대 신분제에 대한 설명으로 가장 옳지 않은 것은?

① 중앙관직에 진출할 수 있던 고려시대의 향리와 달리 조선의 향리는 수령을 보좌하는 아전으로 격하되었다.
② 유교의 적서구분에 의해 서얼에 대한 차별이 심했기 때문에 서얼은 관직에 진출하지 못하였다.
③ 뱃사공, 백정 등은 법적으로는 양인으로 취급되기도 했으나 노비처럼 천대받으며 특수직업에 종사하였다.
④ 순조는 공노비 중 일부를 양인으로 해방시켜 주었다.

18 근대 교육기관에 대한 설명으로 가장 옳지 않은 것은?

① 배재학당 : 선교사 아펜젤러가 서울에 설립한 사립학교이다.
② 동문학 : 정부가 설립한 외국어 교육 기관으로 통역관을 양성하였다.
③ 경신학교 : 고종의 교육 입국 조서에 따라 설립된 관립 학교이다.
④ 원산학사 : 함경도 덕원 주민들이 기금을 조성하여 설립한 학교이다.

19 왕의 수신 교과서인 『성학십도』를 집필한 인물에 대한 설명으로 가장 옳은 것은?

① 아동용 수신서인 『동몽선습』을 편찬하였다.
② 그의 학설을 따르는 이들이 처음에는 서인을 형성하였다.
③ 기(氣)보다는 이(理)를 중시했고, 예안향약을 만들었다.
④ 『주자대전』의 중요 부분을 발췌하여 『주자문록』을 편찬하였다.

20 대한민국의 민주화 여정에 대한 설명으로 가장 옳은 것은?

① 1960년대 : 장기집권을 획책한 박정희의 사사오입개헌에 맞서 학생들과 재야인사들이 그 반대투쟁을 전개하였다.

② 1970년대 : 유신개헌을 통해 평화적으로 민주화를 추진할 수 있는 법률적 기틀을 제공하였다.

③ 1980년대 : 6월 민주항쟁을 통해 군사정권을 종식시키고 선거를 통해 문민정부가 출범하였다.

④ 1990년대 : 대선결과에 따라 평화적 정권교체가 실현되었다.

☞ 정답 및 해설 P.58

1 청동기시대의 유적과 유물에 대한 설명으로 옳은 것은?

① 연천 전곡리에서는 사냥도구인 주먹도끼가 출토되었다.

② 창원 다호리에서는 문자를 적는 붓이 출토되었다.

③ 강화 부근리에서는 탁자식 고인돌이 발견되었다.

④ 서울 암사동에서는 곡물을 담는 빗살무늬토기가 나왔다.

2 (가), (나)의 나라에 대한 설명으로 옳은 것은?

> (가) 음력 12월에 지내는 제천행사가 있는데, 이를 영고라고 한다. 이때에는 형옥을 중단하고 죄수를 풀어 주었다.
>
> (나) 해마다 10월 하늘에 제사를 지내는데, 밤낮으로 술마시며 노래부르고 춤추니 이를 무천이라고 한다.
>
> —『삼국지』—

① (가) - 5부가 있었으며, 계루부에서 왕위를 차지하였다.

② (가) - 정치적 지배자로 신지, 읍차 등이 있었다.

③ (나) - 죄를 지은 사람이 소도에 들어가면 잡아가지 못하였다.

④ (나) - 다른 부족의 영역을 침범하면 책화라 하여 노비나 소, 말로 변상하였다.

3 ㈎ 왕의 시기에 일어난 사실로 옳은 것은?

> 이자겸, 척준경이 말하기를 "금이 예전에는 작은 나라여서 요와 우리나라를 섬겼으나, 지금은 갑자기 흥성하여 요와 송을 멸망시켰다. … (중략) … 작은 나라로서 큰 나라를 섬기는 것은 선왕의 도이니, 마땅히 우선 사절을 보내야 합니다."라고 하니 ㈎ 이/가 그 의견을 따랐다.
>
> ―『고려사』―

① 도평의사사를 중심으로 정치를 주도하였다.
② 성리학을 수용하면서 『주자가례』를 보급하였다.
③ 서경에 대화궁을 짓게 하고 칭제건원을 주장하였다.
④ 몽골의 침략에 대응하기 위해 강화도로 도읍을 옮겼다.

4 밑줄 친 ㉠ 이후에 일어난 사실로 옳지 않은 것은?

> 상쾌한 아침의 나라라는 뜻을 지닌 조선은 일본의 총칼 아래 민족정신을 무참하게 유린당했다. … (중략) … 조선민족은 독립항쟁을 줄기차게 계속하였다. 그 중에서도 중요한 것은 ㉠1919년의 독립만세운동이었다.
>
> ― 네루, 『세계사 편력』―

① '암태도 소작쟁의'가 일어났다.
② '정우회 선언'이 발표되었다.
③ 임병찬이 독립의군부를 조직하였다.
④ 조선 민립대학 기성회가 창립되었다.

5 밑줄 친 '성상(聖上)'대에 편찬된 서적에 대한 설명으로 옳은 것은?

> 세조가 신하들에게 말씀하시기를, "법의 과목(科目)이 너무 번잡하고 앞뒤가 맞지 않았기 때문에 상세히 살펴 다듬어 자손만대의 성법(成法)을 만들고자 한다."라고 하셨다. 「형전(刑典)」과 「호전(戶典)」은 이미 반포되어 시행하고 있으나 나머지 네 법전은 미처 교정을 마치지 못했다. 이에 성상(聖上)께서 세조의 뜻을 받들어 여섯 권의 법전을 완성하게 하여 중외에 반포하셨다.

① 『동국병감』은 고조선에서 고려말까지의 전쟁을 정리한 병서이다.
② 『동몽선습』은 중국과 우리나라의 역사를 담은 아동교육서이다.
③ 『삼강행실도』는 모범적인 효자 · 충신 · 열녀를 다룬 윤리서이다.
④ 『국조오례의』는 국가의 여러 행사에 필요한 의례를 정비한 의례서이다.

6 (가) 토지제도에 대한 설명으로 옳은 것은?

> 비로소 직관(職官) · 산관(散官) 각 품(品)의 ☐(가)☐을/를 제정하였는데, 관품의 높고 낮은 것은 논하지 않고 다만 인품만 가지고 그 등급을 결정하였다.
>
> — 『고려사』 —

① 4색 공복을 기준으로 문반, 무반, 잡업으로 나누어 지급 결수를 정하였다.
② 산관이 지급 대상에서 제외되었으며 무반의 차별 대우가 개선되었다.
③ 전임 관료와 현임 관료를 대상으로 경기지방에 한하여 지급하였다.
④ 고려의 건국과정에서 충성도와 공로에 따라 차등 지급되었다.

7 (가), (나) 시기에 있었던 사실로 옳은 것은?

① (가) - 시전상인을 중심으로 황국중앙총상회가 조직되었다.
② (가) - 신민회는 일제가 날조한 105인 사건으로 와해되었다.
③ (나) - 함경도 관찰사 조병식이 곡물 수출을 막는 방곡령을 내렸다.
④ (나) - 일제의 황무지 개간권 요구를 반대하기 위해 보안회가 창설되었다.

8 (가) 왕대의 사실에 대한 설명으로 옳은 것은?

> ___(가)___은/는 흑수말갈이 당과 통하려고 하자 군사를 동원하여 흑수말갈을 치게 하였다. 또한 일본에 사신 고제덕 등을 보내 "여러 나라를 관장하고 여러 번(蕃)을 거느리며, 고구려의 옛 땅을 회복하고 부여의 옛 습속을 지니고 있다."라고 하여 강국임을 자부하였다.

① 국호를 진국에서 발해로 바꾸었다.
② 신라는 급찬 숭정을 발해에 사신으로 보냈다.
③ 대흥이라는 독자적인 연호를 사용하였다.
④ 장문휴가 당의 등주를 공격하였다.

9 다음 전투를 이끈 한국인 부대에 대한 설명으로 옳은 것은?

> 아군은 사도하자에 주둔 병력을 증강시키면서 훈련에 여념이 없었다. 새벽에 적군은 황가둔에서 이도하 방면을 거쳐 사도하로 진격하여 왔다. 그런데 적군은 아군이 세운 작전대로 함정에 들어왔고, 이에 일제히 포문을 열어 급습함으로써 적군은 응전할 사이도 없이 격파되었다.

① 양세봉이 총사령관이었다.
② 미쓰야 협정이 체결되기 직전까지 활약하였다.
③ 한국독립당의 산하부대로 동경성 전투도 수행하였다.
④ 조선민족전선연맹이 중국 국민당의 지원을 받아 창설하였다.

10 밑줄 친 ㉠ ~ ㉣과 관련된 임란 이후 경제에 대한 설명으로 옳지 않은 것은?

> • ㉠서울 안팎과 번화한 큰 도시에 파 · 마늘 · 배추 · 오이 밭 따위는 10묘의 땅에서 얻은 수확이 돈 수만을 헤아리게 된다. 서도 지방의 ㉡담배 밭, 북도 지방의 삼밭, 한산의 모시밭, 전주의 생강 밭, 강진의 ㉢고구마 밭, 황주의 지황 밭에서의 수확은 모두 상상등전(上上等田)의 논에서 나는 수확보다 그 이익이 10배에 이른다.
> • 작은 보습으로 이랑에다 고랑을 내는데, 너비 1척, 깊이 1척이다. 이렇게 한 이랑, 즉 1묘 마다 고랑 3개와 두둑 3개를 만들면, 두둑의 높이와 너비는 고랑의 깊이와 너비와 같아진다. 그 뒤 ㉣고랑에 거름 재를 두껍게 펴고, 구멍 뚫린 박에 조를 담고서 파종한다.

① ㉠ – 신해통공을 반포하여 육의전의 금난전권을 폐지하였다.
② ㉡ – 인삼과 더불어 대표적인 상업작물로 재배되었다.
③ ㉢ – 『감저보』, 『감저신보』에서 재배법을 기술하였다.
④ ㉣ – 밭농사에서 농업 생산력의 발전을 가져온 농법이었다.

11 단군에 대한 인식을 설명한 것으로 옳지 않은 것은?

① 이승휴의 「제왕운기」에서는 우리 역사를 단군부터 서술하였다.

② 홍만종의 「동국역대총목」은 단군 정통론의 입장에서 기술하였다.

③ 이규보의 「동명왕편」은 단군의 건국 과정을 다루고 있다.

④ 「기미독립선언서」에는 '조선건국 4252년'으로 연도를 표기하였다.

12 다음 내용이 실린 사서에 대한 설명으로 옳은 것은?

> 제왕이 장차 일어날 때는 하늘의 명령과 상서로운 기운을 받아서 반드시 보통 사람과는 다른 점이 있으니, 그런 뒤에야 능히 큰 변화를 타서 제왕의 지위를 얻고 대업을 이루었다. … (중략) … 삼국의 시조들이 모두 신이(神異)한 일로 탄생했음이 어찌 괴이하겠는가. 이것이 책 첫머리에 「기이(紀異)」편이 실린 까닭이며, 그 의도도 여기에 있는 것이다.

① 불교 승려의 전기를 수록한 고승전이다.

② 불교 중심의 고대 민간 설화를 수록하였다.

③ 고조선부터 고려 말까지의 역사를 정리하였다.

④ 유교적 사관에 기초하여 기전체로 서술하였다.

13 ㈎의 체결 이후에 일어난 사실로 옳은 것은?

> 청군과 일본군의 개입으로 사태가 악화되자 농민군은 폐정개혁을 제시하며 정부와 ㈎ 을/를 맺었다. 이에 따라 농민군은 해산하였다.

① 농민군이 황토현에서 감영군을 격파하였다.

② 고부군수 조병갑이 만석보를 쌓아 수세를 강제로 거두었다.

③ 안핵사 이용태가 농민을 동학도로 몰아 처벌하였다.

④ 남접군과 북접군이 논산에서 합류하여 연합군을 형성하였다.

14 (가) 시기의 경제 상황에 대한 설명으로 옳은 것은?

① 백성에게 정전을 처음으로 지급하였다.
② 시장을 감독하는 관청인 동시전을 신설하였다.
③ 백성의 구휼을 위하여 진대법을 제정하였다.
④ 청주(菁州)의 거로현을 국학생의 녹읍으로 삼았다.

15 우리나라 문화유산에 대한 설명으로 옳지 않은 것은?

① 개성 경천사지 10층 석탑은 원의 석탑을 본떠 만들어졌다.
② 영주 부석사 무량수전은 주심포식 목조 건물이다.
③ 부여 정림사지 5층 석탑에서는 백제 무왕의 왕후가 넣은 사리기가 발견되었다.
④ 김제 금산사 미륵전은 다층 건물이나 내부가 하나로 통한다.

16 (가) 교육기관에 대한 설명으로 옳은 것은?

> 주세붕이 비로소 ____(가)____ 을/를 창건할 적에 세상에서 자못 의심했으나, 그의 뜻은 더욱 독실해져 무리들의 비웃음을 무릅쓰고 비방을 극복하여 전례 없던 장한 일을 이루었습니다. …(중략)… 최충, 우탁, 정몽주, 길재, 김종직, 김굉필 같은 이가 살던 곳에 ____(가)____ 을/를 건립하게 될 것입니다.
> ─『퇴계집』─

① 지방의 군현에 있던 유일한 관학이다.
② 선비와 평민의 자제에게 『천자문』등을 가르쳤다.
③ 성적 우수자는 문과의 초시를 면제해 주었다.
④ 학문 연구와 선현의 제사를 위해 설립된 사설 교육기관이다.

17 (가), (나)가 설명하는 조약을 옳게 짝 지은 것은?

> (가) 강화도 조약에 이어 몇 달 뒤 체결되었다. 양곡의 무제한 유출을 가능하게 한 규정과 일본 정부에 소속된 선박은 항세를 납부하지 않는다는 규정이 들어 있었다.
>
> (나) 김홍집이 일본에서 황준헌의 『조선책략』을 가져 오면서 그 내용의 영향으로 체결되었으며, 청의 적극적인 알선이 있었다. 거중조정 조항과 최혜국 대우의 규정이 포함되어 있었다.

	(가)	(나)
①	조 · 일무역규칙	조 · 미수호통상조약
②	조 · 일무역규칙	조 · 러수호통상조약
③	조 · 일수호조규부록	조 · 미수호통상조약
④	조 · 일수호조규부록	조 · 러수호통상조약

18 다음은 어떤 인물에 대한 연보이다. 밑줄 친 ㉠~㉣의 설명으로 옳은 것은?

> 1566년(31세) ㉠사간원 정언에 제수되다.
> 1568년(33세) ㉡이조좌랑이 되었으나 외할머니 이씨의 병환 소식을 듣고 사퇴하다.
> 1569년(34세) 동호독서당에 머물면서 『동호문답』을 찬진하다.
> 1574년(39세) ㉢승정원 우부승지에 제수되어 「만언봉사」를 올리다.
> 1575년(40세) ㉣홍문관 부제학에서 사퇴하고 『성학집요』를 편찬하다.

① ㉠ – 왕명을 출납하면서 왕의 비서기관의 업무를 하였다.

② ㉡ – 삼사의 관리를 추천하는 권한이 있었다.

③ ㉢ – 왕의 정책을 간쟁하고 관원의 비행을 감찰하였다.

④ ㉣ – 서적 출판 및 간행의 업무를 전담하였다.

19 다음 글의 저자에 대한 설명으로 옳은 것은?

> 무릇 동양의 수천 년 교화계(敎化界)에서 바르고 순수하며 광대 정밀하여 많은 성현들이 전
> 해주고 밝혀 준 유교가 끝내 인도의 불교와 서양의 기독교와 같이 세계에 큰 발전을 하지 못함
> 은 어째서이며 … (중략) … 유교계에 3대 문제가 있는지라. 그 3대 문제에 대하여 개량하고 구
> 신(求新)을 하지 않으면 우리 유교는 흥왕할 수가 없을 것이다.

① '조선얼'을 강조하며 '조선학 운동'을 펼쳤다.

② '나라는 형(形)이고 역사는 신(神)'이라고 주장하였다.

③ 주석·부주석 체제하의 대한민국 임시정부에서 주석을 역임하였다.

④ 「독사신론」에서 민족을 역사서술의 주체로 설정하고 사대주의를 비판하였다.

20 (가)~(라)를 시기순으로 바르게 나열한 것은?

> (가) 좌우합작 7원칙이 발표되었다.
> (나) 조선 건국 준비 위원회가 결성되었다.
> (다) 모스크바 3국 외상 회의가 개최되었다.
> (라) 김구와 김규식이 남북협상을 제의하였다.

① (나)→(가)→(라)→(다)

② (나)→(다)→(가)→(라)

③ (다)→(가)→(나)→(라)

④ (다)→(나)→(가)→(라)

1 (가), (나) 국가에 대한 설명으로 옳은 것은?

> (가) 그 나라의 혼인풍속에 여자의 나이가 열 살이 되면 서로 혼인을 약속하고, 신랑 집에서는 (그 여자를) 맞이하여 장성하도록 길러 아내로 삼는다. (여자가) 성인이 되면 다시 친정으로 돌아가게 한다. 여자의 친정에서는 돈을 요구하는데, (신랑 집에서) 돈을 지불한 후 다시 신랑 집으로 돌아온다.
>
> (나) 은력(殷曆) 정월에 하늘에 제사를 지내며 나라에서 대회를 열어 연일 마시고 먹고 노래하고 춤추는데, 영고(迎鼓)라고 한다. 이때 형옥(刑獄)을 중단하여 죄수를 풀어 주었다.

① (가) - 무천이라는 제천행사가 있었다.

② (가) - 계루부집단이 권력을 장악하였다.

③ (나) - 사출도라는 구역이 있었다.

④ (나) - 철이 많이 생산되어 낙랑과 왜에 수출하였다.

2 (나) 시기에 발생한 사건으로 옳은 것은?

(가) 백제왕이 병력 3만 명을 거느리고 평양성을 공격해 왔다. 왕이 출병하여 막다가 날아 오는 화살에 맞아 서거하였다.

↓

(나)

↓

(다) 왕이 보병과 기병 5만 명을 보내 신라를 구원하게 하였다. (고구려군이) 남거성을 통해 신라성에 이르렀는데 그곳에 왜가 가득하였다. 관군이 도착하자 왜적이 퇴각하였다.

① 태학을 설립하고 율령을 반포하였다.
② 평양으로 도읍을 옮기고 한성을 함락하였다.
③ 관구검이 이끄는 위나라 군대의 침략을 받았다.
④ 왕이 직접 말갈 병사를 거느리고 요서지방을 공격하였다.

3 통일신라의 경제상황에 대한 설명으로 옳지 않은 것은?

① 왕경에 서시전과 남시전이 설치되었다.
② 어아주, 조하주 등 고급비단을 생산하여 당나라에 보냈다.
③ 촌락의 토지 결수, 인구 수, 소와 말의 수 등을 파악하였다.
④ 시비법과 이앙법 등의 발달로 농민층에서 광작이 성행하였다.

4 다음 서적을 편찬된 시기순으로 바르게 나열한 것은?

㉠ 『의방유취』   ㉡ 『동의보감』
㉢ 『향약구급방』   ㉣ 『향약집성방』

① ㉠→㉡→㉢→㉣   ② ㉠→㉢→㉡→㉣
③ ㉢→㉠→㉣→㉡   ④ ㉢→㉣→㉠→㉡

5 삼국시대 문화에 대한 설명으로 옳지 않은 것은?

① 선덕여왕 때에 첨성대를 세웠다.

② 목탑 양식의 미륵사지석탑이 건립되었다.

③ 가야 출신의 우륵에 의해 가야금이 신라에 전파되었다.

④ 사신도가 그려진 강서대묘는 돌무지무덤으로 축조되었다.

6 다음과 같은 글을 남긴 국왕의 업적에 해당하는 것은?

> 우리 동방은 옛날부터 중국의 풍속을 흠모하여 문물과 예악이 모두 그 제도를 따랐으나, 지역이 다르고 인성도 각기 다르므로 꼭 같게 할 필요는 없다. 거란은 짐승과 같은 나라로 풍속이 같지 않고 말도 다르니 의관제도를 삼가 본받지 말라.
>
> ― 『고려사』에서 ―

① 물가조절을 위해 상평창을 설치하였다.

② 기인·사심관제와 함께 과거제를 실시하였다.

③ 혼인정책과 사성정책을 통해 호족을 포섭하였다.

④ 광군 30만을 조직하여 거란의 침략에 대비하였다.

7 다음 ㉠~㉣에 들어갈 인물을 바르게 연결한 것은?

> • (㉠)는/은 『신편제종교장총록』을 편찬하였다.
> • (㉡)는/은 원의 불교인 임제종을 들여와서 전파시켰다.
> • (㉢)는/은 강진에 백련사를 결사하여 법화신앙을 내세웠다.
> • (㉣)는/은 『목우자수심결』을 지어 마음을 닦고자 하였다.

	㉠	㉡	㉢	㉣		㉠	㉡	㉢	㉣
①	수기	보우	요세	지눌	②	의천	각훈	요세	수기
③	의천	보우	요세	지눌	④	의천	요세	각훈	수기

8 다음 정책을 추진한 국왕 대에 있었던 사실로 옳은 것은?

> 옛적에 관가의 노비는 아이를 낳은 지 7일 후에 입역(立役)하였는데, 아이를 두고 입역하면 어린 아이에게 해로울 것이라 걱정하여 100일간의 휴가를 더 주게 하였다. 그러나 출산에 임박하여 일하다가 몸이 지치면 미처 집에 도착하기 전에 아이를 낳는 경우가 있다. 만일 산기에 임하여 1개월간의 일을 면제하여 주면 어떻겠는가. 가령 저들이 속인다 할지라도 1개월까지야 넘길 수 있겠는가. 상정소(詳定所)로 하여금 이에 대한 법을 제정하게 하라.

① 사형의 판결에는 삼복법을 적용하였다.
② 주자소를 설치하여 계미자를 주조하였다.
③ 국방력 강화를 위해 진관체제를 실시하였다.
④ 도평의사사를 개편하여 의정부를 설치하였다.

9 밑줄 친 '그'에 대한 설명으로 옳은 것은?

> 그는 중국 유학을 마치고 귀국한 다음, 국왕에게 황룡사에 9층탑을 세울 것을 건의했다. 그가 9층탑 건립을 건의한 데에는 주변 나라의 침입을 막고자 하는 호국정신이 담겨 있다.

① 화랑이 지켜야 할 세속오계를 지었다.
② 대국통으로 있으면서 계율을 지키는 일에 힘을 보탰다.
③ 통일 이후의 사회갈등을 통합으로 이끄는 화엄사상을 강조하였다.
④ 일심(一心) 사상을 주장하여 불교 교리의 대립을 극복하고자 하였다.

10 다음 자료에 나타난 상황과 관련 있는 사건은?

> 경성에는 종묘, 사직, 궁궐과 나머지 관청들이 또한 하나도 남아 있는 것이 없으며, 사대부의 집과 민가들도 종루 이북은 모두 불탔고 이남만 다소 남은 것이 있으며, 백골이 수북이 쌓여서 비록 치우고자 해도 다 치울 수 없다. 경성의 수많은 백성들이 도륙을 당했고 남은 이들도 겨우 목숨만 붙어 있다. 굶어 죽은 시체가 길에 가득하고 진제장(賑濟場)에 나아가 얻어먹는 자가 수천 명이며 매일 죽는 자가 60 ~ 70명 이상이다.
>
> — 성혼, 『우계집』에서 —

① 병자호란
② 임진왜란
③ 삼포왜란
④ 이괄의 난

11 밑줄 친 '그'에 대한 설명으로 옳지 않은 것은?

> 그와 남은이 임금을 뵈옵고 요동을 공격하기를 요청하였고, 그리하여 급하게 「진도(陣圖)」를 익히게 하였다. 이보다 먼저 좌정승 조준이 휴가를 받아 집에 있을 때, 그와 남은이 조준을 방문하여, "요동을 공격하는 일은 지금 이미 결정되었으니 공(公)은 다시 말하지 마십시오."라고 말하였다.

① 만권당에서 원의 학자들과 교류하였다.
② 맹자의 역성혁명론을 조선건국에 적용하였다.
③ 한양 도성의 성문과 궁궐 등의 이름을 지었다.
④ 『경제문감』을 저술하여 재상 중심의 정치를 주장하였다.

12 조약 (가), (나) 사이 시기의 경제 상황으로 옳은 것은?

(가)	(나)
• 조선국 항구에 머무르는 일본은 쌀과 잡곡을 수출·수입할 수 있다. • 일본국 정부에 소속된 모든 선박은 항세(港稅)를 납부하지 않는다.	• 입항하거나 출항하는 각 화물이 세관을 통과할 때에는 세칙에 따라 관세를 납부해야 한다. • 조선 정부가 쌀 수출을 금지하고자 할 때에는 반드시 먼저 1개월 전에 지방관이 일본 영사관에게 통고해야 한다.

① 메가타 재정고문이 화폐정리사업을 시도하였다.

② 혜상공국의 폐지 등을 주장한 정변이 발생하였다.

③ 양화진에 청국인 상점을 허용하는 조약이 체결되었다.

④ 함경도 방곡령 사건으로 일본과 외교적 마찰이 일어났다.

13 대한제국 시기에 추진된 정책으로 옳지 않은 것은?

① 시위대와 진위대를 증강하였다.

② 『독립신문』의 창간을 지원하였다.

③ 화폐제도의 개혁과 중앙은행의 창립을 추진하였다.

④ 황실 재정을 담당하는 내장원의 기능을 확대하였다.

14 조선후기 서학과 관련한 설명으로 옳지 않은 것은?

① 이승훈이 북경에서 영세를 받았다.

② 윤지충 사건을 계기로 하여 기해박해가 일어났다.

③ 안정복이 천주교를 비판하는 『천학문답』을 저술하였다.

④ 최초의 한국인 신부 김대건이 귀국하여 포교 중 순교하였다.

15 다음과 같은 강령을 발표한 조직의 활동으로 옳은 것은?

> 건국 시기의 헌법상 경제체계는 국민 각개의 균등생활 확보 및 민족 전체의 발전 그리고 국가를 건립 보위함과 연환(連環)관계를 가진다. 그러므로 다음에 나오는 기본 원칙에 따라서 경제 정책을 집행하고자 한다.
>
> 가. 규모가 큰 생산기관의 공구와 수단 … (중략) … 은행·전신·교통 등과 대규모 농·공·상 기업 및 성시(城市)공업 구역의 주요한 공용 방산(房産)은 국유로 한다.
>
> 나. 적이 침략하여 점령 혹은 시설한 일체 사유자본과 부역자의 일체 소유자본 및 부동산은 몰수하여 국유로 한다.

① 이승만을 대통령, 이시영을 부통령으로 선출하였다.
② 자유시 참변을 겪고 러시아 적군에 무장해제를 당하였다.
③ 좌우합작위원회를 구성하고 좌우합작 7원칙을 발표하였다.
④ 미군전략정보국(OSS) 지원 아래 국내 진공작전을 준비하였다.

16 다음 선언문의 강령에 따라 활동한 단체에 대한 설명으로 옳은 것은?

> 민중은 우리 혁명의 대본영(大本營)이다. 폭력은 우리 혁명의 유일한 무기이다. 우리는 민중 속으로 가서 민중과 손을 맞잡아 끊임없는 폭력－암살, 파괴, 폭동－으로써 강도 일본의 통치를 타도하고 우리 생활에 불합리한 일체의 제도를 개조하여 인류로써 인류를 압박하지 못하며, 사회로써 사회를 박탈하지 못하는 이상적 조선을 건설할지니라.

① 임시정부 활동에 활기를 불어넣고자 결성하였다.
② 청산리 지역에서 일본군과 접전을 벌여 대승을 거두었다.
③ 한국독립당, 조선혁명당 등과 함께 민족혁명당을 결성하였다.
④ 원산에서 일본인이 한국인 노동자를 구타한 사건을 계기로 총파업을 일으켰다.

17 밑줄 친 ㉠, ㉡에 대한 설명으로 옳은 것은?

> 신고산이 우르르 함흥차 가는 소리에
> ㉠지원병 보낸 어머니 가슴만 쥐어뜯고요
>   … (중략) …
> 신고산이 우르르 함흥차 가는 소리에
> ㉡정신대 보낸 어머니 딸이 가엾어 울고요

① ㉠ - 학생들도 모집 대상이었다.
② ㉠ - 처음에는 징병제에 따라 동원되기 시작하였다.
③ ㉡ - 국민징용령에 근거한 조직이었다.
④ ㉡ - 물자 공출 장려를 목표로 결성하였다.

18 밑줄 친 '이때' 재위한 국왕 대에 있었던 사실로 옳은 것은?

> 이때 거두어들인 돈을 '스스로 내는 돈'이라는 뜻에서 원납전이라 하였다. 그런데 백성들은
> 입을 삐쭉거리면서 '원납전 즉 원망하며 바친 돈이다.' 라고 하였다.
>   – 『매천야록』에서 –

① 세한도가 제작되었다.
② 삼정이정청이 설치되었다.
③ 삼군부가 부활되고 삼수병이 강화되었다.
④ 비변사 당상들이 중요한 권력을 장악하였다.

19 다음 법령과 관련한 설명으로 옳은 것은?

> 제5조 정부는 다음에 의하여 농지를 취득한다.
> 　1. 다음의 농지는 정부에 귀속한다.
> 　　㈎ 법령 및 조약에 의하여 몰수 또는 국유로 된 토지
> 　　㈏ 소유권의 명의가 분명하지 않은 농지

① 농지 이외 임야도 포함되었다.

② 신한공사가 보유하던 토지를 분배하였다.

③ 중앙토지행정처가 분배 업무를 주무하였다.

④ 분배받은 농민은 평년 생산량의 30%를 5년간 상환하였다.

20 다음은 1960년대 어느 일간지에 실린 사설이다. 밑줄 친 '파병'에 대한 설명으로 옳은 것만을 모두 고르면?

> 　우리는 원했든 원하지 안했든 이미 이 전쟁에 직접적인 관계를 맺었고 <u>파병</u>을 찬반(贊反)하던 국민이 이젠 다 힘과 마음을 합해서 <u>파병</u>된 용사들을 성원하고 있거니와 근대 전쟁이 전투하는 사람만의 전쟁이 아니라 온 국민이 참가하는 '총력전'이라는 것을 알고 이 전쟁의 승리를 위해 모든 국민의 단합을 호소하는 바이다.

> ㉠ 발췌개헌안 통과에 영향을 주었다.
> ㉡ 브라운 각서를 체결하는 이유가 되었다.
> ㉢ 1960년대 경제개발계획의 추진에 기여하였다.
> ㉣ 한 · 미 상호방위원조협정을 체결하는 계기가 되었다.

① ㉠, ㉡　　　　　　　　　　② ㉠, ㉢

③ ㉡, ㉢　　　　　　　　　　④ ㉢, ㉣

☞ 정답 및 해설 P.63

1 고조선을 주제로 한 학술 대회를 개최할 경우, 언급될 내용으로 가장 적절하지 않은 것은?

① 위만의 이동과 집권 과정

② 진대법과 빈민 구제

③ 범금 8조(8조법)에 나타난 사회상

④ 비파형 동검 문화권과 국가의 성립

2 〈보기〉에서 백제의 발전 과정을 순서대로 바르게 나열한 것은?

〈보기〉
㉠ 6좌평제와 16관등제 및 백관의 공복을 제정하였다.
㉡ 고구려의 평양성을 공격하였다.
㉢ 지방에 22담로를 설치하였다.
㉣ 불교를 받아들여 통치이념을 정비하였다.

① ㉠→㉡→㉢→㉣   ② ㉠→㉡→㉣→㉢
③ ㉡→㉣→㉢→㉠   ④ ㉣→㉡→㉢→㉠

3 〈보기〉에서 밑줄 친 '이 나라'에 대한 설명으로 가장 옳은 것은?

> 〈보기〉
>
> 천지가 개벽한 뒤로 이곳에는 아직 나라가 없고 또한 왕과 신하도 없었다. 단지 아홉 추장이 각기 백성을 거느리고 농사를 지으며 살았다. …… 아홉 추장과 사람들이 노래하고 춤추면서 하늘을 보니 얼마 뒤 자주색 줄이 하늘로부터 내려와서 땅에 닿았다. 줄 끝을 찾아보니 붉은 보자기에 금빛 상자가 싸여 있었다. 상자를 열어 보니 황금색 알 여섯 개가 있었다. …… 열 사흘째 날 아침에 다시 모여 상자를 열어 보니 여섯 알이 어린아이가 되어 있었다. 용모가 뛰어나고 바로 앉았다. 아이들이 나날이 자라 십수 일이 지나니 키가 9척이나 되었다. 얼굴은 한 고조, 눈썹은 당의 요임금, 눈동자는 우의 순임금과 같았다. 그달 보름에 맏이를 왕위에 추대하였는데, 그가 곧 <u>이 나라</u>의 왕이다.
>
> – 삼국유사 –

① 중국 동진으로부터 불교를 받아들여 왕실의 권위를 높였다.
② 재상을 뽑을 때 정사암에 후보 이름을 써서 넣은 상자를 봉해두었다.
③ 큰일이 있을 때에는 반드시 화백제도를 통해 여러 사람의 의견을 따랐다.
④ 철기를 만들 때 사용하는 덩이쇠를 화폐와 같은 교환 수단으로 이용하기도 하였다.

4 발해의 사회 모습에 대한 설명으로 가장 옳지 않은 것은?

① 주민은 고구려 유민과 말갈인으로 구성되었다.
② 중앙 문화는 고구려 문화를 바탕으로 당의 문화가 가미된 형태를 보였다.
③ 당, 신라, 거란, 일본 등과 무역하였는데, 대신라 무역의 비중이 가장 컸다.
④ 유학 교육기관인 주자감을 설치하여 귀족 자제에게 유교 경전을 가르쳤다.

5 삼국의 사회·문화에 관한 설명으로 가장 옳지 않은 것은?

① 고구려는 영양왕 때 이문진이 유기를 간추려 신집 5권을 편찬했다.
② 백제의 승려 원측은 당나라에 가서 유식론(唯識論)을 발전시켰다.
③ 신라의 진흥왕은 두 아들의 이름을 동륜 등으로 짓고 자신은 전륜성왕으로 자처했다.
④ 백제 말기에는 미래에 중생을 구제한다는 미륵신앙이 유행하기도 하였다.

6 고려시대 군사제도에 대한 설명으로 가장 옳지 않은 것은?

① 북방의 양계지역에는 주현군을 따로 설치하였다.

② 2군(二軍)인 응양군과 용호군은 왕의 친위부대였다.

③ 6위(六衛) 중의 감문위는 궁성과 성문수비를 맡았다.

④ 직업군인인 경군에게 군인전을 지급하고 그 역을 자손에게 세습시켰다.

7 〈보기〉의 (가), (나)와 같은 건의를 받은 국왕에 대한 설명으로 가장 옳은 것은?

> 〈보기〉
> (가) 우리 태조께서는 나라를 통일한 뒤에 외관을 두고자 하였으나, 대개 초창기이므로 일이 번거로워 겨를이 없었습니다. 이제 가만히 보건대, 향호가 매양 공무를 빙자하여 백성을 침해하여 횡포를 부리어 백성이 견디지 못하니, 청컨대 외관을 두도록 하십시오.
> (나) 겸손한 마음을 가지고 항상 조심하고 두려워하며 신하를 예로써 대우할 때 신하는 충성으로써 임금을 섬기는 것입니다.

① 호족과의 혼인정책을 적극적으로 추진하였다.

② 노비안검법을 실시하여 호족의 경제력을 약화시켰다.

③ 양현고를 설치하고 보문각과 청연각을 세워 유학을 진흥시켰다.

④ 연등회를 축소하고 팔관회를 폐지하여 국가적인 불교행사를 억제하였다.

8 고려시대 불교계의 동향과 관련된 설명으로 가장 옳지 않은 것은?

① 백련결사를 제창한 요세는 참회와 수행에 중점을 두는 등 복잡한 이론보다 종교적 실천을 강조했다.

② 재조대장경은 고려 전기에 만들어졌던 대장경 판목이 거란의 침입으로 불타버렸기 때문에 무신집권기에 다시 만든 것이다.

③ 각훈은 삼국시대 이래 승려들의 전기를 정리하여 해동고승전을 지었다.

④ 지눌은 깨달음과 더불어 실천을 강조하는 돈오점수를 주장했다.

9 〈보기〉에서 밑줄 친 '그'가 활동하던 시대상황에 대한 설명으로 가장 옳지 않은 것은?

> 〈보기〉
>
> 그가 북산에서 나무하다가 공, 사노비를 불러 모아 모의하기를, "나라에서 경인, 계사년 이후로 높은 벼슬이 천한 노비에게서 많이 나왔으니, 장수와 재상이 어찌씨가 따로 있으랴. 때가 오면 누구나 할 수 있는데, 우리들이 어찌 고생만 하면서 채찍 밑에 곤욕을 당해야 하겠는가?" 라고 하니, 여러 노비들이 모두 그렇게 여겼다.
>
> – 고려사 –

① 최충의 9재 학당을 비롯한 사학 12도가 융성하였다.
② 경주 일대에서 고려 왕조를 부정하는 신라부흥운동이 일어났다.
③ 정혜쌍수와 돈오점수를 주장하는 수선결사운동이 전개되었다.
④ 소(所)의 거주민은 금, 은, 철 등 광업품이나 수공업 제품을 생산하여 바치기도 하였다.

10 조선 태종 대의 주요 정책에 대한 설명으로 가장 옳은 것은?

① 사섬서를 두어 지폐인 저화를 발행하였다.
② 상평통보를 발행하여 화폐경제를 촉진하였다.
③ 지계를 발급하여 토지소유권을 공고히 하였다.
④ 연분 9등법과 전분 6등법을 시행하여 조세제도를 개편하였다.

11 〈보기〉와 같은 폐단을 해결하기 위해 실시한 제도에 대한 설명으로 가장 옳지 않은 것은?

〈보기〉

각 고을에서 공물을 상납하려 할 때 각 관청의 사주인들이 여러 가지로 농간을 부려 좋은 것도 불합격 처리를 하기 때문에 바칠 수가 없게 되었습니다. 이리하여 사주인은 자기가 갖고 있는 물품으로 관청에 대신 내고 그 고을 농민들에게는 자기가 낸 물건 값을 턱없이 높게 쳐서 열 배의 이득을 취하니, 이것은 백성의 피와 땀을 짜내는 것입니다.

– 선조실록 –

① 광해군 시기에 실시하였다.

② 토지 결수를 기준으로 1결당 쌀 12두를 납부하게 하였다.

③ 왕실과 관청에서 필요한 수요품을 구해 납품하는 덕대가 등장하였다.

④ 물품 구매와 상품 수요가 증가하면서 상품 화폐 경제가 한층 발전하였다.

12 〈보기〉의 토지 개혁안을 주장한 조선 후기 실학자를 옳게 짝지은 것은?

〈보기〉

㉠ 지금 농사를 하고자 하는 사람은 토지를 얻고, 농사를 하지 않는 사람은 토지를 얻지 못하도록 한다. 즉 여전(閭田)의 법을 시행하면 나의 뜻을 이룰 수 있을 것이다. … 무릇 1여의 토지는 1여의 사람들로 하여금 공동으로 경작하게 하고, 내 땅 네 땅의 구분 없이 오직 여장의 명령만을 따른다. 매 사람마다의 노동량은 매일 여장이 장부에 기록한다. 가을이 되면 무릇 오곡의 수확물을 모두 여장의 집으로 보내어 그 식량을 분배한다. 먼저 국가에 바치는 공세를 제하고, 다음으로 여장의 녹봉을 제하며, 그 나머지를 날마다 일한 것을 기록한 장부에 의거하여 여민들에게 분배한다.

㉡ 국가는 마땅히 한 집의 재산을 헤아려 전(田) 몇 부(負)를 한정하여 1호(戶)의 영업전(永業田)을 삼기를 당나라의 조제(租制)처럼 해야 한다. 그렇다고 해서 많이 소유한 자의 것을 줄이거나 빼앗지 않고, 모자라게 소유한 자라고 해서 더 주지 않는다. 돈이 있어 사고자 하는 자는 비록 천백 결(結)이라도 모두 허가하고, 토지가 많아 팔고자 하는 자도 단지 영업전 몇 부 이외에는 역시 허가한다.

	㉠	㉡		㉠	㉡
①	정약용	이익	②	박지원	유형원
③	정약용	유형원	④	이익	박지원

13 〈보기〉의 의서(醫書)를 편찬된 순서대로 바르게 나열한 것은?

〈보기〉

ㄱ 동의보감(東醫寶鑑)　　　　ㄴ 마과회통(麻科會通)
ㄷ 의방유취(醫方類聚)　　　　ㄹ 향약구급방(鄕藥救急方)

① ㄱ – ㄴ – ㄷ – ㄹ

② ㄷ – ㄹ – ㄴ – ㄱ

③ ㄹ – ㄷ – ㄱ – ㄴ

④ ㄹ – ㄷ – ㄴ – ㄱ

14 조선 후기 지도 편찬에 대한 설명으로 가장 옳지 않은 것은?

① 김정호는 대동여지도를 편찬하기 이전에 이미 청구도 등을 제작하였다.

② 정상기는 백리척을 이용하여 동국지도를 제작하였다.

③ 모눈종이를 이용한 정밀한 지도도 제작되었다.

④ 대동여지도가 완성되자 나라의 기밀을 누설시킬 우려가 있다고 하여 판목은 압수 소각되었다.

15 위정척사 운동에 대한 설명으로 가장 옳지 않은 것은?

① 최익현은 왜양일체론을 내세우며 개항 반대 운동을 전개하였다.

② 이항로는 척화주전론을 주장하며 통상 반대 운동을 전개하였다.

③ 기정진 등 영남 유생들이 만인소를 올려 조선책략을 들여온 김홍집의 처벌을 요구하였다.

④ 홍재학은 주화매국의 신료를 처벌하고 서양물품과 서양서적을 불태울 것을 주장하였다.

16 〈보기〉의 밑줄 친 (가)국가에 대한 설명으로 가장 옳은 것은?

> 〈보기〉
> 정부는 (가) 공사의 서울 부임에 답례할 겸 서구의 근대 문물을 시찰하기 위해 1883년 (가)에 보빙사를 파견하였다. 보빙사의 구성원은 민영익, 홍영식, 서광범 등 11명이었다.

① 삼국 간섭에 참여하였다.
② 용암포를 강제 점령하고 조차를 요구하였다.
③ 거문도를 불법으로 점령하였다.
④ 운산 금광 채굴권을 차지하였다.

17 〈보기〉의 협약 이후 일어난 사실로 가장 옳지 않은 것은?

> 〈보기〉
> 제1조 한국정부는 시정 개선에 관하여 통감의 지도를 받는다.
> 제2조 한국의 법령 제정 및 중요한 행정상의 처분은 미리 통감의 승인을 거친다.
> 제4조 한국 고등 관리의 임면은 통감의 동의로써 이를 시행한다.
> 제5조 한국정부는 통감이 추천하는 일본인을 한국 관리에 임명한다.

① 각 부의 차관에 일본인이 임명되어 이른바 차관정치가 시작되었다.
② 대한제국 군대가 해산되었다.
③ 사법권과 경찰권을 빼앗겼다.
④ 만국평화회의에 이상설 등이 파견되었다.

18 〈보기〉에서 일제강점기의 사건을 발생한 순서대로 바르게 나열한 것은?

〈보기〉

㉠ 물산장려운동   ㉡ 3 · 1 운동

㉢ 광주학생항일운동   ㉣ 6 · 10 만세운동

① ㉠ → ㉡ → ㉢ → ㉣

② ㉠ → ㉢ → ㉡ → ㉣

③ ㉡ → ㉠ → ㉣ → ㉢

④ ㉡ → ㉣ → ㉢ → ㉠

19 〈보기〉 선언문의 발표 후에 있었던 사건으로 가장 적합하지 않은 것은?

〈보기〉

　상아의 진리탑을 박차고 거리에 나선 우리는 질풍과 같은 역사의 조류에 자신을 참여시킴으로써 이성과 진리, 그리고 자유의 대학정신을 현실의 참담한 박토에 뿌리려 하는 바이다. 〈중략〉 무릇 모든 민주주의 정치사는 자유의 투쟁사다. 그것은 또한 여하한 형태의 전제로 민중 앞에 군림하든 '종이로 만든 호랑이'같이 헤슬픈 것임을 교시한다. 〈중략〉 근대적 민주주의의 근간은 자유다. 〈하략〉

－ 서울대학교 문리과대학 학생 일동 －

① 이승만 대통령이 하야하였다.

② 장면 정권이 수립되었다.

③ 민족자주통일중앙협의회가 조직되었다.

④ 조봉암이 진보당을 결성하였다.

20 〈보기〉와 같은 내용의 헌법으로 개정된 이후 발생한 사건으로 가장 옳은 것은?

〈보기〉

제39조 대통령은 통일주체국민회의에서 토론없이 무기명 투표로 선거한다.

제40조 통일주체국민회의는 국회의원 정수의 1/3에 해당하는 수의 국회의원을 선거한다.

제43조 대통령은 조국의 평화적 통일을 위한 성실한 의무를 진다.

① 굴욕적인 한일회담에 반대하는 학생 시위가 전개되었다.

② 재야 인사들이 명동성당에 모여 '3·1 민주구국선언'을 발표하였다.

③ 친일파 청산을 위해 반민족행위특별조사위원회를 설치하였다.

④ 민생안정을 위해 농가 부채 탕감, 화폐 개혁 등을 실시하였다.

2020~2021년
기출문제

한국사

2020. 5. 30. | 제1차 경찰공무원(순경) 시행

☞ 정답 및 해설 P.65

1 한국의 선사시대에 대한 설명으로 가장 적절하지 않은 것은?

① 중기구석기시대에는 몸돌에서 떼어 낸 돌조각인 격지를 잔솔질하여 석기를 만들었다.

② 신석기시대에는 제주 고산리나 양양 오산리 등에서 목책, 환호 등의 시설이 만들어졌다.

③ 신석기시대에는 백두산이나 일본에서 유입된 것으로 보이는 흑요석이 사용되었다.

④ 청동기시대에는 어로 활동이나 조개 채집의 비중이 줄어들어 패총이 많이 발견되지 않는다.

2 다음은 삼국의 항쟁에 대한 기록이다. 밑줄 친 국가에서 이 전쟁 이후에 벌어진 사실로 가장 적절한 것은?

> 영락 6년에 왕이 몸소 수군을 이끌고 백잔을 토벌했다. 우리 군사가 [중략] 어느덧 백잔의 도성에 근접했다. 백잔이 항복하지 않고 군사를 동원하여 덤비자 왕은 노하여 아리수를 건너 백잔성으로 진격시켰다. [중략] 백잔의 군주는 남녀 1천 명과 세포(細布) 1천 필을 바치고 왕 앞에 무릎을 꿇고 맹세하였다. "지금부터 이후로 영원히 노객이 되겠습니다."

① 고구려의 평양성을 공격하여 고국원왕을 전사하게 하였다.

② 동진에서 온 마라난타에 의해 불교가 전래되었다.

③ 고구려의 남하 정책에 대항하여 신라의 눌지왕과 동맹을 체결하였다.

④ 박사 고흥이 『서기』를 편찬하였다.

3 다음 밑줄 친 신라 왕의 재위 기간 중 축조된 비석은?

> 9월 대가야가 반란을 일으켰다. <u>왕</u>이 이사부에게 명하여 그들을 토벌하도록 하였는데, 사다함이 그 부장이 되었다. [중략] 이사부가 병력을 이끌고 그곳에 이르니 모두 항복하였다. 전공을 논하는데 사다함이 최고였으므로 왕이 상으로 좋은 토지와 포로 200명을 주었다.
>
> – 『삼국사기』 –

① 울진 봉평비　　　　　　　② 단양 적성비
③ 포항 중성리비　　　　　　④ 영일 냉수리비

4 다음은 어느 역사서의 일부분이다. 밑줄 친 인물의 왕위 재위 기간에 일어난 사실로 가장 적절한 것은?

> "신의 나라가 대국을 섬긴 지 여러 해가 되었습니다. 그러나 백제는 강성하고 교활하여 침략을 일삼아 왔습니다. [중략] 만약 폐하께서 군사를 보내 그 흉악한 무리들을 없애지 않는다면 우리나라 백성은 모두 포로가 될 것입니다. 육로와 수로를 거쳐 섬기러 오는 일도 다시는 기대할 수 없을 것입니다." <u>태종</u>이 크게 동감하고 군사를 보낼 것을 허락하였다.

① 갈문왕 제도가 사실상 폐지되고 상대등의 권한이 약화되었다.
② 비담과 염종 등 귀족 세력의 반란이 일어났다.
③ 독자적인 연호를 폐지하고 당 고종의 연호를 사용하였다.
④ 자장의 건의로 황룡사 9층 목탑이 축조되었다.

5 고대국가의 문화에 대한 설명으로 가장 적절하지 않은 것은?

① 고구려에는 초기에 돌무지무덤(積石塚)이 유행했는데, 이른 시기의 것들은 단순한 돌무지였지만 점차 기단을 만들고 피라미드 형태로 정교하게 돌을 쌓아 올렸다.
② 고구려의 고분벽화는 초기에는 생활상을 표현한 그림이 많았지만 후기로 갈수록 추상화되었다.
③ 무령왕릉과 송산리 6호분은 중국 남조의 영향을 받은 벽돌무덤(塼築墳)이다.
④ 신라의 돌무지덧널무덤(積石木槨墳)은 고구려와 백제의 영향을 받았다. 황남대총, 호우총 그 사례로 들 수 있다.

6 한국 고대국가의 경제에 대한 설명 중 가장 적절하지 않은 것은?

① 삼국시대에는 개인 소유의 토지가 사실상 존재했으며 일반 백성은 이를 경작하거나 남의 토지를 빌려 경작하기도 했다.

② 통일신라에는 녹비법, 퇴비법 등의 시비법이 발달하고 윤작법이 보급되어 생산력이 증가하였다.

③ 삼국시대에는 점차 국가 체제가 정비되면서 관청을 두고 여기에 수공업자를 배정하여 무기나 비단 등 필요한 물품을 생산하였다.

④ 삼국 통일 후 인구 증가와 상품 생산의 확대에 따라 경주에 서시와 남시가 설치되었다.

7 다음에 제시된 역사적 사건들을 시간 순서대로 바르게 나열한 것은?

> ㉠ 후백제의 견훤이 경주를 침공해 경애왕을 죽였다.
> ㉡ 후백제의 신검이 견훤을 금산사에 유폐시켰다.
> ㉢ 왕건이 국호를 고려라 정하고 송악으로 천도하였다.
> ㉣ 고려가 공산 전투에서 후백제에게 패하였다.

① ㉠㉢㉡㉣   ② ㉠㉣㉢㉡
③ ㉢㉠㉡㉣   ④ ㉢㉠㉣㉡

8 고려시대의 토지 제도에 대한 설명으로 가장 적절하지 않은 것은?

① 목종 때 개정전시과가 실시되어 인품이 배제되고 관품만을 기준으로 토지를 지급하였다.

② 성종 때 시정전시과가 실시되어 관품과 인품을 고려하여 전지와 시지를 지급하였다.

③ 태조 때 역분전이 설치되어 개국 공신들에게 충성도, 공훈, 인품 등을 반영하여 토지를 지급하였다.

④ 문종 때 경정전시과가 설치되어 현직 관리들에게만 과전을 지급하고 퇴직할 때 반납하도록 하였다.

9 고려시대의 역사적 사실들을 오래된 것부터 바르게 나열한 것은?

> ㉠ 팔만대장경(재조대장경) 완성   ㉡ 『삼국유사』 편찬
> ㉢ 『향약구급방』 간행   ㉣ 황룡사 9층 목탑 소실

① ㉠㉡㉣㉢   ② ㉠㉣㉡㉢
③ ㉢㉣㉠㉡   ④ ㉣㉠㉢㉡

10 다음 일이 있었던 시대의 문화에 대한 설명으로 가장 적절하지 않은 것은?

> 박유가 왕에게 글을 올려 말하기를 "[중략] 청컨대 여러 신하, 관료들로 하여금 여러 처를 두게 하되, 품계에 따라 그 수를 줄이도록 하여 보통 사람에 이르러서는 1인 1첩을 둘 수 있도록 하며 여러 처에게서 낳은 자식들도 역시 본가가 낳은 아들처럼 벼슬을 할 수 있게 하기를 원합니다."라고 하였다. [중략] 당시 재상들 가운데 그 부인을 무서워하는 자들이 있었기 때문에 그 건의는 결국 실행되지 못하였다.

① 단아하고 균형 잡힌 석등이 꾸준히 만들어졌으며 법주사 쌍사자 석등이 대표적인 작품이다.
② 다포 양식 건물이 등장하여 지붕을 웅장하게 얹거나 건물을 화려하게 꾸밀 때 쓰였다.
③ 자기 제작에 상감기법이 개발되어 무늬를 내는 데 활용되었으나 원 간섭기 이후에는 퇴조하였다.
④ 이 시대에는 불화가 많이 그려졌는데 혜허의 관음보살도가 유명하다.

11 ㉠과 ㉡ 사이의 시기에 있었던 사실로 가장 적절하지 않은 것은?

> ㉠ 지리서의 편찬이 추진되어 『신찬팔도지리지』를 편찬하였다.
> ㉡ 조선 전기를 대표하는 『동국지도』를 완성하였다.

① 고조선부터 고려 말까지 역사를 정리한 『동국통감』을 간행하였다.
② 고려의 역사를 자주적 입장에서 정리한 『고려사절요』를 편찬하였다.
③ 역대의 전쟁을 체계적으로 정리한 『동국병감』을 편찬하였다.
④ 우리 풍토에 알맞은 약재와 치료 방법을 개발하여 정리한 『향약집성방』을 편찬하였다.

12 다음에서 설명하고 있는 조선 시대 호적에 대한 내용으로 적절한 것을 〈보기〉에서 모두 고른 것은?

> 국가는 재정의 토대가 되는 수취 체제를 운영하기 위해 토지 대장인 양안과 인구 대장인 호적을 작성하였다. 이를 근거로 전세, 공납, 역을 백성에게 부과하였다.

〈보기〉
㉠ 호적은 3년에 한 번씩 관청에서 호주의 신고를 받아 작성하였다.
㉡ 호적에 관료였던 양반은 관직과 품계를 기록하고 관직에 몸담지 않은 양반은 유학이라고 기록하였다.
㉢ 호적에는 호의 소재지, 호주의 직역과 성명, 호주와 처의 연령, 본관과 4조(부, 조부, 증조부, 외조부) 등을 적었다.
㉣ 호적에 평민은 보병이나 기병 등 군역을 기록하였으며, 노비는 이름을 기록하였다.

① ㉠
② ㉠㉡
③ ㉠㉡㉢
④ ㉠㉡㉢㉣

13 다음 글을 지은 인물이 속했던 조선 시대 정치 세력[붕당]에 대한 설명으로 가장 적절한 것은?

> 내 버디 몇치나 ᄒ니 水石(수석)과 松竹(송죽)이라.
> 東山(동산)의 ᄃᆞᆯ 오르니 그 더옥 반갑고야.
> 두어라 이 다숫 밧긔 또 더ᄒᆞ야 머엇ᄒᆞ리 .

① 예송에서 왕의 예는 일반 사대부와 다르다고 주장하였다.
② 효종의 비가 죽었을 때 시어머니인 자의대비가 대공복을 입어야 한다고 주장하였다.
③ 자신들의 학문적 정통성을 확립하기 위하여 조식을 높이고 이언적과 이황을 폄하하였다.
④ 경종이 즉위하자 그가 병약하다는 이유를 들어 이복동생 연잉군을 세제로 책봉할 것을 요구하였다.

14 다음과 같은 내용의 교서를 발표한 왕에 대한 설명으로 가장 적절한 것은?

> 우리나라는 원래 땅이 협소하여 인재 등용의 문도 넓지 못하였다. 그런데 근래에 와서 인재 임용이 당에 들어 있는 사람만으로 이루어지고, 조정의 대신들이 서로 공격하여 공론이 막히고 서로를 반역자라 지목하니 선악을 분별할 수 없게 되었다. 지금 새로 일으켜야 할 시기를 맞아 과거의 허물을 고치고 새로운 정치를 펴려 하니, 유배된 사람은 경중을 헤아려 다시 등용하되 탕평의 정신으로 하라. 지금 나의 이 말은 위로는 종사를 위하고 아래로 조정을 진정하려는 것이니, 이를 어기면 종신토록 가두어 내가 그들과는 나라를 함께 할 뜻이 없음을 보이겠다.

① 문물제도의 정비를 반영한 『탁지지』 등을 편찬하였다.
② 초계문신제를 신설하여 인재 재교육 정책을 추진하였다.
③ 통공 정책을 실시하여 자유로운 상업 활동의 범위를 확대하였다.
④ 신문고 제도를 부활시키고 『동국문헌비고』 등을 편찬하여 문물과 제도를 정비하였다.

15 다음 내용은 1894년 동학 농민 운동과 관련된 사실들이다. ㉠과 ㉡ 사이의 시기에 있었던 사실로 가장 적절한 것은?

> ㉠ 일본군이 경복궁을 점령한 데 이어 선전 포고도 없이 청일전쟁을 일으켰다.
> ㉡ 공주 우금치 전투에서 농민군은 잘 훈련된 일본군과 그들의 최신 병기 앞에서 수천 명에 이르는 희생자를 낸 채 끝내 패하고 말았다.

① 홍계훈이 이끄는 경군 선발대가 장성 황룡촌 전투에서 농민군에 패하였다.
② 손병희의 북접 농민군과 전봉준의 남접 농민군이 충청도 논산에서 합류하였다.
③ 농민군은 청·일 양군에 대한 철병 요구와 폐정 개혁을 조건으로 관군과 전주 화약을 맺고 해산하였다.
④ 농민군은 전봉준을 총대장으로, 김개남·손화중을 총관령으로, 김덕명과 오시영을 총참모로 정하는 등 지휘 체계와 조직을 세우고 백산에 '호남창의대장소'를 설치하였다.

16 다음 내용을 주장한 인물에 대한 설명으로 가장 적절한 것은?

> 우리나라가 아시아의 인후에 처해 있는 지리적 위치는 유럽의 벨기에와 같고, 중국에 조공하던 처지는 터키에 조공하던 불가리아와 같다. 그런데 불가리아가 중립 조약을 체결한 것은 유럽 여러 대국들이 러시아를 막으려는 계책에서 나온 것이었고, 벨기에가 중립 조약을 체결한 것은 유럽의 여러 대국들이 자국을 보전하려는 계책에서 나온 것이었다. 대저 우리나라가 아시아의 중립국이 된다면 러시아를 방어하는 큰 기틀이 될 것이고, 또한 아시아의 여러 대국들이 서로 보전하는 정략도 될 것이다. 오직 중립만이 우리나라를 지키는 방책인데, 우리 스스로가 제창할 수도 없으니 중국에 청하여 처리해야 할 것이다. 중국이 맹주가 되어 영국, 프랑스, 일본, 러시아 같은 아시아에 관계 있는 여러 나라들과 화합하고 우리나라를 참석시켜 같이 중립 조약을 체결토록 해야 될 것이다. 이것은 비단 우리나라만을 위한 것이 아니라 중국의 이익도 될 것이고, 여러 나라가 서로 보전하는 계책도 될 것이니 무엇이 괴로워서 하지 않겠는가.

① 1881년에 조사시찰단으로 일본에 다녀왔고, 1884년에 우정총국이 설립되자 우정국 총판에 임명되었다.

② 1882년 수신사로 일본에 다녀왔고, 일제강점기에는 일제로부터 후작을 받고 중추원 고문에 임명되었다.

③ 갑신정변 이후 일본을 거쳐 미국에 망명하였고, 1894년에 귀국하여 제2차 김홍집 내각의 법부대신이 되었다.

④ 1894년 제1차 갑오개혁 당시 군국기무처의 회의원으로 참여하였고, 후에 국어 문법서인 『조선문전』을 저술하였다.

17 대한제국의 광무개혁에 대한 설명으로 가장 적절하지 않은 것은?

① '옛 것을 근본으로 하고 새로운 것을 참작한다.'라는 구본신참의 원칙을 내세워 개혁을 추진하였다.

② 황실 재정을 담당하는 내장원의 기능을 확대하고, 이를 바탕으로 황실 주도의 개혁 사업을 추진하였다.

③ 재정 확보를 위해 양전 사업을 실시하고, 일부 지역에서는 토지 소유권을 보장하는 문서인 지계를 발행하였다.

④ 재판소를 설치하여 사법 제도의 근대화를 꾀하였으며, 교육 입국 조서를 반포하고 교육 개혁을 추진하였다.

18 다음 중 1904년 2월에 체결된 「한·일 의정서」에 들어 있는 내용으로 가장 적절한 것은?

① 한국 정부의 법령 제정 및 중요한 행정상의 처분은 미리 통감의 승인을 거쳐야 한다.

② 대한 정부는 일본 정부가 추천한 외국인 1명을 외교 고문으로 삼아 외부에 용빙하여 외교에 관한 중요한 사무는 일체 그의 의견을 물어서 시행해야 한다.

③ 제3국의 침해나 혹은 내란으로 인하여 대한제국 황실의 안녕과 영토의 보전에 위험이 있을 경우에는 일본 제국 정부는 속히 정황에 따라 필요한 조치를 취할 수 있다.

④ 일본국 정부는 한국과 타국 간에 현존하는 조약의 실행을 완수하는 임무를 담당하고 한국 정부는 지금부터 일본국 정부의 중개를 거치지 않고서는 국제적 성질을 가진 어떤 조약이나 약속을 맺지 않을 것을 서로 약속한다.

19 다음 사실들을 시기 순으로 바르게 나열한 것은?

㉠ 홍범도, 최진동, 안무 등이 연합하여 봉오동에서 일본군을 급습하여 크게 이겼다.
㉡ 윤봉길이 상하이에서 폭탄을 던져 일본군 장성과 다수의 고관을 살상하였다.
㉢ 연해주 지역에 한인 집단촌인 신한촌이 건설되고, 대한광복군 정부가 조직되었다.
㉣ 한국 독립당, 조선 혁명당, 의열단을 비롯한 여러 단체의 인사들이 민족 혁명당을 창건하였다.

① ㉠㉡㉢㉣
② ㉡㉢㉣㉠
③ ㉢㉠㉡㉣
④ ㉣㉢㉠㉡

20 다음 내용의 헌법 개헌안이 통과한 이후 나타난 사실로 적절한 것을 〈보기〉에서 모두 고른 것은?

> 제31조 입법권은 국회가 행한다. 국회는 민의원과 참의원으로써 구성한다.
> 제55조 대통령과 부통령의 임기는 4년으로 한다. 단, 재선에 의하여 1차 중임할 수 있다. 대통령이 궐위된 때에는 부통령이 대통령이 되고 잔임 기간 중 재임한다.
> 부 칙 이 헌법 공포 당시의 대통령에 대하여는 제55조 제1항 단서의 제한을 적용하지 아니한다.

〈보기〉
ㄱ 조봉암이 진보당을 창당하였다.
ㄴ 이승만 대통령이 반공 포로를 석방하였다.
ㄷ 헌법 개정으로 대통령 선출 방식이 국회 간선제에서 국민 직선제 방식으로 바뀌었다.
ㄹ 정 · 부통령 선거에서 대통령에 자유당의 이승만, 부통령에 민주당의 장면이 당선되었다.

① ㄱㄴ

② ㄱㄹ

③ ㄴㄷ

④ ㄴㄹ

☞ 정답 및 해설 P.68

1 밑줄 친 '왕'의 재위 기간에 있었던 사실로 옳은 것은?

> 이찬 이사부가 왕에게 "국사라는 것은 임금과 신하들의 선악을 기록하여, 좋고 나쁜 것을 만 대 후손들에게 보여 주는 것입니다. 이를 책으로 편찬해 놓지 않는다면 후손들이 무엇을 보고 알겠습니까?"라고 아뢰었다. 왕이 깊이 동감하고 대아찬 거칠부 등에게 명하여 선비들을 널리 모아 그들로 하여금 역사를 편찬하게 하였다.
>
> ─『삼국사기』─

① 정전 지급
② 국학 설치
③ 첨성대 건립
④ 북한산 순수비 건립

2 다음 정책을 시행한 국왕 대에 있었던 사실로 옳은 것은?

> • 광덕, 준풍 등의 연호를 사용하였다.
> • 개경을 고쳐 황도라 하고 서경을 서도라고 하였다.

① 노비안검법을 시행하였다.
② 전시과 제도를 시행하였다.
③ 개경에 국자감을 설립하였다.
④ 12목을 설치하고 지방관을 파견하였다.

3 다음과 같은 활동을 펼친 인물에 대한 설명으로 옳은 것은?

> • 대한매일신보에 애국적인 논설을 썼다.
> • 유교 개혁의 뜻을 담은 「유교구신론」을 집필하였다.

① 적극적인 의열 활동을 위해 한인애국단을 만들었다.
② 일본의 침략상을 폭로하는 『한국통사』를 저술하였다.
③ 실증사학의 입장에서 연구하는 진단학회를 조직하였다.
④ 김원봉의 요청을 받아들여 「조선혁명선언」을 작성하였다.

4 (가) 단체로 옳은 것은?

> ┌─────┐
> │ (가) │ 발기취지(發起趣旨)
> └─────┘
> 인간 사회는 많은 불합리를 산출한 동시에 그 해결을 우리에게 요구하고 있다. 여성 문제는 그
> 중의 하나이다. … 과거의 조선 여성운동은 분산되어 있었다. 그것에는 통일된 조직이 없었고
> 통일된 지도 정신도 없었고 통일된 항쟁이 없었다. … 우리는 우선 조선 자매 전체의 역량을
> 공고히 단결하여 운동을 전반적으로 전개하지 아니하면 아니 된다.
> ─『동아일보』, 1927. 5. 11. ─

① 근우회   ② 신간회
③ 신민회   ④ 정우회

5 다음 글에서 설명하고 있는 문화유산은?

> 이곳은 원래 성종의 형인 월산대군(月山大君)의 집이 있던 곳으로, 선조가 임진왜란 뒤 임시
> 거처로 사용하면서 정릉동 행궁으로 불리었고, 광해군 때는 경운궁이라 하였다. 아관파천 후
> 고종이 이곳에 머물렀다. 주요 건물로는 중화전, 함녕전, 석조전 등이 있다.

① 경복궁   ② 경희궁
③ 창덕궁   ④ 덕수궁

6 밑줄 친 '이 나라'에서 볼 수 있는 모습으로 적절한 것은?

> 이 나라는 대군왕이 없으며, 읍락에는 각각 대를 잇는 장수(長帥)가 있다. … 이 나라의 토질은 비옥하며, 산을 등지고 바다를 향해 있어 오곡이 잘 자라며 농사짓기에 적합하다. 사람들의 성질은 질박하고, 정직하며 굳세고 용감하다. 소나 말이 적고, 창을 잘 다루며 보전(步戰)을 잘한다. 음식, 주거, 의복, 예절은 고구려와 흡사하다. 그들은 장사를 지낼 적에는 큰 나무 곽(槨)을 만드는데 길이가 십여 장(丈)이나 되며 한쪽 머리를 열어 놓아 문을 만든다.
>
> ─ 『삼국지』 위서 동이전 ─

① 민며느리를 받아들이는 읍군
② 위만에게 한나라의 침입을 알리는 장군
③ 5월에 씨를 뿌리고 하늘에 제사를 지내는 천군
④ 국가의 중요한 일을 논의하고 있는 마가와 우가

7 다음 사건이 일어난 왕의 재위 기간에 대한 설명으로 옳은 것은?

> 임꺽정은 양주 백정으로, 성품이 교활하고 날래고 용맹스러웠다. 그 무리 수십 명이 함께 다 날래고 빨랐는데, 도적이 되어 민가를 불사르고 소와 말을 빼앗고, 만약 항거하면 몹시 잔혹하게 사람을 죽였다. 경기도와 황해도의 아전과 백성들이 임꺽정 무리와 은밀히 결탁하여, 관에서 잡으려 하면 번번이 먼저 알려주었다.

① 동인과 서인의 붕당이 형성되었다.
② 문정왕후가 수렴청정하며 불교를 옹호하였다.
③ 삼포에서 4~5천 명의 일본인이 난을 일으켰다.
④ 조광조가 내수사 장리의 폐지, 소격서 폐지 등을 주장하였다.

8 밑줄 친 '이 부대'에 대한 설명으로 옳은 것은?

> 윤관이 아뢰기를, "신이 적의 기세를 보건대 예측하기 어려울 정도로 군세니, 마땅히 군사를 쉬게 하고 군관을 길러서 후일을 기다려야 할 것입니다. 또 신이 싸움에서 진 것은 적은 기병(騎兵)인데 우리는 보병(步兵)이라 대적할 수가 없었기 때문입니다."라 하였다. 이에 그가 건의하여 처음으로 이 부대를 만들었다.

① 정종 2년에 설치되었다.
② 귀주대첩에서 큰 활약을 하였다.
③ 여진족에 대처하기 위해 조직되었다.
④ 응양군, 용호군, 신호위 등의 2군과 6위로 편성되었다.

9 밑줄 친 '이 나라'에 대한 설명으로 옳은 것은?

> 이 나라는 삼한의 종족이며, 지금의 고령에 있었다. 건원 원년(479)에 그 국왕 하지(荷知)는 사신을 보내 남제에 공물을 바쳤다. 남제에서는 국왕 하지에게 "보국장군 본국왕"을 제수하였다.

① 관산성 전투에서 국왕이 전사하였다.
② 울릉도를 정복해서 영토로 편입하였다.
③ 호남 동부 지역까지 세력을 확장하였다.
④ 신라를 도와 낙동강 유역에 진출한 왜를 격파하였다.

10 다음 설명에 해당하는 발해 왕의 재위 기간에 통일 신라에서 일어난 상황으로 옳은 것은?

> • 대흥이란 독자적인 연호를 사용하였다.
> • 수도를 중경→상경→동경으로 옮겼다.
> • 일본에 보낸 외교문서에 천손(하늘의 자손)이라 표현하였다.
> • 당과 친선 관계를 맺으며 당의 문물을 도입하여 체제를 정비하였다.

① 녹읍 폐지   ② 청해진 설치
③ 『삼대목』 편찬   ④ 독서삼품과 설치

11 밑줄 친 '그'의 저술로 옳은 것은?

> 서울의 노론 집안에서 태어난 그는 『양반전』을 지어 양반사회의 허위를 고발하였다. 그는 또한 한전론을 주장하였으며, 상공업 진흥에도 관심을 기울여 수레와 선박의 이용 등에 대해서도 주목하였다.

① 『북학의』　　　　　　　　② 『과농소초』
③ 『의산문답』　　　　　　　④ 『지봉유설』

12 (가) 시기에 있었던 일로 옳은 것은?

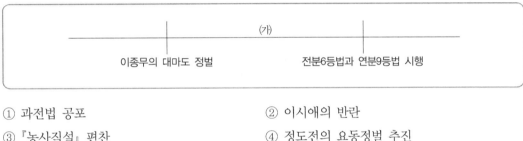

이종무의 대마도 정벌　　　　　(가)　　　　　전분6등법과 연분9등법 시행

① 과전법 공포　　　　　　　② 이시애의 반란
③ 『농사직설』 편찬　　　　　④ 정도전의 요동정벌 추진

13 (가) 시기에 있었던 일로 옳은 것은?

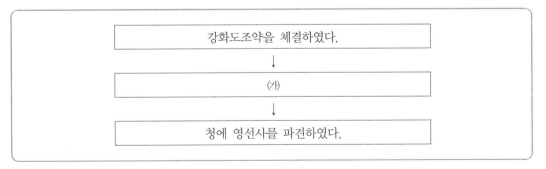

강화도조약을 체결하였다.
↓
(가)
↓
청에 영선사를 파견하였다.

① 군국기무처를 두고 여러 건의 개혁안을 처리하였다.
② 개화 정책을 추진할 기구로 통리기무아문을 설치하였다.
③ 국정 개혁의 기본 방향을 담은 홍범 14조를 공포하였다.
④ 구본신참의 개혁 원칙을 정하고 대한국국제를 선포하였다.

14 세계유산으로 등재된 것이 아닌 것은? (2019년 12월 31일 기준)

① 종묘

② 화성

③ 한양도성

④ 남한산성

15 다음과 같은 주제로 토론회를 개최한 단체에 대한 설명으로 옳은 것은?

일자	주제
1897. 8. 29.	조선에 급선무는 인민의 교육
1897. 9. 5.	도로 수정하는 것이 위생에 제일 방책
⋮	⋮
1897. 12. 26.	인민의 귀로 듣고 눈으로 보는 것을 개명케 하려면 우리나라 신문지며 다른 나라 신문지들을 널리 반포하는 것이 제일 긴요함

① 헌정연구회의 활동을 계승하여 월보를 간행하고 지회를 설치하였다.

② 국민 계몽을 위해 회보를 발간하고 만민공동회 등 대규모 집회를 열었다.

③ 보부상 중심의 단체로 황권 강화를 통한 부국강병을 행동지침으로 삼았다.

④ 일본이 황무지 개간을 구실로 토지를 약탈하려 하자 대중적 반대 운동을 벌였다.

16 밑줄 친 '그'의 활동으로 옳은 것은?

> 경술년(1910)에 여러 형제들이 모여서 같이 만주로 갈 준비를 하였다. … 그(1867~1932)는 1만여 석의 재산과 가옥을 모두 팔고 큰집, 작은 집이 함께 압록강을 건너 떠났다. 그는 만주에서 독립군 양성 기관인 신흥 강습소를 설립하였다.

① 조선어학회 사건으로 옥고를 치렀다.

② 독립운동 단체인 경학사를 조직하였다.

③ 3 · 1운동 민족대표 33인 중 한 명이었다.

④ '삼균주의'에 입각한 한국국민당을 결성하였다.

17 밑줄 친 '새 헌법'에 대한 설명으로 옳은 것은?

> 정부에서는 6월 15일 국회에서 통과된 개헌안을 이송받자 이날 긴급 국무회의를 소집하고 정식으로 이를 공포하였다. 이로써 개정된 <u>새 헌법</u>은 16일 0시를 기해 효력을 발생케 되었다. <u>새 헌법</u>이 공포됨으로써 16일부터는 실질적인 내각책임체제의 정부를 갖게 되었으며 허정 수석국무위원은 자동으로 국무총리가 된다.
>
> —『경향신문』, 1960. 6. 16. —

① 임시수도 부산에서 개정되었다.
② '사사오입'의 논리로 통과되었다.
③ 통일주체국민회의 설치를 규정한 조항이 있다.
④ 민의원과 참의원으로 구성된 국회 조항이 있다.

18 다음 사건 이후에 일어난 일로 옳은 것은?

> 개경을 떠나 피난 중인 왕이 안성현을 안성군으로 승격시켰다. 홍건적이 양광도를 침입하자 수원은 항복하였는데, 작은 고을인 안성만이 홀로 싸워 승리함으로써 홍건적이 남쪽으로 내려오지 못하게 하였기 때문이다.

① 화약 무기를 사용해 진포해전에서 승리하였다.
② 처인성 전투에서 적의 장수 살리타를 사살하였다.
③ 기철 일파를 제거하고 쌍성총관부의 관할 지역을 수복하였다.
④ 적의 침략을 물리치기 위한 염원에서 팔만대장경을 만들었다.

19 (가)와 (나) 사이의 시기에 있었던 일로 옳은 것은?

> (가) 남인들이 대거 관직에서 쫓겨나고 허적과 윤휴 등이 처형되었다.
> (나) 인현왕후가 복위되고 노론과 소론이 정계에 복귀하였다.

① 송시열과 김수항 등이 처형당하였다.
② 서인과 남인이 두 차례에 걸쳐 예송을 전개하였다.
③ 서인 정치에 한계를 느낀 정여립이 모반을 일으켰다.
④ 청의 요구에 따라 조총부대를 영고탑으로 파견하였다.

20 다음의 사건을 시기순으로 바르게 나열한 것은?

> (가) 제헌국회가 구성되어 헌법을 제정하였다.
> (나) 여운형과 김규식은 좌우합작위원회를 조직하였다.
> (다) 조선건국동맹을 기반으로 조선건국준비위원회가 조직되었다.
> (라) 민주주의 임시정부 수립을 논의하기 위해 제1차 미·소공동위원회가 열렸다.

① (가) – (다) – (나) – (라)
② (나) – (다) – (라) – (가)
③ (다) – (라) – (나) – (가)
④ (라) – (나) – (가) – (다)

1 〈보기〉의 밑줄 친 '그'의 저술로 가장 옳은 것은?

> 〈보기〉
> 그는 당나라로 가던 도중 진리는 마음속에 있음을 깨닫고 유학을 포기하였다. 여러 종파의 갈등을 보다 높은 수준에서 융화, 통일시키려 하였으므로, 훗날 화쟁국사(和諍國師)로 추앙받았다.

① 해동고승전
② 대승기신론소
③ 왕오천축국전
④ 화엄일승법계도

2 〈보기〉의 개헌 시기를 순서대로 바르게 나열한 것은?

> 〈보기〉
> ㉠ 대통령 3회 연임 허용
> ㉡ 대통령 직선제 및 5년 단임
> ㉢ 대통령 직선제, 국회 양원제
> ㉣ 대통령은 통일 주체 국민 회의에서 간선

① ㉠ - ㉡ - ㉣ - ㉢
② ㉡ - ㉢ - ㉠ - ㉣
③ ㉢ - ㉠ - ㉣ - ㉡
④ ㉣ - ㉡ - ㉢ - ㉠

3 〈보기〉의 글을 쓴 학자의 주장에 대한 설명으로 가장 옳은 것은?

> 〈보기〉
>
>   검소하다는 것은 물건이 있어도 남용하지 않는 것을 말하는 것이지 자신에게 물건이 없다 하여 스스로 단념하는 것을 말하는 것이 아니다. 지금 우리나라 안에는 구슬을 캐는 집이 없고 시장에 산호 따위의 보배가 없다. 또 금과 은을 가지고 가게에 들어가도 떡을 살 수 없는 형편이다. … 이것은 물건을 이용하는 방법을 모르기 때문이다. 이용할 줄 모르니 생산할 줄 모르고, 생산할 줄 모르니 백성은 나날이 궁핍해지는 것이다.

① 균전론을 내세워 사농공상 직업에 따라 토지를 분배하여 자영농을 육성할 것을 주장하였다.
② 상공업을 육성하고 선박, 수레, 벽돌 등 발달된 청의 기술을 적극적으로 수용하자고 제안하였다.
③ 처음에는 여전론, 이후에는 정전제를 내세워 자영농육성을 위한 토지제도 개혁을 주장하였다.
④ 통일 신라와 발해가 병립한 시기를 남북국 시대로 설정하여 발해를 우리 역사의 체계 속에 적극적으로 포용하였다.

4 조선 후기 광업에 대한 설명으로 가장 옳지 않은 것은?

① 정부의 통제 정책으로 잠채가 사라졌다.
② 자본과 경영이 분리된 생산 방식이었다.
③ 청과의 무역으로 은의 수요가 증가하였다.
④ 17세기 이후 민간인의 광산 채굴을 허용하였다.

5 고려의 지방제도에 대한 설명으로 옳은 것을 〈보기〉에서 모두 고른 것은?

> 〈보기〉
> ㉠ 양계 지역은 계수관이 관할하였다.
> ㉡ 수령이 파견된 주현보다 수령이 파견되지 않은 속현의 수가 많았다.
> ㉢ 성종 때 12목이 설치되었다.
> ㉣ 향·소·부곡 등의 특수행정조직이 있었다.

① ㉠, ㉡, ㉢   ② ㉠, ㉡, ㉣
③ ㉠, ㉢, ㉣   ④ ㉡, ㉢, ㉣

6 〈보기〉의 ㉠에 해당하는 인물에 대한 설명으로 가장 옳은 것은?

> 〈보기〉
>
> (㉠)의 노비인 만적 등 여섯 명이 북산(北山)에 나무하러 갔다가 공사(公私) 노비들을 모아 놓고 말하기를, "장군과 재상이 어찌 타고난 씨가 따로 있겠는가? 때만 만나면 누구나 될 수 있는 것이다. 우리라고 어찌 뼈 빠지게 일만 하고 채찍 아래에서 고통만 당하겠는가?"라고 하였다. (중략) "각자 자기 주인들을 때려 죽이고 노비 문서를 불태워버리자. 이로써 이 나라에 다시는 천인이 없게 하면, 공경장상을 우리들이 모두 차지할 수 있을 것이다."라고 하였다.

① 교정도감을 설치하여 국정을 장악하는 한편 도방을 통해 군사적 기반을 강화하였다.

② 노비안검법을 실시하여 억울하게 노비가 된 자를 해방하였다.

③ 풍수지리설을 앞세워 서경천도를 적극 추진하였다.

④ 딸들을 왕에게 시집보내어 권력을 잡고 척준경과 함께 난을 일으켰다.

7 〈보기〉의 사설이 발표되는 계기가 된 사건에 대한 설명으로 가장 옳은 것은?

> 〈보기〉
>
> … 그러나 슬프도다. 저 개돼지만도 못한 이른바 우리 정부의 대신이란 자들은 자기 일신의 영달과 이익이나 바라면서 위협에 겁먹어 머뭇대거나 벌벌 떨며 나라를 팔아먹는 도적이 되기를 감수하였던 것이다. 아, 4,000년의 강토와 500년의 사직을 다른 나라에 갖다 바치고, 2,000만 국민을 타국의 노예가 되게 하였으니, … 아! 원통한지고, 아! 분한지고. 우리 2,000만 타국인의 노예가 된 동포여! 살았는가, 죽었는가? 단군, 기자 이래 4,000년 국민정신이 하룻밤 사이에 갑자기 망하고 말 것인가. 원통하고 원통하다. 동포여! 동포여!

① 친러 성향의 내각이 수립되어 러시아의 정치적 간섭이 강화되었고, 열강의 이권 침탈도 심해졌다.

② 러일전쟁 승리 이후 일본은 대한제국의 외교권을 박탈하는 조약을 체결하여 대한제국을 일본의 보호국 으로 만들었다.

③ 일본은 헤이그 특사 파견을 문제 삼아 고종 황제를 강제로 퇴위시키고, 대한제국의 군대를 해산하는 조약을 체결했다.

④ 총리 대신 이완용과 조선 통감 데라우치 사이에 조약이 체결되어 국권을 상실하였다.

8 〈보기〉의 고려 토지제도 ㈎~㈃ 각각에 대한 설명으로 가장 옳지 않은 것은?

> 〈보기〉
> ㈎ 조신(朝臣)이나 군사들의 관계(官階)를 따지지 않고 그 사람의 성품, 행동의 선악(善惡), 공로의 크고 작음을 보고 차등 있게 역분전을 지급하였다.
> ㈏ 경종 원년 11월에 비로소 직관(職官), 산관(散官)의 각 품(品)의 전시과를 제정하였다.
> ㈐ 목종 원년 12월에 양반 및 군인들의 전시과를 개정하였다.
> ㈑ 문종 30년에 양반전시과를 다시 개정하였다.

① ㈎ - 후삼국 통일 전쟁에 공이 있는 사람들에게 지급하였다.
② ㈏ - 인품을 반영하여 토지를 지급하였다.
③ ㈐ - 실직이 없는 산관은 토지 지급대상에서 제외되었다.
④ ㈑ - 현직 관리에게만 토지가 지급되고, 문·무관의 차별이 거의 사라졌다.

9 〈보기〉의 정책이 시행된 왕대에 대한 설명으로 가장 옳은 것은?

> 〈보기〉
> 　백성들이 육전[육의전(六矣廛)] 이외에는 허가받은 시전 상인들과 같이 장사를 할 수 있도록 하셨다. 채제공이 아뢰기를 "(전략) 마땅히 평시서(平市署)로 하여금 20, 30년 사이에 새로 벌인 영세한 가게 이름을 조사해 내어 모조리 없애도록 하고, 형조와 한성부에 분부하여 육전이 아니라면 난전이라 하여 잡혀 오는 자들을 처벌하지 말도록 할 뿐만 아니라 잡아 온 자를 처벌하시면, 장사하는 사람들은 서로 매매하는 이익이 있을 것이고 백성들도 가난에 대한 걱정이 없어질 것입니다. 그 원망은 신이 스스로 감당하겠습니다."라고 하니 왕께서 따랐다.

① 법령을 정비하여 속대전을 편찬하였다.
② 청과 국경선을 정하고 백두산정계비를 세웠다.
③ 조세제도를 개편하여 영정법을 시행하였다.
④ 인재를 양성하기 위해 초계문신제를 시행하였다.

10 〈보기〉에서 설명하는 책의 제목으로 가장 옳은 것은?

〈보기〉

- 1433년(세종 15)에 편찬되었다.
- 각종 병론(病論)과 처방을 적었다.
- 전통적인 경험에 기초했다.
- 조선의 약재를 중시했다.

① 향약집성방
② 동의보감
③ 금양잡록
④ 칠정산

11 〈보기 1〉의 밑줄 친 '이 법'에 대한 옳은 설명을 〈보기 2〉에서 모두 고른 것은?

〈보기 1〉

　영의정 이원익이 아뢰기를, "각 고을에서 바치는 공물이 각급 관청의 방납인들에 의해 중간에서 막혀 물건 하나의 가격이 몇 배 또는 몇 십 배, 몇 백 배가 되어 그 폐단이 이미 고질화되었습니다. 그러니 지금 마땅히 별도로 하나의 청을 설치하여 <u>이 법</u>을 시행하도록 하소서."라고 하니 왕이 따랐다.

〈보기 2〉

㉠ 이 법이 실시된 뒤 현물 징수가 완전히 없어졌다.
㉡ 처음에는 경기도에서 시험적으로 시행되었다.
㉢ 과세 기준을 가호 단위에서 토지 결수로 바꾸었다.
㉣ 풍흉의 정도에 따라 조세 액수를 조정하였다.

① ㉠, ㉡　　　　　　　　　　② ㉠, ㉢
③ ㉡, ㉢　　　　　　　　　　④ ㉢, ㉣

12 〈보기〉의 유물들이 발견되는 시대에 대한 설명으로 가장 옳은 것은?

〈보기〉
- 이른 민무늬 토기
- 덧무늬 토기
- 눌러찍기무늬 토기
- 빗살무늬 토기

① 세형 동검, 잔무늬 거울 등을 사용하였다.

② 고인돌과 돌널무덤을 사용하였다.

③ 공주 석장리 유적과 청원 두루봉 동굴 유적이 대표적인 유적지이다.

④ 갈돌과 갈판 등 간석기를 사용하였다.

13 〈보기〉에서 설명하는 나라의 법률로 가장 옳지 않은 것은?

〈보기〉
　은력(殷曆) 정월에 하늘에 제사를 지내며 나라에서 대회를 열어 연일 마시고 먹고 노래하고 춤추는데, 영고(迎鼓)라고 한다. 이때 형옥(刑獄)을 중단하여 죄수를 풀어 주었다.
　　　　　　　　　　　　　　　　－ 삼국지 권30, 「위서」 30 오환선비동이전 －

① 남에게 상처를 입힌 자는 곡식으로 갚게 했다.

② 도둑질을 하면 그 물건의 12배를 변상케 했다.

③ 형벌이 매우 엄하여 사람을 죽인 사람은 사형에 처하고 그 집안사람은 노비로 삼았다.

④ 남녀 간에 간음을 하거나 투기하는 부인은 모두 죽였다.

14 〈보기〉의 글을 쓴 인물의 주장과 같은 입장에 대한 설명으로 가장 옳은 것은?

> 〈보기〉
>
> 우리 조선의 역사적 발전의 전 과정은 가령, 지리적 조건, 인종학적 골상, 문화 형태의 외형적 특징 등에서 다소의 차이는 인정되더라도, 외관적인 소위 특수성은 다른 문화 민족의 역사적 발전 법칙과 구별되어야 하는 독자적인 것은 아니며, 세계사적·일원론적인 역사 법칙에 의해 다른 여러 민족과 거의 같은 궤도로 발전 과정을 거쳐온 것이다.

① 민족 정신을 강조하여 우리의 고유한 특색과 전통을 찾았다.
② 신채호와 박은식의 사학을 계승하였다.
③ 역사학의 주관적 해석을 배제하고 문헌 고증을 중시하였다.
④ 한국사의 발전과정을 사회 경제 사학의 관점에서 서술하였다.

15 〈보기〉의 사건들을 시간순으로 바르게 나열한 것은?

> 〈보기〉
> ㉠ 신라 – 건원(建元)이라는 독자적인 연호를 만들었다.
> ㉡ 가야 – 대가야가 멸망하면서 가야 연맹이 완전히 해체되었다.
> ㉢ 고구려 – 낙랑군을 완전히 몰아내고 대동강 유역을 확보하였다.
> ㉣ 백제 – 수도인 한성이 함락되고 왕이 죽자 도읍을 웅진으로 옮겼다.

① ㉠ – ㉡ – ㉢ – ㉣
② ㉡ – ㉢ – ㉣ – ㉠
③ ㉢ – ㉣ – ㉠ – ㉡
④ ㉣ – ㉠ – ㉡ – ㉢

16 〈보기〉의 밑줄 친 '왕'에 대한 설명으로 가장 옳은 것은?

> 〈보기〉
>
> 왕이 행차에서 돌아와 그 대나무로 피리를 만들어 월성의 천존고(天尊庫)에 간직하였다. 이 피리를 불면 적병이 물러가고 병이 나으며, 가뭄에는 비가 오고 장마에는 날씨가 개며, 바람이 잦아지고 물결이 평온해졌다. 이를 만파식적으로 부르고 나라의 보물이라 칭하였다.
>
> – 삼국유사 –

① 녹읍을 부활시켰다.
② 9주 5소경을 설치하였다.
③ 정전을 지급하였다.
④ 고구려 부흥운동을 지원하였다.

17 〈보기〉의 조약이 체결된 이후에 일어난 사건으로 가장 옳지 않은 것은?

> 〈보기〉
>
> 〈제1관〉 조선국은 자주국으로서 일본국과 평등한 권리를 보유한다.
> 〈제7관〉 조선의 연해 도서는 지극히 위험하므로 일본의 항해자가 자유로이 해안을 측량함을 허가한다.

① 만동묘가 철폐되었다.
② 이범윤이 간도 시찰원으로 파견되었다.
③ 통리기무아문이 설치되었다.
④ 영남 유생들이 만인소를 올렸다

18 〈보기〉의 조선시대 사건을 시간순으로 바르게 나열한 것은?

〈보기〉

㉠ 기묘사화　　　　　　　　　㉡ 을묘왜변
㉢ 계유정난　　　　　　　　　㉣ 무오사화

① ㉠ – ㉡ – ㉢ – ㉣　　　　　② ㉡ – ㉢ – ㉣ – ㉠
③ ㉢ – ㉣ – ㉠ – ㉡　　　　　④ ㉣ – ㉠ – ㉡ – ㉢

19 〈보기〉는 동학농민군이 제시한 「폐정개혁안」 12개조 중 일부이다. 이 중 갑오개혁에 반영된 것을 모두 고른 것은?

〈보기〉

㉠ 무명의 잡다한 세금은 일체 거두지 않는다.
㉡ 토지는 균등히 나누어 경작한다.
㉢ 왜와 통하는 자는 엄중히 징벌한다.
㉣ 젊어서 과부가 된 여성의 재혼을 허용한다.

① ㉠, ㉡　　　　　　　　　　② ㉠, ㉣
③ ㉡, ㉢　　　　　　　　　　④ ㉢, ㉣

20 〈보기〉의 독립운동단체 결성 시기를 순서대로 바르게 나열한 것은?

〈보기〉

㉠ 조선 의용대　　　　　　　　㉡ 의열단
㉢ 참의부　　　　　　　　　　㉣ 대한 광복회
㉤ 근우회

① ㉠ – ㉡ – ㉢ – ㉤ – ㉣　　　② ㉡ – ㉢ – ㉤ – ㉠ – ㉣
③ ㉢ – ㉣ – ㉤ – ㉡ – ㉠　　　④ ㉣ – ㉡ – ㉢ – ㉤ – ㉠

1 다음 자료가 설명하는 나라에 대한 설명으로 옳지 않은 것은?

> 사람을 죽인 자는 즉시 죽이고, 남에게 상처를 입힌 자는 곡식으로 갚는다. 도둑질한 자는 노비로 삼는다. 이를 용서받고자 하는 자는 한 사람마다 50만 전을 내야한다.
>
> -『한서』-

① 영고라는 제천행사가 있었다.

② 사람의 생명과 노동력을 중시하였다.

③ 형벌과 노비가 존재한 계급사회였다.

④ 상·대부·장군 등의 관직이 있었다.

2 다음 사건이 일어난 시기를 연표에서 옳게 고른 것은?

> 백제 왕이 가량(加良)과 함께 와서 관산성을 공격하였다. … 신주의 김무력이 주의 군사를 이끌고 나가 교전하였는데, 비장인 삼년산군 고간(高干) 도도(都刀)가 재빨리 공격하여 백제 왕을 죽였다. 이때 신라 군사들이 승세를 타고 싸워 대승하여 좌평 4명, 병졸 29,600명을 베어 한 필의 말도 돌아가지 못하게 하였다.
>
> -『삼국사기』-

(가)	(나)	(다)	(라)
나·제 동맹 체결	웅진 천도	사비 천도	

① (가) ② (나)

③ (다) ④ (라)

3 밑줄 친 '이 시기'에 볼 수 있었던 모습으로 옳은 것은?

> 혜공왕 이후 진골 귀족들의 왕위 쟁탈전이 치열해진 이 시기에는 집사부 시중보다 상대등의 권한이 강화되었고, 20명의 왕이 교체되는 등 정치적인 혼란이 거듭되었다. 또한 중앙 정부의 통제력이 약화되면서 김헌창의 난 등이 발생하였다.

① 우산국을 정벌하는 장군
② 『계원필경』을 저술하는 6두품
③ 김흠돌의 난을 진압하는 군인
④ 노비안검법 시행을 환영하는 농민

4 다음 자료가 설명하는 나라에 대한 설명으로 옳지 않은 것은?

> 그 넓이는 2,000리이고, 주·현의 숙소나 역은 없으나 곳곳에 마을이 있는데, 대다수가 말갈의 마을이다. 백성은 말갈인이 많고 원주민은 적다. 모두 원주민을 마을의 우두머리로 삼는데, 큰 마을은 도독이라 하고 그다음 마을은 자사라 한다. 백성들은 마을의 우두머리를 수령이라고 부른다.
>
> - 『유취국사』 -

① 전국을 5경 15부 62주로 정비하였다.
② 정당성의 대내상이 국정을 총괄하였다.
③ 수도는 당의 수도인 장안을 본떠 건설하였다.
④ 중앙에서 지방을 견제하기 위해 외사정을 파견하였다.

5 ㈎ 부대에 대한 설명으로 옳은 것은?

> 개경으로 환도하면서 날짜를 정하여 기일 내에 돌아가게 하였으나 [㈎] 은/는 다른 마음이 있어 따르지 아니하였다. 그리하여 [㈎] 은/는 난을 일으키고 나라를 지키려는 자는 모이라고 하였다.

① 근거지를 옮기며 몽골에 저항하였다.
② 처인성에서 적장 살리타를 사살하였다.
③ 신기군, 신보군, 항마군으로 구성되었다.
④ 포수, 사수, 살수 등 삼수병으로 조직되었다.

6 다음 인물에 대한 설명으로 옳은 것은?

> • 승과 합격
> • 승려 10여 명과 신앙 결사를 약속
> • 결사문 완성
> • 신앙 결사 운동 전개
> • 돈오점수 · 정혜쌍수 강조

① 『천태사교의』를 저술하였다.
② 조계산에서 수선사를 개창하였다.
③ 속장경의 제작에 주도적으로 참여하였다.
④ 참회수행과 염불을 통한 백련결사를 주장하였다.

7 밑줄 친 '이 왕'의 재위기간에 있었던 사실로 옳은 것은?

> 이 왕이 원의 제국대장공주와 결혼하여 고려는 원의 부마국이 되었고, 도병마사는 도평의사
> 사로 개편되었다.

① 만권당을 설치하였다.
② 정동행성을 설치하였다.
③ 정치도감을 설치하였다.
④ 입성책동 사건이 일어났다.

8 다음 자료에 나타난 토지제도에 대한 설명으로 옳은 것은?

> 자삼(紫衫) 이상은 18품으로 나눈다. … 문반 단삼(丹衫) 이상은 10품으로 나눈다. … 비삼
> (緋衫) 이상은 8품으로 나눈다. … 녹삼(綠衫) 이상은 10품으로 나눈다. … 이하 잡직 관리들에
> 게도 각각 인품에 따라서 차이를 두고 나누어 주었다.
>
> - 『고려사』 -

① 토지를 전지와 시지로 분급하였다.
② 관료들의 수조지는 경기도에 한정되었다.
③ 관(官)에서 수조지의 조세를 거두어 관리들에게 지급하였다.
④ 인품과 행동의 선악, 공로의 대소를 고려하여 토지를 차등 있게 주었다.

9 ㈎ 왕이 실시한 정책으로 옳은 것은?

> ┌─────┐
> │ ㈎ │은/는 붕당 사이의 대립이 심해지면서 왕권이 불안해지자 국왕을 중심으로 정치 세
> └─────┘
> 력 간의 균형을 유지하려 하였다. 또한 붕당의 근거지였던 서원을 정리하고, 민생 안정을 위해
> 신문고를 부활시키는 등의 정책을 실시하였다.

① 비변사를 철폐하였다.
② 속대전을 편찬하였다.
③ 장용영을 설치하였다.
④ 삼정이정청을 설치하였다.

10 다음 건축물과 관련 있는 학자에 대한 설명으로 옳은 것은?

〈오죽헌〉

〈자운서원〉

① 『주자서절요』를 저술하였다.
② 양명학을 수용하여 강화학파를 형성하였다.
③ 주자의 학설을 비판하여 사문난적으로 몰렸다.
④ 이(理)는 두루 통하고 기(氣)는 국한된다고 하였다.

11 다음의 지도가 편찬된 당시에 재위한 왕의 업적으로 옳은 것은?

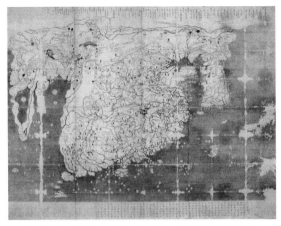

이 지도는 아라비아 지도학의 영향을 받아 만들어진 원나라의 세계 지도를 참고하고 여기에 한반도와 일본 지도를 첨가한 것이다. 현재 원본은 전하지 않으며 후대에 그린 모사본이 일본에 전한다.

① 집현전을 설치하였다.

② 호패법을 실시하였다.

③『경국대전』을 반포하였다.

④ 진관 체제를 도입하였다.

12 밑줄 친 발언을 한 인물에 대한 설명으로 옳은 것은?

어느 공회 석상에서 음성을 높여 여러 대신에게 말하기를 "<u>나는 천리(千里)를 끌어다 지척(咫尺)을 삼겠으며 태산(泰山)을 깎아 내려 평지를 만들고 또한 남대문을 3층으로 높이려 하는데, 여러 공들은 어떠시오?</u>"라고 하였다. … 대저 천리 지척이라 함은 종친을 높인다는 뜻이요, 남대문 3층이라 함은 남인을 천거하겠다는 뜻이요, 태산 평지라 함은 노론을 억압하겠다는 뜻이다.

– 『매천야록』 –

① 평시서를 설치하였다.

② 소격서를 폐지하였다.

③ 삼군부를 부활시켰다.

④『대전통편』을 편찬하였다.

13 다음 자료가 발표되기 이전에 나타난 정책으로 옳은 것은?

> • 청국에 의존하는 관념을 버리고 자주독립의 기초를 세운다.
> • 왕실 사무와 국정 사무는 반드시 분리하여 서로 뒤섞이는 것을 금한다.
> • 조세의 부과와 징수, 경비의 지출은 모두 탁지아문에서 관할한다.

① 대한국국제를 발표하였다.
② 태양력을 사용하도록 하였다.
③ 6조를 8아문으로 개편하였다.
④ 건양이라는 연호를 제정하였다.

14 다음을 선언한 민족 운동에 대한 설명으로 옳은 것은?

> • 금일 오인(吾人)의 이 거사는 정의 인도 생존 존영을 위하는 민족적 요구이니, 오직 자유적 정신을 발휘할 것이요, 결코 배타적 감정으로 일주(逸走)지 말라.
> • 최후의 한사람까지, 최후의 한순간까지 민족의 정당한 의사를 쾌히 발표하라.
> • 일체의 행동은 가장 질서를 존중하여 오인의 주장과 태도로 하여금 어디까지든지 광명정대하게 하라.

① 대한매일신보의 후원을 받았다.
② 신간회의 지원을 받아 전국으로 확산되었다.
③ 대한민국 임시 정부 수립의 계기가 되었다.
④ 원산 노동자들의 총파업을 이끈 운동이었다.

15 다음 글을 저술한 인물에 대한 설명으로 옳은 것은?

> 대개 국교·국학·국어·국문·국사는 혼(魂)에 속하는 것이요, 전곡·군대·성지·함선·기계 등은 백(魄)에 속하는 것으로 혼의 됨됨은 백에 따라서 죽고 사는 것이 아니다. 그러므로 국교와 국사가 망하지 않으면 그 나라도 망하지 않는 것이다. 오호라! 한국의 백은 이미 죽었으나 소위 혼은 남아 있는 것인가?

① 유교구신론을 발표하여 유교 개혁을 주장하였다.
② 조선심을 강조하며 역사 대중화를 위해 노력하였다.
③ 의열단의 기본 정신이 나타난 조선혁명선언을 저술하였다.
④ 민족 문화의 고유성과 세계성을 찾으려는 조선학 운동에 참여하였다.

16 (가)~(라)의 사건들을 발생 순서대로 옳게 나열한 것은?

> (가) 조선민족전선연맹 산하에 조선의용대를 창설하였다.
> (나) 대한독립군단이 자유시에서 참변을 당하였다.
> (다) 한국독립군이 한·중연합 작전으로 쌍성보에서 전투를 전개하였다.
> (라) 임시 정부에서 한국광복군을 조직하였다.

① (가)→(나)→(다)→(라)
② (가)→(나)→(라)→(다)
③ (나)→(가)→(다)→(라)
④ (나)→(다)→(가)→(라)

17 (가), (나) 자료에 나타난 사건 사이에 있었던 사실로 옳지 않은 것은?

> (가) 우리 국모의 원수를 생각하며 이미 이를 갈았는데, 참혹한 일이 더하여 우리 부모에게서 받은 머리털을 풀 베듯이 베어 버리니 이 무슨 변고란 말인가.
>
> (나) 군사장 허위는 미리 군비를 신속히 정돈하여 철통과 같이 함에 한 방울의 물도 샐 틈이 없는지라. 이에 전군에 전령하여 일제히 진군을 재촉하여 동대문 밖으로 진격하였다.

① 외교권이 박탈되고 통감부가 설치되었다.

② 고종이 강제로 퇴위되고 군대가 해산되었다.

③ 안중근이 하얼빈에서 이토 히로부미를 저격하였다.

④ 헤이그에 이상설, 이준, 이위종을 특사로 파견하였다.

18 (가)~(라) 시기에 해당하는 사실로 옳은 것은?

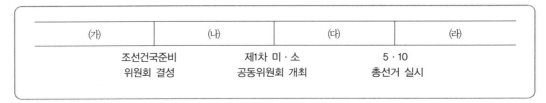

(가)	(나)	(다)	(라)
조선건국준비 위원회 결성	제1차 미·소 공동위원회 개최	5·10 총선거 실시	

① (가): 모스크바 3국 외상회의가 개최되었다.

② (나): 반민족행위특별조사위원회가 설치되었다.

③ (다): 김구와 김규식이 남북 협상을 제안하여 평양에서 회의가 개최되었다.

④ (라): 좌우합작 7원칙이 발표되었다.

19 (가) 시기에 있었던 사실로 옳은 것은?

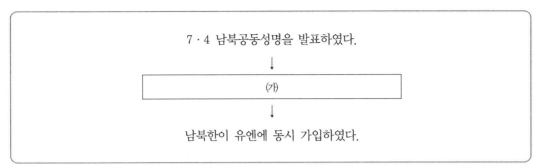

7 · 4 남북공동성명을 발표하였다.

↓

(가)

↓

남북한이 유엔에 동시 가입하였다.

① 금강산 해로 관광이 시작되었다.

② 6 · 15 남북공동선언이 발표되었다.

③ 최초로 이산가족 상봉을 위한 남북 적십자 회담이 열렸다.

④ 민족자존과 통일 번영을 위한 특별 선언(7 · 7선언)이 발표되었다.

20 다음 사건이 일어난 시기를 연표에서 옳게 고른 것은?

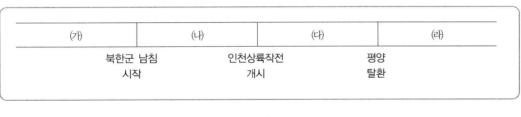

• 아군은 38선 이북에서 대대적인 철수를 계획하였다.
• 아군과 피난민들이 흥남부두에서 모든 선박을 동원하여 해상으로 철수를 시작하였다.

(가)	(나)	(다)	(라)
북한군 남침 시작	인천상륙작전 개시	평양 탈환	

① (가)　　　　　　　　　　② (나)

③ (다)　　　　　　　　　　④ (라)

1 (가) 시기의 생활상에 대한 설명으로 옳은 것은?

> 1935년 두만강 가의 함경북도 종성군 동관진에서 한반도 최초로 [(가)] 시대 유물인 석기와 골각기 등이 발견되었다. 발견 당시 일본에서는 [(가)] 시대 유물이 출토되지 않은 상황이었다.

① 반달 돌칼을 이용하여 벼를 수확하였다.

② 넓적한 돌 갈판에 옥수수를 갈아서 먹었다.

③ 사냥이나 물고기잡이 등을 통해 식량을 얻었다.

④ 영혼 숭배 사상이 있어 사람이 죽으면 흙 그릇 안에 매장하였다.

2 (가) 인물에 대한 설명으로 옳은 것은?

> 신종 원년 사노비 만적 등이 북산에서 땔나무를 하다가 공사의 노비들을 모아 모의하기를, "우리가 성 안에서 봉기하여 먼저 [(가)] 등을 죽인다. 이어서 각각 자신의 주인을 죽이고 천적(賤籍)을 불태워 삼한에서 천민을 없게 하자. 그러면 공경장상이라도 우리가 모두 할 수 있을 것이다."라고 하였다.

① 정방을 설치하여 인사권을 장악하였다.

② 치안유지를 위해 야별초를 설립하였다.

③ 이의방을 제거하고 권력을 장악하였다.

④ 봉사십조를 올려 사회개혁안을 제시하였다.

3 조선 전기 문화에 대한 설명으로 옳은 것은?

① 『어우야담』을 비롯한 야담·잡기류가 성행하였다.

② 유서(類書)로 불리는 백과사전이 널리 편찬되었다.

③ 『동문선』이 편찬되어 우리 문학의 독자성을 강조하였다.

④ 중인층을 중심으로 시사가 결성되어 문학 활동을 벌였다.

4 다음 자료에 나타난 사상에 대한 설명으로 옳은 것은?

> 군신, 부자, 부부, 붕우, 장유의 윤리는 인간의 본성에 부여된 것으로서 천지를 통하는 만고 불변의 이치이고, 위에 존재하는 것으로서 도(道)가 됩니다. 이에 대해 배, 수레, 군사, 농사, 기계가 국민에게 편리하고 나라에 이롭게 하는 것은 외형적인 것으로서 기(器)가 됩니다. 신이 변혁을 꾀하고자 하는 것은 기(器)이지 도(道)가 아닙니다.

① 왜양일체론(倭洋一體論)을 주장하였다.

② 근대 문물 수용의 사상적 기반이 되었다.

③ 갑신정변 주도 세력의 견해를 대변하였다.

④ 우등한 사회가 열등한 사회를 지배하는 것이 당연하다고 보았다.

5 ㈎에 들어갈 기관으로 옳은 것은?

> 5월에 조서를 내리기를 "개경 내의 사람들이 역질에 걸렸으니 마땅히 ㈎ 을/를 설치하여 이들을 치료하고, 또한 시신과 유골은 거두어 묻어서 비바람에 드러나지 않게 할 것이며, 신하를 보내어 동북도와 서남도의 굶주린 백성을 진휼하라."라고 하였다.
>
> ─ 『고려사』 ─

① 의창

② 제위보

③ 혜민국

④ 구제도감

6 밑줄 친 '이 지역'에 대한 설명으로 옳은 것은?

> 장수왕은 군사 3만을 거느리고 백제를 침공하여 왕도인 이 지역을 함락시켜, 개로왕을 살해하고 남녀 8천 명을 사로잡아 갔다.

① 망이, 망소이가 반란을 일으켰다.
② 고려 문종 대에 남경이 설치되었다.
③ 보조국사 지눌이 수선사 결사를 주도하였다.
④ 고려 태조가 북진 정책의 전진 기지로 삼았다.

7 다음 사건이 일어난 왕의 재위 기간에 있었던 사실로 옳은 것은?

> 그들 조선군은 비상한 용기를 가지고 응전하면서 성벽에 올라 미군에게 돌을 던졌다. 창칼로 상대하는데 창칼이 없는 병사들은 맨손으로 흙을 쥐어 적군 눈에 뿌렸다. 모든 것을 각오하고 한 걸음 한 걸음 다가드는 적군에게 죽기로 싸우다 마침내 총에 맞아 죽거나 물에 빠져 죽었다.

① 군포에 대한 양반들의 면세특권이 폐지되었다.
② 금난전권을 제한하려는 통공정책이 시작되었다.
③ 결작세가 신설되면서 지주들의 부담이 증가하였다.
④ 영정법이 제정되어 복잡한 전세 방식이 일원화되었다.

8 (가)~(라)에 해당하는 사실로 옳지 않은 것은?

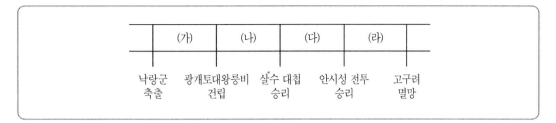

	(가)	(나)	(다)	(라)	
낙랑군 축출	광개토대왕릉비 건립	살수 대첩 승리	안시성 전투 승리	고구려 멸망	

① (가) – 백제 침류왕이 불교를 받아들였다.

② (나) – 고구려 영양왕이 요서 지방을 선제공격하였다.

③ (다) – 백제가 신라 대야성을 공격하여 함락시켰다.

④ (라) – 신라가 매소성에서 당군을 격파하였다.

9 밑줄 친 '이 책'에 대한 설명으로 옳은 것은?

> 신(臣)이 이 책을 편수하여 바치는 것은 … (중략) … 중국은 반고부터 금국에 이르기까지, 동국은 단군으로부터 본조(本朝)에 이르기까지 처음 일어나게 된 근원을 간책에서 다 찾아보아 같고 다른 것을 비교하여 요점을 취하고 읊조림에 따라 장을 이루었습니다.

① 성리학적 유교 사관이 반영되어 대의명분을 강조하였다.

② 국왕, 훈신, 사림이 서로 합의하여 통사체계를 구성하였다.

③ 원 간섭기에 중국과 구별되는 우리 역사의 독자성을 강조하였다.

④ 왕명으로 단군조선에서 고려 말까지의 역사를 노래 형식으로 정리하였다.

10 다음 그래프에 표시된 시기에 일어난 사회 현상으로 옳지 않은 것은?

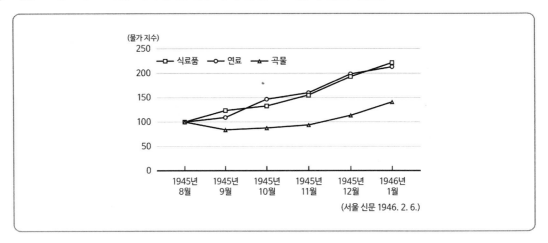

(서울 신문 1946. 2. 6.)

① 해외로부터 귀환인이 급증하여 식량이 부족했다.

② 38도선 분할 점령 이후 식료품 부문의 생산이 크게 위축되었다.

③ 미군정이 재정적자를 메우기 위해 화폐를 과도하게 발행했다.

④ 미곡수집제 폐지, 토지개혁 실시를 주장하는 대규모 시위가 일어났다.

11 밑줄 친 '왕'의 재위 기간에 있었던 사실로 옳은 것은?

> 나라 안의 여러 군현에서 공부(貢賦)를 바치지 않으니 창고가 비어 버리고 나라의 쓰임이 궁핍해졌다. 왕이 사신을 보내어 독촉하자, 이로 말미암아 곳곳에서 도적이 벌떼처럼 일어났다. 이때 원종과 애노 등이 사벌주에 웅거하여 반란을 일으켰다.

① 발해가 멸망하였다.

② 국학을 설치하였다.

③ 최치원이 시무책 10여 조를 건의하였다.

④ 장보고의 건의에 따라 청해진이 설치되었다.

12 독도가 대한민국의 영토임을 알 수 있는 자료로 옳은 것만을 모두 고르면?

> ㉠ 일본의 은주시청합기(1667년)
> ㉡ 일본의 삼국접양지도(1785년)
> ㉢ 일본의 태정관 지령문(1877년)
> ㉣ 일본의 시마네현 고시(1905년)

① ㉠, ㉡, ㉢

② ㉠, ㉡, ㉣

③ ㉠, ㉢, ㉣

④ ㉡, ㉢, ㉣

13 (가)에 대한 설명으로 옳은 것은?

> 문화통치의 일환으로 한글 신문의 발행이 허용되었다. 이에 따라 ⟨ (가) ⟩이/가 창간되었다. ⟨ (가) ⟩은/는 자치운동을 모색하던 이광수의 「민족적 경륜」을 실어 비판받기도 하였으나, '일장기 말소사건'으로 일제로부터 정간 처분을 받기도 하였다.

① 한글 보급 운동에 앞장서 『한글원본』을 만들었다.

② 브나로드 운동이라는 농촌 계몽 운동을 전개하였다.

③ 『개벽』, 『신여성』, 『어린이』 등의 잡지를 발행하였다.

④ 신간회가 결성되자 신간회 본부와 같은 역할을 하게 되었다.

14 (가) 인물에 대한 설명으로 옳은 것은?

> 김춘추가 당나라에 들어가 군사 20만을 요청해 얻고 돌아와서 [(가)]을/를 보며 말하기를, "죽고 사는 것이 하늘의 뜻에 달렸는데, 살아 돌아와 다시 공과 만나게 되니 얼마나 다행한 일입니까?"라고 하였다. 이에 [(가)]이/가 대답하기를, "저는 나라의 위엄과 신령함에 의지하여 두 차례 백제와 크게 싸워 20 성을 빼앗고 3만여 명을 죽이거나 사로잡았습니다. 그리고 품석 부부의 유골이 고향으로 되돌아왔으니 천행입니다."라고 하였다.
> — 『삼국사기』 —

① 황산벌에서 백제군을 물리쳤다.
② 화랑이 지켜야 할 세속오계를 제시하였다.
③ 진덕여왕의 뒤를 이어 신라왕으로 즉위하였다.
④ 당에서 숙위 활동을 하다가 부대총관이 되어 신라로 돌아왔다.

15 (가), (나) 신분층에 대한 설명으로 옳지 않은 것은?

> 오래도록 막혀 있으면 반드시 터놓아야 하고, 원한은 쌓이면 반드시 풀어야 하는 것이 하늘의 이치다. [(가)]와/과 [(나)]에게 벼슬길이 막히게 된 것은 우리나라의 편벽된 일로 이제 몇백 년이 되었다. [(가)]은/는 다행히 조정의 큰 성덕을 입어 문관은 승문원, 무관은 선전관에 임명되고 있다. 그런데도 우리들 [(나)]은/는 홀로 이 은혜를 함께 입지 못하니 어찌 탄식조차 없겠는가?

① (가)의 신분 상승 운동은 (나)에게 자극을 주었다.
② (가)는 수차례에 걸친 집단 상소를 통해 관직 진출의 제한을 없애 줄 것을 요구하였다.
③ (나)에 해당하는 인물로는 정조 때 규장각 검서관으로 등용된 유득공, 박제가, 이덕무 등이 있다.
④ (나)는 주로 기술직에 종사하며 축적한 재산과 탄탄한 실무 경력을 바탕으로 신분 상승을 추구하였다.

16 다음 자료에 나타난 사상에 대한 설명으로 옳은 것은?

> 사람이 곧 하늘이라. 그러므로 사람은 평등하며 차별이 없나니, 사람이 마음대로 귀천을 나눔은 하늘을 거스르는 것이다. 우리 도인은 차별을 없애고 선사의 뜻을 받들어 생활하기를 바라노라.

① 이 사상에 대해 순조 즉위 이후 대탄압이 가해졌다.

② 이 사상을 바탕으로 『동경대전』과 『용담유사』가 편찬되었다.

③ 이 사상을 근거로 몰락한 양반의 지휘 아래 평안도에서 난이 일어났다.

④ 이 사상을 근거로 단성에서 시작된 농민봉기는 진주로 이어졌다.

17 다음은 우리나라 경제성장 과정을 시간순으로 나열한 것이다. ㈎에 들어갈 내용으로 옳은 것은?

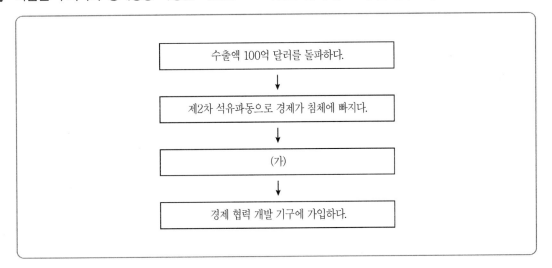

① 제3차 경제개발 5개년 계획이 실시되다.

② 저금리, 저유가, 저달러의 3저 호황을 경험하다.

③ 베트남 파병을 시작하고 「브라운 각서」를 체결하다.

④ 일본과 대일 청구권 문제에 합의하고 「한일 기본 조약」을 체결하다.

18 다음 법령이 실시된 기간에 있었던 사실로 옳은 것은?

> 제1조 국체를 변혁 또는 사유재산제를 부인할 목적으로 결사를 조직하거나 그 정을 알고 이에
>   가입하는 자는 10년 이하의 징역 또는 금고에 처함
> 제2조 전조의 제1항의 목적으로 그 목적한 사항의 실행에 관하여 협의한 자는 7년 이하의 징역
>   또는 금고에 처함

① 「조선 태형령」이 공포되었다.
② 경성 제국 대학이 설립되었다.
③ 물산 장려 운동이 시작되었다.
④ 학도 지원병 제도가 실시되었다.

19 다음 사실이 있었던 시기의 향촌사회에 대한 설명으로 옳지 않은 것은?

> 황해도 봉산 사람 이극천이 향전(鄕戰) 때문에 투서하여 그와 알력이 있는 사람들을 무고하
> 였는데, 내용이 감히 말할 수 없는 문제에 저촉되었다.

① 향전의 전개 속에서 수령의 권한이 강화되었다.
② 신향층은 수령과 그를 보좌하는 향리층과 결탁하였다.
③ 수령은 경재소와 유향소를 연결하여 지방통치를 강화하였다.
④ 재지사족은 동계와 동약을 통해 향촌사회에 대한 영향력을 유지하려 하였다.

20 다음 자료가 발표된 이후의 사실에 해당하지 않는 것은?

> 우리는 3천만 한국 인민과 정부를 대표하여 삼가 중·영·미·소·캐나다 기타 제국의 대일 선전이 일본을 격패케 하고 동아를 재건하는 가장 유효한 수단이 됨을 축하하여 이에 특히 다음과 같이 성명한다.
> 1. 한국 전 인민은 현재 이미 반침략 전선에 참가하였으니 한 개의 전투 단위로서 추축국에 선전한다.
> 2. 1910년의 합방 조약과 일체의 불평등 조약의 무효를 거듭 선포하며 아울러 반(反) 침략 국가인 한국에 있어서의 합리적 기득권익을 존중한다.
> … (중략) …
> 5. 루스벨트·처어칠 선언의 각조를 견결히 주장하며 한국 독립을 실현키 위하여 이것을 적용하여 민주 진영의 최후 승리를 축원한다.

① 한국광복군은 김원봉이 이끌던 조선의용대의 병력을 통합하였다.

② 영국군의 요청에 따라 인도, 미얀마 전선에 한국광복군이 파견되었다.

③ 조선독립동맹은 조선의용대 화북지대를 기반으로 조선의용군을 조직하였다.

④ 대한민국 임시 정부는 김구를 주석으로 하는 단일 지도 체제를 만들고 「대한민국 건국 강령」을 제정하였다.

2021. 3. 6. | 제1차 경찰공무원(순경) 시행

☞ 정답 및 해설 P.79

1 다음 풍습이 있었던 국가에 대한 사실로 옳은 것은?

> 혼인할 때 말로 미리 정하고, 여자의 집에서 자기들이 살고 있는 큰 집 뒤에 조그만 집을 짓는다. …… 자식을 낳아서 장성하면 부인은 남편의 집으로 돌아간다.

① 큰 새의 깃털을 사용하여 장사를 지냈다.
② 관리가 뇌물을 받으면 3배를 추징하였다.
③ 대가들은 스스로 사자, 조의, 선인을 두었다.
④ 다른 마을을 함부로 침범하면 소, 말 등으로 배상하였다.

2 다음 내용의 비석이 세워진 국가에서 있었던 사실로 옳은 것은?

> 하늘 앞에 맹세한다. 지금부터 3년 이후까지 충도(忠道)를 지키고 잘못이 없기를 맹세한다. 만약 이 서약을 어기면 하늘로부터 큰 벌을 받을 것을 맹세한다.

① 거칠부가 「국사」를 편찬하였다.
② 태학을 창설하여 유교를 교육하였다.
③ 방군제를 실시하여 지방 제도를 재정비하였다.
④ 담로에 왕족을 파견하여 지방에 대한 통제를 강화하였다.

3 ㉠, ㉡의 국가에서 실시한 제도로 옳게 짝지은 것은?

> 신이 숙위원(宿衛院)의 보고를 보았더니, 왕자 대봉예가 글을 올려 (㉠)를 (㉡)보다 윗자리에 앉게 해 달라고 주청하였던 사실을 알게 되었습니다.

	㉠	㉡
①	3성 6부	사심관 제도
②	5경 15부 62주	상수리 제도
③	9주 5소경	빈공과
④	9서당 10정	주자감

4 다음 중 시기적으로 두 번째에 발생한 사건은?

① 김헌창의 난　　　　　　② 대공의 난
③ 원종과 애노의 난　　　　④ 장보고의 난

5 밑줄 친 '왕'의 재위 기간에 있었던 사실로 옳은 것은?

> 세자 대광현이 수만 명을 이끌고 투항하였다. 왕이 대광현에게 성과 이름을 하사하고 그들을 후하게 대우하였다.

① 왕규의 난이 일어났다.
② 광군을 조직하여 거란의 침략에 대비하였다.
③ 고구려의 수도였던 평양을 서경이라 하였다.
④ 귀법사를 창건하여 화엄종을 통합하게 하였다.

6 다음 중 고려에서 사용한 연호는 모두 몇 개인가?

> 광덕, 대흥, 수덕만세, 건원, 인안, 준풍, 천수

① 1개 ② 2개
③ 3개 ④ 4개

7 ㉠에 들어갈 무신 집권자 때의 사실로 옳은 것은?

> 이의방 → 정중부 → (㉠) → 이의민 → 최충헌

① 정방을 설치하여 인사권을 장악하였다.
② 사병 집단인 도방을 처음으로 조직하였다.
③ 교정도감을 설치하여 권력 기반을 강화하였다.
④ 왕에게 봉사 10조를 올려 개혁안을 제시하였다.

8 다음은 몽골이 고려를 침략했을 때의 사건들이다. 시기 순으로 옳게 나열한 것은?

> ㉠ 강화 천도 ㉡ 귀주성 전투
> ㉢ 대장도감 설치 ㉣ 살리타(撒禮塔) 사살

① ㉠-㉡-㉢-㉣ ② ㉠-㉡-㉣-㉢
③ ㉡-㉠-㉢-㉣ ④ ㉡-㉠-㉣-㉢

9 조선 시대 신분제에 대한 다음 설명 중 옳은 것은 모두 몇 개인가?

- 조례, 나장, 일수 등은 상민에 속하였다.
- 공노비에게 유외잡직이라는 벼슬이 주어지기도 하였다.
- 양반은 과거를 통하지 않고는 관직에 나아갈 수 없었다.
- 세종 때 서얼차대법이 제정되어 서얼의 문과 응시가 제한되었다.

① 1개   ② 2개
③ 3개   ④ 4개

10 임진왜란 중 일어난 다음 전투를 시기 순으로 옳게 나열한 것은?

ㄱ 조·명 연합군은 평양성을 탈환하였다.
ㄴ 권율은 행주산성에서 왜군을 대파하였다.
ㄷ 이순신은 한산도에서 왜군을 크게 무찔렀다.
ㄹ 김시민은 진주성에서 왜군에 맞서 싸워 대승을 거두었다.

① ㄱ - ㄴ - ㄹ - ㄷ
② ㄱ - ㄷ - ㄹ - ㄴ
③ ㄷ - ㄱ - ㄹ - ㄴ
④ ㄷ - ㄹ - ㄱ - ㄴ

11 (가), (나)의 현실 인식을 가진 세력에 대한 설명으로 옳지 않은 것은?

> (가) 오늘날에 시세를 헤아리지 않고 경솔히 오랑캐와 관계를 끊다가 원수는 갚지 못하고 패배에 먼저 이르게 된다면, 또한 선왕께서 수치를 참고 몸을 굽혀 종사를 연장한 본의가 아닙니다. 삼가 원하건대 전하께서는 마음을 굳게 정하시기를 '이 오랑캐는 임금과 아버지의 큰 원수이니, 맹세코 차마한 하늘 밑에 살 수 없다.'고 하시어 원한을 축적하십시오.
>
> (나) 우리를 저들과 비교해 본다면 진실로 한 치의 나은 점도 없다. 그럼에도 단지 머리를 깎지 않고 상투를 튼 것만 가지고 스스로 천하에 제일이라고 하면서 지금은 옛날의 중국이 아니라고 말한다. 그 산천은 비린내 노린내 천지라고 나무라고, 그 인민은 개나 양이라고 욕을 하고, 그 언어는 오랑캐말이라고 모함하면서, 중국 고유의 훌륭한 법과 아름다운 제도마저 배척해 버리고 만다.

① (가) – 명 황제의 제사를 지내기도 하였다.

② (가) – 북벌에 필요한 군사력을 강화하고자 하였다.

③ (나) – 화이론에 따라 국제 문제를 해결하고자 하였다.

④ (나) – 청의 중국 지배 현실을 인정해야 한다고 주장하였다.

12 (가)~(라) 시기에 있었던 사실로 옳은 것만을 〈보기〉에서 고른 것은?

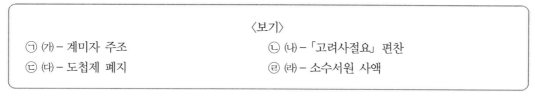

〈보기〉
ㄱ. (가) – 계미자 주조
ㄴ. (나) – 「고려사절요」 편찬
ㄷ. (다) – 도첩제 폐지
ㄹ. (라) – 소수서원 사액

① ㄱㄴ
② ㄱㄹ
③ ㄴㄷ
④ ㄷㄹ

13 다음 주장을 펼친 인물에 대한 설명으로 옳은 것은?

> 지금 우리나라 안에는 구슬을 캐는 집이 없고 시장에 산호 따위의 보배가 없다. 또 금과 은을 가지고 가게에 들어가도 떡을 살 수가 없는 형편이다. …… 이것은 물건을 이용하는 방법을 모르기 때문이다. 이용할 줄 모르고, 생산할 줄 모르니 백성은 나날이 궁핍해지는 것이다. 대저 재물은 우물과 같다. 퍼 쓸수록 자꾸 가득 차고 이용하지 않으면 말라 버린다. 그러므로 비단을 입지 않아 나라 안에 비단 짜는 사람이 없다.

① 「열하일기」를 저술하였다.
② 규장각 검서관으로 활동하였다.
③ 대동법의 확대 실시에 기여하였다.
④ 토지 소유에서 한전론을 주장하였다.

14 (가), (나) 조약 체결 사이에 있었던 사실로 옳은 것은?

> (가) 제1조 지금으로부터 20일 이내에 조선국은 흉도들을 잡고 그 수괴를 엄히 징계한다.
>   제5조 일본 공사관에 약간의 군사를 두어 경비하게 한다.
> (나) 제1조 조선국은 국서를 일본국에 보내 사의를 표명한다.
>   제4조 일본 공관을 새로운 곳으로 옮겨 신축하는 것은 마땅히 조선국에서 기지와 방옥을 교부해 공관 및 영사관으로 사용할 수 있도록 한다. 수축 중건에는 조선국이 다시 2만 원을 지불해 공사비를 충당한다.

① 통리기무아문이 철폐되었다.
② 묄렌도르프가 고문으로 파견되었다.
③ 청과 일본 사이에 톈진 조약이 체결되었다.
④ 부들러가 조선의 영세 중립 선언을 권고하였다.

15 다음 관제를 발표했던 정부의 정책으로 옳은 것은?

> 제1조 중추원은 다음 사항을 심의하고 의정하는 처소로 할 것.
>   ① 법률과 칙령의 제정, 폐지 혹은 개정에 관한 사항
>   ② 의정부에서 토의를 거쳐 임금에게 상주하는 사항
>   ③ 칙령에 의하여 의정부에서 문의하는 사항
>   ④ 의정부에서 임시 건의에 대해 문의하는 사항
>   ⑤ 중추원에서 임시 건의하는 사항
>   ⑥ 인민이 건의하는 사항
> 제3조 의장은 대황제 폐하께옵서 문서로 임명하시고, 부의장은 중추원 공천에 의해 임명하시고, 의원 반수는 정부에서공로가 있는 자로 회의하여 추천하고, 반수는 인민 협회에서 27세 이상의 사람이 정치, 법률, 학식에 통달한 자로 투표 선거할 것.

① 경무청을 창설하였다.
② 건양이란 연호를 사용하였다.
③ 지방 재판소와 고등 재판소를 개설하였다.
④ 이민 업무를 담당하는 수민원을 설치하였다.

16 (가), (나) 조약의 영향을 받아 나타난 사실로 옳은 것만을 〈보기〉에서 고른 것은?

> (가) 제1조 대한제국 정부는 대일본 정부가 추천하는 일본인 1명을 재정 고문으로 하여 대한 정부에 용빙하고, 재무에 관한 사항은 일체 그 의견을 물어 시행할 것.
> (나) 제5조 한국 정부는 통감이 추천하는 일본인을 한국 관리로 임명할 것.

> 〈보기〉
> ㉠ (가) - 화폐 정리 사업이 추진되었다.
> ㉡ (가) - 러시아가 용암포를 점령하였다.
> ㉢ (나) - 대한제국의 군대가 해산되었다.
> ㉣ (나) - 고종 황제가 헤이그에 특사를 파견하였다.

① ㉠㉢   ② ㉠㉣
③ ㉡㉢   ④ ㉡㉣

17 다음 법령이 시행되던 시기에 있었던 사실로 옳은 것은?

> 제2조 국어를 상용하는 자의 보통 교육은 소학교령, 중학교령 및 고등여학교령에 의한다.
> 제3조 국어를 상용하지 않는 자에게 보통 교육을 하는 학교는 보통학교, 고등보통학교 및 여자 고등보통학교로 한다.
> 제5조 보통학교의 수업 연한은 6년으로 한다. 단, 지역의 정황에 따라 5년 또는 4년으로 할 수 있다.

① 사립학교령이 공포되었다.
② 조선어가 선택 과목이 되었다.
③ 경성제국대학이 설립되었다.
④ 소학교가 국민학교로 개칭되었다.

18 다음 선언이 발표될 당시에 볼 수 있는 모습으로 가장 적절한 것은?

> 대한민국 임시 정부는 대한민국 원년 정부가 공포한 군사 조직법에 의거하여 중화민국 총통 장 개석 원수의 특별 허락으로 중화민국영토 내에 광복군을 조직하고, 대한민국 22년 9월 17일 한 국광복군 총사령부를 창설함을 이에 선언한다.

① 충칭에서 활동하는 한국 독립당 당원들
② 한국 광복군에 합류를 선언하는 조선 의용대 군인
③ 건국 강령을 발표하는 대한민국 임시 정부의 각료
④ 국무회의에 참석하는 대한민국 임시 정부의 부주석

19 밑줄 친 '그'에 대한 설명으로 옳은 것은?

> 그는 신채호의 고대사 연구를 계승 발전시켜 고대 국가의 사회 발전단계를 해명하는 많은 논문을 발표하여 해방 후 『조선상고사감』이라는 단행본을 엮어냈고, 우리나라의 전통 철학을 정리하여 『불함철학대전』과 『조선철학』을 저술하였다. 또한 '신민족주의와 신민주주의'라는 독창적인 이론을 제시하고, 이에 의거하여 극좌와극우를 배격하고 만민공생의 통합된 민족 국가를 건설하려 하였다.

① 한국 민주당 결성을 주도하였다.
② 남조선 과도 입법 의원의 의장이 되었다.
③ 독립 촉성 중앙 협의회의 회장에 추대되었다.
④ 조선 건국 준비 위원회의 결성에 참여하였다.

20 다음 시정 연설을 했던 정부 시기에 있었던 사실로 옳은 것은?

> 셋째로, 부정 선거의 원흉들과 발포 책임자에 대해서는 이미 공소가 제기되어 있으므로 사법부에서 법과 혁명 정신에 의하여 엄정한 판결을 내릴 것으로 믿고 ……여섯째로, 경제 건설과의 균형상 국방비의 과중한 부담을 경감시키기 위하여 점차적 감군을 주장하여 온 우리 당의 정책을 실현하고자 국제 연합군 사령부와 협의하여 신년도부터 약간 감군할 것을 계획 중에 있으며, 동시에 새로운 장비를 도입하기위한 계획도 이미 수립되어 있음을 양해하시기를 바란다.

① 화폐 개혁이 단행되었다.
② 잡지 「사상계」가 창간되었다.
③ 주민등록증 발급이 시작되었다.
④ 경제개발 5개년 계획이 수립되었다.

☞ 정답 및 해설 P.82

1 ㈎ 시대에 볼 수 있는 모습으로 가장 적절한 것은?

수행 평가 보고서

간석기

- 주제 : ㈎ 시대의 사회 변화
- 조사 내용 : 약 1만 년 전 빙하기가 끝나면서 한반도에는 오늘날과 유사한 자연환경과 기후가 나타나게 되었다. 당시 ㈎ 시대의 사람들은 강가나 바닷가에 머물면서 농경과 목축을 시작함으로써 조, 수수, 피 등 잡곡류를 생산할 수 있게 되었다. 또한 이들은 간석기 등의 정교한 돌 도구를 제작하기 시작하였다.

① 계절제를 주관하는 천군
② 가락바퀴를 사용하는 사람
③ 부족을 지배하는 읍군과 삼로
④ 비파형 동검을 보고 있는 군장

2 (가) 나라에 대한 설명으로 옳은 것은?

> [(가)]의 혼인하는 풍속은 여자의 나이가 10살이 되기 전에 혼인을 약속하고, 신랑 집에서는 (그 여자를) 맞이하여 장성하도록 길러 아내로 삼는다. (여자가) 성인이 되면 다시 친정으로 돌아가게 한다. 여자의 친정에서는 돈을 요구하는데, (신랑 집에서) 돈을 지불한 후 다시 신랑 집으로 돌아온다.
>
> – 『삼국지』, 위서 동이전

① 농경과 관련하여 동맹이라고 하는 제천행사가 있었다.
② 대가들의 호칭에 말, 소, 돼지, 개 등의 가축 이름을 붙였다.
③ 단궁, 반어피(바다표범 가죽), 과하마 등의 특산물로 중국과 교역하였다.
④ 시체를 가매장하였다가 뼈만 추려 가족 공동 무덤인 큰 나무 덧널에 넣었다.

3 밑줄 친 '왕'에 대한 설명으로 옳은 것은?

> 신라가 사신을 보내 왕에게 말하기를, "왜인이 그 국경에 가득 차 성을 부수었으니, 노객은 백성 된 자로서 왕에게 귀의하여 분부를 청한다."고 하였다. …… 10년 경자(庚子)에 보병과 기병 5만을 보내 신라를 구원하게 하였다. …… 관군이 이르자 왜적이 물러가므로, 뒤를 급히 추격하여 임나가라(任那加羅)의 종발성에 이르렀다. 성이 곧 귀순하여 복종하므로, 순라병을 두어 지키게 하였다.

① 태학을 설립하였다.
② 대가야를 정복하였다.
③ 관산성에서 전사하였다.
④ 독자적인 연호를 사용하였다.

4 다음 내용을 실시한 왕의 업적으로 옳은 것은?

> • 1년, 병부령 군관을 죽이고 교서를 내렸다. "병부령 이찬 군관은 …… 반역자 흠돌 등과 교섭하여 역모 사실을 미리 알고도 말하지 않았다. …… 군관과 맏아들은 스스로 목숨을 끊게 하고, 이를 온 나라에 널리 알려라."
> • 9년, 정월에 명을 내려 내외관의 녹읍을 없애고 해마다 조(租)를 차등 있게 주었다.
>
> — 『삼국사기』

① 삼국 통일을 이룩하였다.
② 국학을 설치하여 관료를 양성하였다.
③ 한강을 차지하고, 북한산에 순수비를 세웠다.
④ 국호를 신라로 확정하고, 왕의 호칭을 사용하였다.

5 밑줄 친 '정책'에 해당하는 것은?

> 태조가 죽은 후 기반이 약했던 혜종이 왕위에 오르자 외척 세력 사이에 왕위 다툼이 벌어졌다. 왕권의 안정은 광종이 즉위한 이후 이루어졌다. 광종은 26년 동안 왕위에 있으면서 왕권 강화를 위해 여러 정책을 추진하였다.

① 정방을 폐지하였다.
② 양현고를 설치하였다.
③ 과거제를 실시하였다.
④ 서경 천도를 추진하였다.

6 다음 사건에 대한 설명으로 옳은 것은?

> 왕에게 건의하기를, "저희가 보니 서경 임원역의 땅은 음양가들이 말하는 대화세(大華勢)입니다. 만약 이곳에 궁궐을 세우고 수도를 옮기면 …… 금이 공물을 바치고 스스로 항복할 것이며, 36개 나라가 모두 신하가 될 것입니다."라고 하였다. …… 국호를 대위(大爲), 연호를 천개(天開), 그 군대를 천견충의군(天遣忠義軍)이라고 불렀다.
>
> - 『고려사』

① 김부식이 이끄는 관군에게 진압당하였다.

② 이자겸이 척준경을 끌어들여 난을 일으켰다.

③ 정중부, 이의방 등 무신들이 정권을 장악하였다.

④ 최우는 교정도감 외에 정방과 삼별초를 설치하였다.

7 (가)와 (나) 사건 사이에 있었던 사실로 옳은 것은?

> (가) 강감찬이 산골짜기 안에 병사를 숨기고 큰 줄로 쇠가죽을 꿰어 성 동쪽의 큰 개천을 막아서 기다리다가, 적이 이르자 물줄기를 터뜨려 크게 이겼다.
> (나) 윤관이 새로운 부대를 창설했는데, 말을 가진 자는 신기군으로 삼았고, 말이 없는 자는 신보군 등에 속하게 하였으며, 승려들을 뽑아 항마군으로 삼았다.

① 여진을 몰아내고 동북 9성을 설치하였다.

② 공을 세운 신하들에게 역분전을 지급하였다.

③ 압록강에서 도련포에 이르는 천리장성을 축조하였다.

④ 친원적 성향이 강한 권문세족이 지배세력으로 등장하였다.

8 (가)에 들어갈 기관은?

> 고려는 백성의 생활을 안정시키기 위한 여러 정책을 추진하였다. 가난한 백성을 진료하고, 의탁할 곳이 없는 백성들을 돌보기 위해 개경에 (가) 을 설치하였다.

① 의창
② 흑창
③ 상평창
④ 동·서 대비원

9 (가)에 들어갈 말로 옳지 않은 것은?

> 변징원에게 임금이 "그대는 이미 흡곡현령(歙谷縣令)을 지냈으니 백성을 다스리는 데 무엇을 먼저 하겠는가?"라고 물었다. 그는 "마땅히 칠사(七事)를 먼저 할 것입니다."라고 하였다. 임금이 말하기를 "이른바 칠사라는 것은 무엇인가?"라고 하니 변징원이 "칠사란 (가) 이 바로 그것입니다."라고 답하였다.
>
> – 『성종실록』

① 호구를 늘게 하는 것
② 학교 교육을 장려하는 것
③ 수령의 비리를 감찰하는 것
④ 공정하게 세금을 징수하는 것

10 (가)에 대한 설명으로 가장 옳은 것은?

> 명칭은 '변방의 방비를 담당하는 것'이라고 하면서 과거에 대한 판하(判下)나 비빈(妃嬪)을 간택하는 등의 일까지도 모두 여기를 경유하여 나옵니다. 신의 어리석은 생각으로는 (가) 을/를 혁파하는 것이 상책이라 생각합니다.
>
> – 『효종실록』

① 임진왜란 중에 설치되었다.
② 흥선 대원군 때 축소·폐지되었다.
③ 여론을 이끄는 언론 활동을 하였다.
④ 붕당 정치가 형성되는 배경이 되었다.

11 (가) 인물에 대한 설명으로 옳은 것은?

> (가) 은/는 『성학십도』와 『주자서절요』 등을 저술하여 주자의 학설을 당시 사회 현실에 맞게 체계화하였다. 특히 『성학십도』는 태극도 등 10개의 그림과 설명이 들어가 있는 책으로, 당시 임금이었던 선조가 성군(聖君)이 되기를 바라는 마음에서 지어 올린 것이라고 한다.

① 여전론을 주장하였다.
② 강화 학파를 형성하였다.
③ 일본의 성리학 발달에 영향을 주었다.
④ '이'와 '기'를 통일적으로 이해하면서 '기'를 중시하였다.

12 밑줄 친 '반란'에 대한 정부의 대책으로 옳은 것은?

> 이번에 진주의 난민들이 큰 소동을 일으킨 것은 오로지 백낙신이 탐욕을 부려 백성들을 수탈하였기 때문입니다. 병영에서 이미 써 버린 환곡과 전세 6만 냥 모두를 집집마다 배정하여 억지로 받아내려 하였습니다. 이로 인해 진주 지역의 인심이 들끓게 되었고 많은 사람들의 분노가 폭발하여 결국 큰 <u>반란</u>이 발생하게 되었던 것입니다.
>
> – 『철종실록』 –

① 호패법을 도입하였다.
② 집강소를 설치하였다.
③ 연분9등법을 마련하였다.
④ 삼정이정청을 설치하였다.

13 다음 사건에 대한 설명으로 옳은 것은?

> 이날 밤 우정국에서 낙성연을 열었는데 총판 홍영식이 주관하였다. 연회가 끝나갈 무렵 담장 밖에 불길이 일어나는 것이 보였다. 이때 민영익도 우영사로서 연회에 참가하였다가 불을 끄기 위해 먼저 일어나 문 밖으로 나갔다. 밖에 흉도 여러 명이 휘두른 칼을 맞받아치다가 민영익이 칼에 맞아 당상 위로 돌아와 쓰러졌다. …… 왕이 경우궁으로 거처를 옮기자 각 비빈과 동궁도 황급히 따라갔다. …… 깊은 밤, 일본 공사가 군대를 이끌고 와 호위하였다.
>
> –『고종실록』

① 한성 조약 체결의 계기가 되었다.
② 보국안민, 제폭구민을 기치로 내걸었다.
③ 최익현 등의 유생들에 의해 주도되었다.
④ 구식 군인에 대한 차별 대우가 발단이 되었다.

14 (가) 단체의 활동에 대한 설명으로 옳은 것은?

> 대한 제국 수립을 전후하여 (가) 은/는 열강의 이권 침탈에 반대하는 운동을 전개하였다. 러시아는 군사 교관과 재정 고문을 파견하여 내정 간섭을 하고 절영도 조차와 한러 은행 설립 등을 요구하였다. 이에 (가) 은/는 민중 대회인 만민 공동회를 열어 적극적인 반대 운동을 전개하였고, 고종은 이에 힘입어 러시아의 요구를 거절하였다.

① 만주에 독립군 기지를 마련하였다.
② 고종 퇴위 반대 운동을 전개하였다.
③ 일본의 황무지 개간권 요구에 반대하였다.
④ 자유 민권 운동과 의회 설립 운동을 추진하였다.

15 (가)~(라)의 사건을 발생 순서대로 옳게 나열한 것은?

> (가) 봉오동 전투   (나) 자유시 참변
>
> (다) 청산리 대첩   (라) 3부 통합 운동

① (가) → (다) → (나) → (라)   ② (가) → (다) → (라) → (나)

③ (라) → (가) → (다) → (나)   ④ (라) → (나) → (가) → (다)

16 다음 법령과 관련된 사업의 결과로 옳지 않은 것은?

> 제4조 토지 소유자는 조선 총독이 정하는 기간 내에 주소, 성명, 명칭 및 소유지의 소재, ……
> 결수를 임시 토지 조사 국장에게 신고해야 한다.
> 제17조 임시 토지 조사국은 토지 대장 및 지적도를 작성하고, 토지의 조사 및 측량에 대해 사
> 정으로 확정한 사항 또는 재결을 거친 사항을 이에 등록 한다.
> ― 조선 총독부, 『조선 총독부 관보』

① 조선 총독부의 지세 수입이 증가하였다.

② 소작인들이 경작권을 인정받지 못하였다.

③ 일본인 농업 이주민이 지주로 성장할 수 있었다.

④ 토지 소유권을 인정하는 증명서로 지계를 발급하였다.

17 다음 강령을 발표한 단체에 대한 설명으로 옳은 것은?

> 1. 우리는 정치·경제적 각성을 촉구한다.
> 2. 우리는 단결을 공고히 한다.
> 3. 우리는 기회주의를 일체 부인한다.

① 민족 협동 전선의 성격을 표방하였다.

② 고등 교육 기관인 대학을 설립하고자 하였다.

③ 백정에 대한 차별을 철폐하는 운동을 전개하였다.

④ 어린이날을 제정하고, 잡지 『어린이』를 발간하였다.

18 다음을 주장한 인물에 대한 설명으로 옳은 것은?

> 역사란 무엇이뇨? 인류 사회의 아(我)와 비아(非我)의 투쟁이 시간부터 발전하며 공간부터 확대하는 정신적 활동상태의 기록이니 …… 조선 역사라 함은 조선 민족의 그리되어 온 상태의 기록인 것이다.

① 『대한매일신보』에 「독사신론」을 발표하여 민족주의 사학의 연구방향을 제시하였다.
② 정약용 서거 99주년을 기념하며 『여유당전서』를 간행하면서 조선학을 제창하였다.
③ 진단학회를 조직하고 철저한 문헌고증으로 한국사를 객관적으로 서술하려 하였다.
④ 유물 사관에 바탕을 두고 한국사가 세계사의 보편 법칙에 따라 발전하였다는 점을 강조하였다.

19 다음 성명이 발표된 계기로 옳은 것은?

> • 국민이 원한다면 대통령직을 사임할 것이다.
> • 지난번 정·부통령 선거에서 많은 부정이 있었다고 하니 선거를 다시 실시하도록 지시하였다.
> • 선거로 인한 모든 불미스러운 것을 없게 하기 위하여 이미 이기붕 의장에게 공직에서 완전히 물러나도록 하였다.

① 6·3 시위가 전개되었다.
② 4·19 혁명이 발생하였다.
③ 한·일 협정이 체결되었다.
④ 부·마 민주 항쟁이 일어났다.

20 다음 헌법이 적용된 시기에 일어난 사건으로 옳은 것은?

> 제39조 대통령은 통일 주체 국민 회의에서 토론 없이 무기명 투표로 선거한다.
> 제40조 통일 주체 국민 회의는 국회의원 정수의 3분의 1에 해당하는 수를 선거한다.
> 제53조 대통령은 천재지변 또는 중대한 재정·경제상의 위기에 처하거나, 국가의 안전 보장 또는 공공의 안녕질서가 중대한 위협을 받을 우려가 있어 신속한 조치를 할 필요가 있다고 판단할 때에는 내정·외교·국방·경제 등 국정 전반에 걸쳐 필요한 긴급 조치를 할 수 있다.

① 윤보선이 대통령직에서 물러났다.
② 국가 재건 최고 회의를 만들었다.
③ 3·1 민주 구국 선언을 발표하였다.
④ 고위 공무원의 재산 등록을 의무화하였다

한국사

2021. 4. 17. | 인사혁신처 시행

☞ 정답 및 해설 P.85

1 다음 시가를 지은 왕의 재위 기간에 있었던 사실은?

> 펄펄 나는 저 꾀꼬리
> 암수 서로 정답구나
> 외로울사 이 내 몸은
> 뉘와 더불어 돌아가랴

① 진대법을 시행하였다.

② 낙랑군을 축출하였다.

③ 졸본에서 국내성으로 천도하였다.

④ 율령을 반포하여 중앙집권 체제를 강화하였다.

2 밑줄 친 '유학자'에 대한 설명으로 옳은 것은?

> 풍기군수 주세붕은 고려시대 유학자의 고향인 경상도 순흥면 백운동에 회헌사(晦軒祠)를 세우고, 1543년에 교육시설을 더해서 백운동 서원을 건립하였다.

① 해주향약을 보급하였다.

② 원 간섭기에 성리학을 국내로 소개하였다.

③ 『성학십도』를 저술하여 경연에서 강의하였다.

④ 일본의 동정을 담은 『해동제국기』를 저술하였다.

3 밑줄 친 '왕'에 대한 설명으로 옳은 것은?

> 1919년 3월 1일 탑골 공원에서 민족대표 33인이 서명한 독립선언서가 낭독되었다. 이 공원에 있는 탑은 왕이 세운 것으로 경천사 10층 석탑의 영향을 받았다.

① 우리나라 전쟁사를 정리한 『동국병감』을 편찬하였다.
② 우리나라 역대 문장의 정수를 모은 『동문선』을 편찬하였다.
③ 6조 직계제를 실시하여 국왕 중심의 정치체제를 구축하였다.
④ 한양으로 다시 천도하면서 이궁인 창덕궁을 창건하였다.

4 (가) 인물에 대한 설명으로 옳은 것은?

> 　(가)　 이/가 올립니다. "지방의 경우에는 관찰사와 수령, 서울의 경우에는 홍문관과 육경(六卿), 그리고 대간(臺諫)들이 모두 능력 있는 사람을 천거하게 하십시오. 그 후 대궐에 모아 놓고 친히 여러 정책과 관련된 대책 시험을 치르게 한다면 인물을 많이 얻을 수 있을 것입니다. 이는 역대 선왕께서 하지 않으셨던 일이요, 한나라의 현량과와 방정과의 뜻을 이은 것입니다. 덕행은 여러 사람이 천거하는 바이므로 반드시 헛되거나 그릇되는 일이 없을 것입니다."

① 기묘사화로 탄압받았다.
② 조의제문을 사초에 실었다.
③ 문정왕후의 수렴청정을 지지하였다.
④ 연산군의 생모 윤씨를 폐비하는 데 동조하였다.

5 신석기시대 유적과 유물을 바르게 연결한 것만을 모두 고르면?

> ㉠ 양양 오산리 유적 – 덧무늬토기
> ㉡ 서울 암사동 유적 – 빗살무늬토기
> ㉢ 공주 석장리 유적 – 미송리식토기
> ㉣ 부산 동삼동 유적 – 아슐리안형 주먹도끼

① ㉠, ㉡　　　　　　　　　　② ㉠, ㉣

③ ㉡, ㉢　　　　　　　　　　④ ㉢, ㉣

6 ㈎ 시기에 신라에서 있었던 사실은?

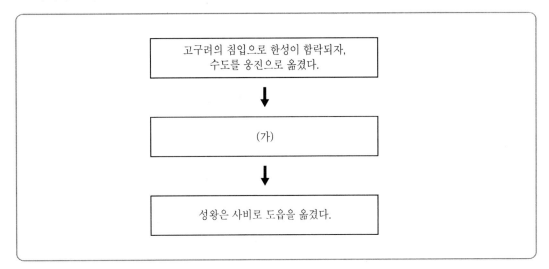

① 대가야를 정복하였다.

② 황초령순수비를 세웠다.

③ 거칠부가 『국사』를 편찬하였다.

④ 이차돈의 순교를 계기로 불교가 공인되었다.

7 시기별 대외 교류에 관한 설명으로 옳지 않은 것은?

① 백제 : 노리사치계가 일본에 불경과 불상을 전하였다.

② 통일신라 : 장보고가 청해진을 설치하여 해상권을 장악하였다.

③ 고려 : 예성강 하구의 벽란도가 국제항으로 번성하였다.

④ 조선 : 명과의 교류에서 중강개시와 책문후시가 전개되었다.

8 우리나라 세계유산과 세계기록유산에 대한 설명으로 옳은 것만을 모두 고르면?

┌───┐
│ ㉠ 공주 송산리 고분군에는 전축분인 6호분과 무령왕릉이 있다. │
│ ㉡ 양산 통도사는 금강계단 불사리탑이 있는 삼보 사찰이다. │
│ ㉢ 남한산성은 병자호란 때 인조가 피난했던 산성이다. │
│ ㉣ 『승정원일기』는 역대 왕의 훌륭한 언행을 『실록』에서 뽑아 만든 사서이다. │
└───┘

① ㉠, ㉡

② ㉡, ㉢

③ ㉠, ㉡, ㉢

④ ㉠, ㉢, ㉣

9 다음은 발해 수도에 대한 답사 계획이다. 각 수도에 소재하는 유적에 대한 탐구 내용으로 옳은 것만을 모두 고르면?

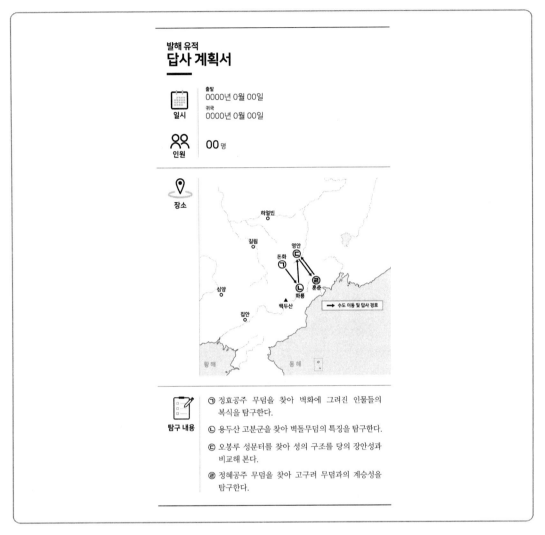

발해 유적
답사 계획서

일시
출발
0000년 0월 00일
귀국
0000년 0월 00일

인원
00 명

장소

하얼빈
길림
영안 ㉢
돈화 ㉠
심양
㉡ ㉣
훈춘
화룡
백두산
집안
황해
동해

→ 수도 이동 및 답사 경로

탐구 내용

㉠ 정효공주 무덤을 찾아 벽화에 그려진 인물들의 복식을 탐구한다.

㉡ 용두산 고분군을 찾아 벽돌무덤의 특징을 탐구한다.

㉢ 오봉루 성문터를 찾아 성의 구조를 당의 장안성과 비교해 본다.

㉣ 정혜공주 무덤을 찾아 고구려 무덤과의 계승성을 탐구한다.

① ㉠, ㉡   ② ㉠, ㉣

③ ㉡, ㉢   ④ ㉢, ㉣

10 다음 상소문을 올린 왕대에 있었던 사실은?

> 석교(釋敎)를 행하는 것은 수신(修身)의 근본이요, 유교를 행하는 것은 이국(理國)의 근원입니다. 수신은 내생의 자(資)요, 이국은 금일의 요무(要務)로서, 금일은 지극히 가깝고 내생은 지극히 먼 것인데도 가까움을 버리고 먼 것을 구함은 또한 잘못이 아니겠습니까.

① 양경과 12목에 상평창을 설치하였다.

② 균여를 귀법사 주지로 삼아 불교를 정비하였다.

③ 국자감에 7재를 두어 관학을 부흥하고자 하였다.

④ 전지(田地)와 시지(柴地)를 지급하는 경정 전시과를 실시하였다.

11 이승만 정부의 경제 정책으로 옳지 않은 것은?

① 한미 원조 협정을 체결하였다.

② 농지개혁에 따른 지가증권을 발행하였다.

③ 제분, 제당, 면방직 등 삼백 산업을 적극 지원하였다.

④ 제1차 경제개발 5개년 계획을 추진하였다.

12 중일전쟁 이후 조선총독부가 시행한 민족 말살 정책이 아닌 것은?

① 아침마다 궁성요배를 강요하였다.

② 일본에 충성하자는 황국 신민 서사를 암송하게 하였다.

③ 공업 자원의 확보를 위하여 남면북양 정책을 시행하였다.

④ 황국 신민 의식을 강화하고자 소학교를 국민학교로 개칭하였다.

13 밑줄 친 '조약'에 대한 설명으로 옳지 않은 것은?

> 1905년 8월 4일 오후 3시, 우리가 앉아있는 곳은 새거모어 힐의 대기실. 루스벨트의 저택이다. 새거모어 힐은 루스벨트의 여름용 대통령 관저로 3층짜리 저택이다. … (중략) … 대통령과 마주하자 나는 말했다. "감사합니다. 각하. 저는 대한제국 황제의 친필 밀서를 품고 지난 2월에 헤이 장관을 만난 사람입니다. 그 밀서에서 우리 황제는 1882년에 맺은 조약의 거중조정 조항에 따른 귀국의 지원을 간곡히 부탁했습니다."

① 영사재판권이 인정되었다.
② 임오군란을 계기로 체결되었다.
③ 최혜국 대우 조항이 포함되었다.
④ 『조선책략』의 영향을 받았다.

14 고려시대 향리에 대한 설명으로 옳은 것만을 모두 고르면?

> ㉠ 부호장 이하의 향리는 사심관의 감독을 받았다.
> ㉡ 상층 향리는 과거로 중앙 관직에 진출할 수 있었다.
> ㉢ 일부 향리의 자제들은 기인으로 선발되어 개경으로 보내졌다.
> ㉣ 속현의 행정 실무는 향리가 담당하였다.

① ㉠
② ㉠, ㉡
③ ㉡, ㉢, ㉣
④ ㉠, ㉡, ㉢, ㉣

15 밑줄 친 '이 농법'에 대한 설명으로 옳은 것만을 모두 고르면?

> 대개 <u>이</u> 농법을 귀중하게 여기는 이유는 다음과 같다. 두 땅의 힘으로 하나의 모를 서로 기르는 것이고, …(중략)… 옛 흙을 떠나 새 흙으로 가서 고갱이를 씻어 내어 더러운 것을 제거하는 것이다. 무릇 벼를 심는 논에는 물을 끌어들일 수 있는 하천이나 물을 댈 수 있는 저수지가 꼭 필요하다. 이러한 것이 없다면 볏논이 아니다.
>
> ―『임원경제지』―

> ㉠ 세종 때 편찬된 『농사직설』에도 등장한다.
> ㉡ 고랑에 작물을 심도록 하였다.
> ㉢ 『경국대전』의 수령칠사 항목에서도 강조되었다.
> ㉣ 직파법보다 풀 뽑는 노동력을 절약할 수 있었다.

① ㉠, ㉡   ② ㉠, ㉣
③ ㉡, ㉢   ④ ㉢, ㉣

16 밑줄 친 '헌법'이 시행 중인 시기에 일어난 사건은?

> 이 <u>헌법</u>은 한 사람의 집권자가 긴급조치라는 형식적인 법 절차와 권력 남용으로 양보할 수 없는 국민의 기본 인권과 존엄성을 억압하였다. 그리고 이러한 권력 남용에 형식적인 합법성을 부여하고자 …(중략)… 입법, 사법, 행정 3권을 한 사람의 집권자에게 집중시키고 있다.

① 부·마 민주 항쟁이 일어났다.
② 국민교육헌장을 선포하였다.
③ 7·4 남북공동성명이 발표되었다.
④ 한일 협정 체결을 반대하는 6·3 시위가 있었다.

17 밑줄 친 '회의'에서 있었던 사실은?

> 본 회의는 2천만 민중의 공정한 뜻에 바탕을 둔 국민적 대화합으로 최고의 권위를 가지고 국민의 완전한 통일을 공고하게 하며, 광복 대업의 근본 방침을 수립하여 우리 민족의 자유를 만회하며 독립을 완성하기를 기도하고 이에 선언하노라. … (중략) … 본 대표 등은 국민이 위탁한 사명을 받들어 국민적 대단결에 힘쓰며 독립운동이 나아갈 방향을 확립하여 통일적 기관 아래에서 대업을 완성하고자 하노라.

① 대한민국 건국 강령이 상정되었다.
② 박은식이 임시대통령으로 선출되었다.
③ 민족유일당운동 차원에서 조선혁명당이 참가하였다.
④ 임시정부를 대체할 새로운 조직을 만들자는 주장이 나왔다.

18 다음 법령에 따라 시행된 사업에 대한 설명으로 옳은 것은?

> 제1조 토지의 조사 및 측량은 본령에 따른다.
> 제4조 토지 소유자는 조선 총독이 정한 기간 내에 주소, 성명 또는 명칭 및 소유지의 소재, 지목, 자 번호, 사표, 등급, 지적, 결수를 임시토지조사국장에게 신고해야 한다. 단 국유지는 보관 관청이 임시토지 조사국장에게 통지해야 한다.

① 농상공부를 주무 기관으로 하였다.
② 역둔토, 궁장토를 총독부 소유로 만들었다.
③ 토지약탈을 위해 동양척식회사를 설립하였다.
④ 춘궁 퇴치, 농가 부채 근절을 목표로 내세웠다.

19 개항기 무역에 대한 설명으로 옳지 않은 것은?

① 개항장에서 조선인 객주가 중개 활동을 하였다.

② 조·청 무역장정으로 청국에서의 수입액이 일본을 앞질렀다.

③ 일본 상인은 면제품을 팔고, 쇠가죽·쌀·콩 등을 구입하였다.

④ 조·일 통상장정의 개정으로 곡물 수출이 금지되기도 하였다.

20 밑줄 친 '그'에 대한 설명으로 옳은 것은?

> 군역에 뽑힌 장정에게 군포를 거두었는데, 그 폐단이 많아서 백성들이 뼈를 깎는 원한을 가졌다. 그런데 사족들은 한평생 한가하게 놀며 신역(身役)이 없었다. … (중략) … 그러나 유속(流俗)에 끌려 이행되지 못하였으나 갑자년 초에 그가 강력히 나서서 귀천이 동일하게 장정 한 사람마다 세납전(歲納錢) 2민(緡)을 바치게 하니, 이를 동포전(洞布錢)이라고 하였다.
>
> ─『매천야록』─

① 만동묘 건립을 주도하였다.

② 군국기무처 총재를 역임하였다.

③ 통리기무아문을 폐지하고 5군영을 부활하였다.

④ 탕평 정치를 정리한 『만기요람』을 편찬하였다.

1 다음에 해당하는 나라에 대한 설명으로 옳은 것은?

> • 은력(殷曆) 정월에 지내는 제천행사는 나라에서 여는 대회로 날마다 먹고 마시고 노래하고 춤
> 추는데, 이를 영고라 하였다. 이때 형옥을 중단하고 죄수를 풀어주었다.
> • 국내에 있을 때의 의복은 흰색을 숭상하며, 흰 베로 만든 큰 소매 달린 도포와 바지를 입고
> 가죽신을 신는다. 외국에 나갈 때는 비단옷·수 놓은 옷·모직옷을 즐겨입는다.
>
> — 『삼국지』 위서 동이전 —

① 사람이 죽으면 뼈만 추려 가족 공동 무덤인 목곽에 안치하였다.
② 읍군이나 삼로라고 불린 군장이 자기 영역을 다스렸다.
③ 가축 이름을 딴 마가, 우가, 저가, 구가 등이 있었다.
④ 천신을 섬기는 제사장인 천군이 있었다.

2 (가) 나라에 대한 설명으로 옳은 것은?

> 북쪽 구지에서 이상한 소리로 부르는 것이 있었다. … (중략) … 구간(九干)들은 이 말을 따라
> 모두 기뻐하면서 노래하고 춤을 추었다. 자줏빛 줄이 하늘에서 드리워져서 땅에 닿았다. 그 줄
> 이 내려온 곳을 따라가 붉은 보자기에 싸인 금으로 만든 상자를 발견하고 열어보니, 해처럼 둥
> 근 황금알 여섯 개가 있었다. 알 여섯이 모두 변하여 어린아이가 되었다. … (중략) … 가장 큰
> 알에서 태어난 수로(首露)가 왕위에 올라 ☐(가)☐ 를/을 세웠다.
>
> — 『삼국유사』 —

① 해상 교역을 통해 우수한 철을 수출하였다.
② 박, 석, 김씨가 교대로 왕위를 계승하였다.
③ 경당을 설치하여 학문과 무예를 가르쳤다.
④ 정사암 회의를 통해 재상을 선발하였다.

3 ㈎에 들어갈 기구로 옳은 것은?

> 고려 시대 중서문하성과 중추원의 고위 관료들은 도병마사와 ㈎ 에서 국가의 중요한 일을 논의하였다. 도병마사에서는 국방과 군사 문제를 다루었고, ㈎ 에서는 제도와 격식을 만들었다.

① 삼사   ② 상서성
③ 어사대   ④ 식목도감

4 ㈎에 대한 설명으로 옳은 것은?

> 건국 초부터 북진 정책을 추진한 고려는 발해를 멸망시킨 ㈎ 를/을 견제하고 송과 친선 관계를 맺었다. 이에 송과 대립하던 ㈎ 는/은 고려를 경계하여 여러 차례 고려에 침입하였다.

① 강조의 정변을 구실로 고려를 침략하였다.
② 고려에 동북 9성을 돌려달라고 요구하였다.
③ 다루가치를 배치하여 고려의 내정을 간섭하였다.
④ 쌍성총관부를 두어 철령 이북의 땅을 지배하였다.

5 ㈎에 들어갈 기구로 옳은 것은?

> • 무릇 관직을 받은 자의 고신(임명장)은 5품 이하일 때는 ㈎ 과/와 사간원의 서경(署經)을 고려하여 발급한다.
> • ㈎ 는/은 시정(時政)을 논하고, 모든 관원을 규찰하며, 풍속을 바르게 하는 등의 일을 맡는다.
>
> ─『경국대전』─

① 사헌부   ② 교서관
③ 승문원   ④ 승정원

6 밑줄 친 '그'에 대한 설명으로 옳은 것은?

> 그가 왕에게 아뢰었다. "삼교는 솥의 발과 같아서 하나라도 없어서는 안 됩니다. 지금 유교와 불교는 모두 흥하는데 도교는 아직 번성하지 않으니, 소위 천하의 도술(道術)을 갖추었다고 할 수 없습니다. 엎드려 청하오니 당에 사신을 보내 도교를 구해 와서 나라 사람들을 가르치게 하소서."
>
> ─ 『삼국사기』 ─

① 당나라와 동맹을 체결하였다.
② 천리장성의 축조를 맡아 수행하였다.
③ 수나라의 군대를 살수에서 격퇴하였다.
④ 남진 정책을 추진하여 한성을 점령하였다.

7 (가) 인물에 대한 설명으로 옳은 것은?

> ┌─(가)─┐ 가/이 귀산 등에게 말하기를 "세속에도 5계가 있으니, 첫째는 충성으로써 임금을 섬기는 것, 둘째는 효도로써 어버이를 섬기는 것, 셋째는 신의로써 벗을 사귀는 것, 넷째는 싸움에 임하여 물러서지 않는 것, 다섯째는 생명 있는 것을 죽이되 가려서 한다는 것이다. 그대들은 이를 실행함에 소홀하지 말라."라고 하였다.
>
> ─ 『삼국사기』 ─

① 모든 것이 한마음에서 나온다는 일심 사상을 제시하였다.
② 화엄 사상을 연구하여 「화엄일승법계도」를 작성하였다.
③ 왕에게 수나라에 군사를 청하는 글을 지어 바쳤다.
④ 인도를 여행하여 『왕오천축국전』을 썼다.

8 (가), (나)에 들어갈 이름을 바르게 연결한 것은?

> ┌───┐
> │ ☐(가)☐ 는/은 『북학의』를 저술하여 청의 선진 기술을 적극적으로 수용할 것과 상공업 육성 등 │
> │ 을 역설하였다. 한편, ☐(나)☐ 는/은 중국 및 일본의 방대한 자료를 참고하여 『해동역사』를 편 │
> │ 찬함으로써, 한중일 간의 문화 교류를 잘 보여주었다. │
> └───┘

	(가)	(나)
①	박지원	한치윤
②	박지원	안정복
③	박제가	한치윤
④	박제가	안정복

9 다음 사건을 시기순으로 바르게 나열한 것은?

> ┌───┐
> │ (가) 정중부와 이의방이 정변을 일으켰다. │
> │ (나) 최충헌이 이의민을 제거하고 권력을 잡았다. │
> │ (다) 충주성에서 천민들이 몽골군에 맞서 싸웠다. │
> │ (라) 이자겸이 척준경과 더불어 난을 일으켰다. │
> └───┘

① (가) → (나) → (라) → (다)

② (가) → (다) → (나) → (라)

③ (라) → (가) → (나) → (다)

④ (라) → (가) → (다) → (나)

10 ㈎ 지역에 대한 설명으로 옳은 것은?

> 나는 삼한(三韓) 산천의 음덕을 입어 대업을 이루었다. ㅤㅤ㈎ㅤㅤ는/은 수덕(水德)이 순조로워
> 우리나라 지맥의 뿌리가 되니 대업을 만대에 전할 땅이다. 왕은 춘하추동 네 계절의 중간달에
> 그곳에 가 100일 이상 머물러서 나라를 안녕케 하라.
>
> — 『고려사』 —

① 이곳에 대장도감을 설치하여 재조대장경을 만들었다.
② 지눌이 이곳에서 수선사 결사 운동을 펼쳤다.
③ 망이ㆍ망소이가 이곳에서 봉기하였다.
④ 몽골이 이곳에 동녕부를 두었다.

11 다음 내용의 역사서에 대한 설명으로 옳은 것은?

> 왕께서는 "우리나라 사람들은 유교 경전과 중국 역사에 대해서는 자세히 말하는 사람이 있으나
> 우리나라의 사실에 이르러서는 잘 알지 못하니 매우 유감이다. 중국 역사서에 우리 삼국의 열
> 전이 있지만 상세하게 실리지 않았다. 또한, 삼국의 고기(古記)는 문체가 거칠고 졸렬하며 빠진
> 부분이 많으므로, 이런 까닭에 임금의 선과 악, 신하의 충과 사악, 국가의 안위 등에 관한 것을
> 다 드러내어 그로써 후세에 권계(勸戒)를 보이지 못했다. 마땅히 일관된 역사를 완성하고 만대
> 에 물려주어 해와 별처럼 빛나도록 해야 하겠다."라고 하셨습니다.

① 불교를 중심으로 신화와 설화를 정리하였다.
② 유교적인 합리주의 사관에 따라 기전체로 서술되었다.
③ 단군조선을 우리 역사의 시작으로 본 통사이다.
④ 진흥왕의 명을 받아 거칠부가 편찬하였다.

12 밑줄 친 '이 왕'에 대한 설명으로 옳은 것은?

> 문무왕이 왜병을 진압하고자 감은사를 처음 창건하려 했으나, 끝내지 못하고 죽어 바다의 용이 되었다. 뒤이어 즉위한 이 왕이 공사를 마무리하였다. 금당 돌계단 아래에 동쪽을 향하여 구멍을 하나 뚫어 두었으니, 용이 절에 들어와서 돌아다니게 하려고 마련한 것이다. 유언에 따라 유골을 간직해 둔 곳은 대왕암(大王岩)이라고 불렸다.
>
> ─ 『삼국유사』 ─

① 건원이라는 독자적인 연호를 사용하였다.

② 국학을 설립하여 유학을 교육하였다.

③ 백성에게 처음으로 정전을 지급하였다.

④ 진골 출신으로서 처음 왕위에 올랐다.

13 밑줄 친 '왕'의 재위 기간에 있었던 사실로 옳은 것은?

> 왕은 노론과 소론, 남인을 두루 등용하였으며 젊은 관료들을 재교육하기 위해 초계문신제를 시행하였다. 또 서얼 출신의 유능한 인사를 규장각 검서관으로 등용하였다.

① 동학이 창시되었다.

② 『대전회통』이 편찬되었다.

③ 신해통공이 시행되었다.

④ 홍경래의 난이 발생하였다.

14 (가) 인물에 대한 설명으로 옳은 것은?

> 철종이 죽고 고종이 어린 나이로 왕이 되자, 고종의 아버지인 [(가)]가/이 실권을 장악하였다. [(가)]는/은 임진왜란 때 불탄 후 방치되어 있던 경복궁을 중건하였다. 이때 원납전이라는 기부금을 징수하는 일이 벌어졌으며 당백전이라는 화폐도 발행되었다.

① 「대한국국제」를 만들어 공포하였다.

② 서원을 대폭 줄이는 정책을 추진하였다.

③ 우정총국 개국 축하연을 이용해 정변을 일으켰다.

④ 황쭌센의 『조선책략』을 가져와 널리 유포하였다.

15 ㈎ 단체의 활동에 대한 설명으로 옳은 것은?

> 탑골공원에 모인 수많은 학생과 시민이 독립 선언식을 거행하고 만세를 부르며 거리를 행진하였다. 이후 만세 시위는 전국으로 확산하였다. 이 운동을 계기로 독립운동가 사이에는 독립운동을 더욱 조직적으로 전개하자는 공감대가 형성되어 ㄱㄴ ㈎ ㄴ가/이 만들어졌다. ㄱㄴ ㈎ ㄴ는/은 구미 위원부를 설치하는 등 적극적으로 독립운동을 펼쳐 나갔다.

① 「대동단결선언」을 발표하였다.
② 국내와의 연락을 위해 교통국을 두었다.
③ 독립군을 양성하기 위해 신흥무관학교를 설립하였다.
④ 「조선혁명선언」을 강령으로 삼아 의열투쟁을 전개하였다.

16 ㈎ 시기에 있었던 사실로 옳은 것은?

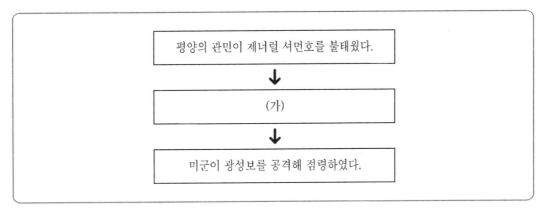

① 고종이 홍범 14조를 발표하였다.
② 일본의 운요호가 초지진을 포격하였다.
③ 오페르트가 남연군의 묘 도굴을 시도하였다.
④ 차별 대우에 불만을 품은 군인이 임오군란을 일으켰다.

17 밑줄 친 '이 단체'에 대한 설명으로 옳은 것은?

> 1920년대 국내에서는 일본과 타협해 실익을 찾자는 자치 운동이 대두하였다. 비타협적인 민족주의자들은 이를 경계하면서 사회주의 세력과 연대하고자 하였다. 사회주의 세력도 정우회 선언을 발표해 비타협적 민족주의 세력과 제휴를 주장하였다. 그 결과 비타협적 민족주의 세력과 사회주의 세력은 1927년 2월에 이 단체를 창립하고 이상재를 회장으로 추대하였다.

① 조선물산장려회를 조직해 물산장려운동을 펼쳤다.

② 고등 교육 기관을 설립하기 위해 민립대학설립운동을 시작하였다.

③ 문맹 퇴치와 미신 타파를 목적으로 브나로드 운동을 전개하였다.

④ 광주학생항일운동의 진상을 조사하고 이를 알리는 대회를 개최하고자 하였다.

18 다음과 같은 내용이 담긴 조약에 대한 설명으로 옳은 것은?

> 일본 정부는 그 대표자로 한국 황제 밑에 1명의 통감을 두되, 통감은 전적으로 외교에 관한 사항을 관리하기 위하여 경성에 주재하고 친히 한국 황제를 만날 수 있는 권리를 가진다. 또한, 일본 정부는 한국의 개항장 및 일본 정부가 필요하다고 인정하는 지역에 이사관을 설치할 권리를 가지며, 이사관은 통감의 지휘하에 종래 재(在)한국 일본 영사에게 속하였던 모든 권리를 집행한다.

① 조선총독부를 설치한다는 조항이 포함되어 있다.

② 헤이그 특사 사건 직후 일제의 강요로 체결되었다.

③ 방곡령 시행 전에 미리 통보해야 한다는 합의가 실려 있다.

④ 일본의 중재 없이 국제적 성격을 가진 조약을 체결할 수 없다는 내용이 담겨 있다.

19 (가)에 대한 설명으로 옳은 것은?

> 1945년 12월 모스크바에서 미국, 소련, 영국의 외무장관들은 한국 문제를 논의하였다. 이 회의에서 미국, 소련, 영국, 중국이 최장 5년간 신탁통치를 시행한다는 합의가 이루어졌다. 또 미국과 소련이 ___(가)___를/을 개최해 민주주의 임시정부 수립 문제에 대해 논의하기로 했다. 이 합의에 따라 1946년 3월 서울에서 ___(가)___가/이 시작되었다.

① 미·소 양측의 의견 차이로 결렬되었다.
② 조선건국준비위원회를 조직하는 성과를 냈다.
③ 민주 공화제를 핵심으로 한 제헌헌법을 만들었다.
④ 유엔 감시하의 총선거로 정부를 수립한다는 결정을 내렸다.

20 (가) 시기에 있었던 사실로 옳은 것은?

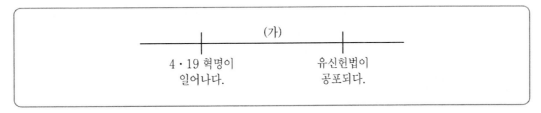

① 「반민족행위처벌법」이 제정되다.
② 7·4 남북 공동 성명이 발표되다.
③ 남북한이 유엔에 동시 가입하다.
④ 5·18 민주화 운동이 일어나다.

한국사 2021. 6. 5. | 제1회 서울특별시 시행

☞ 정답 및 해설 P.90

1 〈보기〉에서 설명하는 시대의 문화유산으로 옳은 것은?

> 〈보기〉
> • 주로 움집에서 거주하였다.
> • 유적은 주로 큰 강이나 해안 지역에서 발견된다.
> • 농경 생활을 시작하였고, 조ㆍ피 등을 재배하였다.

① 고인돌
② 세형동검
③ 거친무늬 거울
④ 빗살무늬 토기

2 〈보기〉는 대한민국 헌법 개정을 시기순으로 나열한 것이다. ㈎와 ㈏에 들어갈 내용으로 옳은 것은?

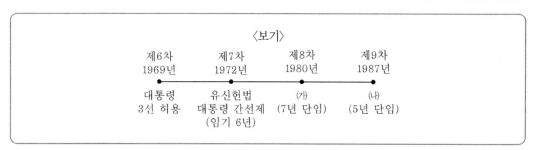

> 〈보기〉
>
> | 제6차 | 제7차 | 제8차 | 제9차 |
> | 1969년 | 1972년 | 1980년 | 1987년 |
> | 대통령 3선 허용 | 유신헌법 대통령 간선제 (임기 6년) | ㈎ (7년 단임) | ㈏ (5년 단임) |

	㈎	㈏
①	대통령 간선제	대통령 직선제
②	대통령 직선제	대통령 직선제
③	대통령 간선제	대통령 간선제
④	대통령 직선제	대통령 간선제

3 〈보기〉의 밑줄 친 '이 법'을 제정한 왕의 업적으로 옳은 것은?

> 〈보기〉
>
> 임진왜란 이후 군역 대신 군포를 징수하여 1년에 2필을 납부하게 하였다. 그런데 군적이 제대로 정리되지 않았고, 지방관의 농간까지 겹쳐 실제 납부액이 훨씬 많았다. 이에 이 법을 제정하여 군포 부담을 절반으로 줄여 주었다.

① 속대전을 편찬하였다.
② 대전통편을 편찬하였다.
③ 대전회통을 편찬하였다.
④ 경국대전을 편찬하였다.

4 〈보기〉는 동학농민전쟁에 관련된 주요 사건을 표로 나타낸 것이다. 청일전쟁이 발발된 시기는?

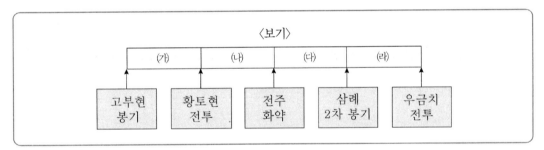

① (가)　　　　　　　　　　　② (나)
③ (다)　　　　　　　　　　　④ (라)

5 〈보기〉의 사건이 있었던 시기의 사실로 가장 옳은 것은?

〈보기〉

가을 9월에 고구려 왕 거련(巨璉)이 군사 3만 명을 이끌고 왕도(王都) 한성을 포위하였다. 왕은 성문을 닫고나가 싸우지 않았다. …… 왕은 곤궁하여 어찌할 바를 모르다가, 기병 수십을 거느리고 성문을 나가 서쪽으로 도망쳤다. 고구려인이 쫓아가 그를 살해하였다.

– 『삼국사기』 –

① 성왕이 신라군에게 살해되었다.
② 신라가 건원이라는 연호를 사용하였다.
③ 을지문덕이 살수에서 수의 군대를 물리쳤다.
④ 고구려가 중국의 남북조와 동시에 교류하였다.

6 〈보기〉에서 발해 문화가 고구려를 계승하였음을 보여주는 문화유산을 모두 고른 것은?

〈보기〉

㉠ 온돌 장치   ㉡ 벽돌무덤
㉢ 굴식돌방무덤   ㉣ 주작대로

① ㉠, ㉡   ② ㉠, ㉢
③ ㉡, ㉣   ④ ㉢, ㉣

7 〈보기〉의 (가)~(라)에 대한 설명으로 가장 옳은 것은?

〈보기〉

(가) 한국 광복군   (나) 한인 애국단

(다) 한국 독립군   (라) 조선 혁명군

① (가) - 미 전략 사무국(OSS)과 협력하여 국내 진공작전을 계획하였다.

② (나) - 중국 관내 최초의 한인 무장 부대로, 중국 국민당정부의 지원을 받았다.

③ (다) - 양세봉이 이끄는 군대로, 영릉가 전투와 흥경성 전투에서 일본군을 격퇴하였다.

④ (라) - 지청천이 이끄는 군대로, 항일 중국군과 함께 쌍성보 전투, 동경성 전투 등에서 일본군을 격퇴하였다.

8 〈보기〉와 같이 기록된 고려 무신정권기 집권자는?

〈보기〉

경주 사람이다. 아버지는 소금과 체(篩)를 파는 것을 업(業)으로 하였고, 어머니는 연일현(延日縣) 옥령사(玉靈寺)의 노비였다. … 그는 수박(手搏)을 잘했기에 의종의 총애를 받아 대정에서 별장으로 승진하였고, … 그가 무신 정변때 참여하여 죽인 사람이 많으므로 중랑장(中郎將)으로 임명되었다가 얼마 후 장군으로 승진하였다.

– 『고려사』 권128, 반역전 –

① 최충헌   ② 김준

③ 임연   ④ 이의민

9 〈보기〉의 법령이 실시된 시기에 일어난 민주화운동으로 가장 옳은 것은?

> 〈보기〉
>
> 모두 9차례 발표된 법령으로 마지막으로 선포된 9호에 따르면 헌법을 부정·반대 또는 개정을 요구하거나 이를 보도하면 영장 없이 체포할 수 있었다. 이로 인해 많은 학생, 지식인, 야당 정치인, 기자 등이 구속되었다.

① 3선 개헌 반대운동이 일어났다.
② 「3·1민주구국선언」이 발표되었다.
③ 민주헌법쟁취 국민운동본부가 결성되었다.
④ 신민당이 직선제 개헌을 위한 서명운동을 전개하였다.

10 〈보기〉의 밑줄 친 '왕'이 재위하던 시기에 대한 설명으로 가장 옳은 것은?

> 〈보기〉
>
> 왕이 명령하여 노비를 안검하고 시비를 살펴 분별하게 하였다. (이 때문에) 종이 그 주인을 배반하는 자가 헤아릴 수 없을 정도였다. 이 때문에 윗사람을 능멸하는 기풍이 크게 행해지니, 사람들이 모두 원망하였다. 왕비가 간절히 말렸는데도 듣지 않았다.

① 서경 천도를 추진하였다.
② 광덕, 준풍 등의 연호를 사용하였다.
③ 지방관을 파견하고 향리제도를 마련하였다.
④ 기인제도를 최초로 실시하여 호족들을 통제하였다.

11 〈보기〉의 (가), (나) 문서에 대한 설명으로 가장 옳지 않은 것은?

> **〈보기〉**
>
> (가) 대한제국의 정치는 이전으로 보면 500년 전래하시고 이후로 보면 만세에 걸쳐 불변하오실 전제정치니라.
>
> (나) 외국인에게 의부 아니하고 관민이 동심합력하여 전제황권을 견고케 할 것.

① (가)에서는 입법 · 사법 · 행정의 모든 권력이 황제에게 있음을 천명하였다.

② (나)에서는 정부의 예산과 결산을 인민에게 공표할 것을 주장하였다.

③ (나)를 수용한 고종은 「조칙 5조」를 반포하였다.

④ (가)에 따른 전제정치 선포에 반발하며 독립협회는 의회개설운동을 전개하였다.

12 〈보기〉의 (가), (나) 시기 사이에 있었던 사실로 가장 옳은 것은?

> **〈보기〉**
>
> (가) 고구려는 백제를 선제 공격하였다가 패하고 고국원왕이 전사하는 위기를 맞았다.
>
> (나) 왜의 침입을 받은 신라를 구원하기 위해 원병을 보내고 낙동강 하류까지 진출하였다.

① 수도를 평양성으로 천도하였다.

② 낙랑군을 축출하고 대동강 유역을 차지하였다.

③ 요서지역에 대해 선제공격을 감행하였다.

④ 태학을 설립하고 율령을 반포하여 체제 안정화 정책을 실시하였다.

13 〈보기〉의 ㈎ 인물에 대한 설명으로 가장 옳은 것은?

> 〈보기〉
> • 태조는 정예 기병 5천 명을 거느리고 공산(公山) 아래에서 ___㈎___ 을/를 맞아서 크게 싸웠다. 태조의 장수김락과 신숭겸은 죽고 모든 군사가 패하였으며, 태조는 겨우 죽음을 면하였다.
> • ___㈎___ 이/가 크게 군사를 일으켜 고창군(古昌郡)의 병산 아래에 가서 태조와 싸웠으나 이기지 못하였다. 전사자가 8천여 명이었다.

① 오월에 사신을 보내 교류하였다.

② 송악에서 철원으로 도읍을 옮겼다.

③ 기훤, 양길의 휘하에서 세력을 키웠다.

④ 예성강을 중심으로 성장한 해상 세력이다.

14 〈보기〉의 사건들을 일어난 순서대로 바르게 나열한 것은?

> 〈보기〉
> ㉠ 동아일보와 조선일보가 창간되었다.
> ㉡ 동경 유학생들이 2 · 8 독립선언을 하였다.
> ㉢ 순종의 국장일에 만세 시위 사건이 일어났다.
> ㉣ 조선어학회가 한글 맞춤법 통일안을 발표하였다.

① ㉠ – ㉢ – ㉡ – ㉣

② ㉡ – ㉠ – ㉢ – ㉣

③ ㉢ – ㉣ – ㉡ – ㉠

④ ㉣ – ㉠ – ㉢ – ㉡

15 〈보기〉의 사건들을 일어난 순서대로 바르게 나열한 것은?

> 〈보기〉
> ㉠ 남인이 제2차 예송을 통해 집권하였다.
> ㉡ 노론과 소론이 민비를 복위하는 과정을 거쳐 집권하였다.
> ㉢ 서인은 허적이 역모를 꾸몄다고 고발하여 남인을 축출하고 집권하였다.
> ㉣ 남인은 장희빈이 낳은 왕자가 세자로 책봉되는 과정을 거쳐 집권하였다.

① ㉠ – ㉢ – ㉣ – ㉡

② ㉡ – ㉣ – ㉢ – ㉠

③ ㉢ – ㉠ – ㉡ – ㉣

④ ㉣ – ㉢ – ㉠ – ㉡

16 〈보기〉에서 고려시대 회화 작품을 모두 고른 것은?

> 〈보기〉
> ㉠ 고사관수도　　　　　　　㉡ 부석사 조사당 벽화
> ㉢ 예성강도　　　　　　　　㉣ 송하보월도

① ㉠, ㉢

② ㉠, ㉣

③ ㉡, ㉢

④ ㉡, ㉣

17 〈보기〉에 나타난 사건과 시기상 가장 먼 것은?

〈보기〉

처음 충주 부사 우종주가 매양 장부와 문서로 인하여 판관 유홍익과 틈이 있었는데, 몽골군이 장차 쳐들어온다는 말을 듣고 성 지킬 일을 의논하였다. 그런데 의견상 차이가 있어서 우종주는 양반 별초를 거느리고, 유홍익은 노군과 잡류 별초를 거느리고 서로 시기하였다. 몽골군이 오자 우종주와 유홍익은 양반 등과 함께 다 성을 버리고 도주하고, 오직 노군과 잡류만이 힘을 합하여 쳐서 이를 쫓았다.

① 처인성에서 몽골 장수를 사살하였다.
② 진주의 공·사노비와 합주의 부곡민이 합세하였다.
③ 수도를 강화도로 옮기고 주민을 산성과 섬으로 피난시켰다.
④ 몽골군이 경주의 황룡사 9층탑을 불태웠다.

18 〈보기〉의 제도가 처음 시행된 시기의 군사제도에 대한 설명으로 가장 옳은 것은?

〈보기〉

경성과 지방의 군사에 보인을 지급하는데 차등이 있다. 장기 복무하는 환관도 2보를 지급한다. 장정 2인을 1보로하고, 갑사에게는 2보를 지급한다. 기병, 수군은 1보1정을 준다. 보병, 봉수군은 1보를 준다. 보인으로서 취재에 합격하면 군사가 될 수 있다.

① 중앙군을 5군영으로 편성하였다.
② 2군 6위가 중앙과 국경을 수비하였다.
③ 지방군은 진관 체제를 바탕으로 조직되었다.
④ 양반부터 노비까지 모두 속오군에 편입시켰다.

19 〈보기〉와 같은 주장을 편 인물에 대한 설명으로 가장 옳은 것은?

> 〈보기〉
>
> 토지 소유를 제한하는 법령을 세우십시오. 모년 모월이후부터 제한된 토지보다 많은 자는 더 가질 수 없고, 그 법령 이전부터 소유한 것은 비록 광대한 면적이라 해도 불문에 부치며, 그 자손에게 분급해 주는 것은 허락하고, 혹시 사실대로 하지 않고 숨기거나 법령 이후에 제한을 넘어 더 점유한 자는 백성이 적발하면 백성에게 주고, 관아에서 적발하면 관아에서 몰수하십시오. 이렇게 한다면 수십 년이 못 가서 전국의 토지는 균등하게 될 것입니다.
>
> – 「한민명전의」 –

① 『북학의』를 저술하여 청 문물의 수용을 역설하였다.
② 「양반전」, 「호질」 등을 지어 놀고먹는 양반을 비판하였다.
③ 화폐 제도의 문제점을 지적하며 폐전론을 주장하였다.
④ 마을 단위로 토지를 공동 경작하여 분배할 것을 제안하였다.

20 〈보기〉의 자료와 관련된 개혁의 내용으로 가장 옳은 것은?

> 〈보기〉
>
> • 청나라에 의존하는 생각을 끊어버리고 자주 독립의 터전을 튼튼히 세운다.
> • 왕실에 관한 사무와 나라 정사에 관한 사무는 반드시 분리시키고 서로 뒤섞지 않는다.
> • 조세나 세금을 부과하는 것과 경비를 지출하는 것은 모두 탁지아문에서 관할한다.
> • 의정부와 각 아문의 직무와 권한을 명백히 제정한다.
> • 지방 관제를 빨리 개정하여 지방 관리의 직권을 제한한다.

① 지방에 진위대를 설치하고, 건양이라는 연호를 제정하였다.
② 내각 제도를 수립하고, 인민평등권 확립과 조세 개혁 등을 추진하였다.
③ 의정부를 내각으로 개편하고, 지방제도를 8도에서 23부로 바꾸었다.
④ 전라도 53군에 자치적 민정 기구인 집강소가 설치되었다.

정답 및 해설

2011. 3. 12.
법원행정처 시행

---

1 ③
신문지법과 태형령은 1910년 일본의 무단통치기에 시행되었다.
① 1930년대 ② 1940년대 ④ 1930년대

2 ③
제시문의 이곳은 연해주(러시아 블라디보스토크)이다.
③ 대조선 국민군단은 미국 하와이에서 창설되었다.

3 ①
(개) 제2공화국 (내) 제3공화국 (대) 노태우 대통령 집권기

4 ②
(개) 갑신정변 14개조 정강 (내) 독립협회 헌의 6조
② 갑신정변의 실패원인으로는 일본에의 의존, 청군의 개입, 민중적 지지 기반 취약, 정세 판단 미숙 등을 꼽을 수 있다.

5 ②
(개) 대동법 (내) 균역법
대동법 시행으로 공납의 전세화가 이루어 졌고, 공인의 등장, 상품화폐경제의 발달을 불러왔다.
① 전세의 정액화는 영정법의 결과이다.

6 ②
친영제도란 지금의 결혼제도처럼 부인이 남편 집에 들어와서 사는 것으로 17세기 이후 정착되었다.
② 성리학과 예학이 발달하면서 부계 중심의 가족 제도가 확립되었고 제사는 장남이 지내야 한다는 의식이 확산되었다.

7 ①
제시문은 1949년에 제정된 농지개혁법의 내용이다.
① 북한은 1946년에 이미 농지개혁을 시행하였다.

8 ④
㉠ 비파형동검 – 청동기
㉡ 미송리식 토기 – 청동기
㉢ 빗살무늬 토기 – 신석기
④ 우리 민족이 최초로 세운 국가는 고조선으로, 고조선은 청동기 문화를 바탕으로 형성되었다.

9 ④
산미증식계획으로 쌀 생산이 늘어났지만 수탈 역시 증가하였고, 수리조합비·비료대금·곡물 운반비 등의 증산비용을 농민에게 전가하여 농민들의 삶은 오히려 궁핍해졌다.

10 ①
동학농민운동(1894년 2월) → (개) → 1차 갑오개혁(1894년 7월) → (내) → 을미개혁(1895년)
① 교정청은 자주적인 내정개혁을 위해 1894년 6월에 고종이 설치한 기구이다.

11 ②
9세기 남북국시대의 형세도이다.
(개) 통일신라 (내) 발해
① 발해
③④ 통일신라

12 ④
(개) 민립대학설립운동
(내) 물산장려운동
④ 성과를 거두지 못하자 일제와 타협적인 자세로 변하였다.

13 ③
㉠ 남인 ㉡ 서인
③ 서인은 인조반정을 일으켜 광해군과 북인을 제거하고 인조를 왕으로 옹립하였다.
① 이이의 학맥을 계승한 것은 서인이다.
② 서인은 경신환국을 계기로 노론과 소론으로 분파되었다.
④ 정여립 모반 사건은 동인이 남인과 북인으로 분화되는 계기가 되었다.

14 ④

제시문은 고려 공민왕 때 설치한 전민변정도감에 관한 내용이다.
④ 전민변정도감은 권문세족의 경제적·군사적 기반을 약화시키고 국가 재정을 확대하려는 목적으로 설치하였다.

15 ④

(가) 1904년 8월 1차 한일협약
(나) 1904년 2월 한일의정서
(다) 1907년 7월 한일신협약
④ (나), (가), (다) 순서로 체결된 후 한일병합조약이 체결되었다. 한일병합조약은 1910년 8월 일본의 강압 아래 대한제국의 통치권을 일본에 양여함을 규정한 한국과 일본 간의 조약이다.

16 ③

제시문은 고려의 중앙정치조직을 표현한 것이다.
ㄹ은 조선의 삼사에 대한 설명이다. 고려의 삼사는 화폐·곡식출납, 단순회계 등을 담당하는 기구였다.

17 ③

③ 제시된 지도의 빗금 친 부분은 평안북도에 해당하는 곳으로, 병자호란 때 정봉수가 의병을 일으켜 후금의 군대를 물리친 용골산성이 위치하고 있다.
① 경기도 양주 일대
② 경기도 용인 일대
④ 경상북도 영덕 일대

18 ①

제시문의 이 무덤은 무령왕릉을 말한다. 무령왕릉은 중국 남조의 영향을 받아 연꽃 등 화려한 무늬의 벽돌로 내부를 쌓은 벽돌무덤이다.
② 경주 황남동 고분(천마총)에서 발견된 천마도장니에 대한 설명이다.
③ 고구려의 굴식 돌방무덤에 대한 설명이다.
④ 통일신라시대의 독특한 무덤양식이다.

19 ④

④ 금의 군신 관계 요구를 이자겸이 수락하여 고려의 북진 정책이 좌절되자 이에 대항하여 묘청이 서경천도운동을 일으켰다.

20 ②

제시문은 대한민국 임시정부 수립을 위한 협의단체 선정문제에 관한 것이다.
② 미국과 소련 양측이 합의를 보지 못하고 첨예하게 대립하여 미·소 공동위원회가 결렬되어, 이후 한반도 문제가 UN에 이관되었다.

21 ③

제시문은 독립협회에 관한 설명으로 러시아, 프랑스, 독일 등 열강의 이권침탈에 대한 비판적인 시각을 보인다. 그러나 일본이나 미국 등의 이권침탈 행위는 자원개발로 받아들이는 한계가 있다.

22 ②

(다) 의상(신라 625~702)
(라) 의천(고려 1055~1101)
(나) 지눌(고려 1158~1210)
(가) 혜심(고려 1178~1234)

23 ②

(가) 대한자강회 (나) 신민회
② 대한자강회는 교육과 산업을 통한 국권 회복을 위해 결성되었다. 실력양성운동, 일진회의 성토, 고종황제 강제퇴위 반대운동 등을 전개하다가 통감부에 의해 해산되었다.

24 ①

제시문은 대한민국 임시헌장 선포문이다. 대한민국 임시정부는 3·1운동이 일어난 이후 조직적이고 체계적인 독립 운동 추진의 필요성 인식으로 조직되었다.

25 ①

제시문은 동예에 대한 내용이다. 동예에는 책화라는 풍습이 있었으며, 무천이라는 제천행사를 지냈다.
③ 수렵 사회의 전통을 계승한 영고는 부여의 제천 행사이다.

1 ③
① 우리나라에 담배가 전래된 것은 16~17세기경으로, 임진 왜란 때 일본에 의해 유입되었다고 전해지지만 정확한 것은 아니다.
② 목화는 고려 말 문익점이 원나라에 다녀오는 길에 붓대 속에 목화 종자를 숨겨와 우리나라에 도입하였다.
④ 이규경의 「오주연문장전산고」에 따르면 보면 감자는 19 세기 초 청나라에서 들어왔다. 고추는 임진왜란 때 일본을 통하여 들어온 것으로 알려져 있다.

2 ④
제시문은 이제마의 「동의수세보원」에 나오는 사상의학에 관한 내용이다.
① 조선 후기 허준이 전통 의학을 정리하여 저술한 의서이다.
② 조선말에 황도연이 저술한 의서로, 종래의 의학 처방을 일목요연하게 정리하였다.
③ 조선 후기 정약용이 홍역을 연구한 것을 담은 의서로, 박제가와 함께 종두법에 대해 실험하기도 하였다.

3 ④
④ 김택영은 구한말의 한문학자로 1908년 일본의 침략에 불복하고 중국으로 망명하였다. 대동학회는 이완용 등이 설립한 구한말 대표적인 친일 유교단체이다.

4 ①
제시문은 한반도에 임시정부 수립을 준비하기 위해 설치된 미소공동위원회에 대한 내용이다. 카이로 선언은 미국, 영국, 중국의 3국이 이집트 카이로에 모여 일본의 식민지였던 한반도를 독립국가로 승인할 것을 공식적으로 합의하였다. 해방 이후 이 원칙을 실현하기 위해 모스크바 3상회의가 열렸고 '한국에 미·소공동위원회를 설치하고 일정기간의 신탁통치에 관하여 협의한다.'는 내용이 포함된 모스크바협정이 발표되었다.

5 ③
제시문은 15세기 세종의 전분 6등법과 연분 9등법에 대한 내용이다.
㉠㉡ 조선 후기의 특징에 해당한다.

6 ①
① 「조선사연구」는 정인보의 저술이다.

7 ④
제시문은 잡지 「별건곤」의 일부로, 양기탁과 베델이 간행한 대한매일신보를 소개하고 있는 부분이다. 대한매일신보는 을사조약의 부당성을 폭로하고 일본의 국권 침탈에 저항하였으며, 국채보상운동을 주도하기도 하였다.
④ 황성신문에 해당하는 내용이다.

8 ②
제시문은 1932년 윤봉길이 상하이 훙커우 공원에서 일본군 요인을 폭살한 의거의 영향에 대한 내용이다. 이 사건을 계기로 만보산 사건으로 인해 나빠진 한국과 중국의 관계가 회복되어 중국 영토 내에서의 한국 독립운동의 여건이 좋아졌고, 중국 국민당 총통이었던 장제스가 상하이 대한민국 임시정부를 지원해주는 계기가 되었다.

9 ③
㉠ 조선
㉡ 고려
㉢ 통일신라
㉣ 갑오개혁

10 ①
① 사심관 제도는 중앙 고관을 자기 출신지에 임명하는 제도로 그 지방의 호족 세력과 함께 연대책임을 지게 하였다.

11 ③
제시문은 고려 성종의 관리 교육제도 중 하나인 문신월과법에 대한 내용이다.
③ 음서제도는 문무관 5품 이상관의 자녀가 과거를 거치지 않고 관리가 되도록 하는 제도이다.
①②④는 모두 교육과 관련된 제도이다.

12 ①
소격서 폐지, 위훈삭제, 방납의 폐단 시정은 조광조의 주장이다.
② 갑자사화는 연산군의 어머니인 폐비 윤씨 문제로 발생한 사화이다.
③ 중종 때 주세붕이 세운 백운동 서원은 이황의 건의로 명종 때 사액되어 소수서원이 되었다.

④ 신언패는 연산군이 언론을 탄압하기 위해 관리들의 목에 걸고 다니도록 만든 것이다.

13 ②

제시문은 조선 후기 시행된 대동법에 대한 내용이다. 대동법은 공납제도를 폐지하고 대체한 것으로 1결당 12두의 전세를 부과하였다. 대동법은 조선 후기 상품 화폐 경제의 발전에 영향을 주었다.

② 공납에 대한 내용이다.

14 ①

청상과부의 개가를 허용하는 내용은 동학 농민군의 폐정 개혁안 12조의 한 조항으로 갑오개혁 때 반영되었다.

②③ 갑오개혁에 해당하는 내용이다.

④ 동학농민운동 개혁안이다.

15 ①

제시문은 신석기 유물이다.

②③④ 청동기에 대한 내용이다.

16 ②

② 권업회(勸業會)는 1911년 러시아 블라디보스토크 신한촌(新韓村)에서 조직된 항일독립운동 단체로 제1차 세계대전 이후 항일 민족 운동과는 관계없다.

17 ③

제시문은 고구려에 대한 내용이다.

① 고조선

② 부여

④ 삼한

18 ④

㉠ 고구려의 소노부는 전(前) 왕족으로 종묘를 가지고 따로 사직을 모시기도 하였다.

㉢ 영일 냉수리 신라비는 지증왕 4년 신라의 한 지방에서 벌어진 재산 분쟁을 국가가 판결한 내용이 새겨져 있고, 울진 봉평 신라비는 거벌모라(居伐牟羅)와 남미지(男彌只) 지역에서 사건이 발생하자 군대를 동원해서 이를 해결한 뒤, 소를 잡아 의식을 거행하고 사후조치를 취한 내용이 기록되어 있다.

19 ②

㉠ 순조 초 벽파 세력은 훈련도감을 장악하여 자신들의 권력 기반으로 삼았다.

㉢ 삼정이정청은 임술민란(1862)을 계기로 설치되었다.

20 ③

㉠ 농촌진흥운동(1932)

㉡ 학도지원병제도(1943)

㉢ 회사령 철폐(1920)

㉣ 토지조사사업(1912)

2011. 5. 14.
상반기 지방직 시행

1 ②

제시문은 사실로서의 역사를 설명한 내용이다.

①③④는 기록으로서의 역사이다.

※ 역사의 의미

㉠ 사실로서의 역사 : 객관적 의미의 역사, 시간적으로 현재에 이르기까지 일어났던 모든 과거 사건을 의미한다. 이러한 의미에서 역사란 수많은 과거 사건들의 집합체가 된다.

㉡ 기록으로서의 역사 : 주관적 의미의 역사, 역사가가 과거의 사실을 토대로 조사·연구하여 주관적으로 재구형한 것을 의미한다. 이 경우 역사는 기록된 자료 또는 역사서와 같은 의미가 된다.

2 ②

② 영조의 업적이다.

3 ④

④ 조선 초기 토지제도는 과전법으로 지주와 소작농이 수익을 반분하는 병작제(병작반수)를 법으로 금지하였다.

4 ②

① 제례 때 연주된 음악은 아악이다.

③ 정간보는 세종 때 만들어진 악보로, 음악의 원리와 역사를 체계화한 것은 성종 때 제작된 「악학궤범」이다.

④ 가사, 시조, 가곡 등은 당악과 향악 등의 속악을 발전시킨 것이다.

5 ④
④ 농민 봉기가 전국적으로 일어나자 정부는 삼정이정청을 두고 부세제도의 개혁을 시도하였지만, 근본적인 개혁에는 실패하였다.

6 ③
③ 부여 송국리 선사취락지는 청동기시대 집터로 다양한 크기의 장방형 움집의 흔적이 남아있다.

7 ②
㉠ 1차 갑오개혁(1894년 6~12월)
㉡ 을미개혁(1895년 8월~1896년 2월)
㉢ 2차 갑오개혁(1894년 12월~1895년 7월)
㉣ 광무개혁(1897년~1904년)

8 ②
② 속장경(교장)은 대장경(초조대장경)의 속편으로 경(經), 율(律), 논(論) 삼장이 아니라 그 주석서인 장소(章疏)를 모아 간행한 것이다. 경(經), 율(律), 논(論) 삼장의 불교경전을 모아 간행한 것은 대장경이다.

9 ④
④ 소(所)수공업은 관영수공업과 함께 고려 전기에 실시되던 것이다. 고려 후기에는 사원수공업과 민간수공업이 발달하였다.

10 ③
③ 삼국 초기의 외교권은 왕에게 속해 있어 각 부는 독자적인 대외교섭권을 갖지 못했다.

11 ①
제시문은 효종 때의 예송논쟁에 관한 것이다.
① 왕이 직접 나서서 환국을 주도한 것은 숙종 때의 일로 숙종 6년(기사환국)과 숙종 20년(갑술환국)에 두 차례의 환국이 있었다.

12 ②
제시문은 1991년 12월 13일 서울에서 열린 제5차 고위급회담에서 남북한이 화해 및 불가침, 교류협력 등에 관해 공동 합의한 남북기본합의서의 내용이다.

13 ①
㉠ 모스크바 3상회의(1945. 12)
㉡ 5 · 10 총선거(1948. 5. 10)
㉢ 반민족행위처벌법(1948. 9. 22)
㉣ 한국전쟁(1950. 6. 25)

14 ①
① 대동법은 현물로 내던 것을 토지 결수에 따라 쌀 · 삼베 · 무명 · 화폐 등으로 납부하게 한 제도이다. 대체로 토지 1결당 미곡 12두만 납부하면 되어 농민의 부담이 감소하였다.

15 ③
③ 참의부, 정의부, 신민부는 입법, 사법, 행정의 역할이 아닌 각각 하나의 정부로서의 모습을 갖추었다.
※ 독립군 통합운동
㉠ 참의부 : 1923년 만주에 있던 독립 운동가들이 조직한 항일 무장독립운동단체이다. 대한통의부가 내분으로 분열되자 독립군 지도자들은 임시정부의 직할부대를 조직하여 만주의 독립군을 통합할 필요성을 느껴 임시정부 산하의 남만주군정부를 '대한민국임시정부 육군주만참의부'라고 명명하였다.
㉡ 정의부 : 1925년 만주에서 조직된 한국의 대표적 항일독립운동단체이다. 대한통의부가 와해되어갈 무렵 지린주민회 · 의성단 · 광정단 · 노동친목회 · 자치회 · 고본계 · 대한독립군단 · 학우회 등을 망라하여 정의부를 결성하였고 본부를 지린성 화뎬현에 두었다.
㉢ 신민부 : 1925년 북만주지역에서 결성된 항일독립운동단체이다. 초기 명칭은 한족연합회로 대한독립군단, 대한독립군정서를 주축으로 한 북만주지역의 독립운동단체들이 효과적인 항일투쟁을 위하여 결성된 단체이다. 북만주지역 단체는 물론 국내단체도 참가했다.

16 ③
③ 분청사기는 회색 또는 회흑색 태토 위에 백토를 분장한 다음 유약을 입혀서 구워낸 자기로 조선 전기에 유행하다가 16세기 이후 점차 쇠퇴하였다.

17 ④
㉠ 중서문하성   ㉡ 중추원   ㉢ 도병마사   ㉣ 식목도감
④ 도병마사와 식목도감은 고려의 독자적인 제도이다.

18 ①

① 대한제국의 개혁 때는 재정 업무를 탁지부에서 궁내부 내장원으로 이관하였다. 재정일원화를 위해 탁지부로 이관된 것은 갑오개혁 때이다.

19 ②

② 호락논쟁은 조선 후기 노론 내부에서 일어난 사상 논쟁으로, 성리학에서 인성(人性)과 물성(物性)이 같은지 혹은 다른지에 대한 것이다.

20 ④

제시된 표는 정미의병과 관련된 자료이다.
④ 신돌석은 을사의병(1905) 때 활약한 의병장이다.

2011. 6. 11.
서울특별시 시행

---

1 ②

② 제시문은 물산장려운동에 관한 사료이다. 물산장려운동은 1920년대 시작되었다.

2 ④

④ '주체사상'은 김일성과 노동당의 독재를 강화하기 위해 강조된 것으로 1970년 노동당 제5차 대회에서 주체확립에 대해 규정하였다.

3 ①

① (가)는 신라가 삼국통일로 원산만에서 대동강에 이남에 이르는 영토를 차지하였을 때의 국경선이다.
② (나)는 고려 태조의 북진 정책의 결과로 청천강에서 영흥만에 이르는 선까지 영토를 넓혔을 때의 국경선이다.
③ (다)는 고려 덕종~정종 때 거란과 여진을 대비하기 위해 쌓은 천리장성이 경계이다.
④ (라)는 고려 공민왕 때 자주정책으로 강계~갑주~길주에 이르는 지역을 수복했을 때의 국경선이다.
⑤ (마)는 조선 세종 때 김종서 장군이 4군 6진을 개척하여 확보한 국경선이다.

4 ①

② 통일신라의 군사조직은 9서당 10정으로, 중앙에 9서당과 지방에 10정을 두었다. 9주 5소경은 지방행정조직이다.
③ 호족에 대한 설명이다.
④ 6두품 세력은 골품제의 신분적 제약으로 인해, 신라 17관등 중 제6관등인 아찬(阿飡)까지는 올라갈 수 있었으나, 제5관등인 대아찬(大阿飡) 이상의 직위에는 취임할 수 없었다.
⑤ 신라 말기 교종은 왕실과 귀족에게만 밀착하여 지방 세력인 호족의 존재를 인정하지 않았다. 때문에 호족은 선종, 6두품 세력과 연계하였다.

5 ③

③ 제시문은 홍문관에 대한 설명이다. 홍문관은 사간원, 사헌부와 함께 3사로서 언론 기관의 역할을 하였다.

6 ④

㉠은 조선시대 사림파에 대한 설명이다.
〈보기〉의 ㉠㉢은 훈구파에 대한 설명이다.
※ 사림
사림(士林)은 전원에서 유학을 공부하던 문인이자 학자로, 15세기 이후 조선 중기 중앙 정치를 주도한 집단이다. 고려 말 길재(吉再)가 은퇴하여 후진 양성에 힘쓴 결과 그의 고향인 영남 일대에서 많이 배출되었으며, 이들이 조선 유학의 주류를 이루었다. 훈구파에 대립하여 사림파(士林派)라고 불린다.

7 ③

㉡ 동문휘고 : 조선 후기의 외교문서모음집으로, 정조 8년 왕명으로 4년간에 걸쳐 편찬되었다.
㉢ 전운옥편 : 강희자전(康熙字典)의 체재를 본떠서 만든 한자사전으로, 정조 때 편찬되었다.

8 ④

이자겸의 난(1126) - 묘청의 난(1135) - 무신의 난(1170) - 조위총의 난(1174)

9 ④

광종은 백관의 공복을 제정하고, 노비안검법과 과거제도를 시행하여 왕권 강화에 힘썼다.
④ 노비환천법은 성종, 사심관 제도는 태조가 시행한 정책이다.

10 ②

② ㉣ 쌍성총관부 수복(공민왕 5년, 1356) - ㉡ 성균관 부흥 (공민왕 16년, 1367) - ㉢ 위화도 회군(우왕 14년, 1388) - ㉠ 과전법 성립(공양왕 3년, 1391)

11 ③

제시문은 고려 공민왕이 왕권을 강화하기 위해 실시한 정책이다. 흥선대원군은 청(淸)나라를 제외한 다른 외국과의 통상 및 교류를 꺼려 통상수교거부정책을 실시하였다.

12 ③

③ 백제의 무령왕은 22담로를 정비하고 왕족을 파견하여 지방 통제를 강화하였다.
① 고구려의 고국천왕은 형제 상속이던 왕위 계승을 부자 상속으로 바꾸어 왕권을 강화하였다.
② 신라의 내물왕은 고구려의 도움을 받아 왜구를 격퇴하였다.
④ 신라의 왕호는 거서간 → 차차웅 → 마립간 → 왕 순으로 바뀌었다. 17대 내물왕부터 사용한 마립간은 우두머리를 뜻하는 '마리(頭)'의 이두식 표현으로 대수장이라는 뜻이다. 무당, 제사장이란 의미가 있는 왕호는 차차웅이다.
⑤ 백제의 성왕은 신라와 협력하여 한강유역을 수복하지만 신라의 배신으로 다시 상실하였다.

13 ②

㉠ 신한청년당 : 1918년 상하이에서 조직된 항일독립운동 단체로, 해외 독립운동단체 중 가장 오래 된 것이다.
㉡ 의열단 : 1919년 11월 만주 길림성에서 조직되었지만 곧 상하이로 이주, 활동한 항일 무력독립운동 단체이다.
㉢ 권업회 : 1911년 러시아 블라디보스토크 신한촌(新韓村)에서 조직된 항일독립운동 단체이다.
㉣ 한인사회당 : 1918년 이동휘가 러시아 하바로프스크에서 조직한 우리 나라 최초의 사회주의 정당이다.
㉤ 동제사 : 1912년 신규식 등이 국권회복운동을 위해 중국 상하이에서 조직·활동한 단체이다.

14 ①

① 민립대학 설립 운동은 민립대학기성회의 활동으로 국내에서 발생하였다.

15 ⑤

제시문은 신민회의 창립 강령이다. 신민회는 최초로 공화정 체제의 국가 건설을 지향했다.

① 보안회의 활동이다.
② 신한청년당의 활동이다.
③ 의열단의 활동이다.
④ 독립협회의 활동이다.

16 ①

㉢ 병인양요(1866) - ㉡ 신미양요(1871) - ㉠ 강화도 조약(1876) - ㉤ 조청상민수륙무역장정(1882) - ㉣ 갑신정변(1884)

17 ⑤

⑤ 중국연호가 폐지된 것은 갑오개혁 때의 일이다.
① 보부상을 지원하기 위해 상무사를 조직하였다.
② 세수 확보를 목적으로 양전 사업을 실시하였다.
③ 무관학교를 설립하여 고급장교를 양성하였다.
④ 북변도 관리를 설치하여 간도교민을 보호하였다.

18 ④

④ 토지조사사업의 결과 실제로 토지를 소유해왔던 농민이 토지에 대한 권리를 잃고 영세소작인 또는 화전민으로 전락하였다.

19 ②

제시문은 1927년 조직된 신간회에 대한 설명이다. 신간회는 '민족 유일당 민족협동전선'이라는 표어 아래 민족주의를 표방하고 있으며, 민족주의 진영과 사회주의 진영이 제휴하여 창립한 민족운동단체이다.
① 보안회에 대한 설명이다.
③ 민립대학기성회에 대한 설명이다.
④ 조선물산장려회에 대한 설명이다.
⑤ 신민회에 대한 설명이다.
※ 신간회의 3대 강령
  ㉠ 우리는 정치적·경제적 각성을 촉진한다.
  ㉡ 우리는 단결을 공고히 한다.
  ㉢ 우리는 기회주의를 일체 부인한다.

20 ①

(가) 부여 (나) 고구려 (다) 옥저 (라) 동예 (마) 삼한
② 부여에 대한 설명이다.
③ 동예에 대한 설명이다.
④ 삼한에 대한 설명이다.
⑤ 옥저와 동예에 대한 설명이다.

2012. 4. 7.
행정안전부 시행

1 ①

  ⊙ 탄화된 쌀과 보리가 발견된 가장 오래된 유적지는 기원 전 5~6세기로 추정되는 여주 흔암리로, 벼농사는 대략 청동기 중기인 기원전 8~7세기 무렵에 본격화되었을 것으로 본다.

  ⓒ 농사를 시작하여 식량 채집의 단계에서 식량 생산의 단계로 변화한 것은 신석기시대이다. 따라서 이를 신석기 혁명이라고 한다.

  ⓒⓔ 청동기 초기에는 북방 계통의 비파형동검이 출현하였고, 청동기 후기 및 초기 철기에 독자적인 개성을 지닌 세형동검이 나타나기 시작하였다.

2 ①

  ① 삼한은 철기시대의 국가로 정치적으로는 군장이, 종교적 으로는 천군이 수장 역할을 하는 제정분리 사회였다.

3 ①

  ① 제시문은 신라의 지증왕 때의 일로, 우산국 복속은 지증왕 13년인 512년에 이루어졌다.

  ② 마립간이라는 칭호는 내물왕 때부터 사용되었다.

  ③ 법흥왕 때의 일이다.

  ④ 진흥왕 때의 일이다.

4 ②

  ② 일본과의 교류는 발해 5경 중의 하나인 동경 용원부를 통해 이루어졌다.

5 ②

  ② 동도서기론은 온건개화파, 문명개화론은 급진개화파의 주장이다.

  ① 위정척사파인 이항로, 기정진 등의 통상반대운동은 대원군의 쇄국정책을 뒷받침하였다.

  ③ 이만손을 필두로 한 영남 유생들은 수신사로 일본에 다녀온 김홍집이 들여온 「조선책략」의 유포에 반발하여 만인소를 올렸다.

  ④ 위정척사파인 최익현은 일본과의 강화도 조약 체결에 반발하여 왜양일체론을 주장하였다.

6 ③

  ③ 신라 초기 고분인 돌무지덧널무덤은 나무덧널을 설치하고 그 위에 냇돌을 쌓은 뒤, 냇돌 위에 흙을 덮어 만든 무덤이다.

7 ②

  ② 제시문은 정조가 규장각을 설치한 내용이다. 완론탕평을 실시한 것은 영조이다.

  ① 정조는 통치규범을 재정리하여 왕권을 강화하고자 하는 목적으로 「대전통편」을 편찬하였다.

  ③ 초계문신제도는 신진 인물이나 당하관 이하의 중·하급 관리 가운데 능력 있는 자들을 재교육시켜 등용하는 제도로 정조가 실시한 제도이다.

  ④ 정조는 친위부대인 장용영을 설치하고 이를 통해 군권을 장악, 왕권을 강화하고자 하였다.

8 ①

  ① 제시된 사료는 정약용의 토지 제도의 개혁 방안인 여전론을 제기하는 내용의 일부이다. 조선 후기에는 광작으로 부를 축적한 부농 및 거상들이 족보를 매입하거나 위조하여 신분을 상승시켰다.

9 ③

  ③ 제시된 사료는 이광수가 동아일보에 게재한 '민족적 경륜'의 내용 중 일부이다. 이광수는 1920년대 초반 타협주의로 전향하면서 일제의 식민 지배를 인정하고 자치를 추구해야한다는 자치론을 전개하였다.

  ① 이광수의 자치론은 신채호 등 무장투쟁론자들에게 비판을 받았다.

  ② 1930년대 이후 혁명적 노동자, 농민운동의 구호이다.

  ④ 1920년대 초반 대한민국 임시정부의 독립운동노선이다.

10 ②

  ② 공민왕은 최고 학부인 성균관을 부흥시켜 순수 유교교육 기관으로 개편하고, 과거제도를 정비하여 신진사대부를 대거 등용하였다.

  ① 충선왕 때의 사실이다.

  ③ 우왕의 업적이다.

  ④ 충목왕 때의 사실이다.

11 ④

④ 제시된 사료의 내용 중 '다인철소'의 주민들이 공을 세워 '익안폐현'이 되었다는 점으로 미루어보아 소의 주민이 공을 세우면 소가 현으로 승격되었다는 것을 추론할 수 있다.

12 ④

④ 조선 후기 유향소의 총회인 향회는 전통 양반인 구향과 양반 신분을 획득한 부농 출신의 신향의 대립으로 그 지위가 약화되었다.

13 ③

제시된 사료는 독립운동가 이동휘의 활동에 대한 설명이다. 이동휘는 신민회, 대한광복군 정부 설립, 한인 사회당 등에 참여하였다.
③ 대동보국단은 박은식, 신규식이 1915년 상해에 설립한 독립운동단체로 「진단」이라는 잡지를 발간하였다.

14 ②

② 종두법을 최초로 소개한 것은 조선 후기 정약용의 「마과회통」이다. 지석영은 개화기 때 종두법을 연구하였다.

15 ②

② 제시된 사료는 고구려의 서옥제에 대한 설명이다. 책화는 동예의 풍속이다.

16 ③

③ 미국의 무상 원조는 한국전쟁 직후인 50년대에 집중적으로 이루어졌으며, 60년대에 들어서는 점차 유상차관으로 전환되었다.

17 ①

① 제시된 사료는 박지원의 「허생전」의 일부로, 허생이 유통망을 장악하고 도고상업을 통해 큰 이문을 남겼다는 내용이다. 혜상공국은 1883년(고종 20) 개항 이후 상업 자유화에 밀려 생업에 위협을 받게 된 보부상을 보호하기 위해 설치한 기관으로 제시된 사료보다 이후의 일이다.
※ 도고(都庫)
막대한 자본을 바탕으로 상품의 매점매석을 통하여 이윤의 극대화를 노리던 조선후기의 상행위 또는 그러한 상행위를 하던 상인 및 상인조직

18 ④

④ 제시된 사료는 신부식이 「삼국사기」를 편찬하면서 올린 글로, 몽골 침략 이전인 고려 인종 때인 1145년에 편찬되었다. 몽골 침략 위기를 겪으며 우리의 전통 문화를 올바르게 이해하려는 움직임에서 편찬된 저서로는 일연의 「삼국유사」, 이승휴의 「제왕운기」 등이 있다.

19 ①

① 제시문은 임진왜란과 병자호란이 야기한 농지의 황폐화와 전세 제도의 문란에 대한 설명이다. 조선 정부는 이러한 문제를 해결하기 위하여 토지 개간을 장려하고, 토지 대장인 양안을 재정리하기 위해 양전 사업을 실시하였다.
② 군복무 대신 1년에 2필의 군포를 징수한 군적수포제는 양란 전인 16세기의 일이다.
③ 풍흉의 정도에 따라 조세를 차등 징수하는 연분 9등법은 15세기 세종 때의 일이다.
④ 오가작통제는 조선 전기인 15세기부터 실시했던 농민 통제책이다.

20 ④

④ 제시된 사료는 통일신라 때 화엄종을 개창한 의상에 대한 내용이다.
① 통일신라 때 활동한 승려 원효의 저서이다.
② 통일신라 때 당에서 활약한 승려 원측의 저서이다.
③ 고려 초기 송에서 공부한 제관의 저서이다.

2012. 5. 12.
상반기 지방직 시행

---

1 ①

① 청동기시대에는 고인돌과 돌널무덤 등이 만들어졌다. 반달 돌칼은 곡식의 이삭을 자르는 추수용 도구로 농경을 더욱 발전시켰다.
②④ 신석기시대
③ 제천 창내 유적은 구석기시대이고, 서울 암사동 유적은 신석기시대이다.

2 ③

③ 부여는 수렵사회의 전통을 보여주는 제천행사로 12월에 영고를 열었으며, 죄수를 풀어주었다.

3 ④

ⓔ 백제와 신라의 팽창에 밀려 약화 → 4세기 말~5세기 초 고구려 광개토대왕의 공격으로 전기 가야 연맹 쇠퇴→ ⓖ 5세기 고구려 장수왕(479) → ⓛ 6세기 백제 성왕(538) → ⓒ 6세기 신라 진흥왕(568)

4 ②

제시된 그림은 고구려 굴식돌방무덤인 강서대묘의 사신도 중 현무도이다.
② 신라의 돌무지덧널무덤은 지하에 무덤광을 파고 상자형 나무덧널을 넣은 뒤 그 주위와 위를 돌로 덮은 다음 그 바깥을 봉토로 씌운 귀족의 특수무덤으로 벽화가 나올 수 없는 구조이다.

5 ①

② 하급관료와 군인의 유가족, 퇴역 군인 등의 생활 보장을 위해 지급되던 토지는 고려의 구분전에 대한 내용이다.
③ 전쟁에서 큰 공을 세운 사람에게 공로의 대가로 지급한 것은 식읍이며, 녹읍은 관료 귀족에게 지급한 일정 지역의 토지이다.
④ 정전 지급으로 귀족에 대한 국왕의 권한을 강화하고 농민 경제를 안정시키려 하였다.

6 ①

① 고려는 지방관이 파견된 주현보다 지방관이 파견되지 않은 속현이 더 많았다.

7 ④

※ 태조 이성계와 명의 갈등 이유
ⓖ 태조 이성계 즉위를 명나라가 승인하는 문제, 통혼문제, 공로(貢路)를 폐쇄한 문제, 여진에 대한 입장 차이, 종계변무에 관한 문제 등
ⓛ 이성계와 정도전은 요동수복계획을 추진, 이를 위해 정도전은 「진도」를 작성하고 군사력을 강화하였다. 명은 정도전이 작성한 표전(외교 문서)에 명을 모욕하는 내용과 경박한 문투가 있다는 문제를 내세워 정도전의 소환을 요구하였다.
※ 종계변무(宗系辨誣)
명나라의 중요한 문헌에 이성계의 가계(家系)가 잘못 적힌 것을 바로잡는 일로, 명(明)나라 「태조실록」과 「대명회전」에 이성계가 '이인임의 아들'이라고 기록되어 있는데, 이인임은 고려 말의 권신으로 이성계와는 적대 관계에 있었다. 이성계의 가계에 대한 명나라 측의 잘못된 기록은 1588년(선조 21)에 가서야 바로잡게 되었다.

8 ③

③ 고려 전기 팔각원당형의 승탑은 신라 후기 승탑의 팔각원당형을 계승한 여주 고달사지 승탑이다. 법천사 지광국사 현묘탑은 평면사각형이다.

9 ④

④ 「해동역사」: 한치윤, 단군으로부터 고려시대까지의 역사를 서술한 조선 후기의 사서
① 「해동고승전」: 각훈, 삼국시대의 승려 30여 명의 전기가 수록
② 「제왕운기」: 이승휴, 우리나라의 역사를 단군에서부터 서술, 발해를 우리 역사에 포함
③ 「삼국유사」: 일연, 불교사를 중심으로 고대의 민간 설화나 전래 기록 및 단군의 건국이야기 수록

10 ②

ⓖ 6세기 백제 성왕(552) → ⓔ 통일신라→ⓛ 고려 전기 성종(982) → ⓒ 고려 중기 인종(1145)

11 ①

① 견훤은 892년(진성여왕 6) 반기를 들고 일어나 여러 성을 공략하고, 무진주를 점령하여 독자적인 기반을 닦았으며, 900년에 완산주(전주)에서 후백제를 건국하였다.

12 ③

㈎ 관수관급제(성종)
㈏ 과전법(태조)
㈐ 직전법(세조)
③ 16세기 중엽 직전법이 폐지되면서 수조권 지급 제도가 소멸되고 국가의 토지 지배력이 약화되었으며 지주전호제가 확산되었다.

13 ④

① 정조의 신해통공은 육의전을 제외한 금난전권 폐지이다.
② 경시서는 상인들의 감독, 물가의 조정, 국역의 부과 등을 맡아본 관청이다.
③ 시전은 서울과 대도시에 있었던 관허상인으로 보부상을 관장하지 않는다. 보부상은 지방 장시에 있었던 관허상인이다.

14 ①②

제시문은 서거정의 「동문선」으로 성종(1478) 때 편찬된 시문선집이다.
① 성종 때 사창제를 폐지하였다.
② 세조의 업적이다.

15 ③

③ 정묘호란(1627)과 병자호란(1636)의 패배로 조선 지배층 안에서는 청에 대한 반발감이 고조되면서 중국 중심의 화이 사상을 반영한 북벌론이 전개되었다. 이는 명이 멸망하고 부흥 가능성이 사라진 후 중화 문화의 유일한 계승자로서 조선 중화주의로 표출된 것이다.

16 ③

제시문의 '공(公)'은 중인에 대한 설명이다.
① 개시무역은 조선 후기이다.
② 사림 양반과 관계된 내용이다.
④ 양반, 유생들과 관계된 내용이다.

17 ①

제시문은 정조의 「무예도보통지」에 대한 내용이다.
① 정조의 업적
② 흥선대원군의 업적
③ 영조의 업적
④ 고종의 업적

18 ②

㉮ 신채호 ㉯ 박은식
① 이승만 ③ 한용운 ④ 신채호

19 ②

제시문은 윤봉길 의거(1932)에 대한 내용이다. 윤봉길 의거가 국제적으로 큰 관심사가 되어 한국의 독립운동에 냉담하던 중국인들을 한국 독립운동에 주목하게 만들었다. 만보산 사건으로 악화되었던 중국 거류 한국인과 중국 관민과의 감정이 호전되고, 교포에 대한 중국인의 환대뿐만 아니라 한국의 임시정부가 중국 정부로부터 후대를 받게 되었다. 이를 계기로 중국 정부가 중국 영토 내에서 한국 독립의 무장활동을 승인함으로써 한국광복군이 탄생할 수 있었다.

20 ①

㉮ 7 · 4남북공동성명(1972)
㉯ 6 · 15남북공동선언(2000)
① 6 · 15남북공동선언(2000) 이후에 열린 제1, 2차 남북장관급회담에서 경의선 철도(서울~신의주)와 도로(문산~개성)를 연결하기로 합의하였다.

2012. 9. 22.
하반기 지방직 시행

---

1 ④

④ 반달돌칼은 청동기시대의 유물이다.

2 ④

탄약 제조, 화약 제조, 제도, 전기, 소총 수리 등 청의 무기 제조법과 근대적 군사훈련법을 배우도록 청에 파견된 것은 영선사(1881)이다. 유학생들은 1882년 1월 톈진의 기기국에 배속되어 화약 · 탄약 제조법, 기계 조작법 등 근대적 군사 지식뿐 아니라 자연과학 및 외국어 등도 학습하였다. 임오군란의 발발로 소기의 성과를 거두지 못하고 1년 만에 귀국하였으나, 이를 계기로 서울에 근대적 무기제조 기구인 기기창이 세워지게 되었다.

3 ③

① 서얼에 대한 차별은 18세기 영조 · 정조 시대의 사회적 개혁 분위기 속에서 완화되었다.
② 조선 후기 양반들이 급격히 증가하면서 국가재정확보 차원에서 노비에서 상민으로의 신분 상승도 많아졌다. 특히 공노비의 신분 상승이 두드러졌는데, 1801년 순조 즉위년에는 공노비 66,000여 명이 해방되었다.
④ 조선 후기 「주자가례」가 민간에 보급되면서 성리학적 가족질서가 확립되어 여성의 지위는 하락하였고 재산 상속도 장자 중심으로 이루어졌다.

4 ③

지문의 '주석 중심제로 정부 체제를 개편'한 것을 통해 4차 개헌(1940)임을 알 수 있다. 주석 중심제는 임시정부가 중경에 안착한 후 본격적인 대일 항전을 위하여 1940년 개헌한 내용이다. 대한민국 건국 강령은 1941년에 발표하였다.
① 1931년 ② 1923년 ④ 1929년

5 ①

지문은 세조 때 시작되어 성종 때 완성된 조선의 기본법전
인 「경국대전」에 대한 내용이다.
② 「국조오례의」는 성종 때 편찬된 국가의례서이다.
③ 「국조보감」은 실록 내용 중 중요한 사항만을 요약한 것
으로 세조 때 최초로 완성되었다.
④ 세종 때 설순은 성리학적 가치관을 널리 알리기 위하여
그림으로 「삼강행실도」를 제작하였다.

6 ①

지문은 고조선의 8조법금에 대한 내용이다.
① 「삼국사기」에는 고조선의 건국 내용이 기록되지 않았다.

7 ④

지문은 원 간섭 시기 중 충선왕의 즉위 교서로, 열거된 가문
들은 당시의 대표적 권문세족을 나타낸다.
④는 공민왕 시기의 업적이다.

8 ①

② 각 지방에서 가장 유력한 호족인 사심관은 개경에 거주
하며 인근 중·소 호족들을 통제하였다.
③ 고려에서 지방관은 성종 때 처음 파견되었다.
④ 상수리는 통일신라의 인질제도이다. 고려의 인질제도는
기인제도이다.

9 ②

지문은 '신탁통치반대 국민총동원위원회'의 반탁 시위 선언
문이다. 1945년 12월 개최된 모스크바 삼국 외상 회의에서
4개국(미국, 영국, 중국, 소련) 신탁통치 소식이 전해지자
김구 등 임정세력이 중심이 되어 '신탁통치반대 국민총동원
위원회'가 조직되어 신탁통치 반대운동을 전개하였다.

10 ④

6품 이하 하급 관리의 자손 중 아직 관직에 진출하지 못한
사람에게는 한인전을 지급하였고, 자손이 없는 하급관리와
군인 유가족에게는 구분전을 지급하여 생활대책을 마련해
주었다.

11 ③

지문은 동예에 대한 설명이다.
① 부여 ② 삼한 ④ 옥저

12 ②

지문은 임신서기석으로 화랑도들이 유교경전을 공부하였음
을 알려주는 신라의 금석문이다.
② 고구려 장수왕 때 지방에 설치한 사립학교이다. 경당에
서는 한학(漢學)뿐 아니라 무술 교육도 병행하였다.

13 ③

지문은 1876년 체결된 강화도조약 중 치외법권에 관련된 것
이다.
① 갑신정변 이후 청·일 간 체결된 톈진조약(1884)의 내용
이다.
② 강화도조약(조일수호조규)을 보완하기 위해 조인된 조일
수호 조규 부록의 내용이다.
④ 임오군란 이후 체결된 제물포조약(1882)의 내용이다.

14 ②

대전통편은 정조 때 편찬된 법전이며, 순조 1년(1801) 공노비
66,000여 명이 해방되어 공노비 제도가 부분적으로 혁파되
었다.

15 ③

1890년대 청과 일본 상인의 경제적 침략 속에서 지주나 부
농은 쌀의 수출을 통해 자신의 부를 축적하였다.

16 ①

지문은 진주민란(1862)에 대한 내용이다. 세도정치 시기 삼
정의 문란으로 촉발된 단성, 진주의 민란은 이후 전국적으
로 확산되었다(임술농민봉기).
②③④는 동학농민운동의 폐정개혁안에 대한 내용이다.

17 ④

지문은 문무왕 시기 의상에 관한 내용이다. 의상의 화엄종
은 신라 중대 왕권전제화에 기여하였다.
① 진표 ② 원효 ③ 원측

18 ①

지문은 조선 후기 군포의 폐단에 대한 것으로 이 문제를 해결
하기 위해 영조가 균역법을 실시하였다.
① 균역법은 양정의 군포 부담을 1년에 2필에서 1필로 줄여
주는 것이며, 양반들도 군포를 부담하게 된 것은 흥선대원
군 때 호포법이 실시된 이후부터이다.

19 ②

② 강상죄나 반역죄 같은 큰 죄의 경우 범인은 물론 부모, 형제, 처자까지도 함께 처벌하는 연좌법이 적용되었으며, 마을의 호칭이 강등되고 고을의 수령은 파면당하기도 하였다. 연좌법은 갑오개혁(1894) 때 폐지되었다.

20 ①

지문의 '이들'은 기술직 중인에 해당한다.
ⓒ과 ⓓ은 서얼에 대한 설명이다.

2013. 7. 27.
안전행정부 시행

---

1 ②

㉮는 동예의 책화, ㉯는 옥저의 골장제(가족공동무덤)에 관한 지문이다.
① 영고라는 제천행사는 부여의 풍습이다. 동예의 제천행사는 10월에 열린 무천이다.
② 민며느리제와 골장제는 옥저의 풍습이다.
③ 옥저와 동예는 중앙 집권 국가가 아닌 읍락에 읍군, 삼로라는 군장이 자기 부족을 지배하는 군장국가단계에 머물렀다.
④ 제가회의는 고구려 귀족의 대표회의이다.

2 ④

④ 적극적인 탕평책을 추진한 것은 정조이다.

3 ②

신민회의 이회영, 이시영, 이상룡은 삼원보에서 자치기관인 경학사를 조직하고 신흥강습소를 설립하였다. 신흥강습소는 신흥학교로 변화, 본부를 옮기며 신흥무관학교로 명칭을 바꾸었다. 경학사가 대흉년으로 해산된 뒤, 부민단을 조직하였다.
② 이종호, 김익용, 강택희 등이 연해주 지역에 설립한 독립운동단체이다.

4 ①

① 사림은 조선 전기에는 지방에서 생활하였다. 재야에서 지도자로서 주도한 것은 조선 중기의 일이다.

5 ①

㉮는 1920년 10월에 발생한 경신참변, ㉯는 1932년 1월 이봉창의사의 의거에 관한 설명이다.
① 조선혁명군은 1929년 만주에서 조직되었다.
② 한국광복군은 1940년 조직되었다.
③ 봉오동 · 청산리 전투는 1920년에 일어났다.
④ 동북 항일 연군은 1936년에 조직되었다.

6 ②

ⓛ 371년 → ⓔ 427년~475년 → ⓒ 562년 → ㉠ 642년

7 ④

④ 인물성동론을 주장하는 학자들을 낙론이라 하고, 인물성이론을 주장하는 학자들은 호론이라고 칭하였다. 이들의 논쟁을 호락논쟁이라 하며, 낙론이 북학파로 이어졌다.

8 ④

광복(1945.8.15), 모스크바 3국 외상 회의(1945.12), 5 · 10 총선거(1948.5.10), 대한민국 정부 수립(1948.8.15), 6 · 25 전쟁 발발(1950.6.25)
① 대한민국 임시정부가 건국강령을 발표한 것은 1941년으로 1945년 광복 이전의 일이다.
② 1948년 9월 북한의 인민 위원회는 인민 공화국으로 고치고 정부 수립을 선포하였다.
③ 남북협상은 1948년 4월에 실시되었다.
④ 반민족 행위 처벌법은 1948년 9월에 제정되었다.

9 ④

위 지문에 관한 역사서는 일연의 「삼국유사」이다. 최초로 단군의 건국신화를 수록하였다.
② 김부식의 「삼국사기」에 관한 설명이다.
③ 이규보의 「동명왕편」에 관한 설명이다.

10 ③

위 지문은 정도전의 「조선경국전」에 나온 왕권과 신권의 조화에 대한 내용이다. 육조 직계제의 시행, 사간원의 독립은 모두 왕권강화를 위한 정책이며, 의정부 서사제의 시행이 왕권과 신권의 조화를 추구하는 정책이다.

11 ①

밑줄 친 왕은 신라 제23대 왕인 법흥왕이다. 법흥왕은 율령을 반포하고 백관의 공복을 제정하였을 뿐만 아니라 불교를 공인하고, 연호를 건원이라 정하였다.

12 ②

위 사건들은 6월항쟁과 관련이 있다. 1987년 4월 13일 전두환 전대통령이 개헌논의 중지와 제5공화국 헌법에 의한 정부 이양을 골자로 한 4·13호헌조치를 발표하였다. 철회를 요구하는 비난여론이 빗발쳤는데, 새로 창단된 통일민주당은 민주헌법쟁취 국민운동본부를 발족하였다. 또한 박종철 고문치사사건이 조작된 사실이 밝혀지면서 정부에 대한 국민의 분노가 확산되었다. 이에 민주헌법쟁취 국민운동본부는 6월 10일 국민대회를 개최하였다. 국민의 민주화에 대한 열망이 폭발한 사건으로 이는 직선제 개헌과 제반 민주화조치 시행을 약속하게 하는 계기가 되었다.

13 ④

④ 직지심체요절은 1887년 프랑스의 대리공사로 서울에서 근무했던 꼴랭 드 쁠랑시가 수집한 다른 장서와 함께 프랑스 본국으로 가지고 갔다.

14 ④

㈎는 신라 신문왕 시기(689년), ㈏는 경덕왕 시기(757년)때의 일이다. 이는 신라 중대이다.
① 법흥왕 시기인 516년 또는 그 이듬해의 일이다.
② 진지왕(579년)의 일이다.
③ 신라 하대의 일이다.
④ 6두품이 왕의 정치적 조언자 역할을 한 때는 신라 중대의 일이다.

15 ③

조선 전기의 조선통보는 상업활동의 부진과 화폐에 대한 이해가 부족한 탓에 널리 통용되지 못하였다. 그리고 미곡과 포목을 이용한 물물교환식 거래를 계속하였다.

16 ③

해동통보, 활구, 삼한중보, 동국통보 모두 고려시대에 만들어진 화폐이다. 고려의 상업은 도시를 중심으로 발달하였고, 시전을 설치, 국영상점을 두기도 하였다. 개경, 서경, 동경 등 대도시에 서적점, 약점, 주점, 다점 등의 관영상점을 설치하였다. 또한 비정기적인 시장에서는 도시거주민이 일용품을 매매하기도 하였다.
① 조선 후기 ② 조선 후기 ④ 신라

17 ③

지문에서 설명하는 조직은 향약이며, ③의 상두꾼은 향도에서 비롯한 것이다.

18 ①

지문에 설명된 기구는 군국기무처이며, 군국기무처는 제1차 갑오개혁의 중추적 역할을 한 기관이다. 정치제도의 개혁을 중점적 목표로 하였으며, 개국기원을 사용하였다. 또한 중앙관제를 의정부와 궁내부로 구별, 종래의 6조를 8아문으로 개편한 뒤 의정부 직속으로 하였다. 국왕의 인사권·재정권·군사권을 축소 또는 박탈하여 강력한 중앙집권적 체제를 수립하고자 하였다. 경제적으로는 재정의 일원화를 꾀하였으며, 은본위제도를 채택하고 조세의 금납화를 실시하였다. 그 외에도 문무존비 구별의 폐지, 노비의 매매 금지, 연좌율 폐지, 조혼 금지 등의 관습에 대한 개혁도 추진하였다.
② 흥선대원군의 개혁 내용이다.
③ 광무개혁의 내용이다.
④ 제2차 갑오개혁의 내용이다.

19 ③

지문의 경제조치는 1905부터 시작된 화폐정리사업이다. 일제는 백동화를 정리하면서 액면가로 바꾸어주지 않고, 질이 떨어진 구화는 적은 값으로 바꾸어 주었다.

20 ②

ⓛ 평량은 주인과 따로 살며 농업을 하는 외거노비였다.
ⓒ 평량의 처는 사노비였고, 국가에 일정량의 신공을 바치는 것은 공노비 중 납공노비이다.

2013. 8. 24.
제1회 지방직 시행

---

1 ①

제시된 합의문은 1972년에 있었던 7·4 남북공동성명이다. 남북은 이 성명을 통해 자주, 평화, 민족적 대단결의 3대 평화원칙을 밝혔으며, 남북조절위원회의 설치, 서울과 평양 간 상설직통전화의 설치에 합의하였다.
② 6·15 남북공동선언으로 정리된 것은 2000년 남북정상회담에서 합의한 내용이다.
③ 한반도 비핵화 공동선언이 채택된 것은 1991년 12월이다.
④ 경의선 및 동해선 철도가 연결된 것은 2000년 6·15 남북공동선언 이후이다.

2 ①

제시된 내용은 1876년 체결된 강화도조약과 관련된 것이다.
② 강화도조약으로 개항된 곳은 부산, 원산, 인천 세 곳이다.
③ 제일은행권이 조선의 본위화폐가 된 것은 1905년 화폐
정리사업 때이다.
④ 무관세 조항은 조일무역규칙에서 규정되었지만 최혜국
대우는 1883년 조일통상장정에서 명문화되었다.

3 ④

제시된 자료는 칠정산에 대한 것으로 밑줄 친 왕은 세종이다.
④ 「경국대전」은 세조 때 편찬을 시작하여 성종 때 완성되
었다.

4 ④

(가)는 옥저의 민며느리제에 대한 설명이며, (나)는 동예의 무
천에 대한 설명이다.
① 서옥제는 고구려의 혼인풍습이다.
② 고구려에 대한 설명이다.
③ 부여에 대한 설명이다.

5 ④

④ 당백전은 흥선대원군이 경복궁 중건(1865~1868)의 비용
을 마련하기 위하여 발행한 고액화폐이다.

6 ③

(가)는 493년 백제 동성왕이 신라 소지왕에게 결혼동맹을 청
한 것에 대한 설명이다.
(나)는 554년 관산성 전투에서 백제의 성왕이 전사한 사건에
대한 설명이다.
③ 백제의 성왕이 수도를 웅진에서 사비로 옮기고 국호를
남부여로 바꾼 것은 538년의 일이다.
①② 475년
④ 384년

7 ①

㉠의 정치기구는 도병마사에서 개칭된 도평의사사이다.
② 식목도감에 대한 설명이다.
③ 도평의사사는 회의 기능과 행정 기능을 겸하였으며, 그
밑에 6색장을 두었다.
④ 대간(어사대의 관원 + 중서문하성의 낭사)에 대한 설명이다.

8 ③

밑줄 친 이 시기는 신석기 시대이다.
③ 빗살무늬토기와 가락바퀴는 신석기 시대의 대표적인 유물
이다.
① 삼국시대에 대한 설명이다.
② 청동기 시대에 대한 설명이다.
④ 청동기 후기 혹은 초기 철기 시대에 대한 설명이다.

9 ③

자료에 밑줄 친 왕은 발해의 2대 왕인 무왕(재위 719~737)
이다.
① 발해 선왕(재위 818~830) 때의 일이다.
② 발해를 세운 대조영(재위 698~719)에 대한 설명이다.
④ 발해 문왕(재위 737~793) 때의 일이다.

10 ②

박유는 원 간섭기인 고려 충렬왕(재위 1274~1308) 대의 재
상이다. 이 사료는 고려 여성의 지위를 잘 보여준다.
② 원 간섭기에 저술된 서적으로는 일연의 「삼국유사」, 이
승휴의 「제왕운기」 등이 있다.
① 김부식의 「진삼국사기표」는 「삼국사기」(1145) 편찬 전에
지어졌다.
③ 정도전의 「조선경국전」은 1394년에 저술되었다.
④ 조선 세종 때의 일이다.

11 ②

제시된 자료에서 밑줄 친 개혁은 대한제국의 광무개혁이다.
① 갑신정변에 대한 설명이다.
③ 을미개혁에 대한 설명이다.
④ 독립협회에 대한 설명이다.

12 ④

제시된 자료는 정치인이자 민주화운동가인 장준하의 글이
다. 밑줄 친 우리 부대는 장준하가 일본군을 탈출하여 입대
하였던 한국광복군(1940)이다.
① 조선의용군에 대한 설명이다.
② 조선혁명군에 대한 설명이다.
③ 조선의용대에 대한 설명이다.

13 ②

제시된 자료는 일제 강점기 말기에 시행되었던 징병제(1943
년)와 관련 있는 내용이다.
② 1937년 중일전쟁 이후 무기 생산을 위해 공출제도를 강화
하였고, 1940년대에 들면서 더 심해졌다.
① 친일 단체인 일진회가 한일 합방을 청원한 것은 1909이다.

③ 농촌진흥운동은 1932년부터 1940년까지 전개되었다.
④ 1910년대의 헌병경찰제에 대한 설명이다.

14 ①

(가)는 이황, (나)는 이이이다.
② 이이에 대한 설명이다.
③ 이황에 대한 설명이다.
④ 예안향약은 이황, 해주향약과 서원향약은 이이가 만들었다.

15 ③

㉠은 화엄종을 개창한 의상, ㉡은 수선사결사운동을 전개한 지눌에 대한 설명이다.
① 자장에 대한 설명이다.
② 원광에 대한 설명이다.
④ 의천에 대한 설명이다.

16 ①

제시된 자료는 고려 말에 시행된 과전법과 관련된 내용이다.
② 한인전은 고려시대 전시과 토지제도 하에서 지급되었다.
③ 전지와 시지를 함께 지급한 것은 전시과로, 과전법에서
는 전지만 지급하였다.
④ 역분전은 고려 태조가 개국공신에게 차등적으로 지급한
것이다.

17 ③

제시된 내용은 조선 후기 북학파 실학자인 박제가의 「북학
의」의 일부이다.
③ 북학은 인성과 물성이 같다고 보는 인물성동론의 영향을
받았다.
① 양명학자인 정제두에 대한 설명이다.
② 서인과 관련된 설명이다.
④ 경세치용학파의 대표적 인물로 유형원, 정약용, 이익 등
이 있다.

18 ③

제시된 자료는 조선 후기 향촌 사회의 변화에 대한 설명이다.
① 향도는 고려시대의 조직이다.
② 납속책은 양란으로 입은 재정적 타격을 보충하기 위해
실시된 것으로 이를 통해 서얼과 양인들이 양반이 되는
등 신분제가 동요하였다.
④ 조선 중기 때 일이다.

19 ③

제시된 자료에서 밑줄 친 이 제도는 공납의 폐단을 시정하
기 위해 시행한 대동법이다.
① 대동법은 현물로 납부하던 공납을 쌀, 포, 동전 등으로
납부할 수 있게 한 것이다.
② 영정법에 대한 설명이다. 대동법의 경우 토지 1결당 12
두를 부과하였다.
④ 대동법은 토지를 기준으로 하였다.

20 ②

(가)는 물산장려운동을 전개한 조선물산장려회이고, (나)는 민
립대학설립운동을 전개한 민립대학기성회이다.
① 물산장려운동은 민족주의계가 주도하였다.
③ 민립대학설립운동은 신간회가 등장하기 전에 흐지부지되
었다.
④ 조선학생과학연구회에 대한 설명이다.

2013. 9. 7.
서울특별시 시행

---

1 ②

① 가락바퀴가 처음 사용된 것은 신석기 시대이다.
③ 청동기 시대 유적은 한반도뿐만 아니라 만주 지역에도
분포되어 있다.
④ 조개껍데기 가면 등의 예술품이 많이 제작된 것은 신석
기 시대이다.
⑤ 덧무늬토기는 신석기 시대의 토기이다.

2 ②

① 단군설화를 바탕으로 유추해 볼 때, 단군은 자신의 조상을
곰(웅녀)과 연결하였음을 알 수 있다.
③ 8조법금은 현재 3개 조항만 전해진다.
④ 위만조선 때의 일이다.
⑤ 고조선은 계급분화가 이루어진 사회였다.

3 ③

(가)는 부여, (나)는 고구려에 대한 설명이다.
① 고구려에 대한 설명이다.
② 동예에 대한 설명이다.
④ 옥저에 대한 설명이다.
⑤ (가)에만 해당한다.

4 ④

주어진 자료에서 설명하고 있는 왕릉은 백제의 무령왕릉이다.
① 고구려의 강서대묘에 대한 설명이다. 무령왕릉 내부에는 벽화가 없다.
② 통일신라 무덤 특징이다.
③ 고구려 무덤의 특징이다.
⑤ 천마도가 발견된 것은 신라 시대 고분인 천마총이다.

5 ⑤

주어진 자료에서 밑줄 친 이 나라는 발해이다.
⑤ 발해에서 신라로 가던 대외교통로인 신라도는 8세기 전반에 개설되어 9세기 전반까지 자주 이용된 것으로 추정된다.

6 ④

주어진 자료에서 밑줄 친 왕은 고려의 광종이다.
① 성종 때의 일이다.
② 고려 무신집권기의 일이다.
③⑤ 태조에 대한 설명이다.

7 ②

② 순 한글로 간행된 제국신문은 부녀자 및 대중을 위한 민족지였다. 이인직은 만세보를 인수하여 친일지인 대한신문으로 개편하였다.

8 ①

주어진 자료에서 밑줄 친 왕은 고려 후기의 공민왕이다.
① 공민왕은 성균관의 기술학부를 분리시켜 유학 교육을 강화하였다.
② 고려 중기 문종 때의 일이다.
③ 상감청자의 처음 제작 시기는 보통 12세기 중엽으로 본다.
④ 조선 후기 민화에 대한 설명이다.
⑤ 「상정고금예문」은 고려 인종 때 최윤의가 왕명을 받아 편찬한 것이다.

9 ②

주어진 자료에서 설명하는 사찰은 신라 문무왕 때 의상이 왕명을 받아 창건한 부석사이다.
② 고려 때 부석사 무량수전에 신라 양식을 계승한 소조아미타여래좌상을 만들었다.
① 관촉사에는 고려 최대의 석불 입상인 석조미륵보살입상이 있다.
③ 지눌은 수선사를 중심으로 선종 계통의 새로운 신앙운동을 전개하였다.

④ 「직지심체요절」은 청주 흥덕사에서 간행되었다.
⑤ 김부식이 비문을 지은 대각국사비는 북한의 영통사에 있다.

10 ④

주어진 자료는 조선의 과거제도 중 문과에 대한 설명이다. 문과는 서얼과 재가한 여자의 자손은 응시할 수 없었다.
① 식년시는 3년마다 실시되었다.
② 복시에서 33명을 선발하였다.
③ 조선 시대의 백정은 천민으로 과거에 응시할 수 없었다.
⑤ 생원시에 합격하면 하급관료 임명될 수 있었다.

11 ③

(가)는 이황, (나)는 이이이다.
① 이이에 대한 설명이다.
② 이황에 대한 설명이다.
④ 이황이 「성학십도」에서 주장한 내용이다.
⑤ 서경덕과 조식에 대한 설명이다.

12 ③⑤

제시된 자료는 조선의 세종이 도입한 공법에 대한 내용이다.
③ 「농상집요」는 원나라의 농서로 고려 후기 때 이암이 소개하였다.
⑤ 팔도도는 태종 때 제작된 것으로 추정되는 전국지도이다.

13 ③

주어진 자료는 이인좌의 난에 대한 설명이다. 영조는 이 사건을 계기로 탕평파를 구성하고 완론 중심의 탕평 정치를 행하였다.

14 ④

주어진 자료는 향약과 관련된 내용이다.
① 향교에 대한 설명이다.
② 서당에 대한 설명이다.
③ 고려시대 향도에 대한 설명이다.
⑤ 서원에 대한 설명이다.

15 ③

(가)는 조선 세종 때의 편찬된 역법서인 「칠정산」이다.
㉠ 「임원경제지」는 조선 후기에 농업정책과 자급자족의 경제론을 편 실학적 농촌경제 정책서이다.
㉢ 「향약구급방」은 우리나라에 전해져 오는 가장 오래된 의방서로 고려 후기에 처음 간행되었다고 추정된다.

16 ⑤

제시된 자료는 조선 후기 이앙법에 대한 내용이다.
⑤ 해동통보는 화폐 유통에 적극적인 경제정책이 추진되던 고려 숙종 때 발행되었다.

17 ①

제시된 자료는 유교 개혁을 주장한 박은식과 관련된 내용이다.
② 손병희에 대한 설명이다.
④ 신채호에 대한 설명이다.
⑤ 안재홍에 대한 설명이다.

18 ②

ⓛ 토지조사사업은 기한부 신고제에 입각하여 정해진 기한 내에 신고한 토지만 소유권을 인정하였다.
ⓔ 토지조사사업은 도지권·입회권 등 소작농의 권리를 박탈하였기 때문에 이 사업 결과로 이들이 가장 큰 타격을 입었다.

19 ③

제시된 자료는 의열단 창립선언문인 신채호의 조선혁명선언(1923)이다.
③ 이봉창은 한인애국단 소속이다.

20 ⑤

⑰는 산미증식계획으로 일제강점 제2기인 1920년대에 시행되었다.
①②③ 일제강점 제3기(1931~1945)
④ 일제강점 제1기(1910~1919)

2014. 3. 8.
법원사무직 시행

---

1 ③

제시된 유물은 왼쪽부터 명도전, 반량전, 붓으로 모두 철기시대 유물이다.
① 청동기 ② 신석기 ④ 삼국시대

2 ③

㉮ 이사금 ㉯ 마립간
① 소지 마립간(소지왕)
② 내물 마립간(내물왕)
④ 이사금

3 ②

㉮ 부여 ㉯ 삼한
① 동예 ③ 고구려 ④ 부여

4 ③

제시문은 의병장 임병찬이 조직한 비밀결사단체인 독립의군부(1912)에 대한 내용이다
① 독립의군부는 왕정을 추구하였다.
④ 대한광복회의 내용이다.

5 ③

제시문은 신라의 소지왕과 백제의 비유왕이 맺은 결혼 동맹(493)에 대한 내용이다.

6 ③

제시된 사료는 신라 하대에 만들어진 쌍봉사 철감선사승탑이다.
①② 신라 중대
④ 내물왕계와 무열왕계 진골 간의 왕위 쟁탈전이 벌어졌다.

7 ①

제시문은 1938년 4월 일제가 인적, 물적 자원의 총동원을 위하여 제정, 공포한 국가총동원령이다.
ⓒ 1912년 ⓔ 1925년

8 ④

밑줄 친 왕은 고려의 광종이다.
① 공민왕 ② 정종 ③ 성종

9 ②

㉮ 귀주대첩(1019) ㉯ 동북9성 반환(1108)
① 926년
② 숙종(1104)
③ 공민왕(1356)
④ 묘청의 난(1135)

10 ④

제시문의 내용은 원간섭기(충렬왕~공민왕 초기)에 유행한 풍속이다. 경천사지 십층석탑은 원간섭기인 충목왕 때 건립되었다.
① 고려 문종
② 고려 인종
③ 고려 숙종

11 ②

㈎ 4세기 고국원왕(재위 331~371)
㈏ 4세기 말~5세기 초 광개토대왕(재위 391~412)
② 4세기 소수림왕(재위 371~384)
① 7세기(631~647)
③ 5세기 장수왕(재위 412~491)
④ 4세기 초 미천왕(재위 300~331)

12 ②

㈎ 조계종의 결사운동(수선사 결사운동)은 전남 송광산 길상사(후에 수선사라는 이름을 사액 받음)에서 이루어졌다. 강진 만덕사는 천태종의 결사운동(백련사 결사운동)이 이루어진 곳이다.
㈐ 안동 봉정사는 주심포 양식의 건물이다.
㈑ 청주 흥덕사에서 인쇄된 것은 직지심체요절이다.

13 ④

㈎에 들어갈 왕은 세종이다.
① 광해군 때 경기도부터 시작하여 숙종 때 전국적으로(잉류지역 제외) 실시하였다.
② 세조
③ 정조

14 ①

제시문은 사림파인 조광조의 주장이다.
ⒸⒺ 훈구파

15 ④

제시문은 발해 무왕(재위 719~737) 때의 일이다.
① 발해는 926년 거란에 의해 멸망하였다.
② 9세기 선왕
③ 8세기 문왕

16 ②

㈎ 임진왜란(1592) ㈏ 인조반정(1623)
② 임진왜란 이후 광해군이 실시한 외교 정책이다.

17 ①

제시문은 영조가 실시한 탕평책에 대한 내용이다.
① 영조는 산림의 존재를 부정하였다.

18 ②

동학 농민 운동의 개혁안 중 갑오개혁에 영향을 끼친 것은 신분제도 폐지와 조세 개혁이다.

19 ①

'부곡', '부호장'으로 미루어보아 고려 시대 지방 향리임을 추론할 수 있다.
ⒸⒺ 조선 후기

20 ④

제시문의 ㈎ 군대는 광복군(1940)이다.
① 대한독립군단 ② 조선의용군 ③ 한국독립군

21 ③

제시문은 6·10민주항쟁(1987)에 대한 내용이다. 당시 민주정의당 대통령 후보였던 노태우는 6·29민주화선언을 발표, 대통령 직선제를 받아들였다.
① 유신헌법 ② 부마항쟁 ④ 5·18광주민주화운동

22 ①

㈎ 물산장려운동 ㈏ 민립대학설립운동
① 물산장려운동은 사회주의자들로부터 '중산 계급의 이기적 운동'이라는 비판을 받았다.

23 ③

담배 농사는 조선 후기에 이루어졌다.
① 신라 성덕왕 ② 고려 숙종 ④ 고려

24 ②

제시문은 1972년 7·4남북공동성명이다.
② 7·4남북공동성명 이후 남한에서는 10월 유신헌법이, 북한에서는 사회주의 헌법이 발표되며 각각의 정치권력 강화에 이용되었다.

25 ④

독립협회는 입헌군주제 하에 의회제 실시를 주장하여 국민 참정권의 실현을 목표로 하였다.

2014. 3. 15.
제1차 경찰공무원(순경) 시행

---

1 ③

③ 여주 흔암리 유적은 청동기 시대 유적으로 구멍무늬토기, 붉은간토기, 반달돌칼 등이 출토되었다. 오수전은 초기 철기시대의 유물이다.

① 부여 송국리 유적은 청동기 시대 유적이다.

② 양양 오산리 유적은 신석기 시대 유적이다.

④ 부산 동삼동 유적은 신석기 시대 유적이다.

2 ③

③ 기원전 194년 위만이 준왕을 몰아내고 스스로 왕이 되었다.

3 ④

④ 부여는 3세기 말 선비족의 침략을 받아 크게 쇠퇴하였고 5세기 문자왕 때 고구려에 편입되었다.

4 ②

ⓒ 장수왕 475년 → ② 법흥왕 532년 → ⓛ 성왕 538년 → ⑤ 진흥왕 555년 → ⑩ 진흥왕 562년

※ 북한산 신라 진흥왕 순수비가 세워진 연대는 분명히 알 수 없어 여러 가지 설이 있다.

　ⓢ 553년 백제로부터 한강 하류지방을 빼앗아 신주를 설치하고 555년 10월 진흥왕이 몸소 북한산에 순행하여 강역을 획정한 일이 있는데, 그것을 기념해 세웠을 것으로 보는 견해

　ⓛ 561년 창녕비가 건립된 뒤부터 568년 황초령비와 마운령비가 건립되기까지의 기간 중 어느 한 시기일 것으로 보는 견해

　ⓒ 비에 남천주란 지명이 나오는 것으로 보아 568년 이후일 것으로 보는 견해

5 ④

ⓢ 거서간은 정치, 차차웅은 종교의 우두머리로, 정치적 군장과 제사장이 분리된 제정분리 사회임을 알 수 있다.

ⓛ 『삼국사기』에 따르면 이사금은 '齒理(치리)'라는 뜻으로 이가 많은 사람 즉, 연장자를 의미한다. 신라 제3대 유리왕부터 사용하였으며 박·석·김 3부족이 연맹하여 교대로 왕을 선출하였다.

ⓒ 마립간은 대수장이라는 뜻으로 이사금 칭호에 이어 내물왕 때 처음 시작되었고 이때부터 김씨가 왕위를 세습하기 시작하였다.

② 왕의 호칭을 최초로 사용한 사람은 제22대 지증왕으로 즉위 4년째 되는 해에 마립간의 호칭을 폐지하고 왕의 칭호를 사용했다.

6 ④

ⓛ 이중 기단에 3층으로 쌓는 석탑 양식이 유행한 것은 통일신라 중대이다.

ⓒ 발해의 최소 행정 구역인 촌은 대부분이 말갈족으로 지역 세력인 촌장이 다스렸다.

② 발해로 개칭한 것도 대조영 때 일이다.

7 ④

④ 삼국 시대에는 지배층의 필요성에 따라 수도에 한정하여 시장이 설치되었다.

8 ②

② 고려의 중앙 관제는 2성 6부제이다.

⑩ 최승로는 성종에게 시무 28조를 건의하였다.

9 ③

③ 최우는 문무백관의 인사를 담당하는 정방과 능력 있는 문신을 등용하기 위한 서방을 설치하였다.

10 ①

지문은 이규보의 『동국이상국집』에 실린 '동명왕편'이다. 『동국이상국집』은 1241년(고종28)에 이규보의 아들이 간행하였다.

① 부석사 무량수전은 13세기 이후의 주심포양식을 대표하는 고려의 건축물이다.

② 5세기　③ 백제 초기　④ 17세기

11 ①

① 밑줄 친 '이 기구'는 조선의 비변사이다. 비변사는 삼포왜란을 계기로 처음 설치되었으며 을묘왜란 이후 독립된 합의기관으로 발전하였다.

12 ④

④ 실리를 중시하고 북방개혁을 주장하는 경향을 보인 것은 소론이다. 이에 반해 노론은 대의명분을 중시하고 민생안정을 강조하였다.

13 ③

③ 영정법(결당 4두)에 따라 전세의 비율이 이전보다 다소 낮아졌으나 토지를 소유한 자에게만 유리하여 대다수의 농민인 소작농의 부담은 줄어들지 않았다.

14 ②

① 고려에서 조선 전기까지의 특징이다.
③ 조선 후기에는 딸과 외손자는 제사를 지낼 수 없었으며 아들이 없으면 양자를 들였다.
④ 혼인은 남귀여가혼에서 친영제로 변화되었고 재산은 적장자 위주로 상속되었다.

15 ①

① 토지조사사업은 농민의 경작권과 입회권을 부정하였다.

16 ①

지문에서 언급하고 있는 역사서는 서거정의 「동국통감」이다.
① 고조선에서 고려 말까지의 역사를 통사적으로 기술하였다.
② 동국통감은 편년체로 서술되었다. 세가, 지, 열전 등으로 구성되는 것은 기전체이다.
③ 유득공의 「발해고」의 특징이다.
④ 한치윤의 「해동역사」의 특징이다.

17 ①

① 조선왕조실록에 대한 설명이다.

18 ②

② 대한제국의 광무개혁은 왕권강화와 군제개편을 주 골자로 한다. 즉, 입헌군주제가 아니라 전제군주제의 성격이 강하다.

19 ②

② 텐진조약은 갑신정변 이후에 맺어진 청일 간의 조약이다. 동학농민운동 때 조선 정부의 요청으로 청나라가 파병하자 일본 역시 텐진조약을 근거로 조선에 파병하여 청일전쟁의 원인이 되었다.

20 ②

⑺는 이승만의 정읍발언(1946.6)이며, ⑷는 김구의 삼천만 동포에게 읍고함(1948.2)이다.
㉠ 포츠담 선언(1945.7)
㉡ 제주도 4·3 사건(1948.4)
㉢ 모스크바 3국 외상회의(1945.12)
㉣ 유엔총회에서 남북총선거 결정(1947.11)
㉤ 제2차 미소공동위원회 결렬(1947.5)
㉥ 남북지도자회의(1948.4)

2014. 3. 22.
사회복지직 시행

---

1 ①

① 「해동고승전」은 고려 시대 승려 각훈이 1215년(고종 2)에 지은 우리나라 최고(最古)의 승전(僧傳)으로 삼국시대 승려 30여명의 전기를 수록한 책이다.

2 ②

① 정약전의 「자산어보」: 어류에 대한 책으로 흑산도 근해 155종의 어류를 직접 채집하여 연구한 서적이다.
③ 박세당의 「색경」: 농업에 대한 농서(農書)로 박세당이 숙종 2년(1676)에 지은 책이다. 이 책은 상·하권으로 나뉘어져 있으며 상권에서는 토질에 따른 재배 품종 및 토질의 특징과 수확을 늘리는 방안 등 총론적 내용이 실려 있고 하권에서는 뽕나무의 종류와 재배법, 누에 기르는 법 및 실을 뽑는 방법에 이르기까지 양잠과 관련된 사항, 그 외 12개월 동안 월별 농사일, 천문과 기상, 가축 사육법, 양봉술 제조법 등 농가에서 필수적인 상식을 담아놓았다.
④ 안경창의 「벽온신방」: 이 책은 효종4년(1653)에 안경창이 편찬한 온역(瘟疫) 치료에 관한 의서(醫書)이다.

3 ②

위 문제에서 말하는 '이 단체'는 황국중앙총상회(1898)이다. '황국중앙총상회'는 시전 상인들이 결성한 상권수호운동단체로 독립협회의 노륙법(拏戮法) 및 연좌법(連坐法) 부활 저지, 자강개혁내각의 수립요구, 독립협회 지도자 17인의 석방운동 및 독립협회 복설운동, 황국협회와의 투쟁 등 모든 자주민권 자강운동에 적극 참여, 지원하였다. 이러한 운동의 성과에 힘입어 황국중앙총상회는 1898년 10월 독립협회와 함께 외국 상인의 침투를 저지하는 상권운동을 전개하였지만 12월 수구파 정부의 탄압에 의해 해산당하며 상권수호운동은 좌절하게 된다.

① 국채보상운동(1907)에 대한 설명이다.

③ 대한자강회(1906)는 노륙법(拏戮法), 연좌법(連坐法) 반대 시위가 전개된 이후에 결성된 단체이므로 옳지 않다.

④ 통감부는 제시된 독립협회의 민권운동(노륙법(拏戮法), 연좌법(連坐法) 반대 시위, 1898) 이후에 설치(1906) 되었으므로 시기적으로 맞지 않다. 또한 양기탁이 공금횡령문제로 탄압받은 시기도 국채보상운동(1907) 전개당시이므로 시기적으로 옳지 않다.

4 ③

신간회 해소는 1931년에 일어났으며 혁명적 농민조합운동이 전개된 것 또한 1930년대이므로 1920년대라고 표현된 ③번은 옳지 않다.

5 ①

ⓒ 고려시대 음서 출신자들은 따로 한품제(限品制)와 같은 제약이 없었기 때문에 대부분 5품 이상의 고위관직에 오를 수 있었다.

ⓔ 고려시대 음서 중 5품 이상 문무 관리의 자손을 대상으로 시행된 음서는 연중 어느 때나 주어졌으며 이외 다른 음서의 경우에는 국왕의 즉위 및 복위, 태후·태자의 책봉과 같은 국가 경사 시에 비정기적으로 시행된 것으로 보인다.

6 ④

위 족보의 내용에서 자녀를 출생 순으로 기록하고 딸이 재혼할 경우 재혼한 남편의 성명을 기록하는 것, 그리고 양자를 들이지 않았던 모습 등으로 미루어 보아 고려시대 족보와 관련되었음을 알 수 있다.

ⓐ 고려시대에는 조선시대와 같이 적서의 차별이 심했던 시기는 아니나 위 제시된 내용만으로는 고려시대에 적서의 차별이 없었을 것이라 추론하기 어렵다.

ⓑ 여자가 혼인 후 바로 신랑 집으로 가서 생활하는 친영제도가 일반화 된 것은 조선 후기이다. 고려시대 때는 남귀여가혼(男歸女家婚)이 성행하였다.

7 ③

③ 발해 주민 중 대다수는 말갈족이었으며 발해에서 이들은 보통 피지배층을 형성하고 있었다. 하지만 이들 중 일부는 발해의 지배층이 되거나 자신이 거주하는 지역(촌락)의 우두머리가 되어 국가 행정을 보조하였다.

8 ④

위 지문에 나오는 돈오점수(頓悟漸修)와 정혜쌍수(定慧雙修)를 주장한 승려는 고려시대 승려인 보조국사 지눌이다.

① 지눌의 사상은 천태종이 아닌 조계종의 사상적 기반이 되었다.

② 의천의 사상이다.

③ 고려 말 신진사대부들의 성장 및 사상적 기반이 된 것은 불교가 아닌 성리학이다.

• 돈오점수(頓悟漸修) : 깨달음의 경지에 이르는 단계를 나타내는 불교용어로 문득 깨달음에 이르는 경지에 이르기까지는 반드시 점진적인 수행단계가 뒤따른다는 말이다.

• 정혜쌍수(定慧雙修) : 지눌이 주장한 불교신앙의 개념. 선정(禪定)의 상태인 '정(定)'과 사물의 본질을 파악하는 지혜인 '혜(慧)'를 함께 닦아 수행해야 함을 주장한 것이다.

9 ④

신라의 돌무지 덧널무덤은 지상이나 지하에 나무로 널과 덧널을 만들고 그 위에 돌을 쌓은 후 흙으로 봉분을 쌓는 양식으로 이 양식의 무덤은 도굴이 어려워 다른 양식의 무덤에 비해 여러 가지 형태의 부장품들을 남기고 있다. 보기 ④의 서봉총은 1926년 일제 강점기에 발굴된 돌무지 덧널무덤 양식으로 세 마리의 봉황이 장식된 금관이 발굴되어 서봉총이란 명칭이 붙었다.

①③ 굴식 돌방무덤의 양식이다.

② 장군총은 고구려의 돌무지무덤 양식이고 황남대총과 천마총은 돌무지 덧널무덤의 양식이다.

10 ②

모스크바 3국 외상회의 개최는 1945년 12월의 일이며 대한민국 정부 수립 선포는 1948년 8월 15일의 일이다. 따라서 ㈎에 해당하지 않는 사건은 ②번 '반민족행위처벌법'이다. 이 법은 대한민국 정부 수립 직후인 1948년 9월에 제정되었다.

① 미·소공동위원회 : 1946년 3월~4월(1차), 1947년 5월~10월(2차)

③ 남북 협상 : 1948년 4월 27일~4월 30일

④ 5·10 총선거 : 1948년 5월 10일

11 ①

① 조선에 대한 일본의 침략을 정당화시키기 위해 만들어진 식민사학 중 정체성론의 일부이다.

12 ④

위만 조선은 발달된 철기문화와 지리적 이점을 이용하여 동쪽의 예나 남쪽의 진나라가 한나라와 직접 교역하는 것을 막고 중간에서 중계무역을 통해 막대한 이익을 독점하였다. 이에 한 무제가 대규모 병력으로 위만조선을 침략하여 왕검성을 함락시키면서 마침내 위만조선은 멸망하게 되었다.

① 기원전 3세기~기원전 2세기 무렵으로 위만 조선 이전의 일이다.

② 역시 위만 조선 이전인 전기 고조선 준왕 때의 일이다.

③ 전기 고조선에 대한 설명으로 전기 고조선의 중심지는 요령지방이었지만 기원전 4세기~기원전 3세기 경 연나라 장수 진개에 의해 평양지역으로 이동하였다.

13 ③

③ 과전법에서는 경기 지방의 토지에 한해 문무 관료들에게 과전의 수조권을 지급하였다. 하지만 과전법 제도 하에서 지급된 군전은 한량(閑良)들에게 지급된 것으로, 태종 때에 와서 군자전에 편입되었다가 세조 때 직전법이 실시되면서 폐지되었다.

14 ①

위 지문에 나오는 '통공 발매의 효과'는 정조15년(1791)에 실시된 신해통공(辛亥通共)을 말하는 것으로 정조 대에 실시된 신해통공은 육의전을 제외한 시전상인의 금난전권(禁亂廛權, 난전의 권리를 금하는 것)을 폐지하고 사상(私商)의 자유로운 상업 활동을 보장해 주었던 정책이다. 따라서 조선 후기 경제 상황으로 옳은 것을 선택하면 되는 문제이다.

② 벽란도가 국제 무역항으로 번성했던 시기는 고려시대이다.

③ 활구는 조선 후기가 아닌 고려 숙종 때 주조되었던 화폐이다. 조선 후기에 사용된 화폐는 상평통보(常平通寶)이다.

④ 주점(酒店)과 다점(茶店) 등 관영 상점이 크게 늘어난 것은 고려시대로 이는 주점·다점 등 관영 상점을 통해 동전의 사용을 강제하였기 때문이다.

15 ④

위 제시문에서 말하는 '이 역서'는 칠정산 내·외편으로 칠정산(七政算)은 조선 세종 26년(1444)에 이순지와 김담이 우리나라 역대 역법(曆法)을 정리한 것을 바탕으로 하고 거기에 원나라와 명나라의 역법을 참고하여 만든 역서(曆書)로 크게 내편(內篇)과 외편(外篇)으로 나뉜다.

① 밭농사에 2년 3작의 윤작법이 시작된 것은 고려 후기부터이며 조선 전기 때는 이미 2년 3작의 윤작법이 일반화되었다.

② 이앙법이 전국적으로 확대된 조선 후기에 와서야 벼와 보리의 이모작이 전국적으로 확대되었다.

③ 삼국시대 농업의 발달 모습이다.

16 ③

신문왕은 왕권강화와 귀족 세력의 억제를 위해 문무관료전을 지급하고 녹읍을 폐지하였으며 식읍을 제한하였다. 성덕왕 또한 정전을 지급하여 국가의 토지 지배력을 강화하기에 힘썼다. 그러나 경덕왕 때 다시 녹읍이 부활하면서 왕권이 약화되기 시작하였다.

17 ②

「경국대전(經國大典)」은 조선 성종 때 편찬되었다.

② 「조선경국전(朝鮮經國典)」(1394)은 조선 태조 때 정도전이 편찬한 법전이고, 「경제육전(經濟六典)」(1397)은 조선 태조 때 조준이 편찬한 법전이다.

① 직전제 실시 이후 경제적 기반을 상실한 관리들이 공법 규정액을 초과하여 거둬들이자 성종은 1470년에 지방 관청이 관리의 수조권을 대행하는 관수관급제(官收官給制)를 실시하였다.

③ 성종은 훈구파의 세력을 견제하고 왕권을 강화시킬 목적으로 김종직, 김일손, 김굉필 등의 재야 사림파를 중앙 관직에 등용하였다. 이로 인해 유교적 정치 이념이 강화되고 사림정치의 기반이 조성되었다.

④ 존경각(尊經閣)은 성종6년(1475)에 성균관 안에 건립된 일종의 도서관으로 국가 최고의 교육기관으로서의 성균관이 당시 유생들의 학문 연구에 필요한 서적의 부족으로 교육상 많은 곤란을 겪게 되자 한명회 등의 제신들이 장서각의 필요성을 건의하였고 이에 성종이 허락하여 건립된 것이다. 건물을 세운 뒤 성종은 건물의 이름을 '존경각(尊經閣)'으로 하고 많은 서적을 하사하였다. 이 후 이곳에 책이 많을 경우에는 수만 권에 이르기도 했다.

18 ④

(가): 조선 효종 때, (나): 경신환국(1680) 이후, (다): 광해군 때

㉠: 효종 때, ㉡: 인조 5년(1627)인 정묘호란, ㉢: 1608년 광해군 때, ㉣: 1712년 숙종 때

19 ③

위 제시문은 고려 말기 이성계와 급진파 신진사대부가 우왕과 창왕을 신돈의 자식이라 하여 폐위하고 정창군 왕요를 공양왕으로 옹립하여 개혁을 추진한 내용이다. 이 사건을 폐가입진(廢假立眞, 1389)이라 한다.

⊙ 신진사대부는 사대부들에 의한 관료정치를 추구하였지 전제 왕권 중심의 통치체제를 추구하지 않았다.

⊙ 이색, 정몽주는 고려에 대한 의리를 지킨 온건파 신진사대부의 대표적인 인물이고 윤소종은 정도전, 조준과 같은 급진파 신진사대부의 대표적인 인물이다. 따라서 급진파 신진사대부에 의해 윤소종이 숙청되었다는 것은 잘못된 설명이다.

20 ①

제시된 지문의 (가)는 427년 고구려 장수왕의 남하정책을 설명한 것이고 (나)는 536년 신라 법흥왕 때의 일이다. 그리고 (라)는 백제 성왕 때 노리사치계를 일본에 보내 불경과 불상을 전달한 것을 설명한 것이다.

① 백제 성왕은 538년에 도읍을 사비로 옮기면서 적극적인 대외 진출에 힘썼다.

② 612년 고구려 영양왕 때의 일이다.

③ 527년 신라 법흥왕 때의 일이다.

④ 433년의 일이다.

2014. 4. 19. 안전행정부 시행

1 ③

위에 나와 있는 내용들은 중원고구려비에 있는 내용들이다.

① 광개토왕비 : 414년 고구려 제19대 왕인 광개토왕의 훈적(勳績)을 기리기 위해 아들인 장수왕이 세운 비석으로 사면에 모두 글이 기록되어 있는 사면석비(四面石碑)이다. 높이는 약 639m로 당시 고구려 수도였던 국내성 동쪽에 광개토대왕릉과 함께 세워졌다. 일명 호태왕비(好太王碑)라고도 한다.

② 집안고구려비 : 2012년 7월 29일 중국 지린(吉林)성 지안(集安)시에서 발견된 고구려 비석이다.

④ 영일냉수리비 : 경상북도 영일군(지금의 포항시)에서 발견된 신라시대 비석으로 현재 국보 제264호이다. 이 비는 절거리라는 인물의 재산소유와 사후 재산 상속 문제를 기록해 놓은 것으로 공문서의 성격을 지니고 있다.

※ 중원고구려비 … 충청북도 충주시에 있는 고구려의 고비(古碑)로서 현재 국보 제205로 지정되어 있다. 이 비는 고구려 비(碑) 중 한반도에서 발견된 유일한 예로 고구려가 당시 신라를 「동이(東夷)」라 칭하면서 신라왕에게 종주국으로서 의복을 하사했다는 내용이 실려 있는데 이는 「삼국사기(三國史記)」를 비롯한 여러 문헌에는 실려 있지 않은 사실로 5세기 경 고구려와 신라와의 관계 뿐 아니라 고구려가 가지고 있던 세계관(世界觀)에 대해서도 나타나 있어 고구려사 연구에 많은 영

향을 주었다. 또한 '신라토내당주(新羅土內幢主)'하는 직명으로 미루어 신라 영토 안에 고구려 군대가 주둔하였다고 기록한 「일본서기(日本書紀)」의 기록도 사실성이 높음을 확인할 수 있었다. 이 외에도 고구려에서 직명-부명-관등명-인명 순으로 기록을 했다는 점, '절교사(節敎事)' 등의 표현으로 미루어 고구려에서 이미 5세기 이전부터 이두가 사용되었다는 점, 고구려 관등조직의 정비과정을 비롯한 여러 내용들이 담겨 있어 고구려사를 연구하는 데 많은 영향을 주었다.

2 ②

위에 설명된 사상은 신라 하대에 유행한 선종(禪宗)에 관한 것으로 선종은 문자에 의존하지 않고 오직 좌선만을 통해 부처의 깨달음에 이르려는 종파이다. 6세기 초에 인도에서 중국으로 건너 온 보리달마를 초조(初祖)로 한다. 선종사상은 절대적인 존재인 부처에 귀의하려는 것이 아니라 각자가 가지고 있는 불성(佛性)의 개발을 중요시하는 성향을 지녔기에 신라 하대 당시 중앙정부의 간섭을 배제하면서 지방에서 독자적인 세력을 구축하려 한 호족들의 의식구조와 부합하였다. 이로 인해 신라 말 지방호족의 도움으로 선종은 크게 세력을 떨치며 새로운 사회의 사상적 토대를 마련하였다.

3 ④

한국광복군이 일본에 선전포고를 한 것은 맞지만 조선의용군과 연합하여 선전포고를 한 것은 아니며 태평양 전쟁이 발발한 후 한국광복군이 창설되고 1942년에 김원봉이 조직한 조선의용대를 흡수하였다.

4 ②

위의 내용은 담헌 홍대용의 「의산문답(醫山問答)」의 일부로 그는 이 책을 통해 지구는 둥글며 하루에 한 바퀴를 돈다고 설명하였다. 이를 지전설(地轉設) 또는 지동설(地動說)이라고 한다.

② 임하경륜(林下經綸) : 조선 시대 실학자 홍대용이 쓴 책으로 여기에는 그의 경국제민(經國濟民)을 위한 여러 가지 개혁안들이 제시되어 있다. 그 중 중요한 것 몇 가지를 보면 다음과 같다.

⊙ 전국의 행정구역을 경도(京都)와 9도(道)로 나누고 각 도는 다시 9군(郡)으로 나누었으며 각 군은 9현(縣)으로 각 현은 9사(司), 각 사는 9면(面)으로 나누어 백성들을 다스린다.

⊙ 과거제도는 폐지한다.

⊙ 각 면마다 학교를 세워 8세 이상 자제들을 모두 교육시키고 재능에 따라 신분의 제약없이 조정에 추천하여 인재를 등용한다.

② 신분에 관계없이 모든 사람이 일을 해야 한다.
⑩ 성인남자들에게 토지 2결을 나누어 준다.

5 ④

㉠ 조선인민당 ㉡ 한국민주당 ㉢ 국민당

6 ②

- 공주 석장리 유적 : 공주시 석장리동에 있는 구석기 시대 유적으로 사적 제334호이다. 이 곳은 1964년~1992년까지 13차례 발굴 조사된 곳으로 남한에서 최초로 발견된 최대 규모의 구석기 유적지이다. 이곳의 구석기 유적은 선사시대 전기, 중기, 후기의 다양한 문화층으로 형성되어 있으며 집터, 불에 탄 곡식낟알 등 주거지와 긁개, 찌르개, 주먹도끼 등의 도구가 여러 점 출토되어 선사문화 연구에 귀중한 자료가 되었다.
- 옹기 굴포리 유적 : 이곳은 1963년 해방 이후 한반도에서 최초로 발견된 구석기 시대 유적지로 함경북도 웅기군 굴포리에 있다. 중기, 후기 구석기 시대 유적들로 이루어져 있으며 여기서 발견된 석기로는 찍개, 긁개, 뾰족개 등이 있다.

7 ②

② 녹읍 : 신라 및 고려 초기 관리들에게 관직 복무의 대가로 일정 지역의 경제적 수취를 허용해 준 특정 지역이다.

8 ④

④ 신라와 관련된 내용으로 옳지 않다.
①②③ 고구려와 관련된 내용으로 위의 제시문(고구려의 데릴사위제)에 나와 있는 국가의 사회 모습과 일치한다.

9 ①

② 우리나라에서 행정과 사법이 명확하게 분리, 독립하게 된 것은 갑오개혁 이후이다.
③ 고려는 실형주의를 더 우위에 두고 있었다.
④ 고려는 조선과 같이 태형(笞刑), 장형(杖刑), 도형(徒刑), 유형(流刑), 사형(死刑) 이렇게 오형제도(五刑制度)로 이루어져 있다.

10 ④

④ 고려시대 향리들은 지방토착세력들로 중앙의 관리를 공급해주는 역할을 하였고 이들도 과거(科擧)를 통해 관직으로 진출, 신분 상승의 기회가 가능하였다.

11 ③

③ 금난전권의 폐지에 대한 내용으로 위에 제시된 국왕(정조)의 업적 중 하나이다.
① 금위영 : 1682년(숙종 8)에 조선 후기 국왕 호위와 수도 방어를 위해 중앙에 설치된 군영으로 금위영은 당시 국가 재정으로 운영되던 훈련도감을 줄여 국가 재정을 충실히 하고 수도 방위에 대한 군사력 확보를 위해 설치한 것이다.
② 청에 대한 북벌론은 효종대에 계획한 것으로 효종은 병자호란으로 인해 얻은 민족적 굴욕을 씻기 위해 북벌론을 계획하였지만 효종이 일찍 죽음으로써 이 계획은 수포로 돌아갔다.
④ 신문고제도 : 조선시대에 원통하고 억울한 일을 풀지 못하고 해결하지 못한 자에게 그것을 소송함으로써 억울함을 풀 수 있도록 하기 위해 대궐에 북을 달아 소원을 알리게 했던 제도로 1401년(태종 1)에 처음 설치되었다. 신문고는 조선시대에 걸쳐 여러 차례 개정 폐지되었다가 1771년(영조 47)에 다시 부활하였다. 이 제도가 활발히 운영된 것은 태종~문종까지로 그 이후로는 일부 소수 지배층들의 이익을 도모하는 용도로 사용되어 유명무실해졌다.
※ 금난전권 … 난전(亂廛)을 금(禁)하는 권리(權利)라는 의미로 국역을 부담하는 육의전을 비롯한 시전상인들이 도성 안과 도성 밖 10리 이내의 지역에서 난전(亂廛)의 활동을 규제하고 특정 상품의 전매 특권을 지킬 수 있도록 조정으로부터 부여받은 상업상의 특권을 말한다. 하지만 오히려 이러한 특권으로 인해 건전한 상공업 발전이 저해되고 도시 소비자나 영세상인 및 소규모 생산자층의 피해가 증가되면서 일부 특권 상인들의 금난전권을 혁파하자는 목소리가 높아졌고 이에 1791년(정조 15) 신해통공으로 육의전을 제외한 일반 시전이 보유하고 있던 금난전권을 혁파하였다.

12 ②

② 공민왕의 업적으로 위 괄호 안의 국왕(공민왕)과 관련된 내용이다.
① 장례원 : 조선시대 공·사노비문서의 관리와 노비소송을 관장한 관서로 1467년(세조 13)에 처음 시행되어 1764년(영조 40)에 폐지되었다.
③ 동국병감 : 조선 문종 때 편찬한 이민족과의 전쟁, 전란을 기록한 책으로 정확한 편찬자나 편찬연대는 알 수 없다.
④ 과전법 : 1391년(공양왕 3)에 공포된 토지제도로 고려 말 전시과 체제가 무너지고 권문세가들이 자신들의 농장을 확대하면서 불법으로 면세·면역에 대한 특권을 누리게 되자 고려 조정의 재정은 바닥나고 관료들은 녹봉을 제대로 지급받지 못하는 등 여러 사회적 모순이 발생하였다. 이에 신진사대부들의 상소로 과전법이 공포되었다.

13 ①

① 정약전은 신유사옥(1801)으로 인해 흑산도로 귀양을 간 후 그 곳에서 자산어보를 지었다.

14 ①

농사직설(農事直說)은 조선 세종 때 지어진 농서(農書)로 서문에서 밝히는 바와 같이 당시까지 간행된 중국의 농서가 우리나라의 풍토와 맞지 않아 농사를 짓는 데 있어 어려움이 있다는 이유로 세종이 각 도 감사에게 명해 각 지역의 농군들에게 직접 물어 땅에 따라 이미 경험한 바를 자세히 듣고 이를 수집하여 편찬, 인쇄, 보급한 것이다. 이 책은 지역에 따라 적절한 농법을 수록하여 우리 실정과 거리가 먼 중국의 농법에서 벗어나는 좋은 계기를 마련했다고 볼 수 있다.

① 안견의 몽유도원도는 1447년(세종 29)에 안평대군이 도원을 거닐며 놀았던 꿈 내용을 당시 도화서 화가였던 안견에게 말해 안견이 그린 것으로 현재 일본 덴리대학(天理大學) 중앙도서관에 소장되어 있다.

15 ④

④ 4·19혁명 이후 허정, 장면을 중심으로 한 과도정부가 수립되었고 1960년 6월 15일에는 내각책임제(의원내각제)를 골자로 한 제3차 개헌이 실시되었다.

16 ①

위에 나온 내용 중 '이번 문서에서는 강화로 도읍을 옮긴 지 40년에 가깝지만, 오랑캐의 풍습을 미워하여 진도로 도읍을 옮겼다'는 내용을 통해 해당 조직이 고려시대 삼별초임을 알 수 있다.

※ 삼별초 … 정확한 설치 연대는 알 수 없으나 고려시대 최씨 정권의 최우 집권기 때 만들어진 야별초가 좌별초·우별초로 나뉘고 후에 몽고의 포로로 잡혀갔던 이들이 돌아와 편성된 신의군이 합쳐져 삼별초가 되었다. 따라서 삼별초의 형성은 최씨 정권 말엽이라 할 수 있지만 그 시작은 최우의 야별초에서 비롯되었다고 볼 수 있다.

17 ③

① 정도전은 여러 책을 집필하면서 고려 귀족사회의 정신적 지주였던 불교의 사회적 폐단과 철학적 비합리성을 비판, 공격하고 성리학만이 정학(正學)임을 이론적으로 정립해 조선시대 사상적 기반을 다졌다. 또한 조선의 통치규범을 나타낸 「조선경국전(朝鮮經國典)」은 「주례(周禮)」에서 재상중심의 권력체계와 과거제도, 병농일치적 군사제도의 정신을 빌려왔다.

② 이이에 대한 설명이다.
④ 정약용에 대한 설명이다.

18 ③

위에 제시된 세 나라의 인구 변화 추세를 나타낸 표를 보면 모두 공통적으로 인구가 늘어난 것을 알 수 있다. 이는 17~18세기 근대사회로 오면서 다양한 농업의 기술이 발전하고 농경지가 늘어난 데 따른 결과라고 할 수 있다.

19 ②

② 위의 글은 1811년(순조 12) 12월부터 이듬해 4월까지 약 5개월 동안 일어난 홍경래의 난에 대한 내용으로 순조는 1801년(순조 1)에 궁방과 관아에 예속되어 있던 공노비를 혁파하였다.

20 ④

④ 파리 강화 회의는 1919년 1월 18일에 개최되어 1920년 1월 21일까지 간격을 두고 열렸으며 우리나라에서는 1919년 1월에 신한청년당이 김규식을 파리강화회의에 파견해 조선의 독립을 요구하였지만 실패하였다.

2014. 6. 21.
제1회 지방직 시행

---

1 ③

가락바퀴, 치레걸이, 조개껍데기 가면, 사람 얼굴 조각상과 같은 유물들은 모두 신석기시대를 대표하는 유물들이다. 또한 신석기시대부터 농경이 시작되었기 때문에 이 시대 사회상을 보여주는 보기는 ③번이다.

※ 치레걸이 … 일명 장신구라고도 하며 신체나 의복에 붙여 장식을 하거나 신분의 상징성을 나타내기 위해 만들어진 도구의 총칭을 말한다. 치레걸이는 다른 나라의 경우 구석기시대 때부터 만들어지기 시작했지만 우리나라에서는 아직 구석기시대의 치레걸이가 출토된 적이 없고 신석기시대 이래로 나타난다.

2 ①

갑인예송 당시 남인들은 기년복(朞年服 : 1년 동안 입는 상복)을 입어야 한다고 주장하였다.

※ 예송논쟁 … 조선의 현종과 숙종 대에 효종과 효종비가 승하하자 인조의 계비이던 자의대비의 복상기간을 어떻게 할 것인가를 두고 남인과 서인이 두 차례에 걸쳐 격렬하게 논쟁을 벌였는데 이를 예송 또는 예송논쟁이라 한다.

3 ①

통일신라시대 민정문서는 촌주가 매년 조사하여 3년마다 작성하였다.

※ 민정문서 … 신라장적 또는 신라 촌락 문서, 정창원 문서라고도 부른다. 이 문서는 당시 통일신라의 서원경(지금의 청주) 지방 4개 촌의 경제 상황과 국가의 세무 행정에 대해 기록한 문서로 마을의 둘레, 연호수(烟戶數), 인구, 전답, 마전(麻田), 백자(栢子 : 잣), 추자, 뽕나무 등의 나무 수와 소·말의 수효까지 상세히 기록되어 있어 당시 촌락의 생태를 잘 알 수 있다. 또한 사람은 남녀별로 구분하여 16세에서 60세의 남자 연령을 기준으로 나이에 따라 6등급으로 분류하여 기록하였으며 호(가구)는 사람의 많고 적음에 따라 상상호(上上戶)에서 하하호(下下戶)까지 9등급으로 나누어 파악하였다. 이 민정문서는 3년간의 사망·이동 등 변동내용에 따른 변동이 기록된 점으로 보아 3년 만에 한 번씩 작성된 것으로 추정된다.

4 ④

교관겸수는 고려 대각국사 의천의 주장으로 불교에서 교리체계인 교(敎)와 실천수행법인 지관을 함께 닦아야 한다는 사상으로 교관병수(敎觀並修)라고도 한다.
④ 정혜쌍수는 고려 보조국사 지눌이 주장하였다.

5 ②

신민회는 교육구국운동의 일환으로 정주의 오산학교, 평양의 대성학교, 강화의 보창학교 등을 설립하였고 그 외 여러 계몽 강연이나 학회운동 및 잡지·서적 출판운동, 그리고 민족산업진흥운동, 청년운동, 무관학교 설립과 독립군 기지창건 운동 등에 힘썼다.

6 ③

박은식은 유교구신론이라는 논문을 통해 유교의 개량과 구신(求新)을 주장하였다.
① 문일평에 대한 내용이다.
② 정인보에 대한 내용이다.
④ 한용운에 대한 내용이다.

7 ④

④ 중원고구려비를 통해 당시 고구려가 신라를 동이(東夷)라 칭하면서 그 국왕에게 종주국으로서 의복을 하사했다는 내용 등을 알 수 있다.

8 ②

(나) 서희(942~998)는 거란의 침입(993) 때 활약했던 인물이다.
(가) 윤관(?~1111)은 1107년 20만 대군을 이끌고 여진을 정복하고 고려의 동북 9성을 설치하여 고려의 영토를 확장시킨 인물이다.
(다) 유승단(1168~1232)은 1232년 최우가 재추회의를 소집하여 강화도로 천도를 논의할 때 반대했던 인물이다.

9 ③

이인좌의 난은 1728년에 일어났고 규장각은 1776년에 설치되었다.
③ 균역법은 영조 26년(1750)에 실시한 부세제도로 종래까지 군포 2필씩 징수하던 것을 1필로 감하고 그 세수의 감액분을 결미(結米)·결전(結錢), 어(漁)·염(鹽)·선세(船稅), 병무군관포, 은·여결세, 이회 등으로 충당하였다.
① 당백전은 1866년(고종 3) 11월에 주조되어 약 6개월여 동안 유통되었던 화폐이다.
② 금난전권은 1791년 폐지(금지)되었다.
④ 대동법은 1608년(광해군 즉위년) 경기도에 처음 실시되었다.

10 ①

성학십도(聖學十圖)는 조선 중기 학자인 이황이 올린 상소문으로 어린 나이에 즉위한 선조가 성군(聖君)이 되기를 바라는 뜻에서 군왕의 도에 관한 학문의 요체를 도식(圖式)으로 설명한 상소문이다.
② 수미법(收米法)은 조선시대 공납의 문제점을 시정하기 위해 공납을 쌀로 거두는 제도를 말한다. 이는 원래 16세기 이이와 조광조 등이 공납의 폐단을 시정하기 위해 주장하였으나 받아들여지지 않고 이후 1608년 광해군 때 이원익에 의해 대동법으로 이어졌다.

11 ②
- ㉠ 한국광복군은 1940년 중국 충칭에서 조직되었다.
- ㉡ 대한광복군정부는 1914년 러시아 블라디보스토크에 세워졌던 망명 정부이다.
- ㉢ 봉오동 전투는 1920년 6월 7일 만주 봉오동에서 홍범도의 대한독립군이 일본 정규군을 대패시킨 전투이다.
- ㉣ 영릉가 전투는 1932년 4월 남만주 일대에서 활동하던 조선혁명군이 중국 요령성 신빈현 영릉가에서 일본 관동군과 만주국군을 물리친 전투이다.

12 ③

(가)는 '살인자는 사형에 처하고 그 가족은 노비로 삼았다. 도둑질을 하면 12배로 변상케 했다'라는 부분을 통해 부여의 1책 12법임을 알 수 있고 (나)는 '천군', '소도'라는 용어로 보아 삼한에 대한 글임을 알 수 있다.
- ㉠은 고구려의 관직을 나타내고 있으며 부여의 관직으로는 마가 · 우가 · 저가 · 구가 등이 있었다.
- ㉣은 (가)에 해당되는 내용이다.

13 ①
- ① 김구는 「삼천만 동포에게 읍고함」이란 글을 통해 통일 정부 수립을 위한 남북 협상을 추진하였다.
- ② 한국 민주당은 처음에는 조선인민공화국의 타도와 충칭의 대한민국임시정부를 우리의 정부로 맞아들이겠다는 것을 당면한 대방침으로 삼고 임시정부 환국 후에도 그것으로 일관하였으나 1946년 제1차 미 · 소공동위원회가 결렬되는 무렵부터 이승만의 남한단독정부 수립운동에 동조하여 김구의 임시정부와 정치노선을 달리하게 되었다.
- ③ 독립촉성중앙협의회는 1945년 10월 23일 이승만을 중심으로 좌 · 우익을 망라한 민족통일기관 형성을 위해 조직된 정치단체이다.
- ④ 조선건국준비위원회를 조직하고 위원장으로 활동한 사람은 여운형이다.

14 ②
- ② 현재 안견의 몽유도원도(夢遊桃源圖)는 일본 덴리대학(天理大學) 중앙도서관에 소장되어 있으며 우리나라에서는 2009년 한국박물관 개관 100주년 기념 특별전으로 전시된 적이 있었다.

15 ④
- ④ 신미양요는 1871년(고종 8)에 미국 극동함대가 강화도에 쳐들어 온 사건이며 프랑스군이 침입한 사건은 병인양요(1866, 고종 3)이다. 또한 병인양요 때 프랑스군이 약탈해

간 조선 왕실 의궤는 2011년 프랑스 국립도서관에 있던 것을 우리나라가 5년 단위 임대 형식으로 반환받았다.

16 ③

대조영의 뒤를 이어 동북방의 여러 세력을 복속시키고 북만주 일대를 장악한 왕은 발해 무왕(가)이고 중국으로부터 해동성국이라 불리며 발해의 전성기를 맞이한 왕은 발해 선왕(나)이다.
- ㉠ 수도를 중경에서 상경으로 옮긴 왕은 발해 문왕이다.
- ㉣ 정혜공주의 묘비는 발해 문왕 때 만들어졌다.

17 ①
- (가) 조선이 일본과 체결한 강화도 조약(1876, 고종 13)에는 '조선국은 자주 국가로 일본국과 동등한 권리를 보유한다.(제1조)', '경기 · 충청 · 전라 · 경상 · 함경 5도 중에서 연해의 통상하기 편리한 항구 두 곳을 골라 개항한다.(제5조)'를 비롯하여 '일본국 항해자들이 수시로 조선국 해안을 측량하여 도면을 만들어서 양국의 배와 사람들이 위험한 곳을 피하고 안전히 항해할 수 있도록 한다.(제7조)'와 같은 내용이 들어있다.
- (나) 또한 조선이 청나라와 체결한 조중상민수륙무역장정(1882, 고종 19) 첫머리에는 '이 수륙무역장정은 중국이 속방(屬邦)을 우대하는 뜻에서 상정한 것이고, 각 대등 국가 간의 일체 균점하는 예와는 다르다'라고 적혀 있다.
- ② 일본 상인의 내지 통상권에 대한 허가가 규정된 것은 '조일수호조규부록'과 '조일수호조규속약'에서이다.
- ③ 조중상민수륙무역장정(1882년)은 갑오개혁(1884년) 이전에 체결되었다.
- ④ 천주교의 포교권 인정은 프랑스와의 수교 때(1886)이다.

18 ③

조선 명종 14년부터 명종 17년까지 주로 활동했던 인물은 임꺽정이다. 임꺽정은 황해도 구월산에 본거지를 만들고 황해도 · 경기도 · 강원도 일대에서 주로 활동하였다.

19 ②

신채호의 조선혁명선언을 지침으로 삼은 애국단체는 의열단이고 의열단은 1919년 11월 만주에서 조직되었다.
- ① 이재명이 이완용을 습격한 것은 1909년 12월이다.
- ③ 장인환이 외교 고문 스티븐스를 사살한 것은 1908년 3월이다.
- ④ 안중근이 이토 히로부미를 사살한 것은 1909년 10월이다.

20 ②
- ⊙ 갑신정변 14개조 중 제4항의 내용으로 갑신정변 14개조 정강은 1884년에 작성되었다.
- ⓒ 왕실 사무와 국정 사무를 분리한 것은 제1차 갑오개혁 (1894년 7월부터 11월까지) 때이다.
- ⓒ 대한국 국제 제5조의 내용으로 대한국 국제(大韓國 國制)는 1899년인 광무 2년 8월 14일에 반포된 대한제국 헌법을 말한다.
- ⓔ 헌의 6조 제3조의 내용으로 헌의 6조는 1896년 7월에 독립협회가 나라의 개혁을 위해 관민공동회를 개최하고 결의한 6개조의 개혁안이다.

2014. 6. 28.
서울특별시 시행

---

1 ①
제시문에서 설명하는 왕은 공민왕이다.
② 수도를 한양으로 옮긴 것은 조선 태조 때인 1394년이다.
③ 삼군도총제부는 1391년(공양왕 3)에 설치되었다.
④ 고려 충선왕 때 원나라 수도 연경에 설치되었다.
⑤ 1391년(공양왕 3)에 공포되었다.

2 ②
② 백제 근초고왕은 371년 고구려와의 평양성 전투에서 고구려의 고국원왕을 전사시키고 영토를 확장시켰다.

3 ④
「동국이상국집」은 고려 후기 문인이었던 이규보가 지은 시문집이다.
⊙ⓒⓔ은 모두 고려시대 사회상의 모습이다.
ⓒ은 성리학의 영향을 받은 조선 후기 사회상의 모습이다.

4 ②
- ⊙ 무오사화(1498년, 연산군 4) 때의 일이다.
- ⓒ 기묘사화(1519년, 중종 14) 때의 일이다.
- ⓒ 을사사화(1545년, 명종 즉위년) 때의 일이다.
- ⓔ 갑자사화(1504년, 연산군 10) 때의 일이다.

5 ⑤
- ⊙ 지눌은 천태종이 아닌 조계종이다.
- ⓒ 지눌의 제자 혜심이 주장하였다.

6 ⑤
① 의정부(議政府)는 조선시대 최고 합의 기구이고 조선 후기로 올수록 점점 실권이 약화되었다. 조선시대 최고의 행정집행기관은 육조(六曹)이다.
② 홍문관(弘文館)은 조선시대 궁중의 경서·사적의 관리와 문한(文翰)의 처리 및 왕의 각종 자문에 응하는 일을 담당하던 관서로 사헌부·사간원과 함께 삼사(三司)로 불렸다.
③ 대간(臺諫)이란 감찰 임무를 맡은 대관(臺官)과 국왕에 대한 간쟁 임무를 맡은 간관(諫官)의 합칭으로 조선시대 때 대관은 사헌부(司憲府), 간관은 사간원(司諫院)이었다. 예문관은 조선시대 임금의 말이나 명령을 대신하여 짓는 것을 담당하기 위해 설치한 관서이고 춘추관은 조선시대 시정(時政)의 기록을 관장하던 관서이다.
④ 조선시대의 지방관들은 왕의 대리인 신분으로 각 지방에 대한 행정권·사법권·군사권을 위임받았다.

7 ①
중추원은 고려와 조선시대 때 왕명 출납, 군사기무, 숙위 등을 담당했던 관서였으며 갑오개혁이 한창 진행되던 1985년 3월부터 이후 대한제국이 멸망할 때까지 정부의 자문기관으로써의 역할을 하였다. 또한 독립협회는 1898년 7월 중추원의 의회식 개편을 구체화시키고 10월 중추원의 의회식 개편을 적극 추진한 후 결국 정부측과 중추원의 의회식 개편안에 합의하였다.

8 ③
조선시대 탕평책은 크게 ⊙ 준론탕평(정조)과 ⓒ 완론탕평(영조)으로 나뉜다. 영조는 왕권강화를 위해 어느 당파든 온건하고 타협적인 인물을 등용하여 왕권에 순종시키는 완론탕평을 추구한 것이고 정조는 자신의 아버지 사도세자를 죽음으로 몰아넣은 노론 벽파를 견제하기 위해 당파의 옳고 그름을 명백히 가리는 준론탕평을 추구한 것이다.
① 조선시대 때의 환국(換局)이란 집권 세력이 급변하면서 이에 따라 정국(政局)이 바뀌는 것을 의미하는데 이러한 환국을 시도한 왕은 숙종이다.
② 조선시대 서원을 대폭 정리한 인물은 흥선대원군이다.
④⑤ 초계문신제와 화성 건설은 모두 정조 때 실시되었다.

9 ③
⊙, ⓒ은 부여의 법과 풍습이다.
ⓒ은 동예, ⓔ은 고구려, ⑥은 옥저의 풍습이다.

10 ③

팽이처럼 밑이 뾰족하거나 둥글고 표면에 빗살처럼 생긴 무늬가 새겨져 있으며 곡식을 담는데 많이 이용된 유물은 빗살무늬 토기이고 이 토기는 신석기 시대의 대표적인 유물이다.

① 철제 농기구로 농사를 지은 것은 철기시대이다.

② 비파형 동검을 의식에 사용한 것은 청동기시대이다.

④ 고인돌 무덤을 만든 것 역시 청동기시대이다.

⑤ 정복전쟁을 하고 지배계급이 등장한 것은 청동기시대이다.

11 ②

「한국통사」, 「한국독립운동지혈사」를 지은 사람은 박은식이다.

12 ④

일제강점기에 시행된 산미증식계획(1920~1934)으로 1920년대 이후 소작쟁의가 격화되었고(ⓒ) 일제의 과도한 수탈로 쌀이 부족해지자 만주에서 재배한 조, 콩 등을 수입해 식량부족을 해결하려 하였다.(ⓓ)

ⓐ 물산장려운동은 1920년대 일제의 경제적 수탈정책에 맞서 전개하였던 범국민적 민족경제 자립실천운동이다.

ⓒ 미곡공출제와 식량배급제는 일제가 민족말살통치기에 실시한 제도이다.

13 ④

ⓐ 자유시 참변은 1921년 6월 러시아 스보보드니에서 러시아의 붉은 군대가 대한독립군단 소속 독립군들을 포위, 사살한 사건이다.

ⓑ 봉오동 전투는 1920년 6월 만주 봉오동에서 독립군 부대가 일본 정규군을 대패시킨 전투이다.

ⓒ 간도 학살(경신 참변)은 1920년 10월~1921년 4월까지 일본군이 봉오동 전투, 청산리 전투 등에서 독립군에게 패배한 것에 대한 보복으로 간도에 거주하는 한인들을 무참히 학살한 사건을 말한다.

ⓓ 청산리 전투는 1920년 10월 21일부터 10월 26일까지 약 5일 동안 김좌진·나중소·이범석 등이 지휘하는 북로군정서군과 홍범도가 지휘하는 대한독립군 등을 주력으로 한 독립군부대가 일본군을 청산리 일대에서 대파한 전투이다.

14 ①

① 세종 때 농업기술의 발전성과를 반영한 영농의 기본 지침서는 「농사직설(農事直說)」이고 「농가집성(農歌集成)」은 1655년(효종 6)에 신속이 편술한 농서(農書)이다.

15 ①

대한민국 임시정부는 1940년 9월 중국 충칭에서 광복군을 창립하였다.

① 건국강령 발표는 1941년에 하였다.

② 국무령 중심의 내각책임제는 1925년 대한민국 임시정부의 임시헌법(제2차 개헌) 때 채택하였다.

③ 구미위원부는 1919년 미국 워싱턴에서 설립된 대한민국 임시정부의 외교담당 기관이다.

④ 국민대표회의는 1923년 중국 상하이에서 열렸다.

⑤ 독립신문은 대한민국 임시정부의 기관지로서 1919년 8월에 창간되어 1925년 9월에 폐간되었다.

16 ③

① 1991년 12월 31일 남·북한은 국제적 쟁점이었던 한반도 비핵화 문제를 타결, 채택한 「한반도 비핵화에 관한 공동선언」을 발표하였다.

② 남·북한 동시 유엔 가입에 합의한 것은 1991년이다.

④ 2000년 6·15 남·북 공동선언 이후 남·북 정상 간의 회담이 이루어졌다.

⑤ 7·4 남·북 공동성명(1972), 남·북 간 화해와 불가침 및 교류 협력에 관한 협의서(1992), 6·15 남·북 공동선언(2000) 순이다.

17 ①

ⓐ 정약용은 여전론(閭田論)과 정전론(井田論)을 주장하였고 균전론을 주장한 사람은 유형원이다.

ⓑ 박제가가 「북학의(北學議)」에서 주장한 내용이다.

18 ②

② 공사노비법의 혁파는 1894년 제1차 갑오개혁의 주요 내용 중 하나이다.

①③④⑤ 모두 1884년 갑신정변의 14개조 개혁정강의 일부이다.

19 ⑤

대한제국은 1897년 10월부터 1910년 8월까지 존속하였던 조선왕조의 국가이다.

⑤ 군국기무처는 조선말기(1894년) 때 갑오개혁을 추진하였던 최고 정책 결정 기관이다.

① 상무사(商務社)는 1899년 상업과 국제무역, 기타 상행위에 관한 업무를 관장하기 위해 설립되었던 기관이다.

② 양전지계사업(量田地契事業)은 대한제국 정부에서 1898년 이후 전국토지의 정확한 규모와 소재를 파악하여 그에 의해 합리적인 조세 부과와 예산편성을 가능하게 하고 이를 통해 각종 개혁 사업을 추진하여 근대화를 이루고자 했던 사업을 말한다.
③ 대한제국 선포 이후 많은 외국어학교가 설립되었다.
④ 서북철도국은 1902년 서울과 신의주 사이에 경의선을 부설하기 위해 궁내부에 설치한 관서로 1904년 일본이 러일전쟁 수행의 일환으로 군용철도를 부설하기 시작하면서 폐지되었다.

20 ⑤

⑤ 암태도 소작쟁의는 1923년 8월부터 1924년 8월까지 전라남도 신안군 암태도의 소작인들이 벌인 소작농민항쟁으로 1년여 간에 걸친 이 쟁의는 '지주와 소작인회 간의 소작료는 4할로 약정하고 지주는 소작인회에 일금 2,000원을 기부한다.', '1923년의 미납소작료는 향후 3년간 분할상환한다.', '구금 중인 쌍방의 인사에 대해서는 쌍방이 고소를 취하한다.', '파괴된 비석은 소작인회의 부담으로 복구한다.' 등 4개항이 약정되면서 소작인측의 승리로 일단락되었다.

2015. 3. 14.
사회복지직 시행

---

1 ②
① 고인돌은 청동기의 대표적인 유적이다.
③ 전라남도 나주시 복암리 일대에 있는 삼국시대 고분이다.
④ 철기시대 유적이다.

2 ③
③ 부여는 소의 발굽모양을 보고 국가의 중대한 일을 예견하였다(우제점법).
① 단궁, 과하마, 반어피 등으로 유명했던 곳은 동예이다.
② 옥저는 해산물이 풍부하였고 민며느리제가 있었다.
④ 철이 많이 생산되어 낙랑, 왜 등으로 수출한 국가는 변한이다.

3 ④
④ 「대승기신론소」와 「십문화쟁론」을 저술한 인물은 원효이다.

4 ①
최승로의 시무28조는 고려 성종 대에 제안되었고 12목(牧)또한 고려 성종 대에 최초로 설치되어 각 목(牧)마다 관리가 파견되었다.

5 ①
① 「불씨잡변」은 1398년(태조 7)에 정도전이 저술한 불교비판서로 「삼봉집(三峰集)」 제9권에 수록되어 있다.
② 만권당은 고려 후기 충선왕이 원나라 연경에 세운 서재로서 고려의 문인 이제현이 충선왕의 시종신(侍從臣)으로 이곳에 있으면서 원의 성리학자들과 교류하였다.
③ 「속육전」을 편찬한 인물은 하륜과 이직 등이다.
④ 「입학도설」은 권근이 1390년(공양왕 2)에 초학자들을 위해 저술한 성리학 입문서이다.

6 ③
문주왕이 즉위한 시기는 475년이고 백제가 사비로 도읍을 옮겨 국호를 남부여라 한 것은 538년(성왕 16)의 일이다. 따라서 ㈎와 ㈏ 사이는 대략 475년~538년에 해당한다.
③ 무령왕 대(501년~523년)에 해당한다.
① 근초고왕의 고구려 평양성 공략은 371년의 일이다.
② 백제 비유왕과 신라 눌지왕과의 나제동맹은 433년에 맺어졌다.
④ 광개토왕(재위 391~413) 대의 일이다.

7 ③
녹읍(6세기 무렵) → 전시과(976) → 과전법(1391) → 공법(1444) → 직전제(1466)

8 ②
② 인조가 강화도로 피난하여 항전하는 것은 정묘호란의 일이며 병자호란 때에는 남한산성에서 항전하였다.
① 광해군의 중립외교와 관련된 내용이다.
③ 임진왜란 당시 이순신이 이끄는 조선 수군은 옥포에서 첫 승리를 거두었다.
④ 임진왜란 3대 대첩이라 일컫는다.

9 ②
② 중강후시나 책문후시를 통해 청과의 사무역에 종사한 상인은 의주상인(만상)이다. 경강상인(강상)은 주로 경강(지금의 서울 한강부근)을 근거로 하여 대동미 운수업 및 각종 상업 활동에 종사하였다.

10 ③

③ 흥선대원군은 만동묘와 대다수의 서원을 철폐하였다.

11 ④

④ 돌무지무덤 ①②③ 굴식돌방무덤

12 ①

① 발해의 전성기는 10대 선왕 대에 이르러 맞이하였다. 무왕은 발해의 2대 왕이다.

13 ④

① 「삼국유사」는 1281년(충렬왕 7)경에 일연에 의해 편찬되었다.
② 「삼국사기」는 신라 정통 의식을 반영하였다.
③ 「동명왕편」은 고구려의 시조 동명왕의 건국 이야기를 수록하였다.

14 ③

③ 대한제국 ① 조선총독부 ②④ 일본

15 ①

제시된 사건은 1875년 운요호 사건이다. 이 사건을 계기로 체결된 조약은 강화도 조약이다.
② 시모노세키 조약 ③ 텐진 조약 ④ 제물포 조약

16 ②

제시된 상황은 조선 후기 신분제의 동요로 인해서 발생된 향전(신향과 구향의 갈등)에 대한 설명이다.
② 신라, 고려 때 일이다.
①③④ 조선 후기 때 일이다.

17 ③

「조선사회경제사」(1933)와 「조선봉건사회경제사」(1937)를 저술한 인물은 백남운이다.
㉠ 진단학회 결성과 진단학보 발행을 주도한 인물은 이병도이다.
㉡ 국민당 창당을 주도하고 미군정에서 민정 장관을 역임한 인물은 안재홍이다.

18 ②

일제강점기는 1910년~1945년에 해당된다.
① 제국신문은 1898년 창간되어 1910년에 폐간되었다.

③ 육영공원은 1886년에 설립되어 1894년에 해체되었다.
④ 대한제국기의 일이다.

19 ①

① 소작료를 1/3제로 제한한 것은 조선 후기에 시행된 도조법과 관련된 내용이다.
②③④ 농지개혁과 관련된 내용들이다.

20 ②

② 발췌개헌 파동은 휴전협정(1953) 이전인 1952년에 야기된 사건이다.
①③④ 휴전협정과 관련된 내용들이다.

2015. 4. 18.
인사혁신처 시행

---

1 ④

④ 향·부곡·소 등 특수행정구역의 백성들은 일반 군현민에 비해 과중한 수준의 조세·공납·역을 부담하였다.

2 ④

④ 촌락 단위의 동약을 실시하고, 문중 중심으로 서원과 사우를 많이 세운 것은 조선 후기에 나타난 현상이다.

3 ②

② 5품 이상의 관료에게 공음전을 주어 세습을 허용한 것은 고려 전시과이다.

4 ④

동학창시 (1860)		삼례집회 (1892.11)		고부관아 습격 (1894.1)		전주성 점령 (1894.4)		우금치 전투 (1894.11)
	(가)		(나)		(다)		(라)	

④ 일본군의 경복궁 점령(1894.6) - (라)
① 황토현 전투(1894.4) - (다)
② 청·일 전쟁의 발발(1894.6) - (라)
③ 남·북접군의 논산 집결(1894.11) - (라)

5 ②

② 제시된 자료는 순장 폐지의 경제적 이유와 관련 있다. 산 사람을 죽여 순장을 하면 그만큼 노동력이 사라지게 되기 때문에 인구가 곧 국력이었던 시대에 적합하지 않았다.

6 ③

밑줄 친 이 시대는 신석기 시대이다.
①②④ 청동기

7 ③

③ 환국은 17세기 숙종 대에 일어난 사림파 간의 갈등이다.

8 ③

제시문은 최승로의 시무28조로 이 건의를 받아들인 왕은 고려 성종이다. 지방 교육을 위해 12목에 경학박사를 파견한 것은 고려 성종이 실시한 정책이다.
① 정종 ② 현종 ④ 태조

9 ①

㉠은 원효, ㉡은 의상이다.
① 원효는 아미타 신앙에 근거하여 불교 대중화의 길을 열었다.

10 ③

① 공화국의 건설을 목표로 한 것은 대한광복회이다. 독립의군부는 왕정복고를 목표로 하였다.
② 고종의 비밀 지령을 받아 조직된 단체는 독립의군부이다.
④ 대한광복회는 박상진을 중심으로, 독립의군부는 임병찬을 중심으로 한 조직이었다.

11 ③

③ 5소경을 관할한 것은 사신이다. 도독은 9주를 관할하였다.

12 ①

① 광학보는 고려시대 불법(佛法)을 배우는 사람들을 위하여 설치한 일종의 장학재단이다.

13 ④

제시된 자료는 조선 후기의 경제 상황에 대한 내용이다.
④ 삼한통보는 고려 숙종 대에 주조된 화폐이다.

14 ④

① 갑신정변 혁신정강 14개조 중 하나이다.
② 1차 갑오개혁 때의 일이다.
③ 관민공동회 헌의6조의 내용이다.

15 ①

② (나) 시기의 일이다.
③ 6 · 25 전쟁 발발 이전의 일이다.
④ (가) 시기의 일이다.

16 ②

고종 황제의 강제 퇴위와 일제에 의한 군대 해산(정미조약)은 1907년의 일이다.
㉠ 1909년   ㉡ 1905년   ㉢ 1905년   ㉣ 1907~1910년

17 ②

① 이암이 원에서 들여온 농서는 「농상집요」이다. 「농가집성」은 조선 효종 대의 문신인 신속이 편술한 농서이다.
③ 「산림경제」는 조선 후기 실학자 홍만선이 저술한 농서이다. 박세당이 과수, 축산 등을 소개한 농서는 「색경」이다.
④ 「과농소초」는 박지원이 저술한 농서로 농법과 농구의 개량, 농시의 중요성 등을 강조하고 있다.

18 ④

제시된 기록은 영조의 균역법에 대한 내용이다.
① 숙종 대의 일이다.
② 현종 대의 일이다.
③ 19세기 세도정치에 대한 설명이다.

19 ①

밑줄 친 우리에 해당하는 계층은 중인 신분이다.
② 형평운동은 백정 출신들이 전개한 신분해방운동이다.
③ 조선 후기 신향(新鄕) 세력에 대한 설명이다.
④ 성종 대에 사림파가 주도한 유향소 복립 운동에 대한 설명이다.

20 ③

(가) 1942년 → (나) 1945년 10월 → (다) → (라) 1948년 7월 17일
③ 1945년 8월   ① 1946년   ②④ 1948년 2월

1 ③

제시문의 밑줄 친 왕은 장수왕으로 5세기 때의 일이다. 장수왕은 백제의 수도인 한성을 함락시키고 한강유역을 완전히 점령하였다. 이 과정에서 백제의 개로왕은 패사하였다.

ⓒ 고구려 장수왕은 수도를 국내성에서 평양으로 천도하였다(472).

ⓔ 이 시기에 신라와 백제는 나·제동맹을 체결하였다.

㉠ 백제가 국호를 남부여로 고친 것은 6세기 성왕 때의 일이다.

ⓒ 금관가야가 중심인 가야연맹은 전기 가야연맹으로 3~4세기 때의 일이다.

2 ④

유네스코에 등재된 우리나라의 세계기록유산

㉠ 훈민정음 해례본(1997년)

ⓒ 조선왕조실록(1997년)

ⓒ 승정원일기(2001년)

ⓔ 직지심체요절(2001년)

ⓜ 조선왕조 의궤(2007년)

ⓗ 해인사 팔만대장경판 및 제경판(2007년)

ⓢ 동의보감(2009년)

ⓞ 일성록(2011년)

ⓩ 5.18민주화운동기록물(2011년)

ⓒ 난중일기(2013년)

㉠ 새마을운동 기록물(2013년)

ⓔ 한국의 유교책판(2015년)

ⓟ KBS 특별생방송 '이산가족을 찾습니다' 기록물(2015년)

ⓐ 국채보상운동 기록물(2017년)

ⓐ 조선통신사 기록물(2017년)

ⓑ 조선왕실 어보와 어책(2017년)

3 ②

② 발해의 무왕은 장문휴의 수군을 통해 당의 산둥반도를 공격하고, 돌궐·일본과 연결하여 당과 신라에 대항하였다.

4 ①

밑줄 친 왕은 고려의 광종으로 쌍기의 건의를 받아들여 과거제도를 실시하였으며, 문신 유학자를 등용하여 신·구 세력의 교체를 도모하였다.

② 고려 성종은 지방에 12목을 설치하고 지방관을 파견하였다.

③ 고려 태조는 호족을 견제하기 위해 사심관과 기인제도를 실시하였다.

④ 공민왕은 승려 신돈을 등용하여 전민변정도감을 설치하였다.

5 ③

ⓒ 정림사지 5층 석탑은 백제의 석탑이다.

ⓒ 창왕명석조사리감은 사리를 보관하는 용기로, 백제 성왕의 아들인 창왕(위덕왕)에 의해 567년에 만들어졌다.

㉠ 백률사 석당은 신라 때 이차돈의 순교를 기리기 위해 만들어진 신라 문화재이다.

ⓔ 법주사 쌍사자 석등은 통일신라시대의 화강암 석등이다.

6 ①

이원익의 주장으로 선혜청을 설치하고 경기도에서 처음으로 실시된 대동법에 대한 설명이다. 대동법은 토지의 결수에 따라 쌀·삼베·무명·동전 등으로 납부하는 제도로 대체로 1결당 미곡 12두를 납부하였다.

② 양인들이 지던 군포의 부담을 줄여주기 위해 시행된 것은 영조의 균역법이다.

③ 연분9등법에 의해 복잡하게 적용되던 전세율을 고정시킨 것은 인조의 영정법이다. 영정법은 풍흉에 관계없이 전세로 토지 1결당 미곡 4두를 징수하였다.

④ 답험손실의 폐단을 줄이려는 제도로 백성들의 여론까지 거친 것은 세종의 공법이다.

7 ④

제시문은 이조전랑직을 두고 김효원과 신의겸의 대립을 나타내고 있다. 이를 계기로 사림은 동인과 서인으로 나누어져 붕당정치가 시작되었다.

① 을사사화에 대한 설명으로, 명종의 외척인 윤원형이 인종의 외척 윤임 일파를 제거하였고, 사림의 세력은 크게 꺾였다.

② 서경덕, 이황, 조식의 문인들은 김효원에 가세하였다(동인).

③ 이이, 성혼의 문인들은 서인에 가세하였다.

8 ③

밑줄 친 중앙 지배층은 권문세족이다. 권문세족은 무신정권이 붕괴된 이후 새로운 지배세력으로 대두하였고, 음서제로 자신의 지위들을 세습하였으며, 친원세력으로 고위관직을 독점하면서 농장과 노비 소유를 확대하였다.

③ 공민왕은 권문세족들의 경제기반을 약화시키기 위해 전민변정도감을 설치하였다.

9 ④

제시문은 세종이 시행한 의정부서사제에 대한 설명이다. 의정부서사제는 왕이 인사와 군사 두 분야만 친히 관여하고 나머지 6조에서 올라오는 모든 일들은 의정부의 영의정, 좌의정, 우의정이 논의 한 후 결정된 사항을 왕이 재결하는 형식으로 왕권과 신권이 조화를 이루었다.

10 ③

밑줄 친 내용은 황사영 백서사건으로 신유박해(1801)에 대한 설명이다. 순조 때 노론 벽파는 천주교 신자가 많은 남인을 제거하기 위해 천주교 탄압을 강행하여 박해를 일으켰다.
① 신해박해(1791)에 대한 설명이다.
② 기해박해(1839)에 대한 설명이다.
④ 병인박해(1866)에 대한 설명이다.

11 ①

단군신화가 기록된 삼국유사에 대한 설명이다. 삼국유사는 충렬왕 때 일연이 불교사의 입장에서 저술한 것으로 단군의 이야기를 수록하였으며 왕력, 기이, 흥법, 탑상, 의해, 신주, 감통, 피은, 효선의 9편으로 구성되어 있다.

12 ②

① 유형원이 저술한 「반계수록」은 백과사전적 성격을 지니지 않는다.
③ 박지원이 청에 다녀온 후 기록한 것은 「열하일기」이며, 「연기」는 홍대용이 청나라에서 견문한 바를 기록한 것이다.
④ 안정복의 「동사강목」은 고조선부터 고려말까지를 다룬 책이다.

13 ②

ⓛ 가쓰라 · 태프트 밀약(1905.7)
ⓔ 제2차 영 · 일동맹(1905.8)
㉠ 포츠머스강화조약(1905.9)
ⓒ 을사조약(1905.11)

14 ③

밑줄 친 단체는 한국광복군이다. 한국광복군은 중국 정부의 지원으로 충칭에서 창설되어 총사령관에는 지청천, 참모장에는 이범석을 임명하였다. 한국광복군은 태평양전쟁이 발발하여 대일선전포고(1941) 후 연합군의 일원으로 참전하기도 하였으며, 김원봉이 이끄는 조선 의용대의 일부 병력이 편입(1942)되어 전투력이 증강하였다. 또한 미국 미국전략정보국(OSS)의 도움으로 국내 정진군 구성을 하였으나 국

내진공작전은 실현되지 못하였다.
③ 중국 팔로군과 연합작전을 수행한 단체는 조선 의용군이다.

15 ①

㉠의 인물은 민족주의사학자인 문일평이다. 문일평은 민족 문화의 근본으로 세종을 대표자로 하는 조선심 또는 조선사상을 강조하였다. 조선학운동은 정인보, 문일평, 안재홍 등이 「여유당전서」의 간행을 계기로 과거 민족주의 역사학이 국수적 · 낭만적이었음을 비판하고 실학에서 자주적인 근대 사상과 우리 학문의 주체성을 찾으려고 한 운동이다.
② 이윤재, 이병도, 손진태, 조윤제 등이 진단학회를 조직하고 한국학 연구에 힘썼다.
③ 백남운은 유물사관에 바탕을 두고 한국사가 세계사의 보편법칙에 따라 발전하였음을 강조하였다.
④ 박은식은 민족정신을 '혼'으로 파악하여 혼이 담겨 있는 민족사를 강조하였다.

16 ④

㉠은 1920년대에 실시한 산미증식계획이다. 산미증식계획으로 증산량보다 많은 양을 수탈해 갔기 때문에 조선의 식량 사정은 악화되어 만주에서 잡곡을 수입하게 되었다. 이 사업의 결과, 수리조합비와 토지개량사업비를 농민에게 전가하여 농민의 몰락이 가속화되었고 많은 수의 자작농이 소작농으로 바뀌었다.

17 ④

'그들'이 추진했던 정책은 갑신정변이다.
㉠ 동학농민운동의 '폐정개혁안'에 들어있는 내용이다.
ⓛ 갑신정변 이후 러시아와 조 · 러 비밀협약(1886)을 맺었다.
※ 신정부 강령 14개조
  ㉠ 대원군을 가까운 시일 안에 돌아오게 하고 청에 조공하는 허례의 행사를 폐지할 것
  ⓛ 문벌을 폐지하여 인민 평등의 권리를 제정하고 능력에 따라 관리를 등용할 것
  ⓒ 지조법을 개혁하여 간사한 관리를 뿌리 뽑고 백성의 곤란을 구제하며, 국가 재정을 넉넉하게 할 것
  ⓔ 규장각을 폐지할 것
  ⓜ 급히 순사를 두어 도둑을 막을 것
  ⓗ 혜상공국(보부상 조직)을 폐지할 것
  ⓢ 그 전에 유배, 금고된 사람들을 사정을 참작하여 석방할 것
  ⓞ 4영을 합쳐 1영으로 하고 영 중에서 장정을 뽑아 근위대를 설치할 것, 육군 대장은 세자를 추대할 것
  ⓩ 재정은 모두 호조에서 관할케 하고 그 밖의 재무 관청은 폐지 할 것

    ㉠ 대신과 참찬은 합문 안의 의정부에서 회의 결정하고 정령을 공포해서 시행할 것
    ㉡ 정부는 6조 외의 불필요한 관청은 모두 없애고 대신과 참찬이 협의해서 처리케 할 것

18 ②

을미사변(1895) – 아관파천(1896) – 독립협회 결성(1896) – 대한제국 수립(1897)
② 독립협회 결성(1896)
① 단발령 공포(1895년 을미개혁)
③ 홍범14조(1894년 제2차 갑오개혁)
④ 춘생문 사건 발발(1985.11)

19 ②

제시문은 좌우합작7원칙에 대한 내용이다. 1946년 김규식과 여운형을 중심으로 좌우 합작 위원회를 구성하였고, 이 과정에서 좌우 합작 7원칙을 발표하였다. 7원칙에는 미·소 공동위원회의 속개를 요청하는 공동 성명 발표가 포함되어 있다.

20 ②

제시문은 3·15 부정선거에 대한 내용이다. 3·15 부정선거는 이승만의 대통령 당선 가능성은 높았으나 부통령에 자유당 이기붕을 당선시키기 위한 목적으로 이루어진 것으로 이로 인해 4·19혁명이 일어났으며 그 결과 이승만 정권은 붕괴되었다. 이후에 수립된 허정 과도 정부는 재선거를 실시해 윤보선을 대통령으로 하는 장면 정부가 수립되었다.

2015. 6. 27.
제1회 지방직 시행

---

1 ④

주어진 지문은 고조선의 8조법에 대한 설명이다. 8조법을 통해 고조선 사회는 개인의 생명을 존중하였으며, 사유 재산을 인정하였고, 화폐를 사용한 것은 물론, 농경 사회였으며, 계급 사회인 동시에 가부장적 사회였음을 알 수 있다.
④ 고조선은 위만의 집권과 철기 문화로 발전하여 세력을 확장시켰으며, 진국과 한나라 사이에서 중계 무역을 하면서 경제적인 이익을 얻었다. 강성해진 고조선을 경계한 한나라는 대군을 보내 공격하였으며, 고조선은 철기 문화를 기반으로 약 1년간 항전하였으나 왕검성의 함락으로 멸망하였다.

① 고구려 ② 동예 ③ 부여

2 ③

㉢ 고국천왕(194년)
㉡ 고국원왕(371년)
㉠ 소수림왕(372년)
㉣ 장수왕(475년)

3 ④

(가)는 지증왕(500~514), (나)는 진흥왕(540~576) 시기의 사건이다.
④ 법흥왕(514~540)
① 소지왕(479~500)
② 내물왕(356~402)
③ 경덕왕(742~765)

4 ①

① 금융실명제란 모든 금융거래를 금융거래 당사자 본인의 이름으로만 하도록 도입된 제도로, 1993년 김영삼 정부에서 시행되었다.

5 ②

향회의 약화로 인하여 수령에 대한 견제세력이 사라지면서 수령을 중심으로 한 관권이 강화되고 관권을 맡은 향리의 영향력이 커졌다.

6 ④

④ 모스크바 3상 회의는 1945년 12월에 개최된 미국, 영국, 소련의 외상회의로 한반도 문제 및 제2차 세계대전 종전 후 제반 문제 처리를 위해 설립되었다(8·15 광복 1945년).
① 조선건국동맹은 조선의 독립을 목표로 여운형이 1944년 조직한 비밀결사 조직이다.
② 1941년 대한민국임시정부는 새 민주국가 건설을 위해 대한민국건국강령을 발표하였다.
③ 조선어학회는 1931년부터 우리말 큰사전의 편찬을 시도하였다.

7 ①

주어진 사건은 이조 전랑 자리를 둘러싸고 일어난 김효원과 심의겸의 대립이다. 이를 계기로 기성 사림세력과 신진 사림세력의 갈등이 생기면서 동인과 서인으로 분화되어 붕당 정치가 시작되었다.

8 ③

임진왜란 후 농민의 공납 부담이 높아지면서 공납의 폐해는 다시 일어났다. 이런 상황에서 광해군이 즉위하자 한백겸은 대공수미법 시행을 제안하고 영의정 이원익이 이를 재청하여 경기도에 한하여 실시할 것을 명하고 선혜법이라는 이름으로 실시되었다. 중앙에 선혜청과 지방에 대동청을 두고 이를 관장하였다.

9 ①

주어진 지문은 안정복의 「동사강목」 중 일부이다. 안정복은 이를 통해 중국 중심의 역사관을 탈피하고 삼한정통론을 기본으로 하여 우리 역사의 독자적인 정통성을 강조하였다.
② 이종휘 「동사」
③ 한치윤 「해동역사」
④ 이긍익 「연려실기술」

10 ②

주어진 지문은 대한자강회 취지서이다. 대한자강회는 국민교육을 강화하고 국력을 배양하여 독립의 기초를 다진다는 취지로 조직되었으며, 월보를 간행하는 등의 계몽운동을 전개하였다. 1907년 고종 황제의 퇴위와 순종 황제의 즉위를 반대하는 국민운동을 전개하자 통감부에 의해 강제 해산되었다.
① 독립협회 ③ 실력양성운동 ④ 보안회

11 ①

원효와 함께 구도의 길을 떠났다는 대목으로 볼 때 주어진 지문에서 설명하는 인물은 의상임을 알 수 있다. 의상은 중국화엄종의 기초를 다진 지엄에게서 화엄을 공부하고 우리나라의 화엄의 개조가 되었다. 화엄십찰을 건립하였으며, 「화엄일승법계도」를 저술하여 제자들을 가르쳤다.
② 도선 ③ 원효 ④ 혜초

12 ②

원성왕은 통일신라의 왕으로 북국은 발해를 의미한다. 태학감은 신라의 교육기관이며, 발해의 최고 교육 기관은 주자감이다.

13 ①

제시된 지문의 왕은 고려 광종이다. 광종은 귀화인 쌍기의 건의를 받아들여 과거제도를 창설하였으며 이때 승과제도도 함께 시행하여 왕사·국사를 두고 불교 진흥을 도모하였다.
② 고종 ③ 숙종 ④ 현종

14 ①

제시된 지문은 고려 때 최충이 설립한 9재학당에 대한 설명이다. 9재학당에서는 9경 3사를 중심으로 한 과거시험을 위한 교육이 주를 이루었다.
② 김부식 ③ 최승로 ④ 정도전 및 신진사대부

15 ③

박병선 박사가 프랑스 국립 도서관에서 발견한 도서는 조선왕조의궤 등이며 이는 1866년 병인양요 때 프랑스가 약탈해간 강원도의 외규장각 도서이다.

16 ②

② 삼정이정청은 1862년(철종 13)에 임술민란을 비롯한 삼남지방의 농민봉기와 관련하여 삼정의 폐단을 고치기 위해 임시로 만들어진 관청이다.

17 ④

산미증식계획 … 1차 세계대전 후 자본주의가 급속히 발전(공업화)하고 농업생산력이 급격히 떨어진 일본에서 조선을 일본의 식량공급기지로 만들려는 식민지 농업정책

18 ④

제시된 법안은 1938년에 제정된 국가 총동원령으로 일본이 전쟁 수행에 필요한 인적·물적 자원을 마음대로 동원 및 통제할 목적으로 만든 법이다. 이 법에 의해 전시에는 노동력, 물자, 자금, 시설, 사업, 물가, 출판 등을 완전 통제하고, 평상시에는 직업능력 조사, 기능자 양성, 물자 비축 등을 명령했다.
④ 토지조사사업: 1910년부터 일본이 한국의 식민지적 토지 소유관계를 공고히 하기 위해 시행한 대규모의 한반도 국토조사사업

19 ③

경주 역사 유적 지구
㉠ 남산지구 : 보리사마애석불, 미륵곡 석불좌상, 용장사곡 삼층석탑, 석불좌상, 용장사지 마애여래좌상, 천룡사지 삼층석탑, 남간사지 당간지, 남간사지 석정, 남산리 삼층석탑, 배리 석불입상, 윤을곡 마애불좌상, 삼릉, 불곡 석불좌상, 신선암 마애보살반가상, 칠불암 마애석불, 탑곡 마애조상군, 삼릉계곡 석조여래좌상, 삼릉계곡 마애 관음보살상, 삼릉계곡 마애 석가여래좌상/선각여래좌상, 삼릉계곡 선각 육존불, 입곡 석불두, 침식곡 석불좌상, 열암곡 석불좌상, 약수계곡 마애입불상, 백운대 마애석

불입상, 포석정지, 남산성, 서출지, 신라일성왕릉, 신라정강왕릉, 신라헌강왕릉, 신라내물왕릉, 지마왕릉, 경애왕릉, 나정, 남산동 석조감실(총 37개)

ⓒ 월성지구 : 계림, 월성, 임해전지, 첨성대, 내물왕릉계림월성지대(총 5개)

ⓒ 대릉원지구 : 미추왕릉, 대릉원 일원, 오릉, 동부사적지대, 재매정(총 5개)

ⓒ 황룡사지구 : 황룡사지, 분황사 모전석탑(총 2개)

ⓒ 산성지구 : 명활성

20 ②

(가)는 관직과 인품을 고려하여 지급된 시정전시과, (나)는 관직만을 고려하여 지급된 개정전시과, (다)는 현직 관리에게만 지급되는 경정전시과에 해당한다.

ⓒ 경정전시과 때 한외과가 소멸되었다.

ⓒ 전시과는 전국을 대상으로 지급되었으며, 경기 8현에 한하여 지급된 것은 녹과전이다.

2016. 3. 19.
사회복지직 시행

---

1 ④

박제가… 조선 후기의 대표적인 실학자이다. 양반 가문의 서자로 태어나 신분적 제약을 차별대우를 받았기 때문에 봉건적 신분제도에 반대하는 선진적인 실학사상을 전개하였다. 정조 때 규장각 검서관에 등용되었다. 대표적 저서로는 「북학의」가 있다.

① 김석문 ② 윤휴 등의 남인(갑인예송) ③ 정약용

2 ④

ⓒ 서울 올림픽 개최(1988, 노태우 정부)

ⓒ 한·일 월드컵대회 개최(2002, 김대중 정부)

ⓒ 금융실명제 개시(1993, 김영삼 정부)

ⓒ 제3차 경제개발 5개년 계획 실시(1972~1976, 박정희 정부)

3 ①

지문의 '청해진' 설치를 통해 장보고에 대한 글임을 알 수 있다. 이 시기의 신라는 당과의 활발한 교역에 의해 산둥반도와 양쯔강 하류 일대에 신라인이 사는 신라방과 이를 관리하는 행정기관인 신라소가 설치되었다.

② 고려 숙종 때 ③ 고려 ④ 고려 후기

4 ①

좌우합작 7대원칙(1946. 10)

ⓒ 조선의 민주독립을 보장한 3상회의 결정에 의한 남북을 통한 좌우합작으로 민주주의 임시정부를 수립할 것

ⓒ 미·소공동위원회 속개를 요청하는 공동성명을 발할 것

ⓒ 토지개혁에 있어서 몰수·유조건 몰수·체감매상(遞減買上) 등으로 토지를 농민에게 무상으로 분여하며, 시가지의 기지 및 대건물을 적정 처리하며, 중요산업을 국유화하며, 사회 노동법령 및 정치적 자유를 기본으로 지방자치제의 확립을 속히 실시하며, 통화 및 민생문제 등을 급속히 처리하며, 민주주의 건국과업 완수에 매진할 것

ⓒ 친일파·민족반역자를 처리할 조례를 본 합작위원회에서 입법기구에 제안하여 입법기구로 하여금 심의·결정하여 실시케 할 것

ⓒ 남북을 통하여 현 정권 하에 검거된 정치운동자의 석방에 노력하고 아울러 남북·좌우의 테러적 행동을 일체 즉시로 제지토록 노력할 것

ⓒ 입법기구에 있어서는 일체 그 기능과 구성방법을 본 합작위원회에서 작성하여 적극적으로 실행을 기도 할 것

ⓒ 전국적으로 언론·집회·결사·출판·교통·투표 등 자유를 절대로 보장하도록 노력할 것

5 ②

ⓒ 역분전 : 940년(태조 23) 후삼국 통일에 공을 세운 조신·군사 등에게 관계의 고하에 관계없이, 인품과 공로에 기준을 두어 지급한 수조지

ⓒ 전시과 : 976년(경종 1)에 제정한 토지제도(시정전시과)로 이는 이후 정치·경제적 변화에 의해 여러 차례 개정되었다. 시정전시과에서는 관품 외에 인품까지도 고려하였다.

6 ③

주어진 글은 황성신문에 실린 장지연의 「시일야방성대곡」이다. 황성신문은 국민지식의 계발과 외세침입에 대한 항쟁의 기치 아래 1898년 남궁억에 의해 창간되었다. 문자는 국한문혼용체로 순한글로 제작되는 신문들의 전통을 깨 한학 식자층 독자들의 환영을 받았다.

① 만세보 ② 대한매일신보 ④ 독립신문

7 ②

주어진 글과 관련된 나라는 옥저이다.

① 고구려 ③ 변한 ④ 부여

8 ②

임시정부 당시 많은 내부적 문제를 해결하기 위한 조직 개편을 위해 1923년 1월에 각지의 국민대표들이 모인 가운데 국민대표회의가 개최되었다. 이후 1925년 박은식이 대통령으로 선출되었으며 헌법개정안을 제출하여 대통령제를 폐지하고 국무령을 중심으로 한 의원내각제로 바꾸고 이상룡을 국무령으로 추대한 후 대통령을 사임하였다.

9 ②

의창 … 고려와 조선시대에 각 지방에 설치한 창고로 평상시에 곡식을 저장하였다가 풍년이 들었을 때 빈민을 구제하였던 구호기관이다.
① 고려 초에 빈민에게 곡식을 빌려주었다가 추수기에 상환하도록 하는 진대기관으로 986년(성종 5)에 의창으로 바뀌었다.
③ 고려시대 승려들을 위하여 설치된 장학재단
④ 고려시대 백성들을 위해 설치된 구호 및 의료기관

10 ①

㉠ 660년 ㉡ 668년 ㉢ 671년 ㉣ 675년

11 ②

병부의 설치, 연호 '건원' 사용, 금관가야 정복 등의 신라 법흥왕의 업적이다. 법흥왕은 이외에도 국가 통치의 기본법인 율령을 공포하고, 백관의 공복을 제정하여 관리들의 위계를 분명히 하였다. 또한 골품제도의 정비하고 불교를 공인하여 새롭게 성장하는 세력들을 포섭하고자 하였다.
① 선덕여왕 ③ 진흥왕 ④ 진평왕

12 ③

① 최명길은 병자호란이 일어나자 주화론의 입장에서 청과의 강화를 주장하였다.
② 기병 중심의 별무반을 조직한 것은 윤관이며, 남이 장군은 이시애의 반란을 평정하였다.
④ 효종을 도와 북벌을 계획한 것은 송시열이며, 임경업은 병자호란 때 백마산성에서 활약하였다.

13 ①

① 조선 후기의 대표적인 강목체 역사서로는 안정복의 「동사강목」, 유계의 「여사제강」 등이 있다.

14 ①

① 가야는 철광석 생산이 풍부하고 제작기술이 발달했지만 철로 만든 불상이 유행하지는 않았다. 철불은 신라시대 때부터 만들어지기 시작하여 고려 초기에 많이 제작되었다. 현존하는 가장 오래된 철불은 통일신라시기의 철제여래좌상이다.

15 ①

이조전랑의 후임자 추천권 폐지는 영조의 업적이다.
② 태종 ③ 정조 ④ 흥선대원군

16 ①

② 궁성요배란 매일 천황이 사는 곳을 향해 절을 하는 것을 말한다. 서울 남산을 비롯하여 전국 각지에 신사를 세우고 예배하도록 한 것은 '신사참배'이다.
③ 지원병 제도에서 징병 제도로 바꾸었다.
④ 만보산 사건(1931)이 국가총동원법의 제정(1938)보다 먼저이다.

17 ③

① 불국사 3층 석탑(석가탑) : 통일신라 석탑의 전형으로, 아름다운 비례미를 가진다(국보 제21호).
　진전사지 3층 석탑 : 형태는 통일신라 석탑의 전형이고, 기단과 탑신에 부조로 새긴 불상으로 진전사의 화려함을 엿볼 수 있다(국보 제122호).
② 감은사지 3층 석탑 : 동일한 구조의 탑 두 개가 동서로 놓여있다. 통일신라의 가장 오래된 석탑이다(국보 제112호).
④ 원각사지 10층 석탑 : 조선 세조 때 대리석으로 만든 석탑으로 조선 초기의 대표적인 석탑이다(국보 제2호).

18 ④

(가) 병인양요는 1866년, (나) 신미양요는 1871년에 일어난 사건이다.
① 운요호사건(1875)
② 영남만인소(1881)
③ 조·미수호통상조약의 체결(1882)
④ 오페르트 도굴사건(1868)

19 ③

국채보상운동 … 1907년 대구에서 서상돈 등의 제안으로 일본에서 도입한 차관 1,300만 원을 갚아 주권을 회복하고자 발단된 주권수호운동이다. 그러나 이와 같은 운동이 전국적으로 확대되자 일제는 일진회를 통해 이를 공격하고 국채보

상기성회의 간사 양기탁을 횡령죄를 씌워 구속하는 등의 방해로 탄압하여 더 이상의 진전 없이 좌절되었다.
① 보안회는 일제의 황무지 개간권 탈취에 대항하기 위해 결성된 단체이다.
② 국채보상운동은 통감부의 방해로 실패하였다.
④ 물산장려운동에 대한 설명이다.

20 ④
① 홍경래의 난 : 1811년(순조 11)에 홍경래, 우군칙 등의 주도로 평안도에서 일어난 농민항쟁
② 이인좌의 난 : 1728년(영조 4)에 정권에서 배제된 소론과 남인의 과격파가 연합하여 무력으로 정권을 탈취하려 했던 사건
③ 황사영 백서사건 : 1801년(순조 1)에 천주교도 황사영이 북경에 있던 프랑스 선교사에게 신유박해에 대해 쓴 편지로 인해 발생한 사건으로 이로 인해 천주교에 대한 탄압이 더욱 강화되었음
④ 삼정이정청 : 1862년(철종 13)에 삼정의 폐단을 고치기 위해 임시로 만든 관청

2016. 4. 9.
인사혁신처 시행

1 ③
(가)는 인종 때 김부식에 의해 저술된 「삼국사기」이며, (나)는 충렬왕 때 일연에 의해 저술된 「삼국유사」이다.
③ 「삼국사기」는 신라 계승의식을 강조하였으며 「삼국유사」는 단군조선을 계승한 자주의식에 입각하여 서술되었다.

2 ①
밑줄 친 그는 고려의 충선왕이다.
② 충렬왕
③④ 공민왕

3 ①
제시된 글은 역사가의 주관적 입장을 강조하는 '기록으로서의 역사'에 대한 관점이다.
①은 객관적 사실로서의 역사를 강조하는 랑케의 사관이다.

4 ①
제시된 결정문은 모스크바3상회의의 결정문이다. 이 결정문의 주요 내용은 우리나라에 대한 신탁통치와 독립의 유예에 대한 것으로, 차후의 문제는 미·소 공동위원회를 통하여 처리하기로 합의하였다.

5 ④
밑줄 친 사건은 갑신정변이다.
④ 갑신정변은 청군의 공격을 받은 개화당 세력과 일본군이 철수하면서 실패로 끝났다.

6 ①
① 방곡령 규정이 합의된 통상 협약은 1883년의 개정 조·일 통상장정이다. 1876년의 조·일 통상장정은 무관세, 무항세, 무제한 양곡 유출의 규정을 포함한 불평등 조약이다.

7 ②
② 백제가 마한 잔여 세력을 정복하고 수군을 정비하여 요서 지방까지 진출한 것은 4세기 중반 근초고왕 때의 일이다. 웅진 천도는 개로왕 때의 일이다.

8 ④
제시된 자료를 통해 유추할 수 있는 신분층은 진골귀족이다. 진골귀족은 식읍·전장 등을 경제적 기반으로 하였다.
①② 6두품에 대한 설명이다.
③ 돌무지덧널무덤은 6세기 전후의 신라 무덤양식이다. 통일신라시대의 무덤양식은 굴식돌방무덤이다.

9 ④
② 한산도대첩(1592년 7월) → © 진주대첩(1592년 10월) → © 평양성 탈환(1593년 1월) → ⊙ 행주대첩(1593년 2월)

10 ②
밑줄 친 이 법은 대동법이다.
② 대동법은 광해군 때 경기도에서 처음 실시하여 숙종 때 전국적으로 확대 실시하였다.

11 ③
밑줄 친 왕은 고구려의 소수림왕이다. 소수림왕은 불교를 수용하고 유학 교육 기관인 태학을 설치하였으며 관등제를 정비하는 등 율령체제를 정비하였다.
①④ 영양왕 ② 고국천왕

12 ④

④ 한국독립군이 한·중 연합작전으로 동경성에서 승리한 것은 1930년대이다.

13 ③

제시된 자료는 조선 후기의 사회 모습이다.
③ 유향소를 통제하기 위하여 경재소가 설치된 것은 조선 중기인 15세기의 일이다.

14 ③

밑줄 친 이 사람은 퇴계 이황이다.
① 조식 ② 이이 ④ 서경덕, 최한기

15 ②

제시된 선언문은 신채호의 '조선혁명선언'으로 의열단의 강령이다.
② 한인애국단에 대한 설명이다.

16 ③

제시된 상황은 광무정권 때이다.
③ 중추원을 개조하여 우리 옛 법령과 풍속을 연구한 것은 한일합방 이후이다.

17 ④

밑줄 친 이 사상은 풍수지리사상이다.
④ 초제는 도교적 행사이다.

18 ④

㈎는 경정전시과이다.
㉠ 4색 공복을 기준으로 등급을 나눈 것은 시정전시과이다.

19 ①

㉡ 고조선 지역에 한의 창해군이 설치된 것은 ㈏ 시기이다.
㉣ 비파형동검과 고인돌의 분포를 통하여 통치 지역을 알 수 있는 것은 ㈎ 시기이다.

20 ②

제시된 법령은 1912년부터 1918년까지 실시한 토지조사사업의 내용이다.
① 농경지에 한해 시행되었다.
③ 1918년 지세령 개정
④ 대한제국의 양전사업 내용

2016. 6. 18.
제1회 지방직 시행

---

1 ①

밑줄 친 이 토기는 빗살무늬 토기로 신석기 시대에 사용되었다.
②③④ 청동기 시대

2 ④

제시된 문서는 통일 신라 시대의 민정문서이다.
④ 고려 시대의 일이다.

3 ①

㉠은 고려 시대의 특수행정구역인 '소'이다. 향·소·부곡의 주민은 양인의 신분이었지만 사회적 차별을 받았다.
② 귀족 ③ 향리 ④ 노비

4 ①

대화에 나타난 수취 제도는 대동법이다.
②③ 균역법에 대한 설명이다.
④ 영정법에 대한 설명이다.

5 ③

제시된 법령은 농지개혁법이다. 농지개혁법의 시행으로 지주의 권한이 줄어들고 자기 땅을 가진 소작농이 증가하였다.
② 토지조사사업에 대한 설명이다.
④ 농지개혁법은 유상매입, 유상분배를 원칙으로 한다.

6 ③

㉢ 520년 → ㉡ 538년 → ㉣ 562년 → ㉠ 612년

7 ②

밑줄 친 왕은 고려의 숙종이다.
① 성종 ③ 태조 ④ 광종

8 ③

제시된 내용을 주장한 인물은 지눌이다.
① 의천 ② 의상 ④ 원효

9 ③

제시된 정책을 시행한 왕은 영조이다.

① 정조   ② 철종   ④ 흥선대원군

10 ④

제시된 법령은 조선태형령으로, 일본의 무단통치 시기인 1912년에 제정되었다.

④ 대한광복군정부는 1914년에 블라디보스토크에 세워진 망명 정부이다.

① 1910년   ② 1906년   ③ 1908년

11 ①

제시된 자료는 신라 하대 진성여왕 때 발생한 원종·애노의 난에 대한 설명이다.

② 고려 후기   ③ 조선 후기   ④ 고구려 고국천왕

12 ③

제시된 사건은 임오군란이다.

① 정미의병   ② 동학농민운동   ④ 을미의병, 을사의병

13 ②

제시된 내용이 포함된 개혁은 1894년에 일어난 제1차 갑오개혁이다.

② 독립협회는 1896년에 창립되었다.

14 ④

밑줄 친 무덤 주인은 백제의 무령왕이다.

① 백제 성왕   ② 백제 비유왕   ③ 신라 진흥왕

15 ②

제시된 내용은 신채호의 '조선역사상 일천년래 제일대사건'의 일부로 밑줄 친 그는 김부식이다.

① 이제현에 대한 설명이다.

③ 일연의 「삼국유사」, 이승휴의 「제왕운기」 등이 해당한다.

④ 이규보에 대한 설명이다.

16 ③

③ 1234년

① 교정도감은 최충헌이 설치하였다. →(나)

② 1176년 →(가)

④ 최우 집권기 →(다)

17 ②

밑줄 친 왕은 조선의 세종으로, 제시된 내용은 세종 때 만든 칠정산에 대한 설명이다.

② 금양잡록은 조선 성종 때 강희맹이 편찬하였다.

18 ②

제시된 내용은 조선 후기의 사회 모습이다.

①③ 고려 시대

④ 서원이 설립되기 시작한 것은 조선 중종 때이다.

19 ③

② 1923년→㉠ 1925년→㉡ 1926년→㉢ 1929년

20 ②

주어진 내용은 조선 현종 때 인선왕후 장씨가 사망하자 자의대비의 복제문제를 두고 일어난 논쟁인 갑인예송에서 남인들이 주장한 내용이다.

② 남인은 기사환국으로 서인을 대거 숙청하고 다시 집권하였다.

① 북인   ③ 서인   ④ 소론

2016. 6. 25.
서울특별시 시행

1 ④

제시된 자료와 관련된 나라는 부여이다.

①②③ 부여와 관련된 설명이다.

④ 고구려 문자왕 때의 일이다.

2 ③

(다) 5세기 초→(라) 5세기 중반→(가) 6세기→(나) 7세기

3 ④

④ 겸익은 백제 성왕 때의 승려이다.

4 ④

빈칸에 들어갈 왕은 발해의 무왕이다.

①③ 발해 문왕   ② 발해 선왕

5 ③

③ 고려 문종의 아들인 의천은 송과 요의 대장경 주석서를 모아 속장경을 편찬하였다. 금나라가 세워진 것은 고려 예종 때이다.

6 ①

(가) 1173년 → (나) 1183년 → (다) 1193년 → (라) 1196년

7 ②

② 12목을 설치하여 최초로 지방관을 파견한 것은 고려 성종 때이다.

8 ③

①② 공민왕 ④ 충목왕

9 ④

④ 태조의 요동정벌 운동을 적극 지지한 것은 정도전이다. 이에 이방원은 1차 왕자의 난을 일으켜 정도전 일파를 숙청하였다.

10 ①

② 광해군 때 한백겸이 편찬한 역사지리서이다.
③ 정조 때 안정복이 편찬한 역사서이다.
④ 광해군 때 허준이 편찬한 의학서이다.

11 ①

① 3포 개항은 1426년 세종 때의 일이다.

12 ③

(가) – 이승훈, (나) – 안정복, (다) – 김대건
※ 보기의 인물
• 이가환 : 조선 후기의 문신이자 학자로 남인 중 청남 계열의 지도자로 부상하였으나 천주교 신봉으로 인해 1801년(순조 1) 옥사하였다.
• 이기경 : 조선 후기의 문신으로 이조좌랑 등을 지냈다. 주자학과 다르다 하여 천주교를 배척하는 데 앞장섰다.
• 황사영 : 조선 후기의 천주교도로 신유박해 때 산중으로 피신하여 조선의 천주교 박해 실상을 알리는 「백서」를 작성하였고, 이것이 발각되어 사형되었다.

13 ④

① 송수만, 삼상진이 조직한 것은 보안회이다.
② 이종일이 순한글로 간행한 것은 제국신문이다.
③ 을지문덕, 강감찬, 최영, 이순신 등의 전기를 쓴 것은 신채호이다.

14 ③

③ 고종은 연호를 광무, 국호를 대한제국으로 정하고 환구단에서 황제 즉위식을 거행하였다.

15 ②

제1차 한 · 일 협약(1904) … 공식명칭은 '외국인 용빙(傭聘)협정'으로 한일협정서라고도 한다. 러시아와 전쟁을 일으킨 일본은 한국정부를 무력으로 강압해서 한일의정서를 체결하고 한반도를 군사기지로 확보하고, 전쟁이 일본에 유리하게 기울자 한국의 재정 · 외교의 쇄신을 위하여 외국고문을 초빙해야 한다고 주장하며 외국인 용빙(傭聘)협정 체결을 강요하였다. 이에 일본인 재정고문 1명과 일본이 추천하는 외국인 외교고문 1명을 초빙한다는 내용의 제1차 한 · 일 협약이 체결되었다.

16 ①

제시된 내용은 박영효의 약력이다.

17 ②

ⓒ 제주 4 · 3 사건은 1948년에 일어난 사건으로 대한민국 정부 수립(1948년 8월 15일) 이전이다.
㉠ 1948년 10월
㉡ 1949년 제정, 1950~1957년 시행
ⓒ 1949년 6월
㉢ 1948년 10월

18 ④

④ 1954년 이승만 정권이 통과시킨 제2차 개헌, 일명 사사오입 개헌의 주 내용은 초대 대통령에 한해 중임 제한을 철폐한다는 내용이다. 직선제 개헌은 제9차 개헌이다.

19 ①

제시된 자료는 1910년대에 실시한 토지조사사업에 관련된 내용이다.
① 일본에 의해 국유지로 편입된 토지에 대하여 다수의 분쟁이 발생하였다.

20 ②

(라) 1968년 → (마) 1972년 7월 → (다) 1972년 11월 → (나) 1973년
→ (가) 1979년

2017. 3. 18.
제1회 서울특별시 시행

---

1 ①
② 부산 동삼동 패총은 신석기 시대의 유적지이다. 주춧돌을
사용한 지상가옥은 청동기 시대의 주거 형태이다.
③ '흥수아이'는 청원 두루봉 동굴 유적에서 발굴된 구석기
시대의 인류 화석으로, 3~4살쯤 되는 아이의 것으로
우리나라 구석기 시대의 사람 뼈로는 처음으로, 완전히
보존된 사람의 뼈가 발견되었다.
④ 울주 반구대 암각화에는 고래, 거북, 물고기, 사슴, 호랑
이 등의 그림이 주로 새겨져 있다. 사각형 또는 방패 모
양의 기하학적 그림이 새겨져 있는 것은 고령 양전동 장
기리 바위 그림이다.

2 ④
① 신라 화백회의의 의장은 상대등이다. 상좌평은 백제 정
사암 회의의 의장이다.
② 관품 구별에 따라 자·단·비·녹색의 공복을 입은 것은
고려 광종 때이다. 백제는 16관등을 3등급으로 나누어
자·비·청색의 공복을 입었다.
③ 신라는 진덕여왕대 품주를 국가 기밀 담당인 집사부와
재정 담당인 창부로 개편하였다.

3 ②
헌의 6조
㉠ 외국인에게 의지하지 말고 관민이 한마음으로 힘을 합하
여 전제 황권을 견고하게 할 것
㉡ 외국과의 이권에 관한 조약은 각 대신과 중추원 의장이
합동 날인하여 시행할 것
㉢ 국가 재정을 탁지부에서 전관하고 예산과 결산을 국민에
게 공포할 것
㉣ 중대 범죄를 공판하되 피고의 인권을 존중할 것
㉤ 칙임관을 임명할 때는 정부의 자문을 받아 다수의 의견
에 따를 것
㉥ 정해진 규칙을 실천할 것

4 ④
제시문에서 밑줄 친 세자는 소현세자이고 임금은 인조이다.
④ 북벌론은 청에 포로로 잡혀갔다 돌아온 효종과 송시열
등 서인에 의해 제기되었다.

5 ①
제시된 내용은 황산대첩에 대한 설명이다. 밑줄 친 살아 도
망간 자는 왜적을 말한다.
①에서 밑줄 친 그들은 홍건적이다.

6 ④
제시된 자료는 1885년에 청일 간에 체결된 톈진 조약과 관
련된 내용이다. 톈진 조약 체결을 통해 일본은 조선에 대한
파병권을 얻게 되었다.

7 ①
「성학집요」의 저자는 율곡 이이이다.
① 이기이원론적 이기론을 강조한 것은 이황이다. 이이는
이기일원론을 주장하였다.

8 ④
㉠ 정전, ㉡ 균전
제시된 내용은 정약용의 저서인 「경세유표」 중 토지제도 개
혁에 대한 부분이다. 정약용은 초기에 주나라의 정전법을 우
리나라에서 시행하는 것에 대한 가능성을 비판하며 여전제
를 주장하였고, 이후 여전제를 수정한 정전제를 주장하였다.
※ 정약용의 여전제와 정전제
　㉠ 여전제 : 마을 단위의 공동 농장을 만들어 작물을 공동
　　생산하고, 노동력에 따라 수확량을 나누어 가지는 제도
　㉡ 정전제 : 국가는 백성들에게 일정한 토지를 나누어주
　　며 자영농을 육성할 것을 주장

9 ③
㉠ 1차 수신사절(1876) → ㉢ 2차 수신사절(1880) → ㉣ 조사
시찰단(1881.4) → ㉤ 영선사(1881.9) → ㉡ 보빙사(1883)

10 ①
제시된 내용은 1883년 창간된 우리나라 최초의 신문인 한
성순보에 대한 내용이다.
② 한성주보 ③ 독립신문 ④ 황성신문

11 ③

고려의 지배층과 피지배층 사이에는 중류층이 자리 잡고 있었다. 중앙 관청의 말단 서리인 <u>잡류</u>, 궁중 실무 관리인 <u>남반</u>, 직업 군인으로 하급 장교인 <u>군반</u> 등이 있었다. 더하여 지방 행정 실무를 담당하는 향리도 중류층에 해당한다.

12 ②

② 「삼국지」〈동이전〉에 인용된 「위략」에 따르면 조선후 준(準)이 일찍이 왕을 칭하였는데 위만(衛滿)에게 공격받아 나라를 빼앗겼다고 언급하고 있다.

13 ④

제시된 지문은 신채호의 조선혁명선언(1923)으로 의열단의 독립운동이념과 방략을 이론화하여 천명한 선언서이다.
①② 한인애국단의 활동이다.
③ 박재혁은 부산 경찰서에 폭탄을 투척하였다. 밀양 경찰서에 폭탄을 투척한 것은 최수봉이다.

14 ③

③ 귀족들의 반발로 경덕왕대에 관료전을 폐지하고 녹읍을 부활시켰다.

15 ①

제시된 비문은 1712년에 세워진 백두산정계비에 새겨진 내용이다.
① 조선과 청의 대표는 현지를 답사하고 비를 세웠다.

16 ②

② 생원이나 진사가 우선적으로 입학하고, 승보나 음서에 의해 입학하기도 하였다.

17 ③

③ 「과농소초」는 박지원의 저술이다.

18 ②

모스크바 3국 외상
회의에서 결정된 한국정부 수립 방안은 ㉠ 미·소 공동위원회 개최 → ㉢ 미·소 공동위원회와 한국의 정당 및 사회단체의 협의 → ㉣ 임시민주정부 수립 → ㉡ 미·소 공동위원회와 임시민주정부 협의 하에 미, 영, 중, 소에 의한 통치 방안 결정 순이었다. 그러나 한국 내 신탁통치 반대 세력과 미·소의 대립 등으로 인해 미·소 공동위원회를 통한 임시민주정부 수립은 불발되었다.

19 ③

① 귀족 세력은 왕족을 비롯하여 5품 이상의 고위 관료가 주류를 형성하였다.
② 사림 세력은 조선 중기에 정치를 주도한 세력이다.
④ 향리의 자제들이 과거를 통해 관료로 진출하고 후에 귀족의 대열에 들기도 하였다.

20 ②

일제의 민족분열정책과 자치운동론의 등장에 대응하여, 민족해방운동의 단결과 통일적 대응을 모색하던 사회주의 진영과 비타협적 민족주의 진영은 1926년 <u>정우회</u> 선언을 계기로, 1927년 1월 <u>신간회</u>를 발기하였다. 이어서 서울청년회계 사회주의자와 물산장려운동계열이 연합한 <u>조선민흥회</u>와도 합동할 것을 결의, 마침내 2월 15일 YMCA 회관에서 <u>신간회</u>창립대회를 가졌다.

2017. 4. 8.
인사혁신처 시행

1 ④

㉠ 설총, ㉡ 최치원으로 두 인물은 6두품이었다.
④ 중위제는 아찬 이상 승진할 수 없는 6두품의 불만을 해소하기 위한 조치였다. 6두품 아찬의 경우 4중, 5두품 대나마의 경우에도 9중의 중위제를 적용받았다.
① 성골과 진골
②③ 진골

2 ②

㈎ 낙랑군 축출 - 미천왕 14년(313)
㈐ 평양 천도 - 장수왕 15년(427), 한성 함락 - 장수왕 63년(475)
㉠ 태학 설립 - 소수림왕 2년(372)
㉡ 진대법 도입 - 고국천왕 16년(194)
㉢ 천리장성 축조 - 보장왕 6년(647)
㉣ 신라의 왜구 격퇴 - 광개토대왕 10년(400)

3 ①

제시된 내용은 5가작통법에 대한 설명이다. 5가작통법은 농민의 도망과 이탈을 방지하여 부세와 군역을 안정적으로 확보하기 위해 시행하였다.

4 ③

③ 조·청 상민수륙무역장정은 1882년 임오군란을 계기로 체결되었다.

5 ①

㉠은 상하이 임시정부의 국민대표회의이다. 국민대표회의는 새 정부를 수립하자는 창조파와 임시정부 조직만을 개조하자는 개조파의 대립으로 결렬되었다.

6 ③

① 현량과 실시(중종) → ㈏
② 무오사화, 갑자사화(연산군) → ㈎
④ 금난전권 폐지(정조) → ㈐ 이후

7 ①

자료에 나타난 나라는 동예이다.
②④ 삼한 ③ 옥저

8 ②

밑줄 친 이 기구는 고려 우왕 3년(1377)에 최무선의 건의에 따라 설치된 화통도감이다.
① 예종 ③ 선종~숙종 ④ 성종

9 ②

제시된 건의문은 1898년 10월 관민공동회에서 독립협회가 채택한 헌의 6조이다. 그러나 보수파의 반발로 독립협회는 해산되었고 고종은 황제권 강화 작업의 일환으로 1899년 대한국국제를 선포하면서 원수부를 설치하였다.
① 1894년 1차 갑오개혁
③ 1896년 아관파천
④ 1896년 독립신문 창간

10 ②

② 대한제국 칙령 제41호에서는 울도군수가 석도(오늘날의 독도)를 관장하도록 했다. 삼국접양지도에는 울릉도와 독도가 우리나라의 영토로 표기되어 있다.
① 이범윤의 보고문은 간도를 시찰한 후 작성된 것이다.
③ 미쓰야 협정은 만주의 독립군 근절을 위해 총독부 경무국장 미쓰야와 만주의 경무국장 간에 체결한 협정이다.
④ 어윤중은 서북경략사로 임명되어 간도에 파견되었다.

11 ②

제시문에서 설명하는 화폐는 고려 숙종 때 만들어진 활구(은병)이다.
① 조선 후기
③ 신라 지증왕
④ 신라 흥덕왕

12 ④

밑줄 친 그는 정도전이다.
① 이종무
② 세종의 명에 따라 설순 등
③ 김종서

13 ④

밑줄 친 이곳은 하와이다.
① 밀산부(러시아와 만주의 국경)
② 연해주
③ 서간도

14 ②

제시문은 지전설과 함께 홍대용이 주장한 무한우주론에 대한 설명이다. 홍대용은 「임하경륜」에서 성인 남자에게 2결의 토지를 나누어 주자는 균전제를 주장하였다.
① 박제가 ③ 유형원 ④ 유수원

15 ④

제시된 내용은 한일신협약(정미7조약) 체결 후 통감부의 대한제국 군대 해산과 관련된 것이다.
ⓒ 정미의병 때 연합 의병 부대인 13도 창의군이 결성되어 서울 진공 작전을 계획하였으나 실패했고 ⓔ 이에 일본은 남한 대토벌 작전으로 의병 부대의 근거지를 초토화하였다.
㉠ 을사의병 ⓛ 을미의병

16 ②

ⓛ 제1차 한일협약(1904) → ㉠ 헤이그 특사로 고종 퇴위(1907) → ⓔ 순종 즉위 후 한일신협약(1907) → ⓒ 기유각서(1909)

17 ④

제시문은 조선 후기 광산 개발과 관련된 내용이다.
④ 고려 말의 일이다.

18 ③

제시문은 묘청의 풍수지리 사상에 따라 서경 천도를 주장하는 내용이다.
③ 초제의 사상적 근거는 도교이다.

19 ③

제시문은 손진태의 「조선민족사 개론」이다.
① 신채호 ② 박은식 ④ 정인보

20 ①

① 의주는 압록강변에 위치하며 도호부가 설치되지 않았다.
도호부 ⋯ 고려 · 조선시대 지방 행정기구로, 고려 초에는 군사적 요충지에 설치하였으나 점차 일반 행정기구로 변화하였다.

2017. 6. 17.
제1회 지방직 시행

---

1 ①

① 구석기시대 전기에는 주먹도끼와 찍개 등이 사용되었고, 슴베찌르개는 후기에 사용되었다.

2 ②

제시된 사료는 신채호의 「조선상고사」 총론의 일부이다.
「조선상고사」는 단군시대로부터 백제의 멸망과 그 부흥운동까지를 주체적으로 서술하였다.
② 신채호는 「을지문덕전」, 「최도통전」, 「이순신전」 등을 저술하여 애국심을 고취하였다.
① 정약용 ③ 백남운 ④ 정인보

3 ②

시기	중앙	지방
㉠ 통일신라	9서당	10정
㉡ 조선 전기	5위	진관체제
㉢ 조선 후기	5군영	속오군
㉣ 고려	2군과 6위	주현과 주진군

따라서 ㉠→㉣→㉡→㉢ 순이다.

4 ③

(개)는 부여, (내)는 고구려이다.
① 옥저 ② 삼한 ④ 동예

5 ④

(개) 최치원, (내) 최승우, (대) 최언위의 글이다.
④ 최치원, 최승우, 최언위는 '신라 3최'로 6두품 출신의 학자이다. 당나라에 유학하여 빈공과에 급제하였다.

6 ④

지문에서 밑줄 친 '대사'는 장보고이다.
④ 김헌창에 대한 설명이다.

7 ②

(개)는 정사암으로, 지문은 백제의 정사암 회의에 대한 설명이다.
㉡ 6세기 백제 성왕의 업적이다.
㉢ 3세기 백제 고이왕의 업적이다.
㉠ 고구려 ㉣ 통일신라 ㉤ 발해

8 ③

제시된 사료는 정약용의 「목민심서」의 일부이다.
① 김석문 ② 신속 ④ 안정복

9 ①

제시된 내용은 고려 전기의 무역 상황이다. 고려 숙종대에는 화폐에 대하여 적극적인 정책을 채택하여 숙종 7년에는 해동통보 1만 5천 개를 발행하기도 하였다.
② 통일신라 ③④ 조선 후기

10 ②

(개) 의천 : 교선일치를 역설하며 천태종을 개창하였다.
(내) 지눌 : 정혜결사(定慧結社)를 조직해 불교의 개혁을 추진했으며, 돈오점수(頓悟漸修)와 정혜쌍수(定慧雙修)를 주장하며 선교일치를 추구하였다.
㉡ 선종 ㉢ 혜심

11 ②

② 고대 도성의 주요시설을 배치하는 원칙의 하나인 좌묘우사의 원칙에 따라 경복궁의 동쪽에 종묘를, 서쪽에 사직을 배치하였다.

12 ①

제시된 사료에서 '나'는 세종대왕으로 밑줄 친 '이 제도'는 공법이다.

①④ 공법은 토지가 비옥한가 메마른가에 따라 6개의 등급으로 나누고, 다시 그 해의 농사의 풍흉에 따라 9개의 등급으로 나누어 세율을 조정하여 1결당 20두에서 4두까지 차등있게 내도록 하였다.

② 영정법에 대한 설명이다.

③ 대동법에 대한 설명이다.

13 ④

④ 상주에서 일본군과 맞서 싸운 인물은 이일이다. 조선은 북상하는 왜군에 맞서기 위해 이일을 순변사로 임명하였지만, 이일이 상주에 도착하였을 때 상주목사 김해는 이미 도주하였고 군사들도 달아난 상태로 결국에는 패배하였다.

14 정답 없음

영조 26년(1750) 종래 인정(人丁) 단위로 2필씩 징수하던 군포가 여러 폐단을 일으키고, 농민 경제를 크게 위협하자 2필의 군포를 1필로 감하기로 하는 한편, 균역청을 설치, 감포에 따른 부족재원을 보충하는 대책으로 어전세·염세·선세 등을 균역청에서 관장하여 보충한다는 등의 균역법이 제정되어 1751년 9월에 공포되었다.

④ 선무군관포는 양역의 부과 대상에서 빠져 있는 피역자를 선무군관으로 편성하여 다시 수포한 것이다.

15 ③

③ 현존하는 가장 오래된 족보는 성종 7년(1476)에 간행된 「안동권씨성화보」이다. 「문화류씨가정보」는 1562년에 간행되었다.

16 ③

㈎ 1980년 10월 : 8차 개헌

㈏ 1948년 7월 17일 : 제헌헌법

㈐ 1954년 11월 : 2차 개헌(사사오입 개헌)

㈑ 1972년 12월 : 7차 개헌(유신헌법)

③ 1958년 1월 진보당이 북한의 주장과 유사한 평화통일론을 주장하였다는 혐의로 정당등록이 취소되고 위원장 조봉암이 사형을 당했다.

① 남북 유엔 가입은 1991년 9월이다.

② 판문점에서 휴전 협정이 체결된 것은 1953년 7월이다.

④ 1972년 7월 4일 분단 이후 최초로 조국 통일과 관련한 남북 공동 성명을 발표하였다.

17 ④

제시된 사료는 1880년 수신사 김홍집이 일본에서 귀국하며 가져 온 「조선책략」의 일부이다.

④ 최익현이 「오불가소」를 올린 것은 강화도 조약 체결(1876)로 인한 개항에 반대한 것이다.

① 1886년 ② 1882년 ③ 1884년

18 ③

제시된 사료는 대한민국 건국강령의 일부로 삼균제도는 조소앙에 의해 정립되었다.

③ 조소앙은 남한 단독 정부 수립에 반대하여 제헌 국회의원 선거에 불참하였다.

19 ④

④ 국민교육헌장은 우리나라의 교육이 지향해야 할 이념과 근본 목표를 세우고, 민족중흥의 새 역사를 창조할 것을 밝힌 교육지표로, 1968년 12월 5일에 반포되었다.

20 ④

제시된 사료는 1948년 9월 제정된 「반민족행위처벌법」이다.

④ 여수·순천 사건은 1948년 10월 19일 전라남도 여수에 주둔하던 국방경비대 제14연대 소속의 군인들이 제주 4·3 사건 진압을 거부하며 일으킨 반란 사건이다.

2017. 6. 24.
제2회 서울특별시 시행

---

1 ③

③ 「기언」은 허목의 시문집이다. 한치윤의 저서로는 「해동역사」가 있다.

2 ①

① 고려시대의 소는 중앙정부에서 필요로 하는 각종 물품을 생산·공급하는 기구였으며, 주민의 신분은 공장(工匠)이었다. 자기소(磁器所)·철소(鐵所)·은소(銀所)·금소(金所)·동소(銅所)·사소(絲所)·지소(紙所)·주소(紬所)·와소(瓦所)·탄소(炭所)·염소(鹽所)·묵소(墨所) 등 수공업 생산의 중요 부분을 차지하였다.

3 ④

지도는 고려 공민왕대의 영토 수복을 보여주고 있다. 공민왕은 전민변정도감을 설치하여 권문세족이 부당하게 빼앗은 토지를 원래의 주인에게 돌려주고, 억울하게 노비가 된 양민을 해방시켰다.

① 공양왕 ② 우왕 ③ 충렬왕

4 ③

① 공음전은 5품 이상의 관리에게 주었다.

② 전시과에서는 관등을 18품계로 나누어 그 고하에 따라 토지를 나누어 주었다.

④ 공해전은 경비 충당을 목적으로 중앙과 지방의 관아에 지급한 토지이다. 왕실 경비 마련을 위한 토지는 내장전이다.

5 ②

(가) 카이로 회담(1943. 11), (나) 모스크바 3상회의(1945. 12)

② 1945년 12월 소련 수도 모스크바에서 개최된 미국·영국·소련 3국의 외상회의로, 5년 동안 4개국(미국·영국·중국·소련)에 의한 신탁통치가 결정되었다.

① 포츠담 회담은 제2차 세계 대전 종결 직전인 1945년 7월에 연합국인 미국·영국·소련의 수뇌부가 독일 포츠담에 모여 개최한 회담이다. 이 회의에서 일본의 무조건 항복과 한국의 독립을 담은 포츠담 선언이 발표되었다.

③ 좌우합작위원회는 1946년 1차 미·소 공동위원회의 결렬 이후 만들어졌다.

6 ①

거문도 사건은 고종 22년(1885) 3월 1일부터 1887년 2월 5일까지 약 2년간 영국이 러시아의 조선 진출을 견제하기 위해 거문도를 불법 점령한 사건이다.

① 1883~1894년

② 1883~1884년

③ 1895년

④ 1876년 조·일 통상 장정

7 ①

(가) 묘청(서경파) (나) 김부식(개경파)

ⓒ 서경파는 칭제 건원과 금나라 정벌을 주장하였다.

ⓔ 김부식의 「삼국사기」는 기전체 역사서이다.

8 ①

밑줄 친 그는 요세이다. 요세는 강진의 토호세력의 도움을 받아 백련사를 결성하여 대중에게 참회를 닦기를 권하였다.

② 보우 ③ 의천 ④ 지눌

9 ④

제시된 내용은 노태우 정부(1988~1993) 때 체결된 남북 기본합의서(1991. 12. 13)이다.

① 1972년 7·4 남북 공동 선언

② 1993년 김영삼 정부

③ 1차 2000년 김대중 정부, 2차 2007년 노무현 정부

10 ②

② 표제음주동국사략 : 조선 중종 때 유희령이 「동국통감」을 대본으로 하여 단군으로부터 고려시대까지를 간략히 줄여 찬술한 통사

① 삼국사기 : 1145년(인종 23)경에 김부식 등이 고려 인종의 명을 받아 편찬한 삼국시대의 정사로 기전체 역사서

③ 연려실기술 : 조선 후기의 학자 이긍익이 지은 조선시대 사서

④ 고려사절요 : 조선 전기 문종 2년 김종서 등이 편찬한 고려시대의 역사서

11 ③

(다) 660년 백제 멸망 → (라) 660년 백제 멸망 후 → (가) 668년 → (나) 675년

12 ④

④ 진관 체제는 각 요충지마다 진관을 설치하여 진관을 중심으로 독자적으로 적을 방어하는 체제로 작은 규모 전투에는 유리하지만 큰 규모의 적이 침입할 경우에는 문제점이 많다. 중종 때 삼포왜란, 명종 때 을묘왜변을 겪으며 각 지역의 군사를 한 곳에 집결시켜 한 사람의 지휘하에 두게 하는 제승방략 체제를 실시하였다.

13 ③

(가)는 1894년 동학 농민 운동 당시 농민군이 전주를 점령하고 정부와 맺은 조약인 전주화약이다. 전주화약에서 전라도 지방의 개혁 사무를 담당할 자치 기구인 집강소의 설치와 농민군이 제시한 폐정 개혁안 실시가 합의되었다.

14 ②

    ⓒ 5 · 18 민주화운동(1980) → ⊙ 6 · 10 민주항쟁(1987) →
    ⓒ 6 · 29 민주화선언(1987)

15 ②

    제시된 내용은 1907년 7월의 한 · 일신협약이다.
    ② 고종은 1905년 11월 제2차 한 · 일협약(을사조약)의 무효
    를 밝히기 위해 헤이그에 특사를 파견하였다.

16 ②

    밑줄 친 왕은 세조이다.
    ① 성종 ③ 태종 ④ 세종

17 ④

    밑줄 친 이 책은 율곡 이이의 「성학집요」이다. 이이는 사
    림이 추구하는 왕도정치가 기자에서 시작되었다는 평가를
    담은 「기자실기」를 저술하였다.
    ① 조식 ② 이황 ③ 서경덕

18 ③

    밑줄 친 그는 흥선대원군이다. 임오군란으로 재집권한 흥선
    대원군은 통리기무아문을 폐지하고 삼군부에 그 기능을 담
    당하도록 하였다.
    ① 김홍집
    ② 명성황후
    ④ 화서학파는 위정척사 운동을 주도하였지만, 흥선대원군
    의 서원 및 만동묘 철폐에 반대하였다.

19 ④

    ④ 임시 의정원은 대한민국 임시정부의 입법부 역할을 맡았
    던 기관으로 1919년 4월 10일 개원했으며 대한민국 임시정
    부의 사전조직이기도 했다. 우리나라 최초로 주권재민을 천
    명한 임시헌법을 제정, 의회 민주주의제도 성립의 기초가
    되었다.

20 ②

    ⊙ 옥저, ⓒ 부여, ⓒ 동예, ⓔ 삼한
    ①④ 고구려 ③ 옥저

---

1 ④

    ④ 촌주는 중앙에서 파견된 지방관이 아니라 촌락의 토착민
    이다. 촌주는 변동사항을 조사하여 3년마다 문서를 다시 작
    성하였다.

2 ①

    다음과 같은 명을 내린 왕은 '세종'이다.
    ②③ 성종 ④ 인조

3 ②

    밑줄 친 왕은 '백제의 성왕'이다. 성왕은 도읍을 사비로 옮
    기고 국호를 남부여로 고쳤다.
    ① 침류왕 ③ 근초고왕 ④ 개로왕

4 ③

    고려의 토지제도인 전시과는 12세기 초부터 붕괴되기 시작
    하여 무신집권기에는 관리 등의 보편적 생활보장책으로서의
    의미를 상실하게 되었다. 원종 12년(1271)에 도병마사의 건의
    로 녹봉을 제대로 받지 못하는 관리에게 경기 8현을 지급한
    다는 원칙을 마련하고, 이듬해에 녹과전을 시행하게 되었다.

5 ①

    제시된 자료에 해당하는 나라는 '고구려'이다.
    ① 부여에 대한 설명이다.

6 ①

    밑줄 친 탑은 '황룡사 9층 목탑'이다. 신라 삼보(三寶)의 하
    나로, 삼국유사에 의하면 643년(선덕여왕 12) 당나라에서
    유학을 마치고 귀국한 자장(慈藏)의 요청으로 건조되었다.

7 ②

    제시된 사건은 강조의 정변으로 이 사건으로 즉위한 왕은
    고려 제8대 왕인 '현종'이다.
    ② 고려 초기 중앙집권체제에 의한 통치권의 범위가 점차
       지방으로 확대되면서 아직 중앙의 관원을 파견하지 못
       했던 속군현과 향 · 소 · 부곡 등 말단 지방행정단위에
       예종 1년(1106)부터 현령(縣令)보다 한층 낮은 지방관인
       감무(監務)를 파견하였다.

8 ③

『신편제종교장총록』을 편찬한 승려는 '의천'이다.
① 보우 ② 지눌 ④ 균여

9 ③

① 통일신라에 대한 설명이다. 발해는 중정대를 두어 형법·전장에 관한 일과 모든 관료의 비위를 감찰하였다.
② 통일신라에 대한 설명이다. 발해의 중앙 군사 조직은 10위이다.
④ 통일신라에 대한 설명이다. 발해는 전국에 걸쳐 5경, 15부, 62주 및 다수의 현을 두었다.

10 ④

밑줄 친 김춘추, 김주원, 김경신은 진골 출신이다. 진골은 성골 다음 계급으로, 왕족이었으나 성골에 밀려 왕위에 오르지 못하다가 진덕여왕을 끝으로 성골이 사라지자 태종무열왕(김춘추)이 즉위하면서 왕위에 오르게 되었다.

11 ②

제시된 사건은 '신미양요(1871)'이다. 신미양요를 계기로 흥선대원군은 서울의 종로와 전국 각지에 척화비를 세워 통상수교거부정책을 더욱 강화하였다.
① 영남만인소 사건(1881)
③ 오페르트 도굴 사건(1868)
④ 병인양요(1866)

12 ④

제시된 내용은 '신간회'의 강령이다.
④ 신간회는 1929년 11월 광주 학생 운동이 일어나자 진상조사단을 파견하고 일제에 대해 학생운동의 탄압을 엄중 항의했다.

13 ②

㉠은 '카이로 선언(1943)'이다. 카이로 선언은 한국에 대한 특별조항을 넣어 '한국인이 노예적 상태에 있음에 유의하여 적당한 절차를 밟아 한국을 독립시키기로 결의한다.'고 명시하여 처음으로 한국의 독립이 국제적으로 보장받았다.
① 얄타 협정(1945) : 제2차 세계대전 종반에 소련 얄타에서 미국·영국·소련의 수뇌들이 모여 독일의 패전과 그 관리에 대하여 의견을 나눈 회담
③ 포츠담 선언(1945) : 제2차 세계대전 종전 직전인 1945년 7월 26일 독일의 포츠담에서 열린 미국·영국·중국 3개국 수뇌회담의 결과로 발표된 공동선언

④ 트루먼 독트린(1947) : 미국 대통령 H. S. 트루먼이 의회에서 선언한 미국외교정책에 관한 원칙

14 ①

밑줄 친 시기는 박정희 정권의 제1~2차 경제 개발 5개년 계획 시기로, 1962년부터 1971년까지이다.
① 경부 고속 국도는 박정희 정권 때인 1968년 2월 1일에 공사를 시작해서 1970년 7월 7일에 완공되었다.
② 금융 실명제는 「금융실명거래 및 비밀보장에 관한 긴급명령」에 의거, 김영삼 정부 때인 1993년 8월 12일 이후 모든 금융거래에 도입되었다.
③ 경제 협력 개발 기구 가입은 1996년 김영삼 정부 때이다.
④ 연간 수출 총액이 늘어나 100억 달러를 돌파한 것은 박정희 정권 때인 1977년이다.

15 ①

① 「가례도감의궤」는 조선 국왕과 왕비, 왕세자와 왕세자빈의 가례(嘉禮)에 관한 사실을 그림과 문자로 정리한 의궤이다. 조선 왕실의 가례를 위해 가례도감(嘉禮都監)을 설치한 것은 1397년(태조 6)으로 이때부터 가례도감의궤를 작성한 것으로 추정되지만, 현존하는 것은 1627년(인조 5) 소현세자와 강빈의 가례에서부터 1906년(고종 33) 순종과 순정황후의 가례까지 총 20종뿐이다.

16 ②

② 두 차례의 호란 직후 조선의 인구가 전국적으로 급감하였지만, 평안도의 경우 호란 이후 유입된 여진족이나 한인들로 인해 다른 지역에 비해 급감하지는 않았다.

17 ③

러일 전쟁 발발(1904), 고종 강제 퇴위(1907), 대동단결선언 발표(1917)이다.
① 1898년 ② 1900년 ③ 1911년 ④ 1905년

18 ②

㉢ 정조는 기존의 문체에 얽매이지 않는 신문체를 억압하고 고문체로 돌아갈 것을 주장하였다. → 문체반정
㉣ 인성과 물성에 대한 논쟁은 노론 내부에서 일어난 논쟁이다. → 호락논쟁(湖洛論爭)

19 ④

밑줄 친 단체는 '의열단'이다.
①② 대한민국 임시정부에 대한 설명이다.
③ 조선 혁명군에 대한 설명이다.

20 ②

㉠ 남북 유엔 동시 가입(1991. 9) → ㉢ 남북 사이의 화해
와 불가침 및 교류·협력에 관한 합의서 체결(1991. 12)
→ ㉣ 북·미 제네바 기본 합의서 채택(1994) → ㉡ 금강
산 관광 사업 실현(1998)

2018. 3. 24.
제1회 서울특별시 시행

---

1 ①

〈보기〉는 1925년에 일제가 제정한 「치안유지법」의 일부이다.
① 의열단 소속의 김상옥이 종로경찰서에 폭탄을 투척한 것
은 1923년으로 「치안유지법」이 제정되기 이전이다.
② 1928년 ③ 1937년 ④ 1942년

2 ③

〈보기〉는 신석기 시대의 유적지이다.
①④ 청동기 시대 ② 삼국시대

3 ①

㉠ 대동운부군옥 : 1589년에 권문해가 편찬한 일종의 백과전서
㉡ 지봉유설 : 1614년에 이수광이 편찬한 일종의 백과사전
㉢ 성호사설 : 조선 후기 실학자 이익이 평소에 기록해 둔
글과 제자들의 질문에 답한 내용을 1740년경에 집안 조
카들이 정리한 것
㉣ 오주연문장전산고 : 19세기의 학자 이규경이 쓴 백과사전
형식의 책

4 ②

〈보기〉는 1926년에 상영되었던 나운규의 '아리랑'이다.
① '조선학' 운동이 시작된 것은 1934년이다.
③ 1930년대의 일이다.
④ 「조선영화령」이 공포된 것은 1940년이다.

5 ②

㉢ 대한제국정부의 국외중립 선언(1904. 1) → ㉠ 일본군
이 인천항에 정박한 러시아군함 2척을 공격(1904. 2. 9)
→ ㉡ 일본군이 러시아에 선전포고(1904. 2. 10) → ㉣ 한
일의정서 체결(1904. 2. 23)

6 ④

〈보기〉의 그는 '홍범도'이다.
④ 이인영에 대한 설명이다.

7 ①

〈보기〉의 선언문은 김원봉의 요청으로 신채호가 작성한 '조
선 혁명 선언'으로 의열단의 활동 지침이다.
②④ 이봉창과 윤봉길은 한인 애국단 소속이었다.
③ 조선무정부주의자 연맹의 활동이다.

8 ③

㉡ 관구검과의 전쟁(3세기 동천왕) → ㉢ 고국원왕의 전사
(371) → ㉣ 광개토왕릉비 건립(414, 장수왕) → ㉠ 평양천도
(427, 장수왕)

9 ③

㉡ 『동문선』: 1478년(성종 9) 성종의 명으로 서거정 등이 중
심이 되어 편찬한 우리나라 역대 시문선집
㉢ 『동의수세보원』: 1894년에 이제마가 지은 의서로, '동의'
는 중국의 의가(醫家)와 구별하기 위한 것이며, '수세'는
온 세상 인류의 수명을 연장시킴을 뜻한다.

10 ④

(가) 강화도 조약(1876), (나) 조·청 상민 수륙 무역 장정
(1882)
㉠ 일본은 조선을 '자주국'으로 명시하여 조선에 대한 청나
라의 영향력을 약화시키고 침략을 꾀하였다.
㉡ 청나라는 조선을 청나라의 속방으로 명시하여 조선에 대
한 영향력을 강화하였다.

11 ④

〈보기〉의 단체는 '신간회'로 1927년에 조직되고 1931년까지
존속하였다.
①② 1929년 ③ 1930년 ④ 1923년

12 ④

〈보기〉의 내용을 주장한 인물은 '이익'이다.
① 정약용 ② 유득공 ③ 이중환

13 ③

〈보기〉는 허균의 「유재론」의 일부이다. 허균은 「유재론」에서 조선 사회에서 널리 퍼져 있는 적서차별의 분위기를 비판하였다.

14 ①

㉠ 무위사 극락전(세종 12년), ㉣ 해인사 장경판전(15세기)
법주사 팔상전(㉡)과 금산사 미륵전(㉢)은 17세기 건축물이다.

15 ①

① 조선의 지방관은 행정·사법권 및 군사권을 포괄적으로 보유하였다.

16 ②

〈보기〉의 선언은 '카이로 선언'으로, 카이로 회담은 미국(루즈벨트), 영국(처칠), 중국(장제스)의 정상이 이집트 카이로에서 회담을 한 후 나온 선언이다. 한국에 대한 특별조항을 넣어 '한국인이 노예적 상태에 있음에 유의하여 적당한 절차를 밟아 한국을 독립시키기로 결의한다.'고 명시하여 처음으로 한국의 독립이 국제적으로 보장받았다.

17 ②

㉠ 북조선임시인민위원회 성립(1946. 2) → ㉢ 토지개혁 실시(1946. 3) → ㉤ 북조선노동당 결성(1946. 8) → ㉡ 조선인민군 창설(1948. 2) → ㉥ 최고인민회의 대의원 선거 실시(1948. 8) → ㉦ 조선민주주의인민공화국 성립(1948. 9)

18 ④

〈보기〉의 왕은 통일신라의 '진성여왕'이다.
① 경덕왕 ② 신문왕 ③ 흥덕왕

19 ③

〈보기〉의 왕은 발해의 '문왕'이다. 문왕은 전륜성왕을 자처하고 황상이라는 칭호를 사용하였다.
① 무왕 ② 선왕 ④ 대조영(고왕)

20 ②

〈보기〉에서 설명하고 있는 기구는 '비변사'이다. 1592년(선조 25) 임진왜란이 일어나 국가의 모든 행정이 전쟁 수행에 직결되자, 비변사의 기구가 강화되고 권한도 크게 확대되면서 의정부의 기능을 약화시켰다.
① 대원군은 국정 의결권을 의정부에 이관하고 3군부 제도를 부활시켜 군무를 처리하게 함으로써 비변사를 혁파하였다.
③ 영·정조의 탕평책과 관련된 설명이다.
④ 비변사는 16세기 초 임시기구로 설치되었다가 16세기 중반 을묘왜란을 계기로 상설기구로 설치되었다.

**2018. 4. 7.
인사혁신처 시행**

---

1 ①

② 조선 시대에 관한 설명이다.
③ 조선 시대에 관한 설명이다.
④ 고려 시대에 관한 설명이다.

2 ③

(갑)은 소손녕, (을)은 서희로 거란의 1차 침입 당시의 담판 내용이다.
① 예종 때 윤관이 별무반을 이끌고 여진족을 정벌한 후 동북 지역에 9성을 설치하였다.
② 귀주 대첩은 거란의 3차 침입 때인 1019년의 일이다.
④ 천리장성은 거란과 여진의 침입을 방어하기 위한 것으로 1033년에 시작하여 1044년에 완공하였다.

3 ①

제시된 자료는 광개토대왕릉비문의 기록이다.
② 4세기 백제 근초고왕
③ 6세기 신라 진흥왕
④ 3세기 경

4 ③

㈎ 1946년 6월 이승만, 정읍발언
㈏ 1948년 2월 김구, 3천만 동포에게 읍고함
① 5·10 총선거에 불참한 것은 김구이다.
② 이승만은 좌우합작 운동을 지지하지 않았다.
④ 김규식에 관한 설명이다.

5 ②
(가) 팔관회
② 연등회에 관한 설명이다.

6 ①
제시된 글은 정조의 개인 문집인 '홍재전서'이다.
② 현종 때의 일로, 남인은 기년복을 주장하였다.
③ 숙종 ④ 효종

7 ①
제시된 글은 '중종실록'의 기록이다.
① 중종 때 풍기군수 주세붕에 의해 백운동 서원이 최초로 건립되었다.
② 세조 ③ 성종 ④ 세종

8 ②
제시된 글은 1938년에 4월에 공포되고, 5월 5일부터 시행된 제정된 「국가 총동원법」이다.
② 육군특별지원병제는 국가 총동원법 시행 이전인 1938년 2월에 공포되었다.

9 ④
고부 민란(1894. 1) → (가) → 전주화약, 집강소 설치(1894. 5)
④ 백산에서 전봉준이 보국안민을 위해 궐기하라는 통문을 보낸 것은 1984년 3월의 일이다.
① 남·북접의 논산 집결(1894. 9)
② 우금치 전투(1894. 11)
③ 서울 복합 상소(1893. 2)

10 ②
(가) 토지조사국
토지조사국은 1910년부터 1918년까지 존속하여 토지 조사 사업을 추진했다.
① 1920년 ② 1917년 ③ 1921년 ④ 1919년

11 ④
'이 지도'는 혼일강리역대국도지도이다.
④ 조선 후기 '동국지도'에 대한 설명이다.

12 ③
제시된 글의 왕은 신라 중대의 신문왕이다.
① 소지왕 ② 효소왕 ④ 경덕왕

13 ②
발해 건국 주도 세력이 고구려계 유민이며, 고구려 계승 의식을 표명한 것을 근거로 들어야 한다. 온돌 장치, 연화무늬와당, 이불병좌상, 정혜공주묘, 모줄임천장 등이 있다.
③④ 당나라의 영향을 받았다.

14 ④
제시된 자료는 '삼국사기'에 등장하는 문무왕의 유언이다.
④ 지수신은 고구려로 망명하였다.
① 백제 멸망(660년)
② 백제 멸망 이후(668년)
③ 백제 멸망 직후(660년)

15 ③
'이 회사는 1904년에 설립된 농광회사이다.
① 종로직조사(1900년)
② 동양 척식 주식 회사(1908년)
④ 황국 중앙 총상회(1898년)

16 ③
ⓔ 중종(16세기 초) → ⓛ 중종(1544년) → ⓒ 명종(1559년)
→ ⓗ 선조(16세기 후반)

17 ④
④ 영단 주택은 1940년대 노동자의 주택난을 해결하기 위해 보급한 주거지다.

18 ③
(가) 1962년 김종필·오히라 메모
(나) 1966년 브라운 각서
①② 1970년 ③ 1964년 ④ 1950년대 후반

19 ②
제시된 글은 고려시대 문인인 진화가 금나라에 사신으로 가는 도중에 지은 한시다. 진화는 고려 무신집권기(12세기) 때 활동하였던 문신이다.
② 이규보는 무신집권기 때 활동한 문신이다.
① 인종 ③④ 충렬왕

20 ③
ⓔ 1471년 → ⓗ 1488년 → ⓛ 1780년 → ⓒ 1895년

1 ③
- ㉠ 슴베찌르개는 구석기 후기에 사용하였다. 벼농사가 시작
  된 것은 청동기 시대다.
- ㉢ 반달 돌칼은 청동기 시대에 사용하였다. 제시된 설명은
  신석기 시대에 관한 설명이다.

2 ②
제시된 글은 선종에 관한 설명이다.
- ① 신라 중대 경덕왕 때 주조를 시작해 혜공왕 때 완성되었다.
- ③ 고려 후기 충목왕 때 건립되었다.
- ④ 삼국 공통의 불상으로 세련된 귀족 문화를 엿볼 수 있다.

3 ③
밑줄 친 '이곳'은 서경이다.
- ① 우왕 때 청주 흥덕사에서 간행했다.
- ② 지눌은 공산에서 권수정혜결사문을 발표하고, 순천 송광
  사를 중심으로 수선사 결사 운동을 하였다.
- ④ 강조가 개경에서 군사를 이끌고 이곳으로 들어와 김치양
  일파를 제거하고 목종을 폐위하고 현종을 즉위시켰다.

4 ③
밑줄 친 '운동'은 물산장려운동(1922)이다. 물산장려운동은
3·1운동 후 개화한 근대 지식인층 및 대지주들이 중심이
되어 물자 아껴쓰기 및 우리 산업 경제를 육성시키자는 기
치 아래 민족정신을 일깨우며 앞장서 벌여 나간 운동이다.

5 ①
문무왕 즉위(661년) → ㈎ → 기벌포 싸움(676년)
- ㉠ 674년 ㉡ 663년 ㉢ 660년 ㉣ 677년 이후

6 ②
- ㉡ 고구려의 대성에는 지방관으로 욕살을 두었다.
- ㉣ 지방군인 10정은 통일 신라 이후의 일이다.

7 ①
- ① 고구려의 최고 관등 – 발해의 정당성을 관장하는 관직
- ② 발해의 관리 감찰 기관 – 조선 시대의 국왕의 비서 기관
- ③ 고려의 중앙 통치 구조 – 발해의 지방 제도
- ④ 고려의 지방 호족 견제 제도 – 관직 복무의 대가인 녹봉
  대신 지급된 토지

8 ④
- ④ 덕수궁 석조전의 기둥 윗부분은 이오니아식, 실내는 로
  코코 풍이다.

9 ④
제시된 글에서 설명하고 있는 인물은 서유구이다. 『임원경
제지』는 홍만선의 『산림경제』를 토대로 한국과 중국의 저서
900여 종을 참고하여 엮어낸 백과전서다.
- ① 1676년 박세당이 지은 농서이다.
- ② 조선 숙종 때 실학자 홍만선이 엮은 농서 겸 가정생활서이다.
- ③ 조선 후기에 농업정책과 자급자족의 경제론을 편 실학적
  농촌경제 정책서이다.

10 ①
- ① 성종 때에 환구단에서 풍년을 기원하는 제사를 올렸다.

11 ①
밑줄 친 '대의'는 효종의 북벌론이다.
- ① 효종은 서울 근처의 방어기지인 남한산성을 보강했으며
  내부 방어체계를 재정비했다.
- ② 숙종 ③ 광해군 ④ 인조

12 ②
- ② 대한제국 정부는 조세 수입원을 정확히 파악하고 더불어
  조세 수입을 증대시키기 위한 목적으로 1898년 양지아
  문을 설치하여 1899년부터 양전 사업을 실시하였다.
- ① 흥선대원군 ③ 1880년 ④ 제1차 갑오개혁

13 ③
- ㉠ 의열단(1919년)
- ① 신규식 등이 독립운동의 활로와 이론의 정립을 모색하기
  위해 1917년에 제의·제정한 문서다.
- ② 한인 애국단(1931년)
- ④ 대한 노인단 소속의 강우규가 1919년에 일으켰다.

14 ④
- ① 허목의 동사는 단군에서 삼국까지의 역사이다.
- ② 조선 후기의 학자 홍여하가 지은 고려의 사서이다.
- ③ 고조선에서 고려까지의 역사를 서술한 기전체이다.

15 ④
- ㉢ 1593년 2월 → ㉡ 1593년 10월 → ㉣ 1597년 7월 →
  ㉠ 1597년 9월

16 ③

③ 중앙 무반에게 문산계를 부여하였다.

17 ①

밑줄 친 '그'는 백범 김구이다.
② 김원봉 ③ 여운형 ④ 이승만

18 ③

㉠ 한국 독립군(1930년)
① 대조선 국민군단은 1914년에 박용만이 하와이에서 조직하였다.
②④ 조선 혁명군에 관한 설명이다.

19 ④

밑줄 친 '이 협약은 한·일 신협약(정미 7조약)이다.
①② 제2차 한·일 협약(을사조약)
③ 제1차 한·일 협약

20 ②

제시된 글은 7·4 남북공동성명(1972년)이다.
① 1991년 ③ 2000년 ④ 1998년

2018. 6. 23.
제2회 서울특별시 시행

---

1 ②

② 고종 때의 금속활자로 『상정고금예문』(1234)을 인쇄했다.
① 고려의 귀족문화를 대표하는 것은 청자로, 상감기법을 이용하였다.
③ 팔만대장경은 몽골의 침입을 물리치기 위한 염원을 담아 만든 것이다. 거란의 침입을 물리치기 위한 염원을 담아 만든 것은 초조대장경이다.
④ 고려는 정치이념으로 유교를 채택하였다.

2 ①

① 『본조편년강목』 : 1317년(충숙왕 4) 민지가 저술한 고려왕조에 관한 역사책
② 『의방유취』 : 조선 세종 때 왕명으로 편찬된 동양 최대의 의학사전

③ 『삼국사절요』 : 1476년(성종 7) 노사신·서거정 등이 편찬한 단군조선으로부터 삼국의 멸망까지를 다룬 편년체의 역사서
④ 『농사직설』 : 조선 세종 때의 문신인 정초·변효문 등이 왕명에 의하여 편찬한 농서

3 ④

㉣ 신문왕 7년(687) → ㉡ 신문왕 9년(689) → ㉢ 성덕왕 21년(722) → ㉠ 경덕왕 16년(757)

4 ①

① 조위총은 고려시대의 문신으로 정중부·이의방 등이 정변을 일으키자 절령 이북 40여 성의 호응을 얻어 난을 일으켰다. 백제 부흥을 위해 봉기한 것은 이연년의 난이다.

5 ②

㉡ 전주화약 체결(1894.5) → ㉣ 군국기무처 설치(1894.7) → ㉢ 홍범 14조 발표(1895.1) → ㉠ 아관파천(1896)

6 ④

① 위안부 및 강제 징용에 대한 문제는 논의되지 않았다.
② 6·10 민주 항쟁(1987)은 박종철 고문치사 사건과 전두환의 4·13 호헌 조치를 계기로 발생하였다.
③ 7·4 남북 공동 성명(1972)에 대한 설명이다.

7 ④

〈보기〉의 ㉠~㉣ 모두 옳은 설명이다.

8 ③

㉢ 효종 7년(1656) → ㉡ 숙종 8년(1682) → ㉣ 영조 27년(1751) → ㉠ 정조 17년(1793)

9 ①

② 밭농사를 한 것은 청동기 시대이다.
③ 청동기 시대에 대한 설명이다.
④ 민무늬토기는 청동기 시대의 대표적인 토기이다.

10 ④

① 9서당은 신라인, 고구려인, 백제인뿐만 아니라 말갈인 등 다양한 사람으로 구성되었다.
② 의천이 천태종을 창시한 고려 중기 이후, 수도인 개성을 중심으로 권력과 밀착하여 득세하였다.

③ 신라 중대 때는 무열왕의 직계 자손들이 즉위하면서 비교적 강력한 왕권을 행사하였다.

11 ④

〈보기〉의 인물들은 6두품 출신으로 모두 당나라의 빈공과에 급제하였다.

12 ③

〈보기〉의 어록을 남긴 인물은 '지청천'이다. 지청천은 한국독립당 창당에 참여하였고 한국 독립군 총사령관을 지냈다.
① 김두봉 ② 양세봉 ④ 김원봉

13 ②

〈보기〉의 빈칸에 공통적으로 해당하는 국가는 '금나라'이다.
①④ 거란 ③ 몽골, 동진국

14 ②

㈎ 7 · 4 남북 공동 성명(1972), ㈏ 6 · 15 남북 공동 선언(2000)
㉠ 1998년 ㉡ 1972년 ㉢ 2000년 9월 ㉣ 1991년

15 ④

① 북방의 여진족을 몰아내고 4군 6진을 개척한 것은 세종 때이다.
② 왜란이 끝난 후 선조 40년에 일본의 요청으로 통신사를 파견하여 국교를 재개하였다.
③ 북학운동은 북벌운동 실패 이후 한계를 느낀 지식인들에 의해 주장되었다.

16 ②

② 병인양요와 관련된 설명이다.
① 어재연이 이끄는 조선군은 광성보와 갑곶 등에서 미군을 상대로 승리를 거두었다.
③ 양헌수 부대는 정족산성에서 프랑스군에 대항하였다.
④ 평양감사 박규수는 화공작전을 펴서 미국 상선 제너럴 셔먼 호를 불태우고 선원을 몰살하였다.

17 ②

② 유교의 적서구분에 의해 서얼에 대한 차별이 있었으나 신분 상승 운동으로 정조 때부터 서얼들을 관리로 등용하기 시작했다.

18 ③

③ 경신학교는 1886년에 미국 초대 선교사 언더우드가 서울에 설립한 중등과정의 사립학교이다. 고종의 교육 입국 조서(1895)에 따라 세워진 학교로는 한성중학교, 의학교, 상공학교, 광무학교 등이 있다.

19 ③

『성학십도』를 집필한 인물은 '이황'이다. 이황은 이기이원론을 계승하여 기(氣)보다는 이(理)를 중시하였으며, 예안향약을 만들었다.
① 박세무 ② 이이 ④ 기대승

20 ④

④ 대한민국의 제15대 대통령인 김대중은 헌정 사상 처음으로 대선결과에 따라 평화적인 정권교체를 실현하였다.
① 사사오입개헌(1954)은 이승만 정권이 장기 집권을 위해 초대에 한해 대통령의 중임 제한을 철폐하고자 한 것이다.
② 유신개헌(1972)에서는 박정희 정권이 장기 집권을 위해 대통령 선거를 직접 선거에서 간접 선거로 변경하였다.
③ 노태우 민정당 대표위원의 '6 · 29선언'으로 직선제 개헌 시국수습특별선언이 발표되었으며, 이후 선거를 통해 노태우 정부가 출범하였다.

2019. 4. 6.
인사혁신처 시행

---

1 ③

청동기 시대에는 일부 저습지에서 벼농사가 시작되면서 반달돌칼과 같은 정교해진 간석기를 생활용 도구로 활용하고 민무늬 토기, 미송리식 토기 등도 제작되었다. 청동기가 무기와 의식용 도구로 사용되면서 비파형동검, 거친무늬 청동거울이 제작되었으며 계급의 분화로 지배층의 무덤으로 고인돌이 제작되었다.
① 구석기 시대
② 철기 시대
④ 신석기 시대

2 ④

㈎는 부여, ㈏는 동예의 제천 행사이다. 부여는 5부족 연맹체로 이루어진 연맹 왕국으로 부족장인 제가(마가, 우가, 구가, 저가) 세력들이 사출도를 통치하였다. 왕 밑에는 대사

자, 사자와 같은 관리를 두기도 했다. 동예는 군장 국가로 읍군, 삼로라는 군장이 통치하였으며 족외혼, 책화 등의 풍습이 있었고, 특산물로 단궁, 과하마, 반어피가 생산되었다.
① 초기 고구려 ②③ 삼한

3 ③

제시된 사료는 고려 인종 4년(1126) 이자겸과 척준경의 주장에 따라 금의 사대 요구를 수용한 내용으로 고려 인종 때 발생한 이자겸의 난이다. 당시 고려는 금국의 사대 요구에 대하여 이자겸을 비롯한 중신들이 금국과의 사대관계 요구를 수용하자는 주장을 받아들였다. 이후 이자겸과 척준경에 의해 이자겸의 난이 발생하지만 실패로 끝나게 되었고, 금국과의 사대 관계 체결에 반대하면서 묘청, 정지상을 중심으로 한 서경 세력이 서경천도운동을 일으켰다. 서경파는 고구려 계승 정신을 표방하고 국호를 대위국으로 바꾸고 칭제건원을 할 것을 왕에게 건의하였다. 나아가 금국을 정벌하여 북진정책을 지속할 것을 주장하였지만 김부식을 중심으로 한 개경파에 의해 진압되면서 서경천도운동은 실패하였다. 이자겸의 난과 서경천도운동은 문벌귀족 사회 내부의 분열을 드러낸 대표적인 사건이었다.
① 원간섭기 권문세족
② 고려 말 신진사대부
④ 고려 고종(최씨 무신정권 말기)

4 ③

1919년 일제의 무단통치에 저항하며 전 민족적 운동으로 나타난 3.1운동이다. 3.1 운동은 독립운동의 분수령 역할을 하면서 이후 대한민국 임시정부를 수립하는 계기가 되었다.
③ 고종의 밀지를 받아 조직된 독립운동 단체(1912)
① 전남 신안군에 발생한 대표적 소작쟁의(1923)이다.
② 정우회 선언(1926)을 계기로 신간회가 조직되었다.
④ 이상재를 중심으로 실력양성운동의 일환으로 조직(1922)

5 ④

밑줄 친 <u>성상</u>은 조선 성종이다. 경국대전은 조선 세조 때 편찬되기 시작하여 성종 때 완성되었다.
④ 세종 때 편찬되기 시작하여 성종 때 완성
① 조선 문종 ② 조선 중종 ③ 조선 세종

6 ①

고려 경종 원년에 시행된 전시과 체제이다. 경종 원년에 시행된 전시과를 시정 전시과라 하는데 관품과 인품을 기준으로 관리들에게 차등적으로 전지와 시지를 나누어 지급하였다. 이후 목종 원년에는 전지와 시지 지급 기준에 인품은

사라지고 관직을 기준으로 지급하였다. 문종 30년에는 경정전시과를 시행하면서 전체 지급액수를 축소시키는 반면 무신에 대한 차별을 완화하였다. 더불어 토지 지급 액수의 부족으로 현직 관리 위주로 지급하였다.
② 경정전시과(고려 문종. 1076)
③ 과전법(고려 공양왕. 1391)
④ 역분전(고려 태조. 940)

7 ①

을미사변(1895)은 일제가 명성황후를 시해한 사건이다. 을사조약(1905)은 일제에 의해 대한제국의 외교권이 박탈된 사건으로 통감 정치가 시작되었다. 13도 창의군(1907)은 일제에 의한 한일신협약(정미조약)의 체결과 고종의 강제퇴위, 군대 해산에 반발하여 일어난 전국 단위 의병 조직으로 서울진공작전을 계획하고 실행하였으나 실패하였다.
① 황국중앙총상회 : 1898년
② 105인 사건 : 1911년
③ 방곡령 : 1889년
④ 보안회 : 1904년

8 ④

발해 무왕은 대조영의 아들로 대조영의 뒤를 이어 왕위를 계승하고 대외적으로 영토를 확장하고 일본과 교류하였다. 동북방 말갈족을 복속시켜 만주 북부 지역 일대를 장악하고, 장문휴로 하여금 당의 산둥반도 등주를 공격하게 하였다. 인안(仁安)이라는 독자적 연호를 사용하였다.
① 발해 고왕(대조영)
② 발해 희왕(신라 헌덕왕 때 812)
③ 발해 문왕

9 ③

한국 독립군에 대한 내용으로 1931년 일제가 만주사변을 일으킨 후 한중연합작전이 본격화되기 시작하였다. 남만주 일대에서는 조선혁명당 산하 양세봉이 이끄는 조선혁명군이 중국 의용군과 연합하여 흥경성, 영릉가 전투에서 일본군을 격파하였다. 북만주 일대에서는 한국독립당 산하 지청천이 이끄는 한국독립군이 중국 호로군과 연합하여 쌍성보, 사도하자, 동경성, 대전자령 전투에서 대승을 거두었다.
① 조선혁명군
② 대한독립군단
④ 조선의용대

10 ①

신해통공(1791)은 정조 때 시행된 정책으로 육의전을 제외한 모든 시전에서의 금난전권을 폐지하였다. 조선 전기에는 시전에서 불법으로 상행위를 하는 난전을 단속하고 시전 상인들의 상권을 보호하기 위해 금난전권을 시행하였으나, 물가 상승과 사상들의 지속적인 반발로 금난전권을 폐지하였다.

11 ③

동명왕편은 고려 후기 이규보가 지은 한문 서사시로 고구려 동명왕(주몽)과 관련된 사실을 서술하고 있다. 고조선의 역사를 기록한 고려 후기의 작품으로는 일연의 삼국유사와 이승휴의 제왕운기가 있으며, 동명왕편과 더불어 고려 후기 자주적인 역사 인식을 보여주는 대표적인 역사서들이다.

12 ②

삼국유사는 고려 후기 충렬왕 때 승려 일연이 저술하였다. 삼국유사는 기사본말체 사서로서 고조선부터 삼국시대의 여러 사건을 순서에 맞게 배열하였다. 특히 고조선의 역사를 다루고 있다는 점에서 민족적, 자주적 의식을 고취시킨 점에서 그 의의가 있다.
① 각훈의 〈해동고승전〉 (고려 고종)
③ 서거정의 〈동국통감〉 (조선 성종)
④ 김부식의 〈삼국사기〉 (고려 인종)

13 ④

(가)는 전주화약이다.
동학농민운동은 1894년 고부민란에서 시작되었다. 고부 군수 조병갑의 횡포에 저항하여 전봉준을 중심으로 한 농민세력의 반발로 일어났고, 이에 정부는 안핵사 이용태를 파견하여 진상 조사를 하였지만 제대로 이루어지지 않았다. 동학농민군은 다시 백산에서 재봉기하여 관군을 상대로 황토현 전투에서 승리하여 전주성을 점령하였다. 전주성 점령 이후 폐정개혁안 12개조를 요구하였으나 이를 전부 관철하지는 못하고 정부와 전주화약을 체결하였다. 이 과정에서 농민 자치 기구인 집강소가 설치되었다. 그 사이 일본이 경복궁을 무단으로 점령하자 동학 남접과 북접은 논산에 집결하여 일본군을 몰아내기 위해 서울로 진격하던 중 공주 우금치 전투에서 일본군에게 패하여 동학농민운동은 실패로 끝나고 말았다.

14 ①

국호를 신라로 정한 것은 지증왕(500~514) 때이다. 지방 행정 구역을 9주 5소경으로 확정한 것은 신문왕(681~692) 때이다. 대공의 난은 혜공왕(765~780) 때 발생한 반란이다. 독서삼품과는 원성왕(785~798) 때 시행되었다.
① 신라 성덕왕(722)
② 신라 지증왕(509)
③ 고구려 고국천왕(194)
④ 신라 소성왕(799) → 경덕왕 때 녹읍이 부활한 것과 관련

15 ③

③ 부여 정림사지 5층 석탑이 아닌 익산 미륵사지 석탑에서 발견되었다.

16 ④

(가) 교육기관은 서원이다.
조선 중종 때 풍기군수 주세붕이 건립한 백운동 서원이 우리나라 서원의 효시이다. 서원은 선현에 대한 제사와 학문 연구를 위해 설립된 기관으로 조광조가 사림의 지방 세력 기반을 확립하기 위해 전국에 서원과 향약을 보급하려 하였고, 명종 때 이황이 풍기군수로 임명되면서 서원에 대한 국가의 지원이 증가하게 되었다. 후에 서원을 중심으로 향촌 지배세력의 권한이 강화되면서 강력한 중앙집권체제를 시도한 흥선대원군에 의해 전국의 서원은 47개소만 남기고 모두 철폐되었다.
① 향교 ② 서당 ③ 성균관

17 ①

(가) 조일무역규칙, (나) 조미수호통상조약
조일무역규칙(1876)은 쌀과 잡곡에 대한 일본으로의 무제한 유출을 허용한 불평등 조약이다. 조미수호통상조약(1882)은 2차 수신사로 파견된 김홍집이 황쭌쎈의 〈조선책략〉을 도입하면서 러시아의 침략을 막기 위해 조선이 일본, 청, 미국과 연합해야 한다는 내용을 근거로 하여 체결되었다.
④ 조일수호조규부록(1876)은 강화도조약 체결 직후 강화도조약을 보완하기 위한 것으로 일본 관리의 조선내 여행의 자유 보장, 개항장에서 일본인 거주지역 설정 및 일본 화폐 사용을 허가하는 내용이 포함되었다. 조러수호통상조약(1884)은 임오군란 이후 청나라의 내정 간섭이 심해지자 이를 견제하고자 체결하였다.

18 ②

제시된 자료는 율곡 이이에 대한 연보이다.

이조전랑은 행정부 기능을 담당하는 6조 중 이조의 하급 관직으로 정5품 정랑과 정6품 좌랑을 합쳐 부르는 말이다. 비록 관직은 낮지만 삼사 관리 임명과 후임자 추천권을 가지고 있어 권한이 막강하였다. 동인과 서인으로 대비되는 붕당정치의 계기가 되기도 하였다.

① 승정원

③ 왕의 정책을 간쟁하는 기관은 사간원, 관원의 비행을 감찰하는 기관은 사헌부이다.

④ 궁중의 서적을 관리하고 경연 기능을 수행하였다. 서적 출판 및 간행의 업무를 전담한 기구는 교서관이다.

19 ②

제시된 자료는 박은식이 저술한 〈유교구신론〉 중 일부이다. 박은식은 〈유교구신론〉을 통해 유학 사상이 시대적 흐름에 역행한다는 것을 비판하며 보다 실천적인 유학 사상으로 재정립되어야 함을 강조했다. 그는 일제강점기 대표적인 민족주의 역사학자로서 민족 혼(정신)을 강조하면서 〈한국통사〉, 〈한국독립운동지혈사〉를 저술하기도 하였다.

① 정인보 ③ 김구 ④ 신채호

20 ②

(나) 조선 건국 준비 위원회(1945) : 광복 직후 여운형, 안재홍을 중심으로 조직된 대표적 건국 준비 단체

(다) 모스크바 3국 외상 회의(1945) : 1945년 12월 한반도 문제를 놓고 미국, 영국, 소련의 대표가 모스크바에 모여 회의

(가) 좌우합작 7원칙(1946) : 여운형과 김규식을 중심으로 좌우합작위원회 결성

(라) 남북협상(1948) : UN소총회의에서 남한만의 단독 총선거가 결정되자 김구와 김규식이 남한만의 단독 정부 수립을 반대하고 통일 정부 수립을 위해 북과 연석 회의를 제의

2019. 6. 15.
제1회 지방직 시행

1 ③

(가)는 옥저의 민며느리제, (나)는 부여의 제천 행사인 영고이다. 부여는 5부족 연맹체로 구성된 연맹 왕국으로 마가, 우가, 구가, 저가를 비롯한 제가 세력들이 사출도를 통치하였다.

① 동예 ② 고구려 ④ 변한

2 ①

(가)는 4세기 중반 백제 근초고왕(346~375), (다)는 4세기 말 광개토대왕(391~413) 때이다. 근초고왕은 안정된 체제를 바탕으로 대외 영토 확장을 시도하였고, 이 과정에서 고구려 평양성을 공격하여 고구려 고국원왕을 살해하였다. 고국원왕 사후 집권한 소수림왕(371~384)은 불교를 수용하고 율령 정비, 태학을 설립하여 중앙집권 체제를 마련하였다. 안정된 체제를 기반으로 4세기 말 광개토대왕은 대외 영토 확장을 시도하였다.

② 고구려 장수왕(413~491)

③ 고구려 동천왕(227~248)

④ 고구려 영양왕(590~618)

3 ④

시비법과 이앙법의 발달로 광작이 성행한 시기는 조선 후기이다. 광작의 유행은 농민층의 분화를 심화시켜 조선 후기 신분제를 동요시키는 계기가 되었다.

4 ④

㉠ 의방유취 : 조선 세종(1445)

㉡ 동의보감 : 조선 광해군(1610)

㉢ 향약구급방 : 고려 고종(1236)

㉣ 향약집성방 : 조선 세종(1433)

5 ④

강서대묘는 굴식돌방무덤으로 고구려 후기 무덤 양식이다. 고분 벽화가 그려질 수 있는 무덤은 굴식돌방무덤이다. 돌무지무덤은 고구려 초기 무덤 양식으로 장군총이 대표적이다.

6 ③

고려 태조 왕건은 후삼국을 통일한 후 민생 안정을 위해 취민유도 정책과 흑창을 설치했다. 한편 호족 세력을 통합하여 왕권을 강화하고자 혼인정책과 사성정책, 기인 제도, 사심관 제도를 실시했다.
① 고려 성종
② 기인제도와 사심관 제도는 고려 태조, 과거제는 고려 광종 때 시행되었다.
④ 고려 정종

7 ③

㉠ 의천 : 고려 전기 승려로 중국, 일본의 불교자료를 종합하여 '신편제종교장총록'을 간행하였다.
㉡ 보우 : 고려 말 공민왕 때 불교 개혁 운동을 전개하였다.
㉢ 요세 : 고려 후기 백련사를 중심으로 신앙 결사 운동을 전개하였다.
㉣ 지눌 : 고려 후기 수선사를 중심으로 신앙 결사 운동을 전개하면서 조계종을 창시하고, '돈오점수', '정혜쌍수'를 주장했다.

8 ①

조선 세종에 관한 내용이다. 세종은 노비들에 대한 처우를 개선하려 노력하였고, 사형수에 대해 3심제를 적용하는 금부삼복법을 제정하였다.
②④ 조선 태종
③ 조선 세조

9 ②

신라 선덕여왕 때 자장율사이다. 자장율사는 당에 들어가 구법수도한 이후 귀국하여 선덕여왕에게 황룡사 9층 목탑 건립을 제안하였다. 선덕여왕은 자장을 대국통에 임명하여 모든 승려들의 규범에 관한 일을 주관하도록 위임하였다. 이후 자장은 오대산 월정사를 창건하였다.
① 원광 ③ 의상 ④ 원효

10 ②

성혼(1535~1598)은 이이와 함께 서인의 학문적 원류를 형성한 인물이다. 임진왜란(1592) 당시 수도 한양이 왜적에게 점령당하여 선조가 의주로 피난 간 이후의 상황을 나타내고 있다.
① 병자호란 : 조선 인조(1636)
③ 삼포왜란 : 조선 중종(1510)
④ 이괄의 난 : 조선 인조(1624)

11 ①

고려 말 정도전이다. 정도전, 조준, 남은 등은 고려 말 혁명파 신진사대부로 전면적인 토지 개혁과 역성혁명을 주장하였다. 길재, 정몽주를 비롯한 온건파 사대부와 대립하였으며, 이성계와 손을 잡고 조선을 건국하는 일등 공신이 되었다. 강력한 중앙집권적 통치 체제보다 재상 중심의 정치를 주장하였으며 이후 이방원에 의해 제거되었다.
① 고려 말 성리학적 유교사관에 입각한 역사서 '사략'을 저술한 이제현이다.

12 ③

㈎는 강화도 조약(1876) 체결 당시 규정한 조일무역규칙, ㈏는 조일무역규칙 이후 개정된 조일통상장정(1883)이다. 조일무역규칙에서 일본은 조선에서 양곡의 무제한 유출과 일본 상품에 대한 무관세 조항을 규정하였다. 하지만 임오군란(1882) 이후 조선과 청 사이에 조청상민수륙무역장정이 체결되어 청 상인의 내지 통상권(한성 양화진)이 인정되자, 일본의 조일무역규칙을 개정한 조일통상장정을 체결한다. 조일통상장정에서는 관세권 설정, 방곡령 규정, 최혜국 대우 인정 등의 내용이 포함되어 있다.
① 화폐정리사업(1905)
② 갑신정변(1884)
④ 방곡령(1889)

13 ②

대한제국(1897~1910)이 선포되면서 광무개혁을 추진하였다. 광무개혁은 황제권을 강화하는 것을 목적으로 시행되어 군사적으로 원수부 설치, 시위대와 진위대를 대폭 증강했다. 경제적으로는 금본위 화폐제 개혁, 양전 사업을 통한 지계를 발급했으며, 황실 재정 담당 기구인 궁내부 내장원의 기능을 확대하였다.
② 독립신문은 독립협회가 창간했으며, 대한제국은 입헌군주제를 지향하는 독립협회를 해체하고자 하였다.

14 ②

② 윤지충으로 인해 발생한 천주교 탄압 사건은 정조 때 일어난 신해박해(1791)이다. 신해박해는 최초의 카톨릭 교도 탄압 사건이다. 기해박해(1839)는 조선 헌종 때 발생한 사건이다.

15 ④

대한민국 임시정부는 조소앙의 삼균주의를 건국 강령으로 채택하였다. 조소앙의 삼균주의는 정치, 경제, 교육의 균등을 실현하고자 하였다. 대한민국 임시정부는 한국광복군을 조직하여 연합군에 가담하여 대일 항쟁에 나섰고, 동시에 미국 정보기관인 OSS로부터 훈련을 받으며 국내 진공 작전을 준비하였다.
① 대한민국 정부 수립(1948)
② 대한독립군단(1921)
③ 좌우합작위원회(1946)

16 ③
의열단 선언문인 신채호의 '조선독립선언'(1923)이다. 의열단은 1919년 김원봉이 조직하였으며 나석주, 김상옥 등을 중심으로 항일 무장 활동을 전개하였다. 이후 의열 조직 투쟁의 한계를 느낀 김원봉은 중국 황포군관학교에 입학하여 군사 훈련을 받고 조선혁명간부학교를 설립하였다. 1935년에는 민족혁명당을 조직하여 항일 투쟁을 전개하였다.
① 한인 애국단
② 북로군정서
④ 원산노동자 총파업

17 ①
일제는 1930년대 전시 체제를 대비하고 부족한 전쟁 물자를 보충하기 위해 국가총동원법(1938)을 선포하였다. 이후 강제 징용과 징병, 공출제가 실시되었다. 군대 보충을 위한 징병제는 지원병제도(1938), 징병제도(1943), 학도지원병제도(1943)으로 시행되었다. 정신대는 여자정신대근로령(1944)을 제정해 강제 동원하였다.

18 ③
고종 때 흥선대원군에 의해 이루어진 경복궁 중건 사업이다. 흥선대원군은 왕실의 권위를 회복하기 위해 경복궁을 중건하였고 부족한 재정은 원납전 징수와 당백전 발행을 통해 해결하고자 하였다. 또한 세도정치의 폐단을 개혁하기 위해 비변사를 철폐하고 의정부와 삼군부의 기능을 강화하였다.
① 조선 후기 정조, 순조 때의 문인 김정호의 작품이다.
② 조선 후기 철종 때 삼정의 폐단을 시정하기 위해 설치되었다.
④ 임진왜란 이후이다.

19 ④
대한민국 정부 수립 이후 제정된 농지개혁법(1949)이다. 토지의 유상매입, 유상분배를 원칙으로 정부가 매입한 농경지는 3정보를 상한선으로 농민에 분배하여, 해당 토지 생산량의 30%를 5년 기한으로 곡물이나 금전으로 상환하게 하였다.

20 ③
1960년대 박정희 정부는 경제 개발을 위한 자본 마련을 위해 베트남 파병을 결정하였다. 한국과 미국은 국군을 베트남에 파병하는 조건으로 미국의 경제적, 군사적 원조를 약속받는 조건으로 브라운 각서를 체결하였다. 이는 1960년대 경제개발계획을 추진하는 데 기여하였다.
㉠ 발췌개헌안(1952) : 이승만 정권 당시 이루어진 대통령 직선제 개헌안이다.
㉣ 한ㆍ미 상호방위원조협정 : 1950년에 체결되었다.

2019. 6. 15.
제2회 서울특별시 시행

1 ②
② 진대법은 고구려 고국천왕 때 시행된 빈민 구휼 제도이다.

2 ②
㉠ 6좌평제와 16관등제 및 백관의 공복 제정 : 고이왕(234~286)
㉡ 고구려 평양성을 공격 : 근초고왕(346~375)
㉢ 지방에 22담로 설치 : 무령왕(501~523)
㉣ 불교 수용 : 침류왕(384~385)

3 ④
금관가야의 시조인 김수로왕에 관한 삼국유사의 내용이다. 가야는 6가야 연맹으로 이루어진 연맹왕국으로 고대 국가로 발전하지는 못하였으나, 철 생산이 풍부하여 중계무역의 이익을 독점하였다.
① 백제 침류왕
② 백제 정사암 회의
③ 신라 화백회의

4 ③
③ 발해의 대외 무역에 있어 가장 비중이 큰 나라는 당이었다. 발해 건국 초기에는 일본과 교류하며 신라를 견제하고자 하였다. 하지만 이후 발해는 신라도를 통해 신라와 교류하였다.

5 ②

② 원측은 7세기 신라의 승려이다.

6 ①

고려 지방 행정 체계는 5도 양계로 5도는 일반 행정 구역으로 안찰사를 임명하고 주현군을 설치하였다. 하지만 북방의 군사적 요충지인 양계에는 병마사를 임명하고 그 특수성을 반영하여 주진군을 별도로 설치하였다.

②③④ 고려의 중앙군은 2군 6위로 구성되어 있고, 이들은 모두 직업 군인으로 군인전을 지급받았으며, 직역은 세습되었다.

7 ④

고려 성종은 최승로가 건의한 '시무 28조'를 토대로 유교 정치이념에 입각한 중앙집권체제를 정비하였다. 전국에 12목을 설치하여 지방관을 파견하고, 중앙 정치 조직을 정비하였다. 특히 유교 정치이념에 따라 유교 이외의 사상과 종교를 배제하고자 하였다. 그 일환으로 불교와 도교 관련 행사인 연등회와 팔관회를 축소시켰다.

① 고려 태조 ② 고려 광종 ③ 고려 예종

8 ②

재조대장경은 무신집권기인 고려 고종 때 최우가 대장도감을 설치하여 완성하였다. 당시 몽고의 침입으로 전기에 제작된 초조대장경이 불타자 불교의 힘으로 외세의 침입을 막아내고자 만들었다. 초조대장경의 소실은 거란이 아닌 몽고의 침입으로 발생했다.

9 ①

고려 최씨 무신집권 초기(고려 신종, 1198) 최충헌의 노비였던 만적이 일으킨 난이다. 무신집권기에는 하극상이 빈번하여 사회가 극도로 혼란하였고, 만적을 비롯한 사노비들이 이 틈을 이용해 신분 해방 운동을 전개했지만 실패하였다. 이 외에도 무신집권기에는 농민들에 대한 무신의 수탈 강화와 집권 세력의 일탈로 민생이 불안정해지자 전국에서 각종 민란이 발생하였다. 공주 명학소의 망이·망소이의 난, 운문·초전의 김사미·효심의 난 등이 대표적이다.

① 고려 문종(1046~1083)

10 ①

조선 태종은 저화의 유통과 보급을 위해 사섬서를 설치하였다. 하지만 저화에 대한 백성들의 불신 때문에 제대로 유통되지 못하였고, 이후 조선통보(1425)가 발행되면서 저화의 유통량은 더욱 줄어들게 되었다.

② 숙종

③ 고종(대한제국 광무개혁)

④ 세종

11 ③

조선 후기 방납의 폐단이 심해지자 이를 개혁하기 위해 광해군 때 시행된 제도가 대동법이다. 대동법은 특산물 대신 토지 1결당 미곡 12두나 포, 화폐 등으로 대납할 수 있게 만든 제도이다. 대동법 실시 지역은 광해군 때 이후 점차 확대되어 숙종 때에는 평안도와 함경도를 제외하고 전국에서 실시되었으며, 이를 관할하는 관청으로 선혜청을 설치하였다. 국가는 관청수요품을 조달하기 위해 어용 상인인 공인으로부터 물품을 조달하였다. 그 결과 상품 화폐 경제가 발달하는 계기가 되었다.

③ 덕대는 조선 후기 광산을 경영하던 사람이다.

12 ①

(가)는 정약용의 여전론, (나)는 이익의 한전론이다. 정약용과 이익은 유형원과 더불어 조선 후기를 대표하는 중농주의 실학자들이다. 이들은 토지 개혁을 통한 민생 안정을 주장하였다. 정약용은 마을 단위로 토지의 공동 소유와 공동 분배를 주장하였다. 이익은 토지 소유의 하한선을 주장하며 영업전을 보장하여 이의 매매를 금지할 것을 주장하였다. 유형원은 토지 소유의 균등한 분배를 추구하는 균전론을 주장하였다.

13 ③

㉠ 동의보감 : 조선 광해군(1610)

㉡ 마과회통 : 조선 정조(1798)

㉢ 의방유취 : 조선 세종(1445)

㉣ 향약구급방 : 고려 고종(1236)

14 ④

대동여지도는 철종 때 김정호에 의해 제작된 지도이다. 김정호는 기존의 청구도를 수정 및 보완하여 대동여지도를 완성했고, 목판본으로 제작하였고 현재 그 일부는 남아있다.

15 ③

위정척사운동은 개항을 반대하고 성리학적 질서를 회복하고 자 양반 유생들을 중심으로 전개된 운동이다. 기정진과 이항로를 중심으로 통상반대 운동(1860년대), 최익현 중심의 개항반대 운동(1870년대), 이만손, 홍재학(영남만인소)을 중심으로 개화반대 운동(1880년대)이 전개되었다. 이후 위정척사 운동은 의병 운동으로 이어졌다.

16 ④

보빙사(1883)는 조미수호통상조약 체결 이후 미국을 시찰하기 위해 파견된 사절단이다. 조미수호통상조약 체결 이후 조선은 다른 서구 열강들과 불평등 조약을 연이어 체결하였다. 이후 열강들은 불평등 조약을 빌미로 각종 이권을 강탈하였다. 미국은 평안북도 운산·수안 금광 채굴권을 강탈했다.
① 청일전쟁에서 승리한 일본이 청으로부터 랴오둥 반도를 할양받자 이에 러시아, 독일, 프랑스가 반대한 사건
② 러시아   ③ 영국

17 ④

1907년에 체결된 한일신협약(정미 7조약)이다. 초대 통감이었던 이토 히로부미는 을사늑약 체결 이후 정미조약을 체결하면서 대한제국의 외교권과 행정권을 장악하고 차관 정치를 시행하였다. 당시 헤이그 특사 파견을 빌미로 일제는 고종을 강제 퇴위시키고, 군대를 해산하였다.
④ 헤이그 만국평화회의에 특사를 파견한 것은 정미조약 체결 이전이다.

18 ③

㉠ 물산장려운동 : 1923년
㉡ 3·1 운동 : 1919년
㉢ 광주학생항일운동 : 1929년
㉣ 6·10 만세운동 : 1926년

19 ④

1960년에 발생한 4.19혁명이다. 4.19혁명은 자유당의 3.15 부정선거를 계기로 일어난 민주화 운동으로 그 결과 이승만 대통령이 하야하고, 자유당 정권을 무너뜨렸다. 이후 허정 과도 정부를 거쳐 윤보선을 대통령, 장면을 총리로 하는 장면 정부가 수립되었다. 민족자주통일중앙협의회는 4.19혁명 이후 1960년 9월에 혁신계 인사들에 의해 조직된 단체로, 자주·평화·민주의 3대 원칙하에 남북통일을 위한 국민운동을 전개할 것을 결의하였다.
④ 진보당 사건 : 1958년

20 ②

박정희 정권의 유신헌법(1972)이다. 박정희는 영구 집권을 위해 헌법을 개정하는 유신체제를 단행하였고 이 과정에서 대통령 선출 방식을 직선제에서 간선제로 바꾸었다. 당시 재야 인사들이 명동성당에 모여 '3·1 민주구국선언'을 발표하는 등 유신 독재 체제를 반대하는 운동이 전국적으로 일어났다.
① 한일협정(1965) 체결 반대
③ 반민족행위특별조사위원회 설치 : 1948년
④ 민생안정을 위해 농가 부채 탕감, 화폐 개혁 등 실시 : 5.16 군사 정변(1961) 직후

2020. 5. 30.
제1차 경찰공무원(순경) 시행

---

1 ②

구석기 시대는 석기를 다듬는 기술에 따라 전기, 중기, 후기로 나눈다. 중기 구석기 시대에는 격지를 잔손질하여 만든 도구를 사용하였다. 흑요석은 화산암으로써 구석기 이후 원거리 지역들과의 교역을 통해서 유입되었다. 신석기 시대는 주로 강가나 해안가 근처에 취락이 발달했지만 청동기 시대에는 저습지에서 농경이 발달하면서 취락이 낮은 구릉지로 이동한다. 이 때문에 이전보다 조개잡이나 어로 활동이 줄어 패총이 많이 발견되지 않는다.
② 목책이나 환호는 방어용 시설로 청동기 시대 이후에 만들어졌다.

2 ③

영락 6년(396)은 고구려 광개토대왕의 백제 토벌이 이루어진 시기이고 영락은 광개토대왕의 연호이다. 당시 광개토대왕은 백제를 공격해 아신왕의 항복을 받아냈고, 이후 장수왕 대에는 평양성으로 천도하여 적극적인 남하정책을 추진하였다. 이에 대항하여 백제와 신라는 나제동맹을 체결하였다.
① 백제 근초고왕(371)
② 백제 침류왕(384)
④ 백제 근초고왕(4세기)

3 ②

6세기 신라 진흥왕의 대가야 정벌에 관한 내용이다. 진흥왕은 화랑도를 정비하여 대외적 팽창을 시도하였고 그 결과 한강유역뿐만 아니라 함경북도까지 신라의 영역을 확장하였다. 이 과정에서 단양 적성비를 비롯하여 창녕비, 북한산비, 황초령비, 마운령비 등 4개의 순수비를 세웠다.

① 신라 법흥왕

③④ 신라 지증왕

4 ①

무열왕 김춘추에 관한 내용이다. 무열왕은 최초의 진골 출신의 왕으로 이후 무열왕계 직계자손의 왕위가 확립되었다. 왕권 강화를 위해 집사부 시중의 권한을 강화시키고, 왕의 근친에게 봉작하던 갈문왕 제도가 폐지되고 상대등의 권한도 약화시켰다.

②④ 신라 선덕여왕(7세기)

③ 신라 진덕여왕(7세기)

5 ④

신라 초기 무덤 양식은 돌무지덧널무덤으로 천마총과 황남대총 등이 이에 해당한다. 신라 후기에는 굴식돌방무덤이 발달하는데 특히 무덤 둘레에 12지 신상을 조각하기도 하였다. 고구려와 백제의 초기 무덤양식은 돌무지무덤으로 장군총이 이에 해당한다. 이후 후기에는 굴식돌방무덤이 발달하면서 무덤 내부에 벽화를 그려넣었으며, 특히 백제 무령왕릉은 중국 남조의 영향을 받은 대표적인 벽돌무덤 양식이다.

④ 신라의 돌무지덧널무덤은 신라 고유의 무덤 양식이다.

6 ②

삼국시대의 경제 생활에 있어 당시에 개인 소유의 민전이 실제로 존재했고 생산량의 일정 부분을 조세로 납부하였다. 자기 소유의 토지가 없는 농민들은 남의 토지를 빌려 경작하고 지세를 납부하기도 하였다. 수공업 체제는 민간 수공업보다 관청 중심의 수공업이 발달했으며, 신라의 삼국 통일 이후에는 인구의 증가로 인하여 경주에 서시와 남시가 설치될 정도로 상업이 이전보다 발달하였다.

② 녹비법, 퇴비법 등의 시비법이 발달하고 윤작법이 보급되어 생산력이 증가한 시기는 고려 시대이다.

7 ④

ⓒ 왕건이 국호를 고려라 정하고 송악으로 천도하였다.(918)

ⓐ 후백제의 견훤이 경주를 침공해 경애왕을 죽였다.(927)

ⓔ 고려가 공산 전투에서 후백제에게 패하였다.(927)

ⓑ 후백제의 신검이 견훤을 금산사에 유폐시켰다.(935)

8 ②

고려시대의 토지제도는 태조 때 역분전 지급이 시작이었다. 역분전은 주로 개국 공신들에게 지급된 토지로 충성도, 공훈, 인품 등을 고려한 논공행상적 성격의 토지제도였다. 이후 전지와 시지를 지급하는 전시과 체제가 실시되었는데 경종 원년에 관품과 인품을 기준으로 지급하였다. 이후 목종 원년에는 개정전시과가 실시되어 인품이 사라지고 관만으로 기준으로 지급하였다. 문종 30년에는 경정전시과가 실시되어 무신 차별을 완화하고 현직 관리 위주로만 지급하였다.

② 시정전시과는 경종 때 시행되었다.

9 ③

ⓒ 『향약구급방』 간행 : 고려 고종(1236)

ⓔ 황룡사 9층 목탑 소실 : 고려 고종(1238)

ⓐ 팔만대장경(재조대장경) 완성 : 고려 고종(1251)

ⓑ 『삼국유사』 편찬 : 고려 충렬왕(1281)

10 ①

고려 후기 충렬왕 때의 내용으로 고려 시대 사회 제도에 관한 내용이다. 고려 시대 건축 양식으로는 주심포 양식 이외에 후기 양식으로 다포 양식이 등장한다. 주심포 양식은 공포가 기둥 위에만 존재하지만 다포 양식은 기둥과 기둥 사이에 여러 개의 공포가 있어 화려한 모습을 보이고 조선 시대의 건축 양식에도 영향을 주었다. 성불사 응진전은 고려 시대의 대표적인 다포 양식이다. 자기 문화에서는 독자적인 상감기법이 개발되었지만 원 간섭기 이후에는 퇴조하였고, 왕실과 귀족들의 요구로 불화도 많이 그려졌다.

① 법주사 쌍사자 석등은 통일신라 성덕왕 때 유물이다.

11 ①

신찬팔도지리지(1432)는 조선 세종 때 편찬된 인문지리지이고, 동국지도(1463)는 조선 세조 때 양성지가 제작한 지도이다. 동국통감(1485)은 조선 성종 때 서거정이 작성한 역사서로 고조선~고려의 역사를 기록한 통사이다.

②③ 고려사절요(1452)와 동국병감(1452)은 조선 문종 때 간행되었다.

④ 향약집성방(1433)은 조선 세종 때 간행되었다.

12 ④

호적은 조세 수취의 근거 자료이다. 일반적으로 호적은 3년에 한 번씩 관청에서 호주의 신고를 받아 작성하였다. 호적에 관료였던 양반은 관직과 품계를 기록하고 관직에 몸담지 않은 양반은 유학이라고 기록하였다. 호적에는 호의 소재지, 호주의 직역과 성명, 호주와 처의 연령, 본관과 4조(부,

조부, 증조부, 외조부) 등을 적었다. 호적에 평민은 보병이나 기병 등 군역을 기록하였으며, 노비는 이름을 기록하였다. 보기의 내용은 모두 옳은 내용이다.

13 ①

보기는 남인 세력인 윤선도의 오우가(五友歌)이다. 서인이 주도한 인조반정 이후 남인은 서인과 정계에서 충돌하는데 그 대표적인 사건이 현종 대에 있었던 2차례의 예송논쟁(기해예송, 갑인예송)이다. 예송논쟁은 효종과 효종 비의 국상 문제를 둘러싸고 복상 기간을 어떻게 정할지에 대하여 서인과 남인의 의견 대립으로 나타났다. 서인은 효종이 장자가 아니기 때문에 국상 문제에 있어 왕의 예법이 일반 사대부와 같다는 논리를 내세우며 효종 사후 복상기간을 1년(기년설), 효종 비 사후에는 9개월(대공설)을 주장하였다. 반면 남인 세력은 효종의 왕위 정통성을 인정하면서 왕의 예는 일반 사대부와 다르기 때문에 효종 사후 복상기간을 3년, 효종 비 사후에는 1년(기년설)을 주장하였다.
② 서인의 주장이다.
③ 북인세력이다.
④ 노론세력이다.

14 ④

조선 후기 영조의 탕평책에 관한 내용이다. 영조는 붕당정치의 폐단을 개혁하고 왕권을 강화하기 위해 탕평책을 시행하였다. 이를 위해 탕평파를 육성하고 서원을 정리, 이조전랑직의 권한 축소, 산림의 공론 축소를 시행하였고 속대전(법전), 속오례의(의례서)를 편찬하였다. 또한 민생 안정을 위해 신문고 제도를 부활시키고 균역법을 시행하여 군포 납부의 부담을 경감하였다. 동국문헌비고는 일종의 백과사전으로 영조 때 홍봉한이 저술하였다.
①②③ 조선 후기 정조 때 시행된 탕평책과 상공업 진흥 정책 등이다.

15 ②

동학농민운동(1894)은 교조신원운동 이후 동학교세가 확장되면서 발생하였다. 고부군수 조병갑의 횡포에 저항하여 전봉준을 중심으로 고부민란(1894. 2)이 발생했지만 사태 수습을 위해 부임한 안핵사 이용태의 폭정으로 동학농민군은 백산에서 재봉기(1차 봉기)하였다. 이후 황토현, 황룡촌(1894. 5) 전투에서 승리하며 전주성까지 진격하여 전주성을 점령하였다. 이에 위협을 느낀 정부는 청에 원군을 요청했고 갑신정변 이후 체결된 톈진조약에 의거하여 일본도 동시에 군대를 파견했다. 하지만 정부와 동학농민군 사이에 전주화약이 체결(1894. 6)하고 집강소가 설치되었다. 그 해

7월 일본군이 청일전쟁을 일으키며 경복궁을 무단점령하였고, 이에 손병희를 중심으로 한 북접과 전봉준의 남접이 충남 논산에서 집결하여 일본군을 몰아내기 위해 서울로 진격하였다. 하지만 충남 공주 우금치 전투에서 일본군에 패배하며 동학농민운동은 실패하였다.
① 황룡촌 전투는 동학농민군의 전주성 점령 이전이다.
③ 전주 화약은 일본군의 경복궁 점령 이전이다.
④ 백산에 '호남창의대장소'를 설치한 것은 전주성 점령 이전이다.

16 ④

갑신정변 이후 한반도 중립화론을 주장한 유길준이다. 유길준은 박규수 문하에서 공부한 대표적인 개화지식인으로 조사시찰단에 어윤중의 수행원으로 참여하며 일본에 유학한 최초의 유학생이었다. 이후 보빙사 민영익의 수행원으로 미국에 다녀왔으며 1894년 제1차 갑오개혁 당시 군국기무처의 회의원으로 참여하였다. 저서로는 『대한문전』, 『서유견문』, 『구당시초』 등이 있다.
① 홍영식
② 박영효
③ 서광범

17 ④

대한제국의 광무개혁은 구본신참의 원칙 아래 황제권 강화를 목적으로 하였다. 이를 위해 '대한국 국제 9조' 제정 및 반포하고 군제를 개편하였다. 또한 국가 재정 확충을 위하여 양전사업을 실시하여 지계를 발급하고 황실 재정을 담당하는 내장원의 기능을 확대하고, 이를 바탕으로 황실 주도의 개혁 사업을 추진하였다. 이 외에도 실업교육을 강조하며 상공업 진흥책도 병행하였다.
④ 제2차 갑오개혁에 해당하는 내용이다.

18 ③

한일의정서(1904)는 한반도의 주도권을 놓고 러시아와 일본이 러일전쟁을 치르는 과정에서 일본에 의해 체결된 협약으로 전쟁에서 필요한 지역의 자유로운 사용을 허용한다는 내용이 규정되어 있다.
① 한일 신협약(1907)
② 1차 한일 협약(1904)
④ 을사늑약(1905)

19 ③

　　ⓒ 대한광복군 정부(1914) : 이상설과 이동휘를 각각 정.부통
　　　령으로 선출
　　㉠ 봉오동전투(1920) : 대한 독립군(홍범도), 군무 도독부군
　　　(최진동), 국민회군(안무) 연합
　　ⓛ 상하이 홍커우 공원 의거(1932) : 한인애국단 소속 윤봉길
　　㉣ 민족혁명당(1935) : 김원봉 중심

20 ②

　　이승만 정부 때 이루어진 사사오입 개헌(1954)이다. 이는
　　초대 대통령에 한하여 중임제한을 철폐하는 개헌으로 이승
　　만의 영구 집권을 위해 이루어졌다.
　　㉠ 조봉암은 3대 대통령 선거에서 무소속으로 출마하여 이
　　　승만에게 석패했지만 이후 진보당을 창당(1957)하여 차기
　　　대선을 도모하였으나 국가보안법 위반으로 사형당했다.
　　㉣ 정.부통령 선거에서 대통령에 자유당의 이승만, 부통령
　　　에 민주당의 장면이 당선된 것은 3대 대통령 선거(1956)
　　　의 결과다.
　　ⓛ 6 · 25 전쟁의 휴전 협상 중에 이루어졌다.(1953)
　　ⓒ 발췌개헌안(1952)

2020. 6. 13.
제1회 지방직 / 제2회 서울특별시 시행

1 ④

　　6세기 신라 진흥왕(540~576) 대의 사실이다. 진흥왕은 화
　　랑도를 정비하여 국력을 대외로 확장하여 대가야, 한강 유
　　역, 함경북도까지 진출하는 등 신라 최대의 영토를 확보하
　　였다. 이 과정에서 단양 적성비와 4개의 순수비(창녕비, 북
　　한산 순수비, 황초령비, 마운령비)를 세웠다.
　　① 신라 성덕왕 대에 왕토사상을 기반으로 백성들에게 정전
　　　을 지급하였다.
　　② 신라 신문왕 때 설치한 교육 기관이다.
　　③ 신라 선덕여왕 때 설립되었다.

2 ①

　　고려 광종(949~975) 때의 사실이다. 광종은 귀족과 지방호
　　족을 숙청하고 왕권 강화를 시도하였다. 이를 위해 과거제,
　　노비안검법을 시행하였다. 노비안검법은 불법으로 노비가
　　된 자들을 해방함으로써 지방호족들의 경제 및 군사적 기반
　　을 약화시키는 동시에 국가 재정을 확충하는데도 기여하였

다. 또한 광덕, 준풍 등의 연호를 사용하면서 중국과 대등
한 세력이 되었음을 대내외적으로 표방하였다.
　　② 고려 경종 대에 실시하였다.
　　③ 고려의 유학 교육 기관으로 성종 대에 정비하였다.
　　④ 최승로의 '시무 28조' 건의에 따라 성종 대에 시행되었다.

3 ②

　　구한 말 역사학자인 박은식이다. 박은식은 기존의 관념적
　　성격의 성리학 체제를 비판하면서 실천적 유학인 양명학을
　　강조하는 〈유교구신론〉을 주장하였다. 또한 민족 혼을 강조
　　하면서 〈한국통사〉, 〈한국독립운동지혈사〉를 남겼다.
　　① 김구가 조직한 단체로 이봉창, 윤봉길 의사 등이 애국
　　　활동을 전개하였다.
　　③ 랑케의 실증주의 사학의 영향을 받아 조직한 단체로 이
　　　병도, 조윤제, 손진태가 주도하였다.
　　④ 〈조선혁명선언〉은 의열단 선언문으로 신채호가 작성하였다.

4 ①

　　1927년에 조직된 여성 단체 근우회이다. 근우회는 1920년
　　대 민족 독립 운동이 사회주의 계열과 민족주의 계열로 분
　　열된 상태에서 독립 달성이라는 동일한 목표를 위해 민족유
　　일당 운동이 전개되면서 설립되었다. 그 결과 신간회가 설
　　립되고 자매 단체로 근우회가 설립되었으며 여성 인권 운동
　　에 앞장섰다.
　　② 신간회(1927) : 민족유일당 운동의 결과 설립된 단체이지
　　　만 여성 단체는 아니다.
　　③ 신민회(1907) : 애국 계몽 운동을 전개한 단체로 교육 및
　　　식산흥업, 해외 독립군 기지 건설에 앞장섰다.
　　④ 정우회(1926) : 사회주의 계열 사상 단체로 정우회 선언문
　　　이 계기가 되어 민족유일당 운동이 가능했다.

5 ④

　　덕수궁에 관한 설명이다. 이전의 명칭은 경운궁으로 아관파
　　천으로 러시아 공사관에 피신했던 고종이 다시 돌아온 곳이
　　기도 하며 이후 대한제국을 선포하였다.

6 ①

　　고대 국가인 옥저에 관한 내용이다. 옥저는 고대 중앙 집권
　　국가로 성장하지 못하고 군장 국가의 모습을 지니고 있었
　　다. 읍군과 삼로라는 군장이 국가를 통치했으며 일종의 매
　　매혼인 민며느리제와 가족 공동묘인 골장제의 사회 풍속을
　　지니고 있었고, 제천행사에 대한 기록은 없다.
　　② 위만 조선(고조선) 대의 사실이다.

③ 천군은 삼한의 제사장이다.
④ 마가, 우가는 부여의 족장 세력으로 사출도를 통치하였다.

7 ②
임꺽정의 난은 조선 명종 대의 일이다. 명종은 12세의 어린 나이로 왕위에 즉위했기 때문에 어머니인 문정왕후 윤씨가 수렴청정을 하였다. 그 결과 문정왕후 동생인 윤원형을 중심으로 외척에 의한 정치가 이루어졌고 이 과정에서 을사사화가 발생하기도 하였다. 인종의 어머니였던 장경왕후 동생인 윤임을 중심으로 권력 다툼을 벌이기도 하였고, 일컬어 윤임 일파를 대윤(大尹), 윤원형 일파를 소윤(小尹)이라고 하였다.
① 조선 선조 대의 일이다.
③④ 삼포왜란과 조광조의 개혁정치는 조선 중종 대의 일이다.

8 ③
고려 숙종 때 여진 정벌을 위해 윤관이 주도하여 창설한 별무반이다. 별무반은 신기군, 신보군, 항마군으로 구성되어 여진 정벌을 단행하고 동북 9성을 축조하는데 결정적 역할을 담당하였다.
① 고려 정종 대에 거란족 침입에 대비하여 조직한 광군이다.
② 고려 현종 대에 거란족의 침입에 맞서 강감찬이 승리한 전투이다.
④ 고려의 중앙군으로 직업군인이었다.

9 ③
고령을 중심으로 하는 대가야에 대한 설명이다. 가야는 6개 연맹으로 구성된 국가로 전기 가야 연맹의 중심은 김해를 중심으로 성장한 금관가야였다. 하지만 고구려 광개토대왕의 남하로 세력이 약화되어 후기 가야 연맹의 중심지는 고령의 대가야로 이동하였다. 대가야가 대외로 세력을 확장하던 시기에는 전라북도 일부 지역까지 그 영향력을 행사하였다.
① 백제 성왕이 신라 진흥왕에게 한강 유역을 빼앗기자 벌인 전투로 관산성 전투에서 성왕이 전사하였다.
② 신라 지증왕 대의 일이다.
④ 고구려 광개토대왕 대의 일이고 그 결과 전기 가야 연맹의 중심이 무너졌다.

10 ④
8세기 발해 문왕(737~797) 대의 사실이다. 문왕은 이전 당나라와 적대 관계에서 벗어나 당과 교류를 하였다. 당시 신라는 성덕왕(702~737)에서부터 원성왕(785~798) 대에 해당한다. 이 중 원성왕 대에는 유교 경전을 토대로 시험을 치러 관리를 채용하는 제도였다.

① 7세기 신라 신문왕 대에 진골 귀족의 경제력을 약화시키기 위해 시행하였다.
② 9세기 신라 흥덕왕 대에 장보고가 설치하였고
③ 9세기 신라 진성여왕 대에 각간 위홍과 대구화상이 편찬한 향가집이다.

11 ②
조선 후기 북학파 실학자 박지원이다. 실용적, 실제적인 철학 사상을 가진 대표적인 실학자로 여러 분야에 걸쳐 학문에 관심을 가졌을뿐만 아니라 당시 양반 사회를 비판하고 풍자하는 작품을 남겼다. 그를 대표하는 저서로는 〈열하일기〉, 〈허생전〉, 〈광문자전〉, 〈양반전〉 등이 있으며 〈과농소초〉는 중국의 농학과 우리나라의 농학을 비교 연구한 것으로 농법과 토지제도의 개혁 등을 주장하였다.
① 『북학의』는 조선 후기 실학자 박제가의 저서이다.
③ 『의산문답』은 조선 후기 실학자 홍대용의 저서이다.
④ 『지봉유설』은 조선 후기 실학자 이수광의 저서이다.

12 ③
조선 세종 대의 일이다. 이종무로 하여금 왜구의 근거지인 대마도를 토벌한 것은 1419년이고, 공법(전분 6등, 연분 9등)을 실시한 것은 1444년이다. 〈농사직설〉은 세종 대(1429)에 편찬된 농서로써 우리 토양에 적합한 농법을 소개했고 이앙법도 소개되었다.
① 고려 공양왕 대에 신진사대부의 경제 기반 마련을 목적으로 시행되었다.
② 조선 세조 대에 세조의 집권에 반대하여 발생하였다.
④ 조선 태조 대의 일이다.

13 ②
강화도 조약(1876)은 운요호 사건을 계기로 체결된 우리나라 최초의 근대적 조약이자 영사재판권(치외법권), 해안 측량의 자유권 등을 인정한 불평등 조약이었다. 영선사(1881)는 김윤식을 중심으로 청에 파견된 사절단으로 청의 군사 시설을 시찰하기 위한 목적으로 파견되었으며, 귀국 후 기기창 설립에 영향을 주었다. 통리기무아문(1880)은 강화도 조약 체결 이후 개화 정책을 추진하기 위해 설치한 기구이다.
① 1차 갑오개혁을 추진하기 위한 기구로 설치되었다.(1894)
③ 2차 갑오개혁을 위한 국정 개혁의 기본 방향을 제시하였다.(1894)
④ 대한제국 선포 이후 황제권의 강화를 담은 내용이다.(1899)

14 ③

한양도성은 세계문화유산 등재 신청을 했지만 실현되지 않았다.

① 종묘 : 1995년에 등재

② 화성 : 1997년에 등재

④ 남한산성 : 2014년 등재

15 ②

해당 단체는 독립협회(1896~1898)이다. 독립협회는 열강의 이권 침탈이 심화되자 서재필을 중심으로 설립되었고 독립문 건립, 독립신문 창간 등의 활동을 하였다. 또한 만민공동회, 관민공동회를 개최하여 자주국권, 자유민권, 자강개혁 운동을 전개하였으며, 입헌군주제 등의 내용을 담은 〈헌의 6조〉를 제시하였다.

① 애국 계몽 운동 단체인 대한자강회이다. 대한자강회 월보를 간행하고 고종의 강제 퇴위 반대 운동을 전개하였다.

③ 황국협회에 관한 설명이다. 독립협회를 해산하는데 결정적 역할을 담당하였다.

④ 보안회에 대한 설명이다.

16 ②

신민회 회원이자 독립운동가인 이회영이다. 당시 일제의 국권 피탈 과정에서 장기적인 항쟁을 위해서는 국외 독립 운동 기지 건설이 필요하다 생각하여 그는 자신의 재산을 처분하여 남만주 삼원보에 신흥강습소와 자치 기구인 경학사(부민단) 설치하는데 결정적 역할을 담당하였다.

① 일제가 한글 보급 및 우리말 큰사전 편찬 시도를 탄압하고자 벌인 사건(1929)으로 최현배, 이윤재 등이 검거되었다.

③ 민족대표 33인에 포함되지 않았다.

④ 김구 선생이다.

17 ④

1960년에 개정된 3차 개헌이다. 4·19 혁명으로 이승만 정부와 자유당 정권이 붕괴되고 허정 과도 정부가 수립되면서 양원제(민의원, 참의원)와 내각책임제를 규정한 헌법 개정안을 통과시켰다. 이후 윤보선을 대통령, 장면을 내각 총리로 하는 새로운 정부가 수립되었다.

① 대통령 직선제 개헌을 담은 발췌개헌안이다.(1952)

② 대통령의 중임 제한을 폐지하는 내용을 담은 개헌안이다.(1954)

③ 박정희 정부 때 개정된 7차 개헌안으로 유신 헌법을 지칭한다.(1972)

18 ①

해당 사건은 홍건적의 난으로 고려 공민왕 대에 발생한 사건이다. 당시 중국은 원명교체기라는 혼란한 상황이었고 이 과정에서 홍건적이 고려로 침입하여 발생한 사건이다. 진포해전은 고려 우왕 대에 왜구가 쌀을 비롯한 물자 약탈을 위해 진포(군산)에 침입한 사건으로 당시 최무선이 개발한 화약 무기를 사용하여 승리할 수 있었다.

② 고려 고종 대 몽골의 2차 침입에서 발생한 사건이다.

③ 공민왕의 반원자주개혁 정책으로 홍건적의 난 이전의 사건이다.

④ 고려 고종 대 몽골의 침입에 저항하는 호국불교의 성격을 보여주는 유물이다.

19 ①

조선 숙종 대에 서인과 남인을 중심으로 하는 붕당정치 과정에서 발생한 환국이다. 환국은 경신환국, 기사환국, 갑술환국 세 차례에 걸쳐 발생하였는데, ㈎는 경신환국이고 ㈏는 갑술환국이다. 따라서 ㈎와 ㈏ 사이에는 기사환국이 해당된다. 기사환국은 숙종과 희빈 장씨 사이의 아들 세자 책봉 문제를 둘러싸고 남인과 서인(노론)의 대립으로 발생한 사건이다. 이 과정에서 세자 책봉을 반대한 송시열과 김수항을 중심으로 한 노론 세력이 대거 몰락하였다.

② 효종과 효종 비 사후 복상문제를 놓고 서인과 남인이 대립한 사건으로 조선 현종 대에 발생했다.

③ 조선 선조 대에 발생한 사건이다.

④ 조선 효종 대에 발생한 나선정벌이다.

20 ③

㈐ 조선건국준비위원회는 여운형과 안재홍을 중심으로 해방 직후 조직된 좌우합작 성격의 건국 준비 단체이다.(1945. 8)

㈒ 모스크바 3상 회의에서 결정된 신탁통치안에 대해 국내 좌우익의 대립이 심해지자 이를 해결하고자 제1차 마소공동위원회가 열렸다.(1946. 3)

㈏ 제1차 미소공동위원회 결렬 이후 좌우 대립의 문제를 해소하기 위해 여운형과 김규식이 좌우합작위원회를 조직하였다.(1946. 7)

㈎ UN 소총회에서 남한만의 단독 총선거가 결정되고, 1948년 5월 10일 제헌의원을 선출하는 총선거가 실시되었다.

2020. 6. 13.
제2회 서울특별시 시행

1 ②

신라의 고승 원효에 관한 설명이다. 그는 기존의 왕실 및 귀족 중심의 불교 사상을 대중화하고자 노력하였고 그 결과 아미타 신앙을 대중에게 보급하였다. 또한 일심 사상을 바탕으로 불교 종파들 간의 대립을 지양하면서 화쟁 사상(십문화쟁론)을 주장하였다. 〈대승기신론소〉, 〈금강삼매경〉을 저술하였다.
① 고려시대 각훈이 저술하였다.
③ 신라시대 혜초가 저술하였다.
④ 신라시대 의상이 저술하였다.

2 ③

ⓒ 대통령 직선제, 국회양원제 : 이승만 정부 때 이루어진 발췌개헌안(1952)이다. 발췌개헌안은 6·25 전쟁 중 임시 수도였던 부산에서 통과된 개헌안으로 이승만의 장기 집권을 위해 정.부통령 직선제, 양원제 국회(참의원, 민의원) 설치를 골자로 하였다.
ⓐ 대통령 3회 연임 허용 : 이승만의 장기 집권을 위해 이루어진 사사오입 개헌안(1954)이다.
ⓔ 대통령 통일주체국민회의에서 간선 : 박정희 정부 때 이루어진 유신헌법(1972)이다. 박정희는 1967년 선거에서 재선을 이루고 난 이후 장기 집권을 위해 1972년 유신헌법을 개정하여 통일주체 국민회의에 의한 임기 6년의 대통령 간선제를 실현하고, 긴급조치 명령을 규정하였다.
ⓑ 대통령 직선제 및 5년 단임 : 전두환 정부 때 이루어진 6·29 민주화 선언(1987)이다. 간선제로 임기 7년 단임제로 대통령에 집권한 전두환 정부 말기 국민들은 대통령 직선제를 요구했다. 이에 전두환 정부는 4·13 호헌 조치를 통해 국민의 요구를 거부하였고 이에 1987년 6월 민주화 운동의 결과 6·29 민주화 선언이 발표되었다.

3 ②

조선 후기 중상학파 실학자(북학파)인 박제가의 주장이다. 그는 청의 문물을 적극적으로 수용할 것을 주장하며 상공업 육성, 수레와 선박의 이용, 소비 권장 등을 통해 부국강병을 추구하였다. 저서로는 〈북학의〉, 〈정유집〉, 〈정유시고〉가 있다.
① 조선 후기 중농학파 실학자인 유형원이 주장하였다.
③ 조선 후기 중농학파 실학자인 정약용이 주장하였다.
④ 조선 후기 〈발해고〉를 저술한 유득공의 주장이다.

4 ①

조선 전기 광업은 관청 중심으로 운영되었다. 하지만 조선 후기에는 민간에 광산 채굴을 허용하고 세금을 받는 설점수세제를 운영하였다. 특히 청과의 무역에서 결제 수단으로 은의 수요가 증가하면서 은광 개발이 활발해지면서 독점적 도매상인의 자본이 광산에 투자되고, 광산을 전문적으로 개발하고 경영하는 덕대를 고용하였다. 이 과정에서 자본과 경영이 분리되어 자본주의 맹아의 모습이 나타나기도 하였고, 광산에 잠입해 몰래 채굴하는 잠채가 성행하였다.

5 ④

고려 지방 행정 체계는 성종 때 최승로의 '시무 28조' 건의에 따라 순차적으로 이루어졌다. 고려 초 지방호족 및 귀족의 권한 강화로 중앙집권체제가 제대로 확립되지 않음을 비판하면서 지방관 파견을 통해 지방에 대한 중앙의 통제력 강화가 필요함을 건의하였다. 그 결과 전국에 12목이 설치되었고 전국을 5도 양계로 구분하였다. 5도는 일반 행정 구역으로 안찰사가 파견되었으며 그 밑으로 3경, 4도호부, 8목을 설치하였다. 양계는 북방의 국경 지대를 동계와 북계로 구분한 군사 행정 구역으로 병마사가 파견되었다. 5도 아래 지방관이 파견된 지역은 주현, 지방관이 파견되지 않은 지역은 속현이라 하였고 당시 속현이 주현의 수보다 더 많았다. 또한 특수 행정 구역으로 향, 부곡, 소가 존재하여 일반 주현보다 더 많은 조세와 부역을 부담하였다.
ⓐ 양계에는 병마사가 파견되었으며, 계수관은 3경, 4도호부, 8목의 수령을 지칭한다.

6 ①

해당 인물은 고려의 무신 최충헌이고 지문은 그의 노비였던 만적이 일으킨 난이다. 최충헌은 무신 집권자였던 이의민을 제거하고 정권을 잡은 인물로 앞선 무신들과 달리 체제를 안정시키고 무신들의 하극상에 대비하기 위하여 정부 기구인 교정도감과 군사적 기반인 도방을 설치하였다. 이를 기반으로 최씨 무신 정권은 이후 최우, 최항, 최의로 이어졌으며 몽고의 침입으로 무너졌다.
② 고려 광종의 왕권 강화 정책이다.
③ 고려 묘청의 서경천도 운동이다.
④ 고려 이자겸의 난이다.

정답 및 해설 | 71

7 ②

1905년 황성신문에 실린 장지연의 '시일야 방성대곡'이다. 1905년 체결된 제2차 한일협약(을사늑약)으로 통감부가 설치되고 대한제국의 외교권이 박탈되자 장지연은 황성신문에 사설 '시일야 방성대곡'을 실어 일본과 을사오적을 비판하였다. 을사늑약의 체결로 민영환은 자결하고, 을사의병이 일어나기도 하였다.

① 아관파천(1896)
③ 한일신협약(1897)
④ 한일병합조약(1910)

8 ③

㉮ 역분전(태조) : 고려 개국에 공을 세운 신하들에게 지급한 논공행상의 성격을 지닌 토지제도이다.
㉯ 시정전시과(경종) : 직관과 산관 모두에게 관품과 인품에 따라 전지와 시지를 차등 지급하였다.
㉰ 개정전시과(목종) : 직관과 산관 모두에게 관품을 기준으로 토지를 지급하였다. 인품은 사라졌다.
㉱ 경정전시과(문종) : 현직 관료 위주로 토지를 지급하였으며 무신에 대한 차별을 완화하였다.
③ 개정전시과 체제에서 산관은 여전히 토지를 지급받았으며, 경정전시과에서 산관에 대한 토지 지급은 소멸되었다.

9 ④

조선 후기 정조 대에 채재공의 건의에 따라 육의전을 제외한 시전상인들의 금난전권을 폐지한 신해통공(1791)이다. 정조는 즉위 후 붕당정치의 폐단을 개혁하기 위하여 탕평책을 실시하고 왕권을 강화하고자 하였다. 이를 위해 친 부대인 장용영과 규장각을 설치하여 정치 기구로 삼았다. 또한 신진 관료나 하급 관료들을 대상으로 재교육을 하는 초계문신제를 시행하였으며, 수원 화성을 세워 상공업 중심지로 육성하고자 하였다.

① 조선 후기 영조
② 조선 후기 숙종
③ 조선 후기 인조

10 ①

조선 세종 대에 편찬된 향약집성방이다. 세종은 중국 약재가 아닌 우리 풍토에 맞는 약재와 치료 방법이 필요하다는 점을 인식하여 유효통, 노중례, 박윤덕 등에 의해 향약집성방을 편찬하게 하였다.

② 조선 후기 광해군 대에 허준에 의해 편찬되었다.
③ 조선 전기 성종 대에 강희맹에 의해 편찬되었다.

④ 조선 전기 세종 대에 중국의 수시력과 아라비아 회회력을 참고하여 만든 우리의 역법서이다.

11 ③

조선 광해군 대 이원익의 건의에 의해 시행된 대동법이다. 임진왜란 이후 국토의 황폐화, 인구 감소 등으로 재정 부족 현상이 심화되었고 특히 공납에 대한 백성들의 부담과 방납의 폐단마저 심화되면서 이를 개혁하기 위해 시행되었다. 대동법은 가호마다 부과하던 공물 대신에 토지를 기준으로 1결당 미곡 12두나 포, 전 등으로 세금을 납부할 수 있게 한 제도이다. 이 법의 시행으로 공납에 대한 백성들의 부담이 경감되고, 조세의 금납화가 이루어지는 등의 변화가 나타났지만 지주들의 반대로 처음에 경기도에서만 시행되었다. 이후 전국적으로 실시되기까지 100여 년의 시간이 소요되었다.

㉠ 대동법이 시행되고 난 이후에도 별공과 진상은 여전히 남아 있어 농민들의 부담이 되었다.
㉢ 조선 세종 대에 시행된 공법 체제로 토지의 비옥도(전분 6등)와 풍흉의 정도(연분 9등)에 따라 조세를 차등 수취하였다.

12 ④

신석기 시대의 유물들이다. 신석기 시대에는 간석기를 사용하고 농경과 목축이 시작되었으며, 강가나 해안가에 거주지가 형성되었다. 특히 농경이 시작되면서 이와 관련된 토기와 도구들이 제작되었고, 갈돌과 갈판은 곡식을 갈아 음식을 먹는데 이용되었다. 신석기 시대의 대표적인 유적지로 서울 암사동과 부산 동삼동 유적지가 있다.

①② 청동기 시대의 유물이다.
③ 구석기 시대의 유적지이다.

13 ①

고대 국가인 부여에 관한 내용이다. 〈삼국지 위지 동이전〉에 실린 부여의 법률은 다음과 같다.

> (1) 사람을 죽인 사람은 사형에 처하고 그 집안사람은 적몰(籍沒)하여 노비(奴婢)로 삼는다.
> (2) 도둑질을 하면 12배를 변상케 한다.
> (3) 남녀 간에 음란한 짓을 하거나 부인이 투기하면 모두 죽였다.
> (4) 투기하는 것을 더욱 미워하여 죽이고 나서 그 시체를 나라의 남산 위에 버려서 썩게 한다. 친정집에서 가져가려면 소와 말을 바쳐야 내어 준다.

이를 통해 부여의 형벌이 매우 엄격한다는 것을 알 수 있으며, 노동력을 중시하고 사유재산제, 가부장적 사회 등의 모습을 살펴볼 수 있다.
① 고조선의 8조법에 해당하는 내용이다.

14 ④
유물론에 입각하여 사회경제사학을 연구한 백남운의 주장이다. 그는 일제 식민사관의 정체성론을 비판하면서 우리 역사도 중세 봉건 사회 이행을 통한 세계사적 보편주의 발전 법칙에 의해 설명할 수 있음을 주장하였다. 저서로는 〈조선봉건사회경제사〉, 〈조선사회경제사〉 등이 있다.
①② 민족 정신을 강조한 민족주의 역사학자는 박은식, 신채호, 정인보 등이 있다. 박은식은 근대사를 연구하며 민족 혼을 강조하였고, 신채호는 고대사를 연구하며 민족 정신, 낭가 사상을 강조하였다. 정인보는 민족 얼을 강조하였다.
③ 문헌고증 사학을 강조한 인물은 이병도, 조윤제, 손진태 등으로 이들은 랑케의 실증주의 사학을 중시하고 진단학회를 설립하였다.

15 ③
ⓒ 4세기 고구려 미천왕(300~331)
ⓔ 5세기 백제 개로왕(455~475)
㉠ 6세기 신라 법흥왕(514~540)
ⓛ 6세기 신라 진흥왕(540~576)

16 ②
삼국유사 만파식적에 관한 고사이고 이는 신라 신문왕 대의 내용이다. 신문왕은 김흠돌의 반란을 계기로 강력한 중앙집권체제를 유지하기 위해 집사부 시중의 권한을 강화시키고 진골 귀족의 영향력을 축소하였다. 그 결과 관리들에게 토지의 수조권만 허용하는 관료전을 지급하고, 귀족의 경제 기반이었던 녹읍을 폐지하였다. 또한 9서당 10정의 군사체제를 정비하고, 지방을 9주 5소경으로 하여 행정 체제를 정비하였다.
① 신라 경덕왕 대에 진골 귀족들의 반발로 녹읍이 부활하였다.
③ 신라 성덕왕 대에 왕토사상을 기반으로 백성들에게 정전을 지급하였다.
④ 신라 문무왕 대에 당의 한반도 지배 야욕에 대항하여 안승을 고구려 왕으로 임명하고 고구려 부흥운동을 지원하였다.

17 ①
해당 조약은 1876년 체결된 강화도 조약이다. 운요호 사건을 계기로 체결된 강화도 조약은 우리나라 최초의 근대적 조약이자 영사재판권(치외법권), 해안 측량의 자유권 등을 인정한 불평등 조약이었다.
① 흥선대원군이 왕권강화를 위해 서원철폐와 더불어 실시(1865)한 것으로 강화도 조약 체결 이전이다.
② 대한제국 시기에 이루어졌다(1902).
③ 강화도 조약 체결 이후 개화 정책을 관장하는 기구로 설치되었다(1880).
④ 2차 수신사로 일본에 파견된 김홍집이 황준헌의 〈조선책략〉을 가지고 들어온 이후 이에 반대하며 일어난 사건이다(1881).

18 ③
ⓒ 계유정난(1453) : 수양 대군이 난을 일으켜 단종을 폐위하고 왕으로 즉위하게 된 사건(세조)
ⓔ 무오사화(1498) : 김종직의 '조의제문' 사건을 훈구파가 문제삼아 사림들이 대대적으로 탄압(연산군)
㉠ 기묘사화(1519) : 조광조의 개혁정치에 훈구파가 문제삼아 조광조를 비롯한 사림이 탄압받은 사건(중종)
ⓛ 을묘왜변(1555) : 일본이 전라남도 강진, 진도 일대에 침입한 사건으로 이전에는 3포 왜란 등이 있었다(명종)

19 ②
폐정개혁안 12개조는 동학농민군이 전주성 점령 이후 정부에 요구한 개혁안이다. 당시 동학농민군의 요구는 수용되지 못했지만 대신 전주화약을 체결하여 집강소가 설치되었다. 동학농민군의 개혁 요구안 일부는 갑오개혁에서 실현되었다. 특히 갑오개혁의 사회적 측면에서 신분제가 철폐되고 조혼 금지, 과부 재가 허용, 고문과 연좌제 금지 등의 봉건적 악습이 철폐가 된 것에서 살펴볼 수 있다.
ⓛ 토지제도의 개혁은 이루어지지 않았다.
ⓒ 갑오개혁은 일본이 경복궁을 무단 점령한 이후 일본의 강요에 의해 이루어진 조약이다.

20 ④
ⓔ 대한광복회(1915) : 박상진과 김좌진을 중심으로 결성된 단체로 공화정을 추구하며 친일파를 처단하고 군자금 모금 활동을 전개하였다.
ⓛ 의열단(1919) : 김원봉을 중심으로 결성된 무장단체로 김상옥, 나석주 등으로 하여금 식민 통치 기관을 파괴하는 활동을 전개하였다. 신채호는 의열단 선언문인 〈조선혁명선언〉을 작성하기도 하였다.

ⓒ 참의부(1923) : 대한민국 임시정부의 직할부대이다.
ⓜ 근우회(1927) : 민족유일당 운동으로 사회주의와 민족주의 계열 간 통합이 이루어지면 신간회가 창립되었고, 그 자매 단체로 근우회가 설립되었다. 여성 인권 운동 등을 전개하였다.
ⓐ 조선의용대(1938) : 김원봉이 중심이 되어 조직된 군대로 중국 관내에서 조직된 최초의 한인 무장 부대였다. 이후 충칭 임시정부 산하 한국광복군에 합류하였다.

2020. 6. 20.
소방공무원 시행

---

1 ①
고조선의 '범금(犯禁) 8조'에 관한 내용이다. 해당 법 조항을 통해 살펴본 고조선의 사회 모습은 사유재산재의 존재와 계급, 생명 및 노동력을 중시한다는 것을 알 수 있다. 또한 고조선은 상·대부·장군 등의 관직 체계가 존재했다.
① 영고는 부여의 제천행사이다.

2 ④
6세기 백제 성왕(523~554) 때 신라와 치른 관산성 전투이다. 성왕은 기존의 수도였던 웅진에서 사비성으로 천도(538)를 단행하고 국호를 남부여로 하였다. 천도 이후 행정 체제를 개편(22부, 5부5방)하고, 일본에 불교 전파하는 등 중앙 집권체제 정비에 힘쓰고, 대외적으로는 신라와 연합하여 한 강유역을 수복했다. 하지만 한강유역을 둘러싸고 신라와의 주도권 경쟁 과정에서 관산성 전투를 치렀으나 패배하였다.
• 나제동맹 : 고구려 장수왕의 남하정책에 대해 신라와 백제 간에 동맹 체결(5세기)
• 웅진천도 : 고구려 장수왕이 백제의 한성을 공격하여 백제 문주왕이 웅진성으로 천도(5세기)

3 ②
8세기 말경 이후 나타난 신라 하대의 사회 모습이다. 신라 하대에는 진골 귀족들 간의 왕위쟁탈전이 심화되면서 신문왕 때 폐지된 녹읍이 부활하고 화백회의를 주관하던 진골 귀족의 대표 상대등의 권한이 강화되기 시작하였다. 반면 집사부 시중의 권한은 약화되면서 지방에서는 대규모의 민란이 발생하기도 했다. 반면 6두품 세력들은 골품제에 반발하며 지방호족세력과 연합하는 등의 반신라적 성격을 보이거나 혹은 당나라 빈공과에 급제해 관리가 되기도 하였다.

당대를 대표하는 6두품으로는 최치원이나 최승우가 있었다. 계원필경은 최치원이 저술하였다.
① 6세기 신라 지증왕 때 이사부
③ 7세기 신라 신문왕
④ 10세기 고려 광종

4 ④
발해에 관한 설명이다. 발해는 대조영이 건국한 이후 소수의 고구려 출신이 지배층, 다수의 말갈족이 피지배층을 형성하였다. 전국을 5경 15부 62주로 정비하였으며 중앙 행정 체제는 당의 3성 6부제를 모방하였으나 그 운영 방식과 기구의 명칭은 독자성을 유지하였다. 중앙 행정은 정당성을 중심으로 운영되었으며 정당성의 대내상이 국정을 총괄하였다. 관리들을 감찰하기 위한 기구로 중정대를 설치하여 운영하였다.
④ 신라의 지방 세력 감찰기구이다.

5 ①
(개)는 고려 최씨 무신정권기에 조직된 삼별초이다. 13세기 몽고의 침략으로 고려 조정은 강화도로 천도를 하고 대몽항쟁을 이어나갔지만 몽고의 기세에 개경으로 환도를 하게 되었다. 이 과정에서 삼별초는 개경 환도를 거부하고 이후 강화도에서 진도, 제주도로 이동하면서 대몽항쟁을 이어나갔다.
② 김윤후가 이끈 처인성 전투
③ 윤관의 별무반
④ 조선 후기 훈련도감

6 ②
고려 후기 지눌이다. 지눌은 불교의 세속화와 종파 대립을 비판하고 신앙결사 운동을 전개하였다. 그는 정혜결사를 조직하고 수선사를 중심으로 신앙결사운동을 전개하면서 돈오점수(頓悟漸修), 정혜쌍수(定慧雙修)를 주장하였다.
• 주장 → 참선 강조
• 발전 : 혜심(유불 일치설), 요세(만덕사→백련결사 제창)
① 고려 전기 고승 제관이 천태종의 중심사상을 요약한 불교경전
③ 초조대장경을 보완한 것으로 의천이 주도하였다.
④ 고려 후기 승려 요세

7 ②

고려 후기 충렬왕이다. 원의 내정 간섭을 받기 시작하면서 고려는 원의 부마국으로 전락하고 왕실 용어도 격하되었다. 기존의 2성 6부체제는 첨의부와 4사 체제로 전환되었고, 중추원은 밀직사로 변경되는 등의 관제에도 변화가 나타났다. 뿐만 아니라 고려 조정을 감시하기 위해 정동행성이 설치되고 감찰관인 다루가치가 상주하였다.

① 고려 후기 충선왕 때 원나라 연경(북경)에 설치한 독서당
③ 고려 후기 충목왕 때 설치된 정치개혁 기구
④ 고려 후기 충선왕 때 정동행성과 별개의 행성을 설치하는 친원세력의 제안

8 ①

고려 경종 때 시행된 시정전시과이다. 시정전시과는 관리들의 관품과 인품을 고려하여 관리들에게 전지와 시지를 차등 지급하였다. 이후 개정전시과(목종), 경정전시과(문종)을 거치면서 전시과 체제는 정비되었다.

② 고려 말에 시행된 과전법이다.
③ 조선 전기에 시행된 관수관급제이다.
④ 고려 초에 시행된 역분전이다.

9 ②

조선 후기 영조이다. 영조는 붕당정치의 폐단을 개혁하고 왕권을 강화하기 위해 탕평책을 시행하였다. 이를 위해 탕평파를 육성하고 서원을 정리, 이조전랑직의 권한 축소, 산림의 공론 축소를 시행하였고 속대전을 편찬하였다. 또한 민생 안정을 위해 신문고를 부활하는 등의 정책을 시행하였다.

① 세도정치의 폐단을 개혁하기 위해 흥선대원군이 시행하였다.
③ 조선 후기 왕권 강화를 위해 정조가 시행하였다.
④ 조선 후기 삼정의 문란을 시정하기 위하여 철종이 설치하였다.

10 ④

율곡 이이와 관련된 사실이다. 서인의 대표적 성리학자였던 이이는 주기론(主氣論)을 주장하면서 경험적 세계의 현실 문제의 개혁을 중시하였다. 그는 이기일원론(理氣一元論)을 주장하면서 이통기국론(理通氣局論), 이기지묘설(理氣至妙說), 사회경장론(社會更張論)을 강조하였다. 대표적인 저서로는 성학집요, 격몽요결 등이 있다.

① 이황
② 정제두.
③ 윤휴, 박세당

11 ②

조선 태종 대에 제작된 혼일강리역대국도 지도이다. 혼일강리역대국도 지도는 당시의 세계관을 반영한 세계지도로 조선과 중국, 일본, 아프리카, 유럽, 인도 등이 묘사되어 있다. 태종 대에는 강력한 중앙집권체제를 확립하기 위하여 6조직계제를 실시하고 사병을 혁파하였다. 또한 백성 통제를 위해 호패법을 실시하기도 하였다.

① 조선 세종
③ 조선 성종
④ 조선 세조

12 ③

흥선대원군의 세도정치 폐단의 개혁에 관한 내용이다. 흥선대원군은 세도정치를 혁파하여 왕권강화 정책을 시도하였다. 이를 위해 비변사 철폐, 서원 정리, 의정부와 삼군부의 기능을 부활시켰다. 뿐만 아니라 민생 안정을 위해 삼정의 문란을 시정했지만, 경복궁 중건 과정에서 부역 노동 강화, 당백전 발행 등은 사회적 혼란과 민심 이반을 초래하였다.

① 조선 세조 때 설치된 물가 조절 기구
② 조선 중종 때 조광조의 개혁정치에서 시행
④ 조선 정조

13 ③

1894년 갑오 2차 개혁 당시 고종이 반포한 '홍범 14조'이다. 갑오 2차 개혁은 김홍집, 박영효 연립내각이 수립되어 정치적으로는 내각 제도 실시(의정부), 8아문을 7부로 개편, 지방 행정 체계 개편(8도→23부), 지방관 권한 축소, 재판소 설치(사법권을 행정권에서 분리) 등이 이루어졌다.

③ 6조를 8아문으로 개편한 것은 갑오 1차 개혁에서 이루어졌다.
① 대한제국 수립 직후(1899)
②④ 을미개혁(1895)

14 ③

1919년 3·1 운동의 계기가 된 기미독립선언서 '공약 3장'이다. 3·1운동은 계급을 초월한 전민족적 운동으로 그 결과 일제의 식민통치 방식이 문화 통치로 바뀌고, 중국 및 동남 아시아의 독립운동에 영향을 주었다. 또한 조직적인 민족 독립 운동의 열망 속에 1919년 12월에는 상하이 임시정부가 수립되는 계기가 되었다.

① 신민회(1907~1911)
② 광주학생항일운동(1929)
④ 사회주의 노동운동(1920년대 후반)

15 ①

민족의 혼(정신)을 강조한 대표적 민족주의 역사학자 박은식이다. 박은식은 성리학 중심의 보수적 유교 질서 체제를 비판하고 실천적 유학 정신을 강조하면서 '유교구신론'(1909)을 저술하였다. 이후 일제강점기에도 민족 정신을 강조하면서 '한국통사', '한국독립운동지혈사'를 저술하였다.

② 문일평
③ 신채호
④ 정인보

16 ④

(나) 대한독립군단이 자유시에서 소련의 적군에 의해 참변을 당함(1921)
(다) 지청천이 이끈 한국독립군이 중국 호로군과 연합하여 한·중연합 작전 전개(1932)
(가) 김원봉이 중심이 되어 중국의 한커우에서 창립되었고 중국 관내에서 결성된 우리나라 최초의 독립군 부대(1938)
(라) 임시 정부가 충칭으로 이동한 이후 한국광복군 조직(1940)

17 ③

(가)는 을미사변과 단발령에 반발하여 발생한 을미의병(1895)이고 (나)는 1908년 13도 창의군의 서울 진공 작전에 대한 내용이다. 안중근이 하얼빈에서 이토 히로부미를 저격한 것은 1909년이다.

① 을사늑약(1905)
②④ 헤이그 특사 파견이 발각된 이후 일제는 고종의 강제 퇴위와 군대를 강제 해산(1907)

18 ③

조선건국준비위원회는 해방 직후 여운형과 안재홍이 주도하여 결성한 건국 준비 단체(1945), 제1차 미소공동위원회는 모스크바 3상 회의에서 결정된 한반도 신탁 통치안을 둘러싼 문제 해결을 위해 개최(1946), 5·10 총선거는 UN 소총회의에서 남한만의 단독 총선거가 실시가 결정되고 나서 제헌 의원 선출(1948). 김구와 김규식은 남한만의 단독 총선거에 반대하면서 김일성과 남북협상을 진행.

① (가) 1945년 12월 16일
② (나) 제헌의회에서 관련 법률 제정(1948)
④ (라) 좌우합작위원회(1946)

19 ④

7·4 남북공동성명(1972)는 박정희 정부 때 체결된 남북합의문으로 평화 통일 3대 원칙인 자주 통일, 평화 통일, 민족적 대화합의 원칙을 제시하였다. 남북한이 동시에 유엔에 가입한 시기는 노태우 정부 때인 1991년이다. 7·7선언(1988)은 소련을 중심으로 하는 공산권 국가들이 개혁 개방을 선언하던 시대적 흐름에 따라 남북관계와 북방정책에 관한 노태우 정부의 방향이 제시된 특별선언이다.

① 김대중 정부(1998년)
② 김대중 정부(2000)
③ 박정희 정부(1971)

20 ④

6·25 전쟁에서 중공군이 참전하여 발생한 1·4 후퇴이다. 연합군과 미군의 참전 속에서 인천상륙작전이 성공하면서 국군은 평양을 탈환하고 북진하여 압록강까지 진격하던 중 예고없이 중공군이 참전하면서 전세가 역전되는 상황이 발생하였다.

2020. 7. 11.
인사혁신처 시행

1 ③

(가)는 구석기 시대이다. 함경북도 구석기 시대 유적지로는 동과진, 굴포리가 있으며 거주지는 주로 강가의 막집이나 동굴을 이용하였다. 무리를 지어 이동하며 사냥이나 물고기 잡이, 채집 등을 통해 경제생활을 영위했다. 구석기 시대를 대표하는 도구로는 뗀석기가 있다.

① 반달돌칼은 청동기 시대의 농경 도구이다.
② 갈판과 갈돌은 신석기 시대의 농경 도구이다.
④ 영혼 숭배 사상은 신석기 시대의 원시 신앙 형태이다.

2 ④

(가)는 최충헌이고 해당 내용은 고려 최씨 무신 정권기에 발생한 만적의 난이다. 최충헌은 무신 집권자였던 이의민을 제거하고 정권을 잡은 인물로 앞선 무신들과 달리 체제를 안정시키고 사회 개혁안인 봉사 10조를 제시하였다. 또한 무신들의 하극상에 대비하기 위하여 정무 기구인 교정도감과 군사적 기반인 도방을 설치하였다. 이를 기반으로 최씨 무신 정권은 이후 최우, 최항, 최의로 이어졌으며 몽고의 침입으로 무너졌다.

①② 인사기구로 정방을 설치하고, 치안유지를 위해 야별초를 설립한 것은 최우이다. 야별초는 이후 좌별초와 우별초로 분리되고, 신의군과 합쳐 삼별초가 되었다.
③ 무신정변을 일으킨 정중부에 의해 제거되었다.

3 ③

③ 〈동문선〉은 조선 전기 서거정을 중심으로 삼국시대~조선 까지 시와 산문 중에서 빼어난 작품을 선정하여 편찬하였다. 이를 편찬하면서 우리 글이 중국의 글과 다른 독자성을 가지고 있음을 강조하였다.
① 〈어우야담〉은 조선 중기 문신인 유몽인이 저술한 것으로 임진왜란 전후의 생활상을 풍자한 야사, 가설, 향담 등을 엮어 만든 설화집이다. 이와 같은 야담, 잡기류는 양난 이후 조선 후기 사회에서 주로 편찬되었다.
② 유서(類書)로 불리는 백과사전에는 이수광의 〈지봉유설〉, 이익의 〈성호사설〉, 이규경의 〈오주연문장전산고〉 등이 있으며 조선 후기에 많이 편찬되었다.
④ 중인층을 중심으로 시사가 결성되어 문학 활동을 벌였다.

4 ②

개화기 윤선학의 상소문에 나타난 동도서기(東道西器)론에 관한 내용이다. 이는 우리의 질서와 정신은 지키되 서양 문물을 선별적으로 수용할 것을 강조한 내용이고 김윤식을 비롯한 온건개화파의 개화 사상을 지지하는 근거가 되었다.
① 개항 반대를 주장한 위정척사파 최익현의 주장이다.
③ 갑신정변을 주도한 세력은 김옥균, 박영효를 비롯한 급진개화파이며 이들은 문명개화론을 기반으로 개화를 추구하고자 하였다.
④ 사회진화론으로 이후 애국계몽운동, 실력양성운동 등 개화지식인들의 기반 사상이 되었다.

5 ④

(가)는 고려 예종 때 설치한 구제도감이다. 이는 당시 개경 백성들 사이에 역병이 유행하자 이들을 치료하고 병으로 사망한 가난한 백성들의 시체를 묻어주기 위해 설치하였다.
① 의창은 고려 성종 대에 설치된 빈민 구휼기구로 고려 태조의 흑창을 계승하였다.
② 제위보는 고려 광종 대에 설치된 빈민 구휼기구로 기금을 마련하여 운영하였다.
③ 혜민국은 고려 예종 대에 설치한 의료 기구이다.

6 ②

백제의 초기 왕도는 한강 유역의 한성이다. 5세기 고구려 장수왕의 남하 정책으로 인하여 백제는 개로왕이 전사하고 수도 한성을 함락당했다. 이후 문주왕 원년에 웅진성으로 천도하였다(475). 고려 시대 남경은 3경(서경, 동경, 남경) 중 하나로 한성을 지칭한다.
① 고려 명종 대에 공주 명학소에서 발생하였다(1176)
③ 순천 송광사를 지칭한다.
④ 북진정책의 전진 기지는 서경이다.

7 ①

해당 사건은 조선 후기 고종 대에 미국이 제너럴 셔먼호 사건을 빌미로 강화도를 공략한 신미양요(1871)이다. 당시 고종의 아버지인 흥선대원군이 서구 열강의 접근에 대해 대외적으로는 쇄국정책을 추진하였고, 대내적으로는 왕권 강화를 위하여 서원 철폐, 비변사 혁파, 경복궁 중건 등의 정책을 시행하였다. 동시에 삼정의 문란을 시정하여 민생 안정을 도모하였는데 전정에 대한 개혁으로는 양전사업을 시행하여 은결을 색출하였고, 군정에 대해서는 호포제를 시행하여 양반들에게도 군포를 징수하였다. 또한 환곡에 대한 개혁으로 사창을 시행하였다.
② 조선 정조 때 시행되었다(1791)
③ 조선 영조 때 시행된 균역법이다(1751)
④ 영정법은 조선 인조 때 시행되었다(1635)

8 ④

낙랑군 축출(고구려 미천왕. 313), 광개토대왕릉비 건립(고구려 장수왕. 414), 살수대첩 승리(고구려 영양왕. 612), 안시성 전투 승리(고구려 보장왕. 645), 고구려 멸망(고구려 보장왕. 668)
④ 매소성 전투(675)와 기벌포 전투(676)는 백제와 고구려 멸망 이후 한반도의 주도권을 놓고 신라와 당 사이에 벌어진 나당전쟁으로 신라가 승리하면서 삼국통일을 완성하는 계기가 되었다.
① 동진의 마라난타에 의해 백제 침류왕이 불교를 공인하였다.(384)
② 고구려 영양왕이 요서 지방을 선제공격하고 이후 수 문제가 고구려에 침입하는 배경이 되었다.(594)
③ 백제 의자왕(642) 대에 발생하였다.

9 ③

고려 원 간섭기 충렬왕 대에 이승휴에 의해 편찬된 제왕운기(1287)이다. 제왕운기는 중국 역사와 우리 역사를 운율시 형태로 서술한 것으로 단군 조선~충렬왕 대까지의 우리 역사를 서술하면서 우리 역사의 독자성과 자주의식을 엿볼 수 있는 역사서이다.

① 고려 말 공민왕 대 이제현이 저술한 〈사략〉이다.

② 조선 전기 성종 대 서거정 등이 고대~고려 말까지의 역사를 기록한 〈동국통감〉이다.

④ 조선 전기 세종 대 권도가 편찬한 〈동국세년가〉이다.

10 ④

광복 직후의 시대적 상황에 관한 내용이다. 1948. 8. 15. 광복을 전후로 하여 한반도는 미국과 소련에 의해 38도선을 경계로 남과 북에 각각 미군과 소련군이 주둔하였다. 해외로 이주한 동포들이 대거 귀국하고 38도선이 확립되며 인구의 남하까지 이루어지며 인구의 사회적 증가가 이루어졌으나 식량 공급 사정이나 식료품 생산 등이 위축되었다. 문제를 해결하기 위해 미군정은 화폐를 대량 발행하기도 하고 식량 문제 해결에 있어서 일제 강점기 운영되었던 배급제와 공출제를 폐지하고 쌀의 자유 거래를 허용하였다. 하지만 이는 투기꾼들에 의한 쌀의 매점매석을 초래하여 곡가가 급등하는 등의 문제가 발생하게 되었고, 이를 통제하기 위해 1946년 1월에 미곡수집령을 시행하였다. 미곡수집령은 농가의 잉여곡물을 매입하여 비농가에 배급하고자 했던 정책인데 이미 농가가 보유한 잉여 곡물이 거의 없어 해당 정책은 또 다른 혼란을 초래하였다.

④ 미곡수집제 폐지, 토지개혁 실시를 주장하는 대규모 시위는 1946년 1월 이후에 발생하였다.

11 ③

신라 말기 진성여왕 대 발생한 원종과 애노의 난(889)이다. 신라 말기는 진골귀족 간의 왕위쟁탈전이 치열해지면서 지방에 대한 중앙통제력이 약화되고, 자연재해와 조세 수탈로 인한 백성들의 삶은 더욱 어려워져 원종과 애노의 난을 비롯한 민란이 각 지방에서 발생하였다. 당시 6두품 출신이었던 최치원은 당의 빈공과에 급제하였고 신라로 귀국 후 신라 사회 문제를 해결하기 위한 방안으로 '시무 10여 조'를 진성여왕에게 건의하였다.

① 발해 멸망(925) : 거란의 침입으로 멸망하였다.

② 국학 설치(682) : 신라 신문왕 대에 설치되었다.

④ 청해진 설치(828) : 신라 흥덕왕 대에 설치되었다.

12 ①

독도가 우리 영토임을 증명하는 일본 측 문서로 은주시청합기(1667년), 삼국접양지도(1785년), 태정관 지령문(1877년) 등이 있다.

㉣ 시마네현 고시(1905년) : 1900년 대한제국은 칙령 제41호를 통해 울릉도와 독도가 우리 영토임을 밝혔지만, 일본은 러일전쟁 중이던 1905년 시마네 현 고시 제40호를 통해 독도를 자국 영토로 불법 편입하였다.

13 ②

(가)는 동아일보이다. 1920년대 일제가 문화통치로 식민통치 방식을 전환하면서 표면적으로 언론, 출판의 자유를 허용하였고 당시 창간된 신문으로 조선일보와 동아일보가 있었다. 1924년 이광수의 〈민족적 경륜〉이라는 사설을 실은 신문은 동아일보이다. 동아일보는 1931년 농촌계몽운동의 일환으로 브나로드 운동을 전개했으며, 조선일보는 문자보급 운동을 전개하였다.

① 조선일보이다.

③ 천도교가 주도하였다.

④ 신간회는 조선일보 사장이었던 이상재를 회장으로 선출했다.

14 ①

해당 인물은 김유신이다. 김유신은 김춘추와 더불어 삼국통일의 초석을 다진 인물로 황산벌에서 계백이 이끈 백제의 결사대를 물리치고 백제를 멸망시켰다. 이후 고구려 정벌과 한반도에서 당나라 군대를 축출하기 위해 노력하였다.

② 원광법사

③ 김춘추

④ 김인문

15 ③

(가)는 서얼, (나)는 중인층이다. 서얼은 양반과 첩의 사이에서 태어난 서자를 말하고, 중인층은 기술관직을 포함한 광범위한 관료들을 말한다. 이들은 신분적 한계로 인하여 관직에 진출하거나 승진에 있어 제한을 받았다. 특히 서얼은 문과 과거 응시에 제한을 받았지만 숙종 이후 법적인 제한이 해제되어 과거 응시에 제한을 받지 않게 되었다. 이후 정조 대에는 청직에 진출할 수 있도록 요구하는 통청운동을 적극적으로 전개하였다. 이는 중인층에게도 영향을 주어 소청운동을 전개하는 계기가 되었다.

③ 유득공, 박제가, 이덕무 등은 서얼 출신이다.

16 ②

인내천(人乃天) 사상을 주장한 사람은 동학의 최제우이다. 동학은 경주의 몰락 양반 출신인 최제우가 창시하였는데 당시 서학(천주교)가 백성들 사이에 유행하며 정부에서는 이를 사교로 지정하고 탄압하였고, 평등 사상을 주장한 동학에 대해서도 동일한 조치를 취하여 최제우는 처형당했다. 이후 동학 교도들에 의해 최제우의 인내천 사상과 교리를 담은 〈동경대전〉과 〈용담유사〉가 편찬되었다.

① 순조 즉위 이후 대탄압을 받은 것은 천주교이다.
③ 홍경래의 난(1811)은 서북민에 대한 차별에 대한 저항으로 발생하였다.
④ 진주민란(임술농민봉기. 1862)은 과도한 수탈(삼정의 문란)에 대한 저항으로 발생하였다.

17 ②

수출액 100억달러 돌파, 제2차 석유파동은 모두 1970년 후반에 나타난 경제 현상이다. 그리고 우리나라가 경제 협력 개발 기구(OECD)에 가입한 것은 김영삼 정부 때인 1996년이다. 따라서 ㈎는 1970년대 후반~1990년 중반까지의 사실에 해당한다. 1980년대 후반 우리나라는 수출이 증가해 경제 성장률이 높아지는데 이는 당시 국제적으로 저금리, 저유가, 저달러의 3저 호황이 있었기 때문에 가능하였다.

① 1972년
③ 1966년
④ 1965년

18 ④

해당 법령은 1925년 일제가 제정한 치안유지법이다. 이는 1920년대 초반 사회주의 사상이 유입되고 민족 독립 운동가들 중에서 사회주의 운동을 전개하는 것을 탄압하기 위하여 제정되었다. 이 법이 폐지된 것은 1945년 10월이다.

① 1912년 제정되었고, 일제 무단통치의 상징성을 지니고 있었다.
② 1923년에 설립되었다.
③ 1920년부터 전개된 국산품 애용운동이다.

19 ③

향전(鄕戰)은 조선 후기 기존의 향촌 세력과 새로운 향촌 세력 간에 향권(鄕權)을 둘러싸고 나타난 다툼이다. 조선 후기에는 농업 및 상공업이 발달하면서 신흥 지주층이 새로운 향촌 지배 세력(新鄕)이 되고, 기존의 향촌 재지 세력(舊鄕)은 몰락하는 경우가 발생하면서 이들 사이에 향촌의 지배권을 놓고 대립 현상이 빈번하게 나타났다. 이 과정에서 기존의 향회의 권한이 추락하고 향회가 수령의 부세자문 기구로 전락하면서 수령의 권한은 강화되고, 신향층은 수령 및 향리층과 결탁하며 자신의 세를 확장하고자 하였다. 반면 구향은 동계와 동약을 통해 향촌 사회에 대한 영향력을 유지하고자 하였다.

③ 경재소는 유향소를 통제하기 위해 설립되었고, 수령이 경재소와 유향소를 연결하여 지방통치를 강화하려 한 것은 조선 전기이다.

20 ④

해당 내용은 1941년 충칭 대한민국 임시정부가 선언한 〈대일 선전 포고문〉이다. 당시 일본의 중국 침략과 진주만 습격 등에 반대하며 선언하였고, 이후 임시정부의 한국광복군은 연합군에 참여하였다. 〈대한민국 건국 강령〉은 1941년에 제정되었다.

① 1942년
② 1943년
③ 1942년

2021. 3. 6.
제1차 경찰공무원(순경) 시행

---

1 ③

제시된 풍습은 고구려에서 행해지던 서옥제(데릴사위제)이다. 서옥제는 혼인을 정한 뒤 신부집의 뒤꼍에 조그만 집을 짓고 거기서 자식을 낳고 장성하면 아내를 데리고 신랑집으로 돌아가는 제도이다.

③ 고구려는 5부족연맹체로 왕 아래 상가, 고추가 등의 대가들이 있었으며, 대가들은 독립적인 세력을 유지하였다. 이들은 각기 사자, 조의, 선인 등의 관리를 거느렸다.
① 진한과 변한에서 장사를 지낼 때 큰 새의 깃털을 이용하여 사망자의 승천을 빌었다.
② 백제에서는 뇌물을 받거나 횡령을 한 관리는 3배를 배상하고 종신토록 금고형에 처하였다.

④ 동예는 책화라는 풍속을 통해 각 부족의 영역을 함부로 침범하지 못하게 하고 만약 침범하면 노비와 소, 말로 변상하게 하였다.

2 ①
제시된 내용은 신라 임신서기석의 내용이다.
① 신라 진흥왕은 거칠부에게 「국사」 편찬을 명하였다.
 ※ 삼국의 역사서
  ㉠ 고구려 : 유기, 이문진의 신집 5권
  ㉡ 백제 : 고흥의 서기
  ㉢ 신라 : 거칠부의 국사
② 태학은 고구려 소수림왕 때 설립한 교육 기관으로 유교 경전과 역사서를 가르쳤다.
③ 백제 성왕은 방군제를 실시하여 지방 제도를 재정비하였다.
④ 백제 무령왕은 지방의 22담로에 왕족을 파견하여 지방 통제를 강화하였다.

3 ②
제시된 글은 897년(발해 대위해 4년)에 당나라에 사신으로 파견된 발해 왕자 대봉예가 발해의 국세가 신라보다 강성함을 들어 발해가 신라보다 우선해야 한다고 당 소종에게 요구하였다가 거절당한 쟁장 사건의 내용이다. 따라서 ㉠은 발해, ㉡은 통일신라이다.
② 발해는 지방제도를 5경 15부 62주로 구성하였다. 상수리 제도는 신라의 지방세력 통제방식으로 중앙정부가 일종의 볼모를 이용해 지방 세력을 통제하던 방식이다.

4 ①
① 김헌창의 난 : 822년 3월에 신라 웅천주의 도독 김헌창이 일으킨 반란으로 김헌창이 그의 아버지 주원(周元)이 왕위에 오르지 못한 것 때문에 반란을 일으켰다. 김헌창은 새로운 정부를 수립하고 국호를 '장안(長安)', 연호를 '경운(慶雲)'이라 하였다.
② 대공의 난 : 767 혹은 768년 신라 혜공왕 초기 대공이 아우 대렴과 함께 일으킨 반란이다.
③ 원종과 애노의 난 : 889년(진성여왕) 때 과도한 조세 부담에 저항하기 위해 사벌주에서 원종과 애노가 일으킨 농민 봉기이다.
④ 장보고의 난 : 846년의 사건으로 귀족들이 장보고의 딸을 문성왕의 왕비로 맞아들이는 것을 반대한 것을 계기로 중앙 정부와의 반목이 심해졌는데 이에 정부에서 염장을 보내 그를 암살하였다.

5 ③
밑줄 친 왕은 고려 태조이다. 발해가 거란에게 패하고 발해국의 세자 대광현이 무리를 이끌고 오자, 태조는 이들을 후하게 대접하고 대광현에게 왕계라는 성명을 내렸다.
③ 태조는 서경(평양)을 중시하여 청천강~영흥만으로의 영토를 회복하였다.
① 태조의 외척인 왕규는 두 딸을 태조의 15, 16비로 바쳐 권세를 장악하다가 혜종 때 16비의 소생인 광주원군을 왕으로 삼으려고 일으킨 반란이다.
② 광군은 정종 때 거란족의 침입에 대비하기 위하여 호족의 군대를 연합하여 편성한 것으로서 뒤에 주현군의 모체가 되었다.
④ 귀법사는 고려 광종때 창건되었다.

6 ③
• 광덕, 준풍 : 고려 광종이 사용한 연호
• 천수 : 고려 태조가 사용한 연호
• 대흥 – 발해 문왕, 수덕만세 – 후고구려 궁예, 건원 – 신라 법흥왕, 인안 – 발해 무왕 때 사용한 연호이다.

7 ②
㉠에 해당하는 인물은 경대승이다.
 ※ 무신정권의 주요 권력기구

기구	설치자	성격
중방		무신의 최고회의기관
도방	경대승, 최충헌	사병집단, 무인정권의 군사배경
정방	최우	최씨정권 최고인사기구(공민왕 때 폐지)
서방	최우	최씨정권 문인우대기구
교정도감	최충헌	관리비위규찰 · 인사행정 · 세정담당장인 교정별감이 국정을 장악

8 ④
㉡ 귀주성 전투(몽고 제1차 침입, 1231) : 사신 저고여의 피살을 구실로 몽고군이 침입하여 귀주성에서 박서가 항전하였다.
㉠ 강화 천도(1232) : 몽고의 요구에 대항하여 최우가 강화도로 천도하였다.
㉢ 살리타 사살(몽고 제2차 침입, 1232) 최우가 강화도로 천도하자 몽고는 침입을 하였고 처인성에서 김윤후가 몽고 장수 살리타를 사살하자 철수하였다.
㉣ 대장도감 설치(1236) : 최우가 대장도감을 설치하여 부처의 힘으로 몽고의 침입을 극복하고자 하였다.

9 ②
- 조례, 나장, 일수 등은 신량역천으로 상민(양인) 신분이었다.
- 공노비 중에는 궁중에서 음악을 연주하고, 정원을 가꾸고, 요리를 하고, 의복을 제조하는 등의 기술을 가진 경우가 많았으며, 이러한 일을 맡은 노비에게는 유외잡직이라는 벼슬이 주어졌다.
- 양반은 과거 외에도 음서나 천거 등을 통해 관직에 나아갈 수 있었다.
- 서얼차대법은 태종 때 제정되었다.

10 ④
- ㉢ 한산도 대첩(1592년 7월) : 전라 좌수사 이순신이 한산도 앞바다에서 학익진 전법을 이용하여 왜의 수군을 크게 무찌른 전투
- ㉣ 진주성 전투(1592년 10월) : 진주성에서 김시민이 지휘하는 조선군 3천여 명이 혈전을 벌인 끝에 왜군을 격퇴하였고 김시민은 적의 총탄에 맞아 전사하였다.
- ㉠ 조·명 연합군의 활약(1593년 1월) : 조·명 연합군은 왜적에게 점령당했던 평양성을 탈환하고, 남쪽으로 패주하는 왜군을 추격하면서, 서울 탈환을 목표로 남하하였다.
- ㉡ 행주대첩(1593년 2월) : 전라도관찰사 권율이 행주산성에서 왜군을 크게 무찌른 전투

11 ③
- ㈎ 사료는 송시열이 1649년(효종 즉위년)에 제출한 「기축봉사(己丑封事)」의 일부로, 그의 북벌론을 알 수 있는 대목이다.
- ㈏ 박지원이 박제가의 「북학의」의 서문으로 북학론에 대한 내용이다.
- ③ 전통적인 화이론을 반성하고 청은 중국 문화의 계승자라는 인식이 확산되며 북학론이 제기되었다.
- ① 명에 대한 의리를 지키기 위해 대보단을 설치하여 명나라 신종위패를 안치하고 송시열의 뜻에 따라 명의 신종과 의종의 제사를 지내기 위해 만동묘를 건립하였다.
- ② 효종 때 청에 반대하는 송시열, 송준길, 이완을 중용하여 어영청을 중심으로 군대를 양성하였다.
- ④ 북학파는 청에도 중화의 문물이 남아 있음을 인정하고 그들의 발전상을 유연한 사고 방식으로 수용하여 조선의 현실을 개혁할 방안을 찾자는 입장이었다.

12 ③
- ㉡ 문종시기 고려시대 연구를 위한 기본 사서인 「고려사」(기전체), 「고려사절요」(편년체)가 편찬되었다.
- ㉢ 성종 때 도첩제를 폐지하고 출가를 금지하였다.

㉠ 태종 때 주자소를 설치하고 구리로 계미자를 주조하였다.
㉣ 명종 때 이황의 건의로 백운동 서원이 소수서원으로 사액이 되어 국가의 지원을 받았다.

13 ②
주어진 자료는 박제가의 우물론에 대한 내용이다. 그는 소비와 생산의 관계를 우물물에 비유하여 우물물이 퍼낼수록 가득차고, 버려둘수록 말라버리듯이 소비는 생산의 촉진제라 하였다.
- ② 박제가는 정조 때 서얼 출신 이덕무, 유득공, 서이수 등과 함께 규장각 초대 검서관에 발탁되었다.
- ① 박지원은 청에 다녀와 「열하일기」를 저술하고 상공업의 진흥을 강조하면서 수레와 선박의 이용, 화폐유통의 필요성을 강조하였다.
- ③ 대동법의 확대 실시에 기여한 인물은 이원익, 한백겸, 조익, 김육, 허적 등이다.
- ④ 한전론은 이익이 주장한 토지개혁론이다. 한 가정의 생활을 유지하는 데 필요한 일정한 토지를 영업전으로 정하고, 영업전은 법으로 매매를 금지하고 나머지 토지만 매매를 허용해야 한다고 주장하였다. 박지원의 한전론은 토지 소유의 상한선을 설정하는 토지개혁론이었다.

14 ②
㈎는 임오군란의 결과로 체결된 제물포 조약(1882), ㈏는 갑신정변의 결과로 체결된 한성조약(1884)의 내용이다.
- ② 임오군란을 진압한 청은 1882년 12월 독일인 묄렌도르프 청국인 마젠창을 외교고문에 임명하고 내정간섭을 하고 청이 조선의 세관 및 무역을 장악하였다.
- ① 임오군란 때 흥선대원군이 재집권하면서 통리기무아문을 폐지하였다.
- ③ 텐진 조약은 청과 일본이 갑신정변 사후 처리를 위해 체결한 조약이다.
- ④ 부들러가 조선의 영세 중립화론은 갑신정변 직후 논의되어 왔으며 영세 중립 선언을 권고한 것은 1885년의 일이다.

15 ④
주어진 자료는 중추원 관제에 관한 내용이다. 독립협회는 정부와 협상을 통해 의회식 중추원 관제를 발표하도록 하였다.
- ④ 수민원은 1902년 대한제국시대에 외국여행권을 관장하기 위하여 설치되었던 궁내부 산하 관서이다.
- ① 1차 갑오개혁 때 서울에 경무청을 설치하여 수도의 치안을 담당하게 하였다.
- ② 을미개혁 당시 1896년 1월 1일부터 건양(建陽)이라는 연호를 사용하였다.

③ 2차 갑오개혁 때 사법제도는 행정기구에서 분리시켜 재판소를 설치하고 2심제가 채택되었다. 1심 재판소로서 지방재판소와 개항장재판소를, 2심 재판소로는 고등재판소와 순회재판소를 설치하였다.

16 ①

㈎ 제1차 한일협약(1904년 8월), ㈏ 정미7조약(=한일신협약, 1907년 7월)

ㄱ 제1차 한일협약을 체결하고 재정고문으로 파견된 일본인이 메가타에 의해 화폐 정리 사업이 추진되었다.

ㄷ 한ㆍ일 신협약을 실행하기 위해 작성된 비밀 각서(부수각서)에 따라 대한제국의 군대가 해산되었다.

ㄴ 1903년 러시아는 한국의 용암포를 강제 점령하고 조차를 요구하였다.

ㄹ 1907년 을사늑약의 부당함을 알리기 위해 헤이그 특사를 파견하였고 일본은 이를 빌미로 고종을 강제 퇴위시켰다.

17 ③

주어진 법령은 제2차 조선 교육령(1922)의 내용이다. 이는 제3차 조선교육령(1938년)이 제정되기 전까지 시행되었다.

③ 1920년대 초반 실력양성운동의 일환으로 전개되었던 민립대학설립운동을 막기 위해 1924년 경성제국대학을 설립하여 조선인의 불만을 막으려 했다.

① 1908년 8월 사립학교의 설립 및 민족교육에 대한 통제를 위해 사립학교령을 공포하였다.

② 제3차 조선 교육령(1938)을 통해 조선어를 선택 과목으로 변경하고 일본어를 사용하게 하였다.

④ 일제는 1941년에 소학교를 '황국 신민 학교'라는 뜻을 가진 국민학교로 바꾸었다.

18 ①

주어진 선언은 1940년에 발표된 한국광복군 선언이다.

① 1940년 김구 등이 한국 독립당을 결성하였다. 이는 대한민국 임시 정부의 여당이었다. 충칭에서 한국광복군을 창설하였고, 조소앙의 삼균주의를 바탕으로 건국 강령을 반포하였다.

② 1942년 김두봉이 이끄는 조선 의용대가 한국광복군에 합류하였다.

③ 1941년 조소앙의 삼균주의를 바탕으로 건국 강령을 반포하였다.

④ 대한민국 임시 정부는 1944년 5차 개헌에서 주석ㆍ부주석제를 채택하였다(주석 김구, 부주석 김규식).

19 ④

주어진 지문에 나타난 '그'는 안재홍이다.

④ 안재홍은 8.15 광복과 동시에 조선 건국 준비 위원회 결성에 참여하였다.

① 한국 민주당은 송진우ㆍ김성수 등의 민족주의 우파 계열의 인사들이 창당하였다.

② 1946 김규식이 미군정의 입법기관이었던 남조선과도입법의원 의장에 선임되었다.

③ 독립 촉성 중앙 협의회의 회장으로 이승만이 추대되었다.

20 ④

주어진 자료는 장면 내각의 시정 방침의 일부 내용이다.

④ 장면 정부는 경제 개발 5개년 계획을 수립하였으나, 5ㆍ16 군사 정변으로 실행되지 못했다.

① 화폐 개혁이 단행된 것은 5ㆍ16 군사 정변으로 장면 내각이 붕괴되고 난 후인 박정희 군정 시기의 일이다.

② 『사상계』는 1953년 4월 1일 창간되어 1970년 5월 1일 통권 205호를 끝으로 폐간되었다.

③ 주민등록증이 발급되기 시작한 것은 박정희 정부 때인 1968년 11월의 일이다.

**2021. 4. 3.
소방공무원 시행**

---

1 ②

㈎에 들어갈 시대는 신석기다. 신석기는 간석기를 도구로 사용하던 시대로, 빙하기가 끝난 약 1만 년 전(기원전 8,000년경)부터 시작되었다. 이 시대의 사람들은 농사를 짓고 목축을 했으며, 강가나 바닷가에 집(움집)을 짓고 정착 생활을 하였다.

② 가락바퀴(방추차)는 신석기 시대부터 청동기 시대까지 실을 만들 때 사용했던 도구이다.

① 삼한 – 철기 시대

③ 옥저와 동예 – 철기 시대

④ 청동기 시대

2 ④

제시된 사료의 내용은 옥저의 혼인 풍속인 민며느리제에 대한 설명이다.

④ 옥저는 가족 중 누군가가 죽으면 시체를 가매장하였다가 나중에 뼈만 추려서 가족 공동 무덤에 안치하는 골장제라는 장례 풍속이 있었다.

① 고구려 ② 부여 ③ 동예

3 ④

제시된 사료는 광개토대왕릉비의 내용으로, 밑줄 친 '왕'은 고구려의 광개토대왕이다. 광개토대왕은 재위 10년(400년) 신라에 군사를 파견하여 왜적을 물리쳤다.

④ 광개토대왕은 독자적인 연호로 '영락'을 사용하였다.

① 소수림왕(372년)

② 진흥왕(562년)

③ 성왕(554년)

4 ②

제시된 사료의 내용은 통일신라 신문왕의 업적으로, 김흠돌의 난(681년)과 녹읍 혁파(689년)에 대한 설명이다.

② 신문왕은 682년 국가 최고 교육 기관으로 국학을 설립하였다.

① 문무왕(676년)

③ 진흥왕(555년)

④ 지증왕(503년)

5 ③

밑줄 친 '정책'은 고려의 광종(재위 949~975)이 실시한 왕권 강화 정책을 말한다.

③ 광종은 쌍기의 건의를 받아들여 과거제를 실시하였다.

① 정방은 최우 집권기였던 고종 12년(1225년)에 인사행정을 담당하기 위해 최우가 자신의 집에 설치한 기관으로, 존폐를 반복하다 고려 말인 창왕 때에 가서 완전히 폐지되었다.

② 예종은 관학의 진흥을 위하여 장학 재단인 양현고를 설치하였다(1119년).

④ 정종은 도참설에 따라 서경 천도를 추진하였다(949년). 인종 때인 1135년에도 묘청 등이 서경 천도 운동을 전개하였다.

6 ①

제시된 사료는 묘청의 난(1135년)에 대한 설명이다. 묘청은 서경 천도 운동이 실패하자 서경에 궁궐을 짓고 국호를 대위(大爲), 연호를 천개(天開), 군대를 천견충의군(天遣忠義軍)이라고 하며 난을 일으켰다.

① 묘청의 난은 발생 1년 만인 1136년 김부식이 이끄는 관군에게 진압당하였다.

② 이자겸의 난(1126년)

③ 무신 정변(1170년)

④ 최우 집권기(1219~1249년)

7 ③

㈎ 강감찬의 귀주대첩(1018년)

㈏ 윤관의 별무반 창설(1104년)

③ 천리장성은 거란의 3차 침입 이후인 1033~1044년에 축조되었다.

① 동북 9성(1107년)

② 역분전 지급(940년)

④ 권문세족의 성장(원 간섭기)

8 ④

㈎에 들어갈 기관은 동·서 대비원이다. 개경 동쪽과 서쪽에 하나씩 두 곳이 있어 동·서 대비원이라 하였다.

①② 흑창은 고려 태조 때 설치한 빈민 구제 기관으로, 이후 성종 때 와서 의창으로 개편되었다.

③ 상평창은 고려와 조선 시대의 물가 조절 기관으로, 풍년에 비싼 값으로 곡물을 사들였다가 흉년 때 값을 내려 팔아 물가를 조절하였다.

9 ③

㈎에는 조선 시대 수령이 지방을 통치할 때 힘써야 하는 7가지 임무인 수령 칠사(守令 七事)의 내용이 들어가야 한다. 수령 칠사는 『경국대전』 이전(吏典) 고과조(考課條)에 실린 내용으로, 구체적인 사항은 다음과 같다.

• 농상성(農桑盛) : 농상을 성하게 하는 것

• 호구증(戶口增) : 호구를 늘게 하는 것

• 학교흥(學校興) : 학교 교육을 장려하는 것

• 군정수(軍政修) : 군정을 닦는 것

• 부역균(賦役均) : 역의 부과를 균등하게 하는 것

• 사송간(詞訟簡) : 소송을 간명하게 하는 것

• 간활식(奸猾息) : 교활하고 간사한 버릇을 그치게 하는 것

10 ②

'변방의 방비를 담당하는 것'을 통해 ㈎는 비변사임을 알 수 있다.

② 흥선 대원군은 왕권 강화를 위해 비변사를 혁파하고 의정부와 삼군부의 기능을 부활시켰다.

① 비변사는 삼포왜란을 계기로 중종 12년인 1517년에 설치되었으며, 임진왜란 때 권한과 기능이 강화되었다.

③ 여론을 이끄는 언론 활동을 한 기관은 삼사(사헌부·사간원·홍문관)이다.

④ 붕당 정치가 형성되는 직접적인 배경이 된 것은 1575년 이조전랑직을 둘러싼 김효원과 심의겸의 반목이다.

11 ③

(가)에 들어갈 인물은 퇴계 이황이다.
③ 퇴계 이황의 사상은 임진왜란 이후 일본으로 전해져 일본의 성리학 발달에 영향을 주었다.
① 여전론 – 정약용
② 강화 학파 – 정제두를 비롯한 양명학자들
④ 주기론 – 율곡 이이

12 ④

밑줄 친 '반란'은 조선 철종 13년인 1862년에 진주에서 시작되어 전국으로 확산한 진주민란을 말한다.
④ 정부는 진주민란의 진상을 조사하기 위해 안핵사로 박규수를 파견하였으며, 삼정의 문란을 바로잡기 위해 삼정이정청을 설치하였다.

13 ①

제시된 사료의 내용은 1884년에 일어난 갑신정변에 대한 설명이다. 갑신정변은 청군의 무력공격에 패배함으로써 삼일천하(三日天下)로 끝을 맺었는데, 김옥균, 박영효 등 개화당 일파가 일본으로 망명하자 분개한 민중은 일본 공사관에 불을 지르고 일본 거류민을 살해하였다. 이에 일본은 조선의 사과와 일본 공사관 신축비 및 배상금을 요구하였고 이것을 계기로 한성 조약을 체결하였다.
② 동학 농민 운동에 대한 설명이다. 동학 농민군은 백산에 집결하여 보국안민(나라 일을 돕고 백성을 편안하게 한다), 제폭구민(폭도를 제거하고 백성을 구한다)의 기치를 걸고 격문 발표하였다.
③ 위정척사운동은 최익현, 이항로, 기정진 등 보수적인 유학자를 중심으로 형성된 반침략 · 반외세의 정치사상이다.
④ 임오군란은 구식군인에 대한 차별대우가 발단이 되어 발생하였다.

14 ④

(가)에 해당하는 단체는 1896년에 설립된 독립 협회이다. 독립 협회는 자주 국권, 자유 민권, 자강 개혁 사상에 의해 민족주의 · 민주주의 · 근대화 운동을 전개한 사회정치단체이다.
④ 독립 협회는 자유 민권 운동으로 국민의 기본권 확보 운동, 국민 참정 운동, 의회 설립 운동 등을 전개하였다.
① 신민회
② 대한 자강회
③ 보안회

15 ①

(가) 봉오동 전투(1920년 6월) : 중국 지린성 왕칭현 봉오동에서 홍범도 등이 이끈 독립군 연합 부대가 일본군을 무찌르고 크게 승리한 전투이다.
(다) 청산리 대첩(1920년 10월) : 김좌진 등이 지휘하는 북로 군정서군과 홍범도 등이 이끄는 대한독립군을 주력으로 한 독립군 부대가 청산리에서 일본군을 대파한 전투이다.
(나) 자유시 참변(1921년 6월) : 봉오동 전투와 청산리 대첩에서 크게 패한 일본군은 독립군의 활동 근거지를 파괴하고 간도의 한인을 무차별 학살하였다(간도 참변). 이를 피해 러시아의 스보보드니(Svobodny) 지역으로 들어갔던 독립군들이 러시아 군대에 의해 학살당하고 무장 해제되는 사건이 발생하였다. 러시아어로 '스바보다(Svoboda)'가 '자유'라는 뜻이라서 자유시 참변이라고 부르게 되었다.
(라) 3부 통합 운동(1928~1929년) : 각각 자치 정부 성향을 보이는 참의부, 정의부, 신민부의 3부를 하나로 통합하고자 하는 운동으로 1928년에 혁신의회가, 1929년에 국민부가 설립되었다.

16 ④

제시된 사료는 일제가 1912년에 공포한 토지 조사령의 일부로, 1910~1918년까지 식민지적 토지 소유관계를 공고히 하고자 시행한 토지 조사 사업과 관련된다.
④ 양전 사업에 대한 설명이다.

17 ①

제시된 사료는 신간회의 강령이다. 신간회는 1927년 2월 '민족유일당 민족 협동 전선'이라는 표어 아래 좌 · 우익 세력이 합작하여 결성한 항일단체이다.
② 민립 대학 설립 운동 – 민립 대학 기성회(1923년)
③ 형평 운동 – 조선 형평사(1923년)
④ 소년 운동 – 천도교 소년회(1921년)

18 ①

제시된 사료는 신채호가 쓴 『조선상고사』의 일부이다.
② 1930년대에 안재홍, 정인보 등이 전개한 조선학 운동에 대한 설명이다.
③ 진단학회는 1934년 이병도, 손진태 등을 중심으로 조직되었다.
④ 백남운에 대한 설명이다.

19 ②

제시된 사료는 1960년 4·19 혁명을 계기로 발표된 이승만 대통령 하야 성명이다.

①③ 박정희 정부는 1964년부터 1965년까지 한일회담을 전개하고 한일협정을 체결하였는데, 이에 반대하는 야당, 지식인, 학생들이 6·3 시위를 전개하였다.

④ 1979년 10월 16일부터 20일까지 부산 및 마산 지역을 중심으로 박정희 유신독재에 반대하는 항쟁이 민주 발생하였다.

20 ③

제시된 사료는 1972년 10월 17일에 선포되어 동년 12월 27일에 공포·시행된 유신헌법(제7차 개헌)의 일부이다. 유신헌법은 제8차 개헌이 이루어진 1980년 10월 27일까지 적용되었다.

③ 1976년 3월 1일 윤보선, 김대중 등이 긴급조치 철폐와 민주 인사 석방 등을 요구하는 3·1 민주 구국 선언을 발표하였다.

① 윤보선이 대통령직에서 물러난 것은 1962년 3월이다.

② 5·16으로 정권을 장악한 박정희는 군사혁명위원회를 구성하여 입법·사법·행정의 3권을 장악하여 국회와 지방의회를 해산하였는데, 이후 5월 19일 군사 혁명 위원회를 국가 재건 최고 회의라고 개칭하였다.

④ 고위 공무원의 재산 등록을 의무화한 것은 김영삼 정부(1993년 2월~1998년 2월) 때의 일이다.

2021. 4. 17.
인사혁신처 시행

---

1 ③

제시된 시가는 고구려 유리왕의 '황조가'이다. 유리왕은 고구려의 2대 왕으로 건국 시조인 동명성왕이 도읍한 졸본에서 국내성으로 천도하였다.

① 고국천왕 ② 미천왕 ④ 소수림왕

2 ②

밑줄 친 '유학자'는 안향이다.

② 안향은 고려 후기 원나라에서 유행하던 성리학을 국내로 소개하였다.

① 이이 ③ 이황 ④ 신숙주

3 ③

밑줄 친 '왕'은 원각사지 10층 석탑을 세운 조선의 세조이다. 원각사지 10층 석탑은 고려 말에 건립된 경천사 10층 석탑의 영향을 받았다.

③ 세조는 의정부 서사제를 폐지하고 6조 직계제를 실시하여 국왕 중심의 정치체제를 구축하였다.

① 김종서 ② 서거정 ④ 태종

4 ①

㈎ 인물은 조선 중종 때 덕행이 뛰어난 인재를 천거하여 관리로 등용하자는 현량과 실시를 건의한 조광조이다.

① 기묘사화 : 조광조는 유교적 이상 정치를 현실에 구현하고자 다양한 개혁을 시도하였지만, 훈구 공신세력들의 반격을 받아 화를 당하였다.

② 무오사화 : 영남사림파였던 김일손은 스승인 김종직의 〈조의제문〉을 사초에 실은 것이 문제가 되어 희생되었다.

③ 을사사화 : 문정왕후는 명종의 어머니로, 명종이 12살의 어린 나이로 즉위하자 수렴청정을 하였다. 이때 문정왕후의 남동생인 윤원형을 비롯한 소윤이 권력을 잡고 대윤을 몰아냈다.

④ 갑자사화 : 연산군은 생모 윤씨를 폐비하는 데 동조한 윤필상, 이극균 등을 극형에 처하고 이미 죽은 한명회, 정창손 등을 부관참시하였다.

5 ①

ⓒ 공주 석장리 유적(구석기) – 미송리식 토기(청동기)

ⓔ 부산 동삼동 유적(신석기) – 아슐리안형 주먹도끼(구석기)

※ 신석기 시대의 유적과 유물

유적	유물
• 서울 암사동 유적	• 간석기
• 부산 동삼동 유적	• 갈돌과 갈판
• 제주 고산리 유적	• 빗살무늬토기
• 고성 문암리 유적	• 가락바퀴와 뼈바늘
• 양양 오산리 유적	• 조가비 탈

6 ④

• 고구려의 침입으로 수도를 웅진으로 옮긴 것은 475년 문주왕 때의 일이다.

• 성왕이 사비로 도읍을 옮긴 것은 538년의 일이다.

④ 신라의 불교 공인 : 527년 법흥왕

① 대가야 정복 : 562년 진흥왕

② 황초령순수비 : 568년 진흥왕

③ 『국사』 편찬 : 545년 진흥왕

7 ④

④ 중강개시 : 중강에서 열리던 조선과 청나라와의 무역
　책문후시 : 책문에서 열렸던 조선과 청나라와의 밀무역

※ 조선 후기의 상업과 무역 활동

8 ③

ㄹ『승정원일기』는 조선시대에 왕명의 출납을 관장하던 승정원에서 매일매일 취급한 문서와 사건을 기록한 일기이다. 역대 왕의 훌륭한 언행을 『실록』에서 뽑아 만든 편년체 사서는 『국조보감』이다.

9 ③

발해는 첫 도읍지인 동모산 기슭(㉠)에서 중경현덕부(㉡) → 상경용천부(㉢) → 동경용원부(㉣) → 상경용천부(㉢)로 옮겨졌다.
㉠ 정효공주 무덤은 길림성 화룡현에 위치한 용두산에 있다. → ㉡ 지역
㉣ 정혜공주 무덤은 길림성 돈화현에 위치한 육정산에 있다. → ㉠ 지역

10 ①

제시된 상소문은 최승로가 고려 성종에게 올린 시무 28조의 일부이다.
① 성종은 풍흉에 따른 물가를 조절하기 위한 기관으로 양경과 12목에 상평창을 설치하였다.
② 광종　③ 예종　④ 문종

11 ④

이승만 정부(제1공화국)는 1948년 8월 15일부터 1960년 4·19 혁명으로 이승만이 하야하기 전까지의 시기를 말한다.
④ 제1차 경제개발 5개년 계획은 1962~1966년까지로 박정희 정부 때 추진되었다.
① 한미 원조 협정 체결 1948년
② 농지개혁 1949년
③ 삼백 산업 지원 1950년대

12 ③

중일 전쟁은 1937년 7월 노구교 사건을 계기로 시작되어 일본이 패망한 1945년 9월까지 이어졌다.
③ 남면 북양 정책은 1930년대에 이르러 1920년대에 강요한 산미증식계획이 어려움에 부딪히자 공업원료 증산정책으로 방향을 전환하여 한반도의 남쪽에서는 목화재배를, 북쪽에서는 양 사육을 강요한 식민정책이다.

13 ②

밑줄 친 '조약'은 조·미수호통상조약이다. 조선 정부는 이홍장의 주선으로 1882년 5월 제물포에서 조선 측 전권대신 신헌과 미국 측 전권공사 슈펠트 간에 전문 14관으로 이루어진 조미수호통상조약을 체결하였다.
② 임오군란이 발생한 것은 1882년 6월이다. 임오군란을 계기로 맺은 조약으로 제물포조약, 조·청상민수륙무역장정이 있다.

14 ④

보기에 제시된 내용 모두 옳은 설명이다.
㉠ 사심관은 고려시대 향직을 통괄한 지방관이다. 부호장 이하의 향리는 사심관의 감독을 받았다.
㉡ 상층 향리는 과거를 통하여 중앙 관직에 진출할 수 있었다.
㉢ 태조 왕건은 지방 호족의 자제들을 볼모로 중앙에 머물게 하는 기인 제도를 실시함으로써 호족 세력을 견제하였다.
㉣ 고려시대 때는 조선과 달리 지방관이 파견되지 않은 속현이 많아 행정 실무는 향리가 담당하였다.

15 ②

밑줄 친 '이 농법'은 이앙법이다.
㉡ 이앙법은 못자리에서 모를 어느 정도 키운 다음에 그 모를 본논으로 옮겨 심는 재배방법이다. 고랑에 작물을 심도록 한 것은 조선시대의 실학자 박세당·서유구에 의하여 소개된 농법인 견종법이다.

ⓒ 수령 7사의 내용은 농상성(農桑盛：농상을 성하게 함)·호구증(戶口增：호구를 늘림)·학교흥(學校興：학교를 일으킴)·군정수(軍政修：군정을 닦음)·부역균(賦役均：역의 부과를 균등하게 함)·사송간(詞訟簡：소송을 간명하게 함)·간활식(奸猾息：교활하고 간사한 버릇을 그치게 함)의 일곱 가지로, 이앙법에 대한 강조는 포함되어 있지 않다.

16 ①
밑줄 친 '헌법'은 유신 헌법으로 1972년 10월에 선포되고 11월에 국민투표로 확정되었다. 유신 헌법은 1980년 10월 제8차 개헌 전까지 유효하였다.
① 부마 민주 항쟁(1979년) : 부산 및 마산 지역을 중심으로 벌어진 박정희 유신 독재에 반대한 시위 사건
② 국민교육헌장 선포 1968년
③ 7·4 남북공동성명 1972년
④ 6·3 시위 1964년

17 ④
밑줄 친 '회의'는 대한민국 임시정부 국민대표회의(1923)이다. 국내외의 지역과 단체를 대표하는 지도자들이 한자리에 모여 임시정부 내부의 갈등을 해결하기 위해 논의하였으나, 창조파와 개조파 간의 이견을 좁히지 못하고 결렬되었다.
④ 신채호, 박용만, 신숙 등이 속한 창조파에서는 임시정부를 해체하고 새로운 정부를 수립하자는 주장이 나왔다.

18 ②
제시된 법령은 토지조사령(1912)의 일부로, 일제는 이 법에 따라 토지조사사업을 시행하였다.
② 총독부는 토지조사사업을 통해 확인된 역둔토, 궁장토 등의 국유지 및 미신고지를 탈취하여 국책회사인 동양척식주식회사를 비롯한 일본의 토지회사에 무상 또는 싼값으로 불하하여 일본인 대지주가 출현하게 되었다.
① 농상공부는 1895년 을미개혁 때 농상아문과 공무아문을 합하여 설치한 것으로, 농·상·공 행정을 관장하던 중앙 행정기관이다.
③ 동양척식주식회사는 1908년에 설립되었다.
④ 1932년 일제가 수립·추진한 식민지 농업정책인 농촌진흥운동에 대한 설명이다.

19 ②
② 조·청상민수륙무역장정이 체결되면서 청국 상인의 경제적 침투가 본격화되었다. 이로써 조선에서의 일본 상인과 청국 상인 간의 경쟁이 가속되었지만, 수입액이 일본을 앞지르지는 못하였다.

20 ③
밑줄 친 '그'는 흥선대원군이다. 임오군란을 계기로 흥선대원군이 재집권하면서 통리기무아문을 폐지하고 5군영을 부활하였다.
① 흥선대원군은 만동묘와 서원을 철폐하였다.
② 김홍집에 대한 설명이다.
④ 『만기요람』은 1808년 순조때에 서영보·심상규 등이 왕명에 의해 찬진한 책이다.

2021. 6. 5.
제1회 지방직 시행

1 ③
제시문은 부여에 관한 내용이다. 부여에서는 12월에 영고라는 제천행사를 지내면서 수렵사회의 전통을 기념하고 흰 옷을 즐겨 입었다. 정치적으로는 5부족 연맹체의 연맹왕국으로 왕이 존재했지만 왕 아래 마가, 우가, 구가, 저가 등의 부족장 세력이 독자적 행정 구역인 사출도를 통치하였다.
① 옥저의 가족공동묘
② 옥저와 동예의 군장세력
④ 삼한의 종교적 지도자로 제정분리 사회 특징

2 ①
㈎는 김수로왕을 시조로 하는 금관가야이다. 가야는 6가야 연맹의 연맹왕국으로 초기에는 금관가야(김해)가 중심이 되었지만 광개토대왕의 남하로 그 중심지가 대가야(고령)으로 이동하였다. 가야는 우수한 철을 생산하여 철을 제조하는 기술이 발달하였고, 해상 중계 무역을 통해 철을 수출하였다.
② 신라 초기
③ 고구려 교육기관
④ 백제 귀족회의

3 ④
고려의 중앙 관제는 당의 영향을 받아 2성 6부제를 근간으로 하고 있다. 2성은 중서문하성(재신, 낭사)과 상서성, 6부는 이부, 병부, 호부, 형부, 예부, 공부로 구성하여 국가의 중대사를 심의, 결정, 집행하였다. 또한 중국 송의 영향을 받아 중추원(추밀, 승선)을 두어 군국기무와 왕명 출납을 담당하기도 하였다. 반면 고려의 독자성을 반영한 도병마사와 식목도감을 설치하여 군사 및 대내적 격식에 관한 중대사를 귀족 간 합의체로 운영하였는데, 이는 중서문하성의 재신과 중추원 추밀이 참여하였다.

① 삼사는 화폐와 곡식의 출납, 회계를 담당하였다.
② 상서성은 정책을 집행하는 기구로 그 예하에 6부를 두고 있다.
③ 어사대는 관리 감찰 및 풍기 단속을 담당하였다.

4 ①

(가)는 거란이다. 고려 초 거란은 고려의 친송정책에 반발하며 3차례에 걸쳐 고려를 침공하였다. 1차 침입(993)은 서희의 외교 담판으로 고려가 강동 6주를 확보하였고, 이후 강조의 정변을 계기로 강동 6주 반환을 요구하며 2차 침입(1010)을 감행하였으나 양규의 활약과 현종의 거란 입조를 조건으로 퇴각하였다. 이후 거란의 요구 조건이 관철되지 않자 3차 침입(1018)을 단행했지만 강감찬이 이끄는 고려군이 귀주대첩에서 거란에 승리하였다.
② 여진
③ 몽골의 내정간섭 감찰관
④ 몽골

5 ①

조선의 삼사(三司)는 사간원, 사헌부, 홍문관을 일컫는다. 사간원은 간쟁과 논박, 사헌부는 관리를 규찰하고 탄핵, 홍문관은 경연을 담당하였다. 초기에는 양사(兩司)라 하여 사간원과 사헌부를 중심으로 운영되었고, 이후 홍문관이 설치되면서 삼사 체제를 완성하였다. 조선 시대 서경(署經)은 5품 이하 관리의 임명 시에 대간(양사 관원)의 서명을 거치게 하는 제도이다.
② 서적을 간행하는 기관
③ 외교 문서 작성을 담당하는 기관
④ 왕명 출납 담당하는 기관

6 ②

제시문의 인물은 연개소문이다. 연개소문은 막강한 정치, 군사적 영향력을 강화하는 과정에서 기존의 불교, 유교적 이념을 중심으로 한 귀족 세력의 반발을 초래하였고 이에 대한 대안적 이념으로 중국으로 도교를 수용하고자 하였다. 〈삼국사기〉에는 당 태종이 도사 숙달 등 8명을 노자의 〈도덕경〉과 함께 고구려로 보냈다는 기록이 있다. 연개소문은 외세 침입을 방어하기 위해 천리장성 축조를 주도하였다.
① 나당 동맹을 체결한 신라의 김춘추이다.
③ 살수대첩(612)에서 승리를 이끈 고구려의 을지문덕이다.
④ 고구려 장수왕이다.

7 ③

제시문의 인물은 신라의 원광이다. 6세기 진흥왕의 대외 영토 확장 과정을 주도한 것은 화랑도이다. 화랑도는 귀족 중심의 화랑과 서민들이 포함된 낭도로 구성된 신라의 군사 세력으로 원광은 화랑이 지켜야 할 계율로 세속오계(世俗五戒)를 제시하였다. 또한 진평왕 30년(608)에는 걸사표(乞師表)를 지어 수나라의 고구려 출병을 이끌기도 하였다.
① 원효 ② 의상 ④ 혜초

8 ③

(가)는 조선 후기 실학자인 박제가이다. 그는 〈북학의〉에서 수레와 선박을 이용한 상공업 진흥, 청 문물의 수용 및 통상 강화 등을 주장하였다. (나)는 조선 후기 실학자인 한치윤이다. 〈해동역사〉는 단군조선에서부터 고려까지의 역사를 서술한 기전체 사서이다.
①② 박지원 : 〈열하일기〉, 〈과농소초〉 〈연암집〉, 〈허생전〉, 〈호질〉 등 저술
②④ 안정복 : 〈동사강목〉, 〈순암집〉, 〈희현록〉 등 저술

9 ③

(라) 이자겸의 난(1126)은 이자겸과 척준경을 중심으로 인종을 제거하려 한 사건이다.
(가) 무신정변(1170)은 고려 의종 때 무신들에 대한 차별 대우에 반발하여 정중부, 이의방 등이 중심이 되어 일으킨 사건이다.
(나) 무신정변은 하극상이 반복되어 불안정한 체제가 나타났지만 최충헌이 이의민을 제거하고 최씨 무신 정권을 확립하였다.(1196)
(다) 몽골의 1차 침입 과정에서 발생하였다.(1231)

10 ④

(가)는 서경(평양)으로 제시문은 고려 태조의 〈훈요 10조〉의 일부이다. 서경은 고려 북진정책의 전진기지이자 동시에 풍수지리 상의 길지로 여겨져 이후 묘청의 서경 천도 운동(1135)의 배경이 되었다. 또한 몽골 침입 이후 원의 세조는 자비령 이북 지역을 원의 영토로 귀속시킨 뒤 서경에 동녕부를 설치하여 통치하였다. 1369년 고려 공민왕은 이인임, 이성계로 하여금 동녕부를 정벌하게 하였다.
① 강화도 ② 순천(송광사) ③ 공주(명학소)

11 ②

제시문의 역사서는 고려 인종 때 김부식이 편찬한 〈삼국사기〉이다. 〈삼국사기〉는 유교적 합리주의 사관에 따라 삼국의 역사를 서술한 기전체 사서이다.

① 일연의 〈삼국유사〉
③ 서거정의 〈동국통감〉
④ 거칠부의 〈국사〉

12 ②
제시문의 인물은 신라 문무왕의 아들인 신문왕이다. 신문왕은 즉위 이후 김흠돌의 난을 계기로 귀족들의 영향력을 축소하고 강력한 중앙집권체제 강화를 시도하였다. 이를 위해 상대등의 영향력을 축소하고 집사부 시중의 권한을 강화하고 6두품을 적극적으로 등용하였다. 뿐만 아니라 국학을 설립하여 유학 교육을 장려하고 지방 행정 체제로는 9주 5소경제를, 군사적으로는 9서당 10정 체제를 시행하여 신라의 삼국 통일 이후 중앙집권체제 정비를 추구하였다.
① 신라 법흥왕
③ 신라 성덕왕
④ 신라 무열왕

13 ③
제시문은 조선 후기 정조 때의 일이다. 영조의 탕평책이 성공하지 못한 이후 정조는 보다 강력한 탕평책을 추진하고 왕권을 강화하고자 하였다. 이를 위해 장용영을 설치하고 규장각 검서관으로 서얼 출신들을 등용하기도 하였다. 또한 초계문신제를 시행하여 젊은 관리를 재교육하였으며, 상공업을 육성하기 위하여 육의전을 제외한 시전 상인의 금난전권을 폐지하는 신해통공(1791) 정책을 시행하였다. 법전으로 〈대전통편〉을 편찬하기도 하였다.
① 철종 때 경주 출신의 몰락 양반인 최제우가 창시(1860)
② 고종 때 흥선대원군의 주도 하에 편찬(1865)
④ 홍경래의 난은 순조 때 발생(1811)

14 ②
제시문의 인물은 흥선대원군이다. 흥선대원군은 세도정치의 폐단을 개혁하고 왕권을 강화하기 위하여 비변사의 기능을 축소하고 의정부와 삼군부의 기능을 강화하였다. 또한 지방 양반 세력들이 중심이 되어 면세와 면역의 특권을 누리던 서원 중 47개소를 제외한 나머지 서원을 모두 철폐하였으며, 삼정의 문란을 시정하고자 호포제, 양전사업, 사창제를 실시하였다. 하지만 경복궁 중건을 위하여 당백전을 발행하고 원납전을 징수하여 백성들의 반발을 초래하였다.
① 대한제국 선포 직후에 반포(1899)
③ 김옥균, 박영효 등 급진개화파를 중심으로 한 갑신정변(1884)
④ 2차 수신사로 파견된 김홍집이 유입(1880)

15 ②
3.1 운동(1919)을 계기로 상하이에서 결성된 대한민국 임시정부에 관한 내용이다. 대한민국 임시정부는 민족 독립 운동의 주체적 역할을 담당하기 위해 민족 지사들을 중심으로 조직되었고 초대 대통령으로 이승만이 선출되었다. 독립 군자금을 마련하기 위하여 연통제와 교통국을 운영하였고 외교 활동을 통한 독립 방향을 모색하기 위하여 구미위원부를 설치하였다. 하지만 독립 운동 노선을 놓고 무장투쟁론과 외교독립론자들의 대립이 심화되면서 창조파와 개조파의 대립으로 이어지기도 하였다.
① 신채호, 조소앙, 이상설 등이 중심이 되어 상하이에서 발표한 것으로 공화정체를 강조하였으며 이후 신한청년당, 대한민국 임시정부 수립에 영향을 주었다.(1917)
③ 신민회가 중심이 되어 남만주 삼원보에 설립(1911)
④ 의열단 선언문으로 신채호가 작성하였다.(1923)

16 ③
제너럴 셔먼호 사건(1866)을 빌미로 미국이 강화도에 침략한 사건은 신미양요(1871)이다. 당시 독일 상인이었던 오페르트는 조선에 통상을 요구하였지만 거절당하였고 이에 오페르트는 흥선대원군의 아버지인 남연군 묘를 도굴하였다.(1868) 이 사건을 계기로 흥선대원군은 외국과의 통상 수교를 거부하고 쇄국의 의지를 다지며 이후 전국에 척화비를 건립하였다.
① 제2차 갑오개혁(1894)
② 운요호 사건(1875)
④ 임오군란(1882)

17 ④
제시문의 단체는 신간회(1927-1931)이다. 1920년대를 전후로 사회주의 사상이 국내로 유입되면서 국내 민족 독립 운동은 비타협적 민족주의 세력과 사회주의 세력의 이원화 체제로 전개되었다. 하지만 친일 세력인 타협적 민족주의의 회유와 일제의 사회주의 탄압 정책(치안 유지법 제정 등)으로 인하여 독립 운동 세력이 위축되자 정우회 선언을 계기로 비타협적 민족주의 세력과 사회주의 세력이 연대하여 민족 유일당 운동을 전개하였다. 그 결과 신간회와 자매 단체인 근우회가 결성되었고 광주 학생 항일 운동(1929)에 진상 조사단을 파견하는 등의 활동을 수행하고 이를 알리는 민중 대회를 개최하고자 하였으나 실패하였다.
① 조만식이 중심이 되어 평양에서 조선 물산 장려회를 조직해 전개한 국산품 애용 운동(1920)
② 이상재 등이 중심이 되어 전개한 고등 교육 기관 설립 운동(1923)
③ 동아일보가 중심이 되어 전개한 계몽운동(1931)

18 ④

1905년 체결된 을사늑약(제2차 한일협약)이다. 이는 1904년 체결된 고문정치를 규정한 제1차 한일협약 이후 체결된 것으로 통감부를 설치해 우리의 외교권을 박탈하는 것을 규정하였다. 초대 통감으로 이토 히로부미가 부임하였고 이는 우리 실질적인 국권 피탈 과정이었으며 이후 1907년 한일신협약(차관정치) 체결로 이어졌다. 이후 고종은 을사늑약의 부당함을 알리기 위해 헤이그 특사를 파견(1907)하기도 하였으며, 장지연은 황성신문에 〈시일야방성대곡〉을 기재하였다.
① 조선총독부는 1910년에 설치되었다.
② 헤이그 특사 파견은 1907년이다.
③ 조 · 일 통상 장정이다(1883)

19 ①

제시문은 개최된 제1차 미 · 소 공동위원회이다. 광복 직후 제2차 세계대전의 전후 처리 문제를 논의하고자 미국과 소련, 영국은 모스크바 3상 회의를 개최하였다(1945. 12). 회담의 결과 한반도 문제에 대하여 임시 정부 수립 및 미국, 영국, 소련, 중국에 의한 5개년 간 신탁통치안이 결의되었고, 미 · 소 공동위원회를 설치하기로 합의하였다. 신탁통치안을 놓고 한반도 내에서 찬탁과 반탁의 대립이 심해지자 미국과 소련은 제1차 미 · 소 공동위원회를 개최하였다(1946. 3). 그러나 소련은 찬탁 세력만 위원회에 참여시키고자 하였고, 미국은 찬탁과 반탁 모두를 참여시키고자 하는 등 미소 간 의견 대립으로 결렬되었다.
② 조선 건국 준비 위원회는 여운형을 중심으로 조직되었다 (1945. 8)
③ 제헌 헌법은 5.10 총선거 이후 제정되었다.(1948. 7)

20 ②

4 · 19 혁명(1960)은 이승만 독재와 자유당 정권의 3.15 부정선거가 계기가 되어 발생하였다. 유신헌법(1972. 10. 17.)은 박정희 장기 집권을 위한 헌법 개정이었다. 1970년대 초 냉전체제가 완화되어가는 시점에 박정희 대통령은 7 · 4 남북 공동 성명을 발표하였다.(1972)
① 제헌 국회에서 제정(1948. 9)
③ 노태우 정부 때 남북한 유엔 동시 가입(1991)
④ 신군부 세력의 집권에 저항한 운동(1980)

1 ④

제시문은 신석기 시대의 특징이다. 신석기 시대에는 이전과 달리 농경과 목축을 시작했으며 이는 정착 생활을 가능하게 하여 큰 강이나 해안 지역에 움집을 짓고 거주하게 되었다. 농경은 조 · 피 같은 밭농사 위주였으며 곡물을 저장하고 조리하기 위하여 빗살무늬와 같은 토기가 제작되었다.
① 청동기
② 철기
③ 청동기

2 ①

8차 개헌(1980)은 전두환을 중심으로 한 신군부 세력이 주도한 것으로 대통령 선거인단을 통한 대통령 간선제와 대통령 임기 7년 단임제를 주요 내용으로 하고 있다. 이후 1987년 국민들은 대통령 직접 선거를 요구하였지만 전두환 대통령이 4.13 호헌조치를 통해 이를 거부하자 시민들은 6월 민주항쟁을 전개하였다. 그 결과 민주정의당 대표인 노태우는 국민들의 요구를 수용하여 대통령 직선제와 5년 단임제를 골자로 하는 6.29 민주화 선언을 발표했고 이를 통해 9차 개헌(1987)이 이루어졌다.

3 ①

제시문은 조선 후기 영조 때 제정된 균역법(1750)이다. 임진왜란 이후 국토의 황폐화와 인구 감소 등으로 인하여 백성들의 조세 부담은 증가하고 국가의 재정 수입은 감소하였다. 이를 극복하기 위하여 영정법, 대동법 등이 시행되었고, 영조 때에는 백성들의 군포 부담을 덜어주기 위하여 기존의 2필 납부를 1필로 경감하는 균역법이 시행되었다. 부족분은 선무군관포나 결작, 어장세 등으로 보충하였다. 속대전은 영조 때 편찬된 법전이다.
② 정조
③ 고종(흥선대원군 주도)
④ 성종

4 ③

동학농민운동(1894)은 교조신원운동 이후 동학교세가 확장되면서 발생하였다. 고부군수 조병갑의 횡포에 저항하여 전봉준을 중심으로 고부민란(1894. 2)이 발생했지만 사태 수습을 위해 부임한 안핵사 이용태의 폭정으로 동학농민군은 백산에서 재봉기(1차 봉기)하였다. 이후 황토현, 황룡촌(1894. 5) 전투에서 동학농민군이 승리하며 전주성까지 진격하여 전주성을 점령하였다. 이에 위협을 느낀 정부는 청에 원군을 요청했고 갑신정변 이후 체결된 톈진조약에 의거하여 일본도 동시에 군대를 파견했다. 하지만 정부와 동학농민군 사이에 전주화약이 체결(1894. 6)되고 집강소가 설치되었다. 그 해 7월 일본군이 청일전쟁을 일으키며 경복궁을 무단점령하였고, 이에 손병희를 중심으로 한 북접과 전봉준의 남접이 충남 논산에서 집결하여 일본군을 몰아내기 위해 서울로 진격하였다. 하지만 충남 공주 우금치 전투에서 일본군에 패배하며 동학농민운동은 실패하였다.

5 ④

제시문은 475년 고구려 장수왕이 평양 천도 이후 남진 정책을 추진하면서 백제 한성을 공격한 내용이다. 당시 장수왕은 백제를 공격하여 개로왕을 살해하고 한강 유역을 점령하였으며 이후 충주까지 진출해 중원고구려비를 세웠다. 백제는 고구려에 수도를 빼앗긴 후 웅진으로 천도하였다. 장수왕 재위 당시 고구려는 사방으로 영역을 확장하며 대외적으로는 중국의 남북조와 동시에 교류하였다.

① 6세기 관산성 전투에서 백제 성왕이 신라에게 살해당하였다.(544)
② 6세기 신라 법흥왕(536)
③ 7세기 살수대첩(612)

6 ②

발해의 고구려 계승 의식을 보여주는 문화유산으로는 ㉠ 온돌장치와 ㉢ 굴식돌방무덤이 있다. 온돌장치는 겨울철 추위에 대비하기 위해 만들어진 고구려의 난방 장치였으며, 굴식돌방무덤은 고구려 후기 무덤 양식으로 발해 정혜 공주의 묘가 이에 해당한다. 이외에도 발해 왕이 일본에 보낸 국서에 고려 국왕이라는 칭하였다는 점도 발해가 고구려를 계승했음을 알 수 있다.

㉡ 벽돌무덤 : 중국의 무덤양식으로 발해 정효 공주의 묘는 이에 해당한다.
㉣ 주작대로 : 당의 수도인 장안을 모방해 발해 수도인 상경 용천부에 이를 설치하였다.

7 ①

㈎ 한국광복군은 1940년 충칭 임시정부에서 창설된 군대로 총사령에 지청천을 임명하였다. 이후 김원봉이 이끄는 조선의용대가 합류하면서 세력이 확대되고 연합군의 일원으로 전쟁에 참여하였다. 또한 미국의 OSS와 협력하여 국내 정진군을 편성해 국내 진공 작전을 계획하였지만 일본의 항복으로 실행에 옮기지는 못했다.

② 한인 애국단(1931)은 김구가 조직한 비밀결사 단체로 이봉창, 윤봉길 의사의 의거를 주도하였다. 중국 관내 최초의 한인 무장 부대는 김원봉이 중심이 된 조선의용대이다.
③④ 1930년대 초반 일제의 만주사변 이후 한국과 중국 사이에 한중 연합작전이 이루어졌다. 당시 양세봉이 이끌던 조선혁명군은 흥경성, 영릉가 전투에서 일본군을 격퇴하였고, 지청천이 이끌던 한국독립군은 쌍성보, 동경성 전투 등에서 일본군을 격퇴하였다.

8 ④

제시문은 소금장수 아버지와 옥령사 노비인 어머니를 둔 고려 무신집권자 이의민에 관한 내용이다. 이의민은 무신정변을 반대하며 일으킨 김보당, 조위총의 난을 진압한 이후 상장군이 되어 경대승 이후의 무신집권기를 주도하였다.

① 최충헌은 이의민을 제거한 후 최씨 무신 정권의 기반을 마련하였다.
② 김준은 최씨 무신기 마지막 집권자인 최의를 제거한 후 왕권을 회복하였다.
③ 임연은 김준을 살해한 후 정권을 장악하였다.

9 ②

제시문은 1972년 개헌된 유신헌법에 근거하여 대통령이 발령한 긴급조치이다. 긴급조치는 유신헌법을 부정하는 행위에 대하여 국민의 자유와 권리를 잠정적으로 정지할 수 있었으며, 9차례에 걸쳐 공포되었다. 당시 유신헌법 개헌에 반발하여 재야 인사들은 '3·1민주구국선언'(1976)을 발표하였고, 이후 부산과 마산 지역에서 대규모 반정부 시위가 전개되었다(부마항쟁. 1979)

① 3선 개헌 반대운동은 박정희 대통령이 재선(1967) 이후 장기 집권을 위해 3선 개헌을 시도하자 이에 반대하여 일어난 운동이다.
③ 민주헌법쟁취 국민운동본부는 전두환 정부가 국민들의 대통령 직선제 요구에 대하여 4.13 호헌 조치를 통해 반대하자 이에 저항하기 위해 조직되었다.
④ 전두환 정부 시기 대통령 직선제 개헌을 위한 서명운동을 신민당이 주도하였다.

10 ②

제시문은 고려 광종(949~975)의 노비안검법 시행과 관련된 내용이다. 광종은 즉위 후 귀족과 지방호족을 숙청하고 왕권 강화를 시도하였다. 이를 위해 과거제, 노비안검법을 시행하였다. 노비안검법은 불법으로 노비가 된 자들을 해방함으로써 지방호족들의 경제 및 군사적 기반을 약화시키는 동시에 국가 재정을 확충하는데도 기여하였다. 또한 광덕, 준풍 등의 연호를 사용하면서 중국과 대등한 세력이 되었음을 대내외적으로 표방하였다.

① 고려 정종
③ 고려 성종
④ 고려 태조

11 ④

제시문의 (가)는 대한제국 '대한국 국제 9조'(1899), (나)는 독립협회 '헌의 6조'(1898)의 일부이다. 고종은 '대한국 국제'를 통해 황권 중심의 전제 정치를 중심으로 구본신참의 원칙에 따라 개혁 정책을 시행하였다. 반면 독립협회는 열강의 이권 침탈에 반대하면서 근대적 입헌군주제를 추구하였고, 만민공동회와 관민공동회를 통해 이를 알리고자 하였다.

① 대한제국은 입법·사법·행정의 모든 권력이 황제에게 있음을 천명하여 전제 정치를 실현하고자 하였다.
② '헌의 6조' 중 3조에 규정되어 있다.
③ 고종은 '헌의 6조'를 수용하고 보완하면서 「조칙 5조」를 반포하였다.
④ 독립협회는 대한제국 이전에 고종의 명으로 탄압, 해산되었다.(1898)

12 ④

(가)는 백제 근초고왕이 고구려 평양성을 공격하여 고국원왕을 살해한 사건(371)이고, (나)는 신라 내물왕이 왜의 침입으로 고구려 광개토대왕에게 구원병을 요청하여 고구려군이 남하한 사건(400)이다.

④ 고구려는 고국원왕의 전사 이후 소수림왕이 집권을 태학을 설립하고 율령을 반포하여 체제 안정화 정책을 실시하였다.

① 고구려 장수왕(475)
② 고구려 미천왕(313)
③ 고구려 영양왕(598)

13 ①

제시문의 인물은 견훤이다. 견훤은 상주 호족 출신으로 후백제를 건국하여 후삼국 시대를 주도하였다. 집권 시기 견훤은 후당, 오월 등과의 교류 관계를 중시하는 등 외교 활동에 적극적이었다. 하지만 태조 왕건과의 고창성 전투에서 패배하고, 왕위 계승 문제를 둘러싼 내분으로 그 세력이 약화되었다.

②③ 후고구려 궁예
④ 고려 태조(왕건)

14 ②

ⓒ 2·8 독립선언(1919) : 동경 유학생이 중심이 된 조선 청년 독립단이 발표하였고 이후 3.1 운동에 영향을 주었다.
㉠ 동아일보와 조선일보는 모두 1920년에 창간되었다.
ⓒ 6·10 만세 운동(1926) : 일제 식민통치에 저항하며 순종의 국장일에 일어났다.
㉣ 한글 맞춤법 통일안 발표(1933) : 조선어학회 주도

15 ①

㉠ 예송논쟁 : 효종과 효종비에 대한 복상 기간을 놓고 서인과 남인이 벌인 논쟁으로 1차 예송(1659)에서는 서인이 집권하고, 2차 예송(1674)에서는 남인이 집권하였다.
ⓒ 경신환국(1680) : 조선 숙종 때 서인은 허적이 역모를 꾸몄다고 고발하여 남인을 축출하고 집권하였다.
㉣ 기사환국(1689) : 경신환국 이후 정계에서 축출당한 남인은 장희빈이 낳은 왕자가 세자로 책봉되는 과정에서 서인에게 승리하고 집권하였다.
ⓒ 갑술환국(1694) : 기사환국 이후 정계에서 축출당한 서인은 장희빈을 몰아내고 민비(인현왕후)를 복위시키고자 하였고 남인에게 승리한 후 재집권하였다.

16 ③

ⓒ 부석사 조사당 벽화 : 화엄종의 시조인 의상대사를 모신 조사당 안에 그려진 고려 사찰 벽화
ⓒ 예성강도 : 고려 전기 화가인 이령이 그린 실경산수화
㉠ 고사관수도 : 조선 전기 강희안의 그림
㉣ 송하보월도 : 조선 중기 이상좌의 그림

17 ②

제시문은 살리타가 이끄는 몽골의 1차 침입 과정에서 벌어진 충주전투(1231)이다. 당시 몽골군이 충주를 공격하자 충주 부사 우종주와 유홍익 등은 성을 버리고 도주하였고, 노군과 잡류별초만이 남아 대몽항쟁을 벌여 몽고군을 물리쳤다.

① 처인성 전투(1232) : 몽골의 2차 침입 시기에 김윤후가 몽골의 살리타를 살해한 전투이다.

③ 강화도 천도(1232) : 최씨 무신 집권기 최우는 대몽항쟁을 위해 수도를 강화도로 옮겼다.

④ 몽골 3차 침입(1235) : 경주의 황룡사 9층 목탑 소실

② 진주의 공 · 사노비와 합주의 부곡민이 합세하여 일으킨 반란은 최충헌 집권기였다.(1200)

18 ③

제시문은 조선 초기 군역인 양인개병제이다. 양인개병제는 16~60세의 양인 남성에게 모두 군역을 부담하게 하는 제도로 직접 군역에 종사하는 정군(正軍)과 이에 필요한 경비 등을 보조하기 위한 보인(保人)으로 구성되었다. 조선 세조 때 보법(1464)이 시행되면서 정군 1명에 보인 2명이 배당되었다.

③ 조선 세조 때 지방군은 지역 단위 방어 체제인 진관 체제를 바탕으로 조직되었다.

① 임진왜란 중에서 설치된 훈련도감을 중심으로 어영청, 총융청, 수어청, 금위영이 설치되면서 조선 후기 중앙군은 5군영 체제로 운영되었다.

② 2군 6위는 고려의 중앙군이다.

④ 임진왜란 이후 지방군 체제는 양반부터 노비까지 편제된 속오군 체제로 운영되었다.

19 ②

제시문의 인물은 조선 후기 실학자 박지원이다. 그는 〈한민명전의〉에서 조선 후기 지주전호제에 의한 양반 지주들의 토지 겸병으로 인하여 농민들의 삶이 불안정하다는 점을 인지하고 이의 문제점을 개선하기 위하여 한전론(限田論)을 제시하였다. 즉, 토지 소유의 상한선을 정하여 상한선 이상의 토지 거래를 금지하여 토지 겸병의 폐단을 막고자 하였으나, 하한선을 제시하지 않았다는 한계점이 있다.

② 박지원은 〈양반전〉, 〈호질〉, 〈열하일기〉 등을 저술하였다.

① 박제가 ③ 이익 ④ 정약용

20 ③

제시문은 갑오 2차 개혁(1894) 때 반포된 〈홍범 14조〉이다. 갑오 2차 개혁에서는 군국기무처를 폐지하고 김홍집, 박영효 연립 내각이 구성되어 개혁을 단행하였다. 정치적으로는 의정부를 내각으로 개편하고, 8아문을 7부, 지방 8도체제를 23부로 개편하고 재판소를 설치하여 지방관의 권한을 제한하였다. 또한 교육 입국 조서가 반포되었으며 군제 개혁을 시도했지만 성과는 미비하였다.

① 을미개혁(1895)

② 갑신정변(1884)

④ 동학농민운동 전주화약(1894)

당신의 꿈은 뭔가요?

MY BUCKET LIST !

꿈은 목표를 향해 가는 길에 필요한 휴식과 같아요.

여기에 당신의 소중한 위시리스트를 적어보세요. 하나하나 적다보면 어느새 기분도

좋아지고 다시 달리는 힘을 얻게 될 거예요.

☐ _____ ☐ _____
☐ _____ ☐ _____
☐ _____ ☐ _____
☐ _____ ☐ _____
☐ _____ ☐ _____
☐ _____ ☐ _____
☐ _____ ☐ _____
☐ _____ ☐ _____
☐ _____ ☐ _____
☐ _____ ☐ _____
☐ _____ ☐ _____
☐ _____ ☐ _____
☐ _____ ☐ _____
☐ _____ ☐ _____
☐ _____ ☐ _____
☐ _____ ☐ _____
☐ _____ ☐ _____
☐ _____ ☐ _____
☐ _____ ☐ _____
☐ _____ ☐ _____
☐ _____ ☐ _____
☐ _____ ☐ _____
☐ _____ ☐ _____
☐ _____ ☐ _____
☐ _____ ☐ _____
☐ _____ ☐ _____

창의적인 사람이 되기 위

정보가 넘치는 요즘, 모두들 창의적인 사람을 찾죠.
정보의 더미에서 평범한 것을 비범하게 만드는 마법의 손이 필요합니다.
어떻게 해야 마법의 손과 같은 '창의성'을 가질 수 있을까요. 여러분께만 알려 드릴게요!

01. 생각나는 모든 것을 적어 보세요.

아이디어는 단번에 솟아나는 것이 아니죠. 원하는 것이나, 새로 알게 된 레시피나, 뭐든 좋아요.
떠오르는 생각을 모두 적어 보세요.

02. '잘하고 싶어!'가 아니라 '잘하고 있다!'라고 생각하세요.

누구나 자신을 다그치곤 합니다. 잘해야 해. 잘하고 싶어.
그럴 때는 고개를 세 번 젓고 나서 외치세요. '나, 잘하고 있다!'

03. 새로운 것을 시도해 보세요.

신선한 아이디어는 새로운 곳에서 떠오르죠. 처음 가는 장소, 다양한 장르에 음악, 나와 다른 분야의 사람.
익숙하지 않은 신선한 것들을 찾아서 탐험해 보세요.

04. 남들에게 보여 주세요.

독특한 아이디어라도 혼자 가지고 있다면 키워 내기 어렵죠.
최대한 많은 사람들과 함께 정보를 나누며 아이디어를 발전시키세요.

05. 잠시만 쉬세요.

생각을 계속 하다보면 한쪽으로 치우치기 쉬워요. 25분 생각했다면 5분은 쉬어 주세요.
휴식도 창의성을 키워 주는 중요한 요소랍니다.